国学『两创』教材系列

《孟子》

马士远 著

校释译论

山东人民出版社·济南
国家一级出版社 全国百佳图书出版单位

图书在版编目（CIP）数据

《孟子》校释译论/马士远著.—— 济南：山东人民出版社，2018.1
ISBN 978-7-209-11322-9

Ⅰ．①孟… Ⅱ．①马… Ⅲ．①儒家② 《孟子》—译文 Ⅳ．①B222.54

中国版本图书馆CIP数据核字(2018)第030965号

《孟子》校释译论

马士远 著

主管部门 山东出版传媒股份有限公司
出版发行 山东人民出版社
社　　址 济南市英雄山路165号
邮　　编 250002
电　　话 总编室 （0531）82098914
　　　　　市场部 （0531）82098027
网　　址 http://www.sd-book.com.cn
印　　装 日照报业印刷有限公司
经　　销 新华书店

规　　格 16开（170mm×240mm）
印　　张 30.75
字　　数 480千字
版　　次 2018年1月第1版
印　　次 2018年1月第1次
印　　数 1—5000
ISBN 978-7-209-11322-9
定　　价 65.00元
　　　　　如有印装质量问题，请与出版社总编室联系调换。

目　录

导 言

一

　　孟子，名轲，字子舆，一说字子车或子居，战国中期邹国（今山东邹城市）人，是战国时期伟大的思想家、政治家、教育家，孔子学说的继承者，儒家学派的重要代表人物，与孔子并称"孔孟"，被后世尊称为"亚圣"。

　　孟子的字号在汉代以前的古书中没有记载，《史记》《汉书》均无记载，赵岐《孟子题辞》称"字则未闻也"。魏晋之后却传出子车、子居、子舆等多个不同的字号。《孔丛子》始云"字子车"，注曰："一作子居；居贫坎坷，故名轲，字子居。亦称子舆。"《说文》曰："轲，接轴车也。"先秦时人的名与字意思往往相近，可能因为"轲"有车义，便附会说字子车；又因为"车""居"音近，故说字子居。唐朝张守节在《史记正义》中说孟子字子舆，字号可能是后人的附会而未必可信。

　　关于孟子的生卒年月，在司马迁《史记》、东汉赵岐《孟子章句》中均无记载。因史传不载，故而有许多不同的记述和猜测。

　　元代张须作《孟母墓碑记》，开始引用《孟氏谱》，认为孟子生于周定王三十七年己酉四月二日，卒于周赧王二十六年壬申正月十五日，活了八十四岁。然而，《孟氏谱》的作者不详，说法也有一些与史实不符的地方。周朝有两位定王，一是春秋时的定王姬瑜（公元前 606 年—586 年）；一是战国时的贞定王姬介（公元前 468 年—441 年）。孟子生于战国，故只能是定王姬介。但姬介在位只有二十八年，没有三十七年。《孟氏谱》说法并不可靠。

　　《孟氏谱》的记载虽不可靠，后人却在此基础上推衍出两种新的说法。一种说法是将《孟氏谱》中孟子生年的"定"字改为"安"字，去掉三十七前的"三"；把孟子卒年中的二十六去掉"六"字，把二十改为"十二"，于是便成了"孟子生于周安王十七年（公元前 385 年），卒于周赧王十二年（公元前 303 年）或十三年（公元前 302 年）"。认可此种说法的，有明代陈镐（《阙里志》）、清代周广业（《孟子四考》）等。第二种说法，是根据《孟氏谱》的卒年上推八十四年，也就是说孟子生于周烈王四年（公元前 372 年），卒于周赧王二十六年（公元前 289 年），寿八十四。持此说者有元代程复心（《孟子年谱》）、清代陈宝泉（《孟子时事考徵》）、狄子奇（《孟子编年》）等。

其中，"孟子生于周烈王四年，卒于周赧王二十六年，寿八十四"的说法，见于孟氏宗谱，被清蒋陈锡《邹县志》所采用，颇具权威性。这个说法，一度曾因为《史记·六国年表》误以孟子于梁惠王三十五年（周显王三十三年，公元前 336 年）至梁而受到怀疑。若以周烈王四年起算，孟子此时才三十七岁，惠王绝不该一见孟子就称孟子为"叟"，说"叟不远千里而来"，因为"叟"是对老者的尊称。但是据《竹书纪年》所载，梁惠王三十六年后，改元从一年始，至十六年而卒。孟子实于梁惠王后元十五年（周慎靓王元年，公元前 320 年）至梁，时年五十三岁。古人平均寿命较短，体貌早衰，《礼记》上说"五十始衰"，"五十养于乡"，孟子也说"五十者可以衣帛矣"，称一位五十多岁的人为叟，应该是很自然的事情，没有什么可怪。

这第二种说法，虽然是由《孟氏谱》而来，但据研究，它与孟子的活动大体相符，故为多数学者采用。后来虽有种种新说，但均是推算的约数，意义不大。钱穆说："知人论世，贵能求其并世之事业，不务详其生卒之年寿。今谓孟子生于烈王四年，或谓生于安王十七年，前后相去不过十五年，此不过孟子一人享寿之高下，与并世大局无关也。苟既详考孟子游仕所至，并世情势，及列国君卿大夫往来交接诸学士，则孟子一人在当时之关系已毕现，可无论其年寿之或为七十或为八十矣。无徵不信，必欲穿凿，则徒自陷于劳而且拙之讥，由何为者？"（《孟子生年考》，《系年》第 188 页）今从旧说，列于本文。

关于孟子的身世，据《孟子世家族谱·世谱》记载："亚圣祖系出自鲁桓公允，允生庄公同，同有弟三：长庆父为孟孙氏，庆父四传庄子速，速七传激，字公宜，激娶仉氏，魏公子（仉）启女，于周烈王四年四月二日己酉生轲，字子车，又字子舆。"

据说孟子远祖是春秋时期鲁国贵族孟孙氏，本为"鲁国三桓"之后。孟子是鲁桓公庶长子公子庆父的后代，庆父之子公孙敖另立一族，为孟孙氏，或称仲孙氏、孟氏。齐宣公四十八年，齐国攻破了孟孙氏的食邑郕（chéng）城，孟孙氏子孙遂分散开来。孟子的祖先就从鲁国迁居到邹国，于是孟子自此成了邹国人。这个小国的前身，便是春秋时代的邾（zhū）国。鲁国的都城在曲阜（今山东省曲阜市），而邹国的都城在邹（山东省邹县东南，邹县现改为邹城市），这两个诸侯国在古时是邻国，于现代为邻县。

相传孟子的父亲名激，字公宜，在孟子三岁的时候去世，后人对他的生平一无所知。孟母，相传姓仉（zhǎng），战国时晋国（今山西省晋中市太谷县东西仉村）人。清代张澍《姓韵·卷六十》记载："仉，孟子母仉氏。"孟母克勤克俭，含辛茹苦，坚守志节，艰辛地将孟子抚养成人，对他管束甚严，在中国历史上受到普遍尊崇。《韩诗外传》载有孟母"断织"等故事，《列女传》载有孟母"三迁"和"去齐"等故事。黎民百姓中流传着她的故事，文人学士为其立传作赞，达官显贵、孟氏后裔为其树碑修祠，后人把她与"精忠报国"岳飞的母亲岳母、三国时期徐庶的母亲徐母，列为后世母亲的典范，号称中国"贤良三母"，而且孟母位居"贤良三母"之首。

二

孟子的出生距孔子卒年（公元前479）大约百年左右。孟子的生平和孔子很相似，都是贵族的后裔，平民出身，幼年丧父，一生所走的道路都是求学、教书、周游列国。

孟母对孟子的教诲很早就开始了。《韩诗外传》载有她的一段话说："吾怀妊是子，席不正不坐，割不正不食，胎教之也。"孟母的生活以"正"为原则，这正符合中国传统文化之"童蒙养正"的教育观。我们今天也有很多准父母重视"胎教"问题，比如让肚子里的宝宝听音乐、听英语，但是其出发点大多都是为了孩子出生后能对某个学科感兴趣，说白了还是为了考个好分数，这与孟子母亲重视德行和人格相差甚远。

孟子出生后，孟母是如何教子的？《三字经》从第二十五个字开始，用十二个字叙述了孟母教子的故事："昔孟母，择邻处。子不学，断机杼。"

据《列女传·母仪》记载，孟子小时候很容易受外界影响，不能安心读书，母亲为了给他营造良好的学习环境，择邻而处，经过三次搬迁，最终在学宫旁定居。孟子在学宫旁边耳濡目染，学习演习礼仪，行为符合法度。然而，在最初的新鲜感消失之后，他又感到厌倦，学习松懈起来，走上了嬉戏玩闹的老路子。母亲得知之后十分生气。她剪断织机上的麻布，对孟子说："你停止读书，就不能博学多才，扬名天下，就像这麻布剪断之后，就成为废品，毫无用处。"孟子心中惭愧，自此之后牢记母亲教诲，学习十分刻苦。

孟母不仅重视客观环境对少年孟子的影响，而且十分注重言传身教，以自己的一言一行，一举一动来启发教育孟子。"买肉啖子"的故事，讲的就是孟母如何以自己的言行对孟子施以诚实不欺的品德教育的故事。

孟母对孟子的教育无微不至，即使在成亲之后，也不忘教他夫妇相处之道。据《列女传》记载：孟子对自己的妻子由氏一直不满，认为她太过倨傲，竟有意休妻。有一次，由氏在卧室内袒露身躯走动，孟子勃然不悦。孟母知道后，对儿子晓以大义："夫礼，将入门，问孰存，所以致敬也。将上堂，声必扬，所以戒人也。将入户，视必下，所以恐见人过也。今汝往燕私之处，入户不有声，令人袒而在内，踞而视之，是汝非礼也，非妇无礼也。""将入门，问孰存。将上堂，声必扬。"后来被写进了《弟子规》，成为读书人学习居家礼仪的守则。

孟母施教的种种做法，对于孟子的成长及其思想的发展影响极大。良好的环境使孟子很早就受到礼仪风习的熏陶，并养成了诚实不欺的品德和坚韧刻苦的求学精神，为他以后致力于儒家思想的研究打下了坚实而稳固的基础。

春秋战国，是中国历史思想发展空前活跃的时期，百家争鸣，诸子争奇斗胜，使人眼花缭乱。孟子对孔子创立的儒学十分感兴趣，而鲁国儒学最为兴盛。为了满足自己的求知欲望，孟子离开邹国，到鲁国拜师学艺。

孟子的老师，《史记》说是子思的门人，而据《列女传》和赵岐《孟子题辞》说，孟子曾受教于孔子的孙子孔伋（字子思）。但根据史书考证发现子思去世时离孟子出生还早几十年，师从孔子的孙子之说似乎不可信。《史记·孟子荀卿列传》说他"受业子思之门人"，这倒是有可能的。无论是受业于子思还是子思门人，孟子的学说都受到了子思的影响。所以，荀子把子思和孟子列为一派，这就是后世所称儒家中的思孟学派。

孟子受业的子思门人具体何指，史无记载，已不得而知。《孟子外书》说是子上，但东汉赵岐《孟子题辞》曰："又有《外书》四篇，《性善辨》《文说》《孝经》《为政》，其文不能弘深，不与内篇相似，似非《孟子》本真，后世依放而托之者也。"

孟子虽没有直接受业于子思，但他与子思的思想是一脉相承的，属于同一体系，史称思孟学派。这一学派的师承授受关系应该是：孔子（仲尼）—子思（孔伋）—子思门人—孟子（孟轲）。

孟子虽然与孔子不相及，但却通过这种学术的传承关系与孔子思想发生联系。孟子说："惟所愿，则学孔子"，"予私淑诸人也"，正反映了这一点。

孟子学成以后，便去游说齐宣王，齐宣王没有任用他。于是带领学生去其他的诸侯国如魏、宋、鲁、滕、薛等国游历，以士的身份游说诸侯，想要推行自己的政治主张。当时，各诸侯国都在实行变革，秦国任用商鞅，使国家富足，兵力强大；楚国、魏国也都任用过吴起，战胜了一些国家，削弱了强敌；齐威王和宣王举用孙膑和田忌等人，国力强盛，使各诸侯国都东来朝拜齐国。当各诸侯国正致力于"合纵连横"的攻伐谋略，把能攻善伐看作贤能的时候，孟子却称述唐尧、虞舜以及夏、商、周三代的德政，因此不符合他所周游的那些国家的需要。所以他的政治主张也与孔子一样不被重用，被认为是"迂远而阔于事情"，没有得到实行的机会。

之后，孟子便回到家乡聚徒讲学，与学生万章、公孙丑等人著书立说。

三

《史记》谓《孟子》七篇由孟轲自作，"序《诗》《书》，述仲尼之意，作《孟子》七篇"（《史记·孟子荀卿列传》）。而《汉书·艺文志》却说有十一篇。

东汉赵岐《孟子题辞》曰："此书孟子之所作也，故总谓之《孟子》。"又曰："于是退而论集，所与高弟弟子公孙丑、万章之徒，难疑答问，又自撰其法度之言，著书七篇。"此亦主孟子自撰。此外，赵岐说孟子有《性善辩》《文说》《孝经》《为政》四篇外书，则十一篇当是在七篇外又加外书四篇。赵岐认为外书四篇内容浮浅，与内篇不合，当是后人所作。

流传至今的《孟子》即赵岐所说的内篇，现存七篇十四卷。《孟子》是四书中篇幅最大的一部，总字数三万五千余字，二百八十六章。书中记载有孟子及其弟子的政治、教育、哲学、伦理等思想观点和政治活动。

《孟子》一书是孟子的言论汇编，由孟子及其弟子共同编写而成，是记录孟子的语言、政治观点和政治行动的儒家经典著作，属语录体散文集。《孟子》共有七篇传世：《梁惠王》（上、下）；《公孙丑》（上、下）；《滕文公》（上、下）；《离娄》（上、下）；《万章》（上、下）；《告子》（上、下）；《尽心》（上、下）。

与《论语》一样，《孟子》也是以记言为主的语录体散文，但它比《论语》又有明显的发展。《论语》的文字简约、含蓄，《孟子》却有许多长篇大论，气势磅礴，议论尖锐、机智而雄辩。如果说《论语》给人的感觉是仁者的谆谆告诫，那么《孟子》给人的感觉就是侃侃而谈，对后世的散文写作产生了深刻的影响。

《孟子》说理畅达，气势充沛并长于论辩，逻辑严密，尖锐机智，是先秦散文的杰出代表，《孟子》充满了哲学趣味。

孟子是儒家最重要的代表人物之一，被后人称为"亚圣"。但孟子的地位在宋代以前并不是很高。有一首讽刺孟子的打油诗这样说："乞丐何曾有二妻？邻家焉有许多鸡？当时尚有周天子，何事纷纷说魏齐？"

赵岐在《孟子题辞》中把《孟子》与《论语》相比，认为《孟子》是"拟圣而作"。所以，尽管《汉书·艺文志》仅仅把《孟子》放在《诸子略》中，视为子书，但实际上在汉代人的心目中已经把它看作辅助"经书"的"传"书了。

汉文帝把《论语》《孝经》《孟子》《尔雅》各置博士，便叫"传记博士"。

自中唐的韩愈著《原道》，把孟子列为先秦儒家中唯一继承孔子"道统"的人物开始，出现了一个孟子的"升格运动"，孟子其人其书的地位逐渐上升。到五代后蜀时，后蜀主孟昶命令人楷书十一经（《易》《书》《诗》《礼记》《周礼》《仪记》《公羊传》《谷梁传》《左传》《论语》《孟子》）刻石，这可能是《孟子》列入"经书"的开始。

后来宋太宗又翻刻了这十一经。

宋神宗熙宁四年（1071年），《孟子》一书首次被列入科举考试科目之中。

到南宋孝宗时，朱熹将《孟子》与《论语》《大学》《中庸》合在一起称"四书"，正式把《孟子》提到了非常高的地位，其实际地位更在"五经"之上。

元丰六年（1083年），孟子首次被官方追封为"邹国公"，翌年被批准配享孔庙。元朝至顺元年（1330年），孟子被加封为"亚圣公"，以后就称为"亚圣"，地位仅次于孔子；《孟子》一书也升格为儒家经典。

在明清两代，官方规定，科举考试的八股文题目必须从《四书》中选取，要"代圣人立言"。于是，《孟子》一书便成了明清两代士子们的必读书之一。

《孟子》行文气势磅礴，感情充沛，雄辩滔滔，极富感染力，流传后世，影响深远，成为儒家经典著作之一。

读《孟子》一书，想见其为人。孟子之文气势磅礴，如滔滔泉涌，不择地而出，横行无阻。据说孟子本人自傲自负，锋芒毕露，好辩而且善辩，动辄与人言辞交锋，必欲争胜，这也许是胸中"浩然之气"与"万物皆备于我"的豪放襟怀所致，加之喜用层层叠叠的排比句式，善用形象说理，行文磊落舒畅，嬉笑怒骂，绝不滞涩生硬，"笔锋中常带感情"，对后世散文影响至深，其关于个人修养与古诗理解的一些看法，对后世的文学批评也建功甚伟。

历代为《孟子》作注释比较重要的有东汉赵岐的《孟子注》和宋代朱熹的《孟子集注》。清代的焦循总结了前人的研究成果撰成《孟子正义》一书，是集大成的著作。另有今人杨伯峻《孟子译注》(中华书局本)。

四

《孟子》一书是记录孟子言行的一部著作，从书中可以探寻孟子的主要思想：仁政学说。

孟子继承和发展了孔子的德治思想，将其发展为仁政学说，成为其政治思想的核心。他把"亲亲""长长"的原则运用于政治，以缓和阶级矛盾，维护封建统治阶级的长远利益。

孟子一方面严格区分了统治者与被统治者的阶级地位，认为"劳心者治人，劳力者治于人"，并且模仿周制拟定了一套从天子到庶人的等级制度；另一方面，又把统治者和被统治者的关系比作父母对子女的关系，主张统治者应该像父母一样关心人民的疾苦，人民应该像对待父母一样去亲近、服事统治者。

孟子认为，这是一种最理想的政治，如果统治者实行仁政，可以得到人民的衷心拥护；反之，如果不顾人民死活，推行虐政，将会失去民心而变成独夫民贼，被人民推翻。仁政的具体内容很广泛，包括经济、政治、教育以及统一天下的途径等，其中贯穿着一条民本思想的线索。

孟子根据战国时期的经验，总结各国治乱兴亡的规律，提出了一个富有民主性精华的著名命题："民为贵，社稷次之，君为轻。"认为如何对待人民这一问题，对于国家的治乱兴亡，具有极端的重要性。孟子十分重视民心的向背，通过大量历史事例反复阐述这是关乎得天下与失天下的关键问题。

孟子说："夫仁政，必自经界始"。所谓"经界"，就是划分整理田界，实行井田制。孟子所设想的井田制，是一种封建性的自然经济，以一家一户的小农为基础，采取劳役地租的形式。每家农户有五亩之宅，百亩之田，吃穿自给自足。孟子认为，"民之为道也，有恒产者有恒心，无恒产者无恒心"，只有使人民拥有"恒产"，固定在土地上，安居乐业，他们才不会触犯刑律，为非作歹。

孟子认为，人民的物质生活有了保障，统治者再兴办学校，用孝悌的道理进行教化，引导他们向善，这就可以造成一种"亲亲""长长"的良好道德风尚，即"人人亲其亲、长其长，而天下平"。

孟子认为统治者实行仁政，可以得到天下人民的衷心拥护，这样便可以无敌于天下。孟子所说的仁政要建立在统治者的"不忍人之心"的基础上。孟子说："先王有不忍人之心，斯有不忍人之政矣。""不忍人之心"是一种同情仁爱之心。但是，这种同情仁爱之心不同于墨子的"兼爱"，而是从血缘的感情出发的。孟子主张，"亲亲而仁民"，"老吾老以及人之老，幼吾幼以及人之幼"。仁政就是这种不忍人之心在政治上的体现。

（一）民本思想

民本思想是孟子思想的精华，是其仁政学说的理论基础之一。

孟子大大发展了春秋以来的民本思想，要求统治者"保民"、"与民同乐"，其中，最突出的是："民为贵，社稷次之，君为轻。是故得乎丘民而为天子，得乎天子为诸侯，得乎诸侯为大夫"（《尽心下》）。

孟子认为民众比君主重要，天子之所以为天子是因为他得到民众的信任。他认为，"桀纣之失天下也，失其民也。失其民者，失其心也"（《离娄上》）。桀和纣丧失了天下，正是由于失去了百姓的支持，失去了民心。因此他推崇"得民心者得天下"。

孟子认为君主应以爱护人民为先，为政者要保障人民权利。孟子提出对残害人民的暴君可以进行诛伐，推翻他，并认为这是正义之举。"君有大过则谏，反覆之而不听，则易位"（《万章下》）。"诸侯危社稷，则变置"（《尽心下》）。对于汤伐桀、武王伐纣之事，孟子明确表示"贼仁者谓之贼，贼义者谓之残。残贼之人，谓之一夫。闻诛一夫纣矣，未闻弑君也"（《梁惠王下》）。他认为不仁不义的上位者是"独夫"，人民就可以"易位"甚至名正言顺地杀了这样的人，而不背上"弑君"的罪名。

孟子强调国君不仅要爱护民众，也要爱护臣下，"君之视臣如手足，则臣视君如腹心；君之视臣如犬马，则臣视君如国人；君之视臣如土芥，则臣视君如寇雠"（《离娄下》）。在他看来，国君对臣下不尊重、不爱护，臣下同样可以背弃国君，"君有过则谏，反覆之而不听，则去"（《万章下》）。

孟子把人民的意愿作为战争是否该发动的重要标准。当齐宣王在攻取燕国的问题上向孟子请教时，孟子认为取不取燕国要看燕国的人民是否愿意，"取之而燕民悦，则取之。古之人有行之者，武王是也。取之而燕民不悦，则勿取。古之人有行之者，文王是也。以万乘之国伐万乘之国，箪食壶浆，以迎王师，岂有他哉？避水火也。如水益深，如火益热，亦运而已矣"（《梁惠王下》）。

孟子还关注处于水深火热中的人民，批评残酷压榨百姓的统治者，说他们"庖有肥肉，厩有肥马，民有饥色，野有饿莩，此率兽而食人也"（《梁惠王上》）。

孟子认为不是尧把天下禅让给舜，而是"天与之，人与之"。为了得到人民的拥护，孟子强调君主要与民同乐，与民同忧。"乐民之乐者，民亦乐其乐；忧民之忧者，民亦忧其忧。乐以天下，忧以天下，然而不王者，未之有也。"

（二）道德伦理

孟子把伦理和政治紧密结合起来，强调道德修养是搞好政治的根本。他说："天下之本在国，国之本在家，家之本在身。"后来《大学》提出的"修齐治平"就是根据孟子的这种思想发展而来的。

孟子把道德规范概括为四种，即仁、义、礼、智。同时把人伦关系概括为五种，即"父子有亲，君臣有义，夫妇有别，长幼有序，朋友有信"。

孟子认为，仁、义、礼、智四者之中，仁、义最为重要。仁、义的基础是孝、悌，而孝、悌是处理父子和兄弟血缘关系的基本的道德规范。他认为如果每个社会成员都用仁、义来处理各种人与人的关系，社会秩序的稳定和天下的统一就有了可靠保证。

为了说明这些道德规范的起源，孟子提出了性善论的思想。他认为，尽管各个社会成员之间有分工的不同和阶级的差别，但是他们的人性却是同一的。他说："故凡同类者，举相似也，何独至于人而疑之？圣人与我同类者。"这里，孟子把统治者和被统治者摆在平等的地位，探讨他们所具有的普遍的人性。这种探讨适应于当时奴隶解放和社会变革的历史潮流，标志着人类认识的深化，对伦理思想的发展是一个巨大的推进。

孟子认为，仁、义、礼、智的道德是天赋的，是人心所固有的，是人的"良知、良能"，是人区别于禽兽的本质特征。他说："仁、义、礼、智根于心"，"仁、义、礼、智非由外铄我也，我固有之也"，其理由是人人都有"善端，"即恻隐之心、羞恶之心、辞让之心、是非之心，四者后人称之为"四端"。有的人能够扩充它，加强道德修养，有的人却自暴自弃，为环境所陷溺，这就造成了人品高下的不同。因此，孟子十分重视道德修养的自觉性。

孟子对于士阶层的要求是严格的，认为无论环境多么恶劣，也要奋发向上，把恶劣的环境当作磨练自己的手段。应该做到"富贵不能淫，贫贱不能移，威武不能屈"，成为一个真正的大丈夫。如果遇到严峻的考验，应该"舍生而取义"，宁可牺牲生命也不可放弃道德原则。他认为通过长期的道德实践，可以培养出一种坚定的无所畏惧的心理状态，这就是"浩然之气"。这种气"至大至刚"，能够主动扩张，充塞于天地之间。孟子的性善说是一种道德先验论。宋代以后，为理学家普遍接受，成为正统的人性论思想，影响深远。

（三）哲学思想

孟子哲学思想的最高范畴是天。孟子的思想体系，包括他的政治思想和伦理思想，都是以天这个范畴为基石的。

孟子继承了孔子的天命思想，剔除了其中残留的人格神的含义，把天想象成为具有道德属性的精神实体。他说："诚者，天之道也。"孟子把"诚"这个道德概念规定为天的本质属性，认为天是人性固有的道德观念的本原。

关于天人关系，孟子认为天与人二者是相通的。从天的方面来说，天是万事万物的主宰，人事的一切，都是由天决定的。从人的方面来说，不仅人的善性来自天赋，而且人心的思维功能也是天所赐予的。人心具备天的本质属性，只要反求诸己，尽量发挥、扩展自己的本心，就可以认识天。孟子极力追求尽心、知性、知天的精神境界。为了达到这种境界，他提出了一套道德修养的方法和认识论的思想，强调主体的自觉、向内追求，认为如果达到了这种境界，可以产生一种巨大的精神力量。

认识世界是为了改造世界，认识世界、改造世界最重要的一环在于掌握客观规律。孟子拿夏禹治水，根据水势就下、可导而不可遏的规律，来说明人认识世界、改造世界都须如此。

孟子的思想是复杂的，其思想主要以唯物主义的成分居多，《孟子》书中所反映出来的关于认识论的见解，包含着许多朴素的唯物主义思想。《孟子》云："天将降大任于斯人也，必先苦其心志，劳其筋骨，饿其体肤，空乏其身，行拂乱其所为，所以动心忍性，曾益其所不能"（《告子下》）指出有许多知能必须经历困难，经过挫折、失败，不断取得教训，受到锻炼，然后才能得之。客观世界有其本身的规律，是人所不能违反的。

孟子明确地看到，一切事物发展和变化有其一定的进程。他在书中讲了一个故事作为比喻：宋人有闵其苗之不长而揠之者，芒芒然归，谓其人曰："今日病矣！予助苗长矣！"其子趋而往视之，苗则槁矣。天下之不助苗长者寡矣！以为无益而舍之者不耘苗者也。助之长者揠苗者也，非徒无益，而又害之。（《公孙丑上》）

（四）教育思想

孟子从"尽心、知性、知天"思想出发，认为知识的学习，并非从外而来，必须经过自己主动自觉地努力钻研，才能彻底领悟。既然万事万物的道理都在我心中，那么只有自求自得，才能心有所得，达到运用自如的地步。所以他说："君子深造之以道，欲其自得之也。自得之，则居之安；居之安，则资之深；资之深，则取之左右逢其原，故君子欲其自得之也。"他认为君子的高深造诣要有正确的办法，这就是要求他自觉地追求得到。自觉地追求得到的，掌握得比较牢固，牢固地掌握而不动摇，就能积蓄很深，积蓄很深，便能取之不尽，左右逢源，所以君子要自觉地有所得。孟子认为深造自得必须注意由博返约。他说，"博学而详说之，将以反说约也"。广博地学习，详细地解说，在融会贯通之后，再回到简略地述说大义的地步。

孟子承继了孔子的思想，认为深造自得要注意能将广博的知识融会贯通，然后再归纳为简约的结论以达到"约"的地步。这是一种重要的思维方法与学习方法，也是一种教学方法。作为教师，要把一个道理讲明白，如果没有关于这个道理的广博知识并能融会贯通，就很难把这个道理的重点、难点与关键之处向学生讲清楚。由博返约，以简驭繁，这是古人留给我们的重要的教、学方法。

孟子同孔子一样，善于启发思维，善于使用问答法达到他预期的结果。他善于使用比喻的方法，使学生容易明白他所讲的道理。他要求学生主动积极，开动脑筋，不急于代替学生作结论。他有一句名言："尽信《书》，则不如无《书》。"完全相信《书》，那还不如没有《书》。他要求学生有存疑精神。这是对孔子的"多闻阙疑""多见阙殆"思想的发展。有疑才有思，疑正是启发思维的起点。他还说："大匠不为拙工改废绳墨，羿不为拙射变其彀率。君子引而不发，跃如也。中道而立，能者从之。"意思是说，高明的工匠不因为拙劣工人改变或废弃规矩，高明的弓手也不因为拙劣射手变更拉开弓的标准。君子教导别人正如射手张满了弓，却不发箭，做出跃跃欲试的姿势，以启发和诱导学生，激发学生有进无退的学习积极性。教师不能降低要求，要在正确的道路中站住，有能力的学生便跟随而来。这是教师引导的结果。

孟子重视循序渐进地学习知识，他继承了孔子"循循然善诱人"的思想，所谓"循循然"意味着孔子善于按照次序、一步一步地进行诱导。孟子认为学习是一个自然发展的过程，一方面应自强不息，不可松懈或间断；一方面也不应流于急躁或冒进。他说："其进锐者，其退速。"前进太猛的人，后退也会快。他还把进学的次第比作流水，"不盈科不行"，流水遇到坎坷时，必须等水盈满后才能继续往前进行，"盈科而后进"，日夜不停地流到海里去。"君子之志于道也，不成章不达。"孟子的意思是，君子有志于道，没有一定的成就，也就不能通达。不能急躁冒进，没有一个循序渐进的累进，不可能发展达到伟大的成就。所谓"源泉混混，不舍心昼夜，盈科而后进，放于四海"，就是这个意思。孟子认为学习既要不间断地努力，但又不能拔苗助长。

孟子重视学习的专心致志，反对三心二意。他以下围棋为例，下围棋只是小技术，如果不一心一意，那也学不会。弈秋是全国的下围棋能手，假如让他教授两个人下棋，一个人很专心，听弈秋指导；另一个表面听着，心里却在想，要是有只天鹅快飞来，就要拿起弓箭去射它。后者的学习成绩一定不如前者，这是因为后者不如前者聪明吗?自然不是的。这说明学习上的差异和对学习是否专心有关，而不完全取决于人的天资的高低。这是中国教育史上最早讨论注意的问题，有意注意与无意注意以及注意的分配问题。孟子说："无或乎王之不智也。虽有天下易生之物也，一日暴之，十日寒之，未有能生者也。"意思是，莫怪王的不聪明，纵使有一种最容易生长的植物，晒它一天，冷它十天，没有能够生长的。这里表明他反对一曝十寒，主张专心有恒。他还教人不要有头无尾，功亏一篑，他说："有为者辟若掘井，掘井九轫而不及泉，犹为弃井也。"有作为的人做一件事譬如掘井，掘到六七丈深不见泉水，这时停止挖掘了，结果仍是一个废井，这说明有为者必有恒心，才能取得最后成功；半途而废，前功尽弃，是没有恒心的表现。

　　孟子认为教学方法是多种多样的，总的精神是因材施教，启发诱导。他说："君子之所以教者五，有如时雨化之者，有成德者，有达材者，有答问者，有私淑艾者，此五者，君子之所以教也。"意思是说，君子的教育方式有五种，有的像及时雨一般润泽万物，有成全品德的，有培养才能的，有解答疑问的，还有以流风余韵为后人所私自学过的。这五种便是孟子提出的教育方式。他还说过："教亦多术矣，予不屑之教诲也者，是亦教诲之而已矣。"在各种教育方式中，还有一种是不屑于去教诲他，这也是一种教诲呢！这是一种激励愤发的方式。

梁惠王上

1.1【原文】

　　孟子见梁惠王①。王曰："叟②！不远千里而来,亦将有以利吾国乎？"

　　孟子对曰："王！何必曰利？亦③有仁义而已矣。王曰'何以利吾国？'大夫曰'何以利吾家？'士庶人曰'何以利吾身？'上下交征④利而国危矣。万乘(shèng)之国⑤,弑⑥其君者,必千乘之家;千乘之国,弑其君者,必百乘之家。万取千焉,千取百焉,不为不多矣。苟⑦为后义而先利,不夺不餍(yàn)。未有仁而遗其亲者也,未有义而后其君者也。王亦曰仁义而已矣,何必曰利？"

【注释】

　　①梁惠王:即魏惠王,名罃(yīng,古代盛灯油的壶。古同"罃"),惠是他的谥号,公元前370—公元前319年在位。公元前362年,魏国将都城从安邑(今山西省安邑县)迁到大梁(今河南开封),因而它也被称为梁。

　　②叟:对老人的尊称。

　　③亦:这里是"只"的意思。

　　④征:赵岐《注》云:"征,取也。"

　　⑤万乘之国:拥有万乘兵车的国家。古代用四匹马拉的一辆兵车叫一乘,诸侯国的大小以兵车的多少来衡量。据刘向《战国策·序》说,战国末期的万乘之国有韩、赵、魏(梁)、燕、齐、楚、秦七国,千乘之国有宋、卫、中山以及东周、西周。至于千乘、百乘之家的"家",则是指拥有封邑的公卿大夫,公卿封邑大,有兵车千乘。大夫封邑小,有兵车百乘。

　　⑥弑:古时候以下杀上,以卑杀尊叫弑。

⑦苟：如果。

【译文】

孟子拜见梁惠王。梁惠王说："老先生！你不远千里而来，一定是有什么对我的国家有利的高见吧？"

孟子回答说："大王！何必说利呢？只要说仁义就行了。大王说'怎样对我的国家有利？'大夫说'怎样对我的封地有利？'一般士人和老百姓说'怎样对我自己有利？'结果是上上下下互相争夺利益，国家就危险了！在一个拥有一万辆兵车的国家里，杀害它国君的人，一定是拥有一千辆兵车的大夫；在一个拥有一千辆兵车的国家里，杀害它国君的人，一定是拥有一百辆兵车的大夫。这些大夫在一万辆兵车的国家中就拥有一千辆，在一千辆兵车的国家中就拥有一百辆，他们的拥有不算不多。可是，如果把义放在后而把利摆在前面，他们不夺得国君的地位是永远不会满足的。反过来说，从来不讲仁的人是会抛弃父母的，从来不讲义的人是会不顾君王的。所以，大王只说仁义就行了，何必说利呢？"

【评论】

《孟子》开篇就是有关"义""利"的辩论。那么，到底是义大于利还是利大于义呢？

在儒家的观点里，是主张义大于利的，孔子早就说过"君子喻于义，小人喻于利"。不过孔子也并不反对利，而是认为利要靠义来获取。他说："富而可求，虽执鞭之士，吾亦为之。"只要是合乎于义的事情，就是给人赶马车，自己也愿意去做。同时他又说："如不可求，从吾所好"。所以孔子认为对富贵要求之以道，不能取不义之财。

为人处世是这样，治理国家也是这样。荀子认为，盛世重义，乱世重利。司马迁说自己读《孟子见梁惠王》一章，常常感叹不已：利实在是天下大乱的原因啊！所以，君子不言利，这的确是儒学传统。

不过，朱熹《孟子集注》说得好：君子不言利并不是完全不想利，只不过不唯利是图而已。孟子之所以说那么坚决，是因为当时的人唯利是图，不知世上有"仁义"二字，所以拔本塞源而救其弊，此圣贤之心也。

实际上孟子并非只是懂得仁义礼乐的一介书生，他有自己的一套治国安邦的方法，孟子所反对的是私利和贪欲，而不是大利和公利。实际上人活天地间，谁也不能脱离利而生存。司马迁说："天下熙熙，皆为利来；天下攘攘，皆为利往。"古代如此，现代更是如此。老百姓说"一分钱难倒英雄汉"，就是最实在的表达。因此分裂义利，将义利的对立绝对化是断不可取的。

到了今天，孟子所强调的不急功近利，而是先修仁义的做法也有很强的现实意义。现在出现的一系列社会问题：贪污腐败，造假卖假，食品安全问题，以及那些"血汗工厂""黑煤窑"等都是漠视仁义、单纯逐利的结果。而这些社会现象存在了二十多年，屡被查处，却愈演愈烈，就是无限的贪欲带来的结果。这正应了孟子所说"苟为后义而先利，不夺不餍"。

商业的本质是逐利，这并没有错。但为了逐利而丢了良心，这就是利欲熏心了。曾有人认为中国的企业主同外国的企业主比起来最大的区别是：外国的企业主对自己抠，对员工却慷慨；而中国的企业主对自己慷慨，对员工抠，所以中国的企业总是长不大。在如今世界五百强里面，中国能排得进去的大多是骨干型的国企，私企则寥寥。有些企业主缺乏长远眼光，把员工的工资算计到骨头里，而他们吃一顿饭能花上好几万元，这样为富不仁者永远是商界里的侏儒和过客。

当然，为富也仁的企业家也有很多，比如香港的李嘉诚、霍英东、包玉刚、曾宪梓、邵逸夫等等。大陆也有一批慈善家，比如陈一丹、余彭年、陈发树等等。他们都是商人，但都对公益和慈善事业慷慨捐赠，使得无论是他们个人还是他们的企业都能以阳光的形象示人，赢得了社会的尊重，也直接带动了他们事业的发展。而诸如"三鹿""富士康"这样的企业，人们一提到它们就必然有一大堆的负面联想。这就是疯狂逐利，不修仁义的结果。

孟子所说的"何必曰利，亦有仁义而亦已"，两千多年后仍光辉不减，同样适用于我们今天的各个领域。急功近利是做事的大忌，失去良心的逐利会让自己走向灭亡，仁义才是立世的根本。

1.2【原文】

孟子见梁惠王，王立于沼①上，顾鸿雁麋（mí）鹿，曰："贤者亦乐此乎？”

孟子对曰：“贤者而后乐此，不贤者虽有此，不乐也。《诗》云：'经始灵台②，经之营之，庶民攻③之，不日成之。经始勿亟，庶民子来。王在灵囿（yòu），麀④（yōu）鹿攸（yōu）伏，麀鹿濯濯⑤，白鸟鹤鹤⑥。王在灵沼，于牣（rèn）⑦鱼跃。'文王以民力为台为沼，而民欢乐之，谓其台曰灵台，谓其沼曰灵沼，乐其有麋鹿鱼鳖。古之人与民偕乐，故能乐也。《汤誓》⑧曰：'时日害丧⑨？予及女⑩偕亡。'民欲与之偕亡，虽有台池鸟兽，岂能独乐哉？”

【注释】

①沼：水池。

②灵台：周文王所筑的用于观察天象和游乐登临的高台，故址在今西安市西秦杜镇。

③攻：治，修筑。

④麀鹿攸伏：麀，母鹿。攸，古文献里同“所”字。赵岐《注》云：“安其所而伏，不惊动也。”

⑤濯濯：肥胖而光滑的样子。

⑥鹤鹤：羽毛洁白的样子。

⑦牣：充满。

⑧《汤誓》：《尚书》里的篇名，记载商汤伐桀时的誓师之词。

⑨时日害丧：时，朱熹《集注》云：“是也。”害，同“曷”，何也。这里是何时的意思。

⑩女：通“汝”，你。

【译文】

孟子拜见梁惠王。梁惠王站在池塘边上，一面顾盼着鸿雁麋鹿等飞禽走兽，一面说：“贤人也以此为乐吗？”

孟子回答说:"正因为是贤人才能够以此为乐,不贤的人就算有这些东西,也不能够快乐。《诗经》说:'开始规划造灵台,仔细营造巧安排。天下百姓都来干,几天建成速度快。建台本来不着急,百姓起劲自动来,国王游览灵园中,母鹿伏在深草丛。母鹿肥大毛色润,白鸟洁净羽毛丰。国王游览到灵沼,满池鱼儿欢跳跃。'周文王虽然用了老百姓的劳力来修建高台深池,可是老百姓非常高兴,把那个台叫作'灵台',把那个池叫作'灵沼',以那里面有麋鹿鱼鳖等珍禽异兽为快乐。古代的君王与民同乐,所以能真正快乐。相反,《汤誓》说:'你这太阳啊,什么时候毁灭呢?我宁肯与你一起毁灭!'老百姓恨不得与你同归于尽,即使你有亭台深池、珍禽异兽,难道能独自享受快乐吗?"

【评论】

这一段记载很有点戏剧性。

梁惠王正在花园中休闲散心,那个劝他不要谈利的"叟"——孟子又去拜见他了。他一边左顾右盼地观赏园林池台中的珍禽异兽,一边漫不经心地问:"你们这些不言利的贤人先生们觉得这园林风光,这珍禽异兽怎么样啊?你们也会以此为乐吗?"语辞间满含奚落的味道。结果,孟子聪明人装糊涂,就像没有觉察出什么来似的,反而将话就话,接过他的话头来就亮出了自己的主题:"贤者而后乐此,不贤者虽有此不乐也"。然后沿着这一正一反两条线索展开,以周文王和夏桀的典型例证作为论据,提出了当政者应"与民同乐"的思想主张,从而又一次教育了梁惠王。

孟子的基本思想是:仁慈的政治领导人与民同乐,所以能享受到真正的快乐。残暴专制独裁者穷奢极欲,不顾老百姓的死活,其结果是自己也得不到真正的快乐。从历史的情况看,夏桀王固然没有好下场,后世的殷纣王造酒池肉林,秦始皇建阿房宫,隋炀帝修迷楼,宋徽宗筑艮岳,慈禧太后建颐和园等,大兴土木,原本只是为了享受快乐,但由于贪婪残暴,不顾人民死活,结果是民怨鼎沸,几乎没有一个有好结局,也没有一个享受到了真正的快乐。这些都证实了孟子"与民同乐"思想的正确性。

其实与民同乐的思想对各级领导人来说都很重要,比如说,作为一个单位的领导人,是一心想中饱私囊,还是想致力于改善广大职工的福利,走大家共同富裕的道路，这的确是一块试金石。而实际情况是，往往那些只顾自己，不惜铤而走险的人，虽然也可能在短时间内满足自己的欲望，真的捞上了一把。但是，欲壑难填，其最终结果多半是以身试法，并不能获得真正的快乐。

甚至包括我们每个人，只需要把与民同乐的"民"字稍加替换，改成"与人同乐"，对于我们立身处世都是具有非常积极意义的。有的人通过千辛万苦的拼搏和奋斗，钱倒是挣了不少，可是晚景凄凉，并没有亲人乃至知心的人来与自己分享，结果是了无生趣，并不觉得人生有什么快乐可言。

谁有快乐不愿意与人分享呢？反过来说，只有人与你分享时，你才会真正感到快乐。这恐怕是我们都会有的体验罢。

回到孟子的思想上来，与民同乐实际上是他仁政思想的一个组成部分。

1.3【原文】

梁惠王曰："寡人之于国也，尽心焉耳矣。河内凶，则移其民于河东①，移其粟于河内。河东凶亦然。察邻国之政，无如寡人之用心者。邻国之民不加少②，寡人之民不加多，何也？"

孟子对曰："王好战，请以战喻。填然鼓之③，兵刃既接，弃甲曳兵而走④。或百步而后止，或五十步而后止。以五十步笑百步，则何如？"

曰："不可；直⑤不百步耳，是亦走也。"

曰："王如知此，则无望民之多于邻国也。"

"不违农时，谷不可胜食也；数罟（shuò gǔ）不入洿（wū）池，鱼鳖不可胜⑥食也；斧斤⑦以时入山林，材木不可胜用也。谷与鱼鳖不可胜食，材木不可胜用，是使民养生丧死无憾⑧也。养生丧死无憾，王道之始也。"

"五亩之宅，树之以桑，五十者可以衣帛矣。鸡豚狗彘（zhì）之畜，无失其时，七十者可以食肉矣。百亩之田，勿夺其时，数口之家可以无饥矣。谨庠（xiáng）序⑨之教，申之以孝悌之义，颁白者不负戴于道路矣⑩。七十者衣⑪帛食肉，黎民不饥不寒，然而不王⑫者，未之有也。"

"狗彘食人食而不知检⑬,涂有饿莩(piǎo)而不知发⑭;人死,则曰:'非我也,岁也。'是何异于刺人而杀之,曰:'非我也,兵也。'王无罪岁,斯天下之民至焉。"

【注释】

①河内:黄河北岸土地,今河南省济源市。河东:魏国的黄河之东的土地,今山西省安邑县一带。

②加少:减少。

③填然鼓之:填然,鼓声充盈的意思。古代作战,以击鼓表示进军,以鸣金表示退兵。

④兵:兵器。走,《说文》云:"趋也。"古代慢慢走叫步,快快走叫趋,比趋更快,相当于跑叫作走。这里是逃跑的意思。

⑤直:只是,不过。

⑥数罟等句:数,杨伯峻《孟子译注》读 shuò。也有译本读 cù,据考证,"cù"应属于古音异读。现代汉语里该字已无此读音。数罟,细密的渔网。赵岐《注》:"数罟,密网也。"洿,大。胜,尽也。

⑦斧斤:"斤"是"斧"的一种,古代斧、斤连称。

⑧憾:恨也,不满也。

⑨庠序:古代的地方学校。后也泛称学校或教育事业。

⑩颁白:颁,通"斑"。鬓发半白,也写作"斑白"。负戴:古代用人力搬运重物的两种方式,负指背在背上,戴指顶在头上。

⑪衣:动词,读去声,穿也。

⑫王:在此读 wàng,是动词,可以解释为"称王",但是梁惠王本身就是王,解释为"成就王图霸业"更合适。

⑬检:节制、制止。

⑭涂有饿莩而不知发:涂,道路。莩,饿死的人。发,开仓赈济。

【译文】

梁惠王说："我对国家的治理，很尽心竭力了吧！黄河以南发生灾荒，就把那里的灾民移往黄河以东，把河东的粮食运到河南。当河东发生灾荒的时候，我也是这样做的。看看邻国的君主主办政事，没有像我这样尽心尽力的。可是，邻国的百姓并不见减少，而我的百姓并不见增多，这是什么原因呢？"

孟子回答说："大王您喜欢打仗，就让我用打仗来打比方吧。战鼓咚咚敲响，交战太激烈了，战败的士兵丢盔弃甲拖着武器逃跑，有的跑了上百步才停下，有的跑了五十步就停下来。跑了五十步的人因此就去讥笑跑了一百步的人，您觉得行不行呢？"

梁惠王说："不行。他只不过没有逃跑到一百步罢了，可是这也同样是逃跑呀！"

孟子说："大王您既然懂得这个道理，就不必去期望您的国家的民众比邻国增多了。只要不违背农时，那粮食就吃不完。细密的渔网不入池塘，那鱼鳖水产就吃不完。砍伐林木有定时，那木材便用不尽。粮食和鱼类吃不完，木材用不尽，这样便使老百姓能够养活家小，死葬没有什么不满意的。老百姓养生送死没有缺憾，这正是王道的开始。"

"在五亩大的宅园里，种上桑树，上了五十岁的人就可以穿着丝绸了。鸡鸭猪狗不失时节地繁殖饲养，上了七十岁的人就可以经常吃到肉食了。一家一户所种百亩的田地不误农时得到耕种，数口之家就不会闹灾荒了。注重学校的教育，强调孝敬长辈的道理，须发花白的老人们就不再会肩挑头顶，出现在道路上了。年满七十岁的人能穿上丝绸，吃上鱼肉，老百姓不缺衣少食，做到了这些而不称王于天下的是绝不会有的。"

"现在，猪狗吃的是人吃的食物而不知道设法制止，路上出现饿死的人而不知道赈济饥民，人死了反而说'与我无关，是年成不好的缘故'，这和将人杀了反而说'与我无干，是武器杀的'又有什么不同呢？大王您要能够不归罪于荒年，这样，普天下的百姓便会涌向您这儿来了。"

【评论】

战国时期，列国争雄，频繁的战争导致人口大批迁徙伤亡。哪一个国家比较安定、富强、和乐，老百姓就迁到那个国家为臣民。因此，各个诸侯为称雄，都

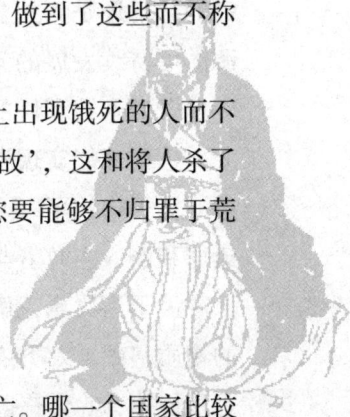

希望自己的国家人口增多。梁惠王也不例外。

梁惠王三十五年，"卑礼厚币以招贤者"，于是贤者数人之中就有孟子不远千里来到魏都大梁。二人一见面，梁惠王就想得到"以利吾国"的良策，孟子则以"何必曰利，亦有仁义而已矣"为对，指出专言求利的严重危害性和躬行仁义的重要意义。二人另一次会面是在禽兽嬉游的池沼边上。梁惠王得意地问孟子："贤者亦乐此乎？"孟子以"贤者而后乐此，不贤者虽有此不乐也"为对，并通过历史事实的对比，证明了贤者"偕乐"与不贤者"独乐"的不同结果：文王关爱百姓，百姓爱戴他，因而文王能享其乐；夏桀不恤百姓，百姓怨恨他，因而夏桀不能保其乐。正是在接触、交谈的过程中，孟子与梁惠王彼此有了进一步了解，于是有了《寡人之于国也》这篇传诵千古的政事问答。

这篇问答是表现孟子"仁政"思想的重要组成部分，孟子向梁惠王宣传自己的"仁政"思想，论述了如何实行"仁政"、以"王道"统一天下的问题。因为只有实行仁政，才能得民心；得民心，才能得天下。这种"保民而王"的思想，实际也是孟子"民本"思想的体现。

虽然这是一篇孟子为了阐述自己的富民、教民思想，表现"仁政"内容的文章，但文中所表现出来的注重"以人为本，保护环境，可持续发展"的思想，以及注重"人与自然、社会和谐相处"的思想，时至今日，依然具有很大的现实意义。"不违农时，谷不可胜食也；数罟不入洿池，鱼鳖不可胜食也；斧斤以时入山林，材木不可胜用也。"孟子生活的时代，还是典型的农耕社会，可以想象那时的环境还是到处蓝天白云、山清水秀，可是孟子却已经在思考环境的保护和资源的可持续发展的问题了。孟子的这个观点无疑是很超前的。现代，人们在追求环境资源永续利用的过程中，也应遵循自然规律，科学地开发利用环境和自然资源，这样才能实现资源的可持续利用。

孟子构筑了一个施行"仁政"的和谐社会理想：在经济和谐的基础上，提倡道德和谐，主政者与人民和谐相处。

孟子为梁惠王解析了一个理想的和谐社会所必需的经济基础，也是实行王道的物质基础。人类依赖自然，接受它的恩赐。不违农时，尊重农作物生长发展的客观规律，就会获得自然的赏赐；不在生命体的繁殖季节狂捕滥捞，就会使生命体得以繁衍生息；按照树木生长季节去有节制地采伐，才会有取之不尽的栋梁之材。只有尊重自然，敬畏自然，感激自然，实施可持续发展战略，才会得到自然的慷慨赏赐，才会有人与自然的和谐相处，才能实现物质充裕、经济发展、国家富强。

当统治者的统治政策顺民意，得民心，关注民生，休养生息，因地制宜地发展生产，不征调百姓服役而耽误生产时节，不狂捕滥捞，不忽视时令伐木，"使民养生丧死无憾"，解除后顾之忧，百姓衣食安则心安，从而稳定人心，达到社会和谐，政权稳固。当王道的物质准备充分以后，才能进而去实现王道之成，形成一个真正的和谐社会。

实现社会的整体和谐，既要有雄厚的物质基础，可靠的政治保障，也要有良好的文化教育以实现道德和谐。通过和谐文化的熏陶和哺育，可以提高人的境界、素质，培育豁达、宽容的精神和自信平和、积极向上的社会心态，从而形成知荣辱、讲正气、尊老爱幼、扶贫济困、礼让宽容的人际关系。

不管是发展经济，还是发展政治，都要"可持续发展"，讲究"和谐"。当今社会，中国共产党领导全国人民走可持续发展道路，发展经济和生产，特别是近年间，党和政府以民为本，科学制定并切实实施普惠的富民政策，领导全国人民万众奔小康；确定了教育优先发展战略，整体提高国民文化素质；从严治党，严惩贪腐，加快国家法制建设进程；实行社会基本养老制度和医疗保障制度确保了人民老有所养，病有所医。

党的十八大提出，倡导"富强、民主、文明、和谐、自由、平等、公正、法治、爱国、敬业、诚信、友善"的社会主义核心价值观。富强、民主、文明、和谐是国家层面的价值目标，自由、平等、公正、法治是社会层面的价值取向，爱国、敬业、诚信、友善是公民个人层面的价值准则。

两千多年后的今天，民富国强、政通人和、百业兴旺，孟子的"仁政"设计终于得以实施，孟子的"王道"理想正在成为现实。

1.4【原文】

梁惠王曰："寡人愿安承教①。"

孟子对曰："杀人以梃（tǐng）与刃②，有以异乎？"

曰:"无以异也。"

"以刃与政,有以异乎?"

曰:"无以异也。"

曰:"庖③有肥肉,厩④有肥马,民有饥色,野有饿莩,此率⑤兽而食人也。兽相食,且人恶之;为民父母,行政,不免于率兽而食人,恶(wū)⑥在其为民父母也?仲尼⑦曰:'始作俑(yǒng)者⑧,其无后乎!'为其象⑨人而用之也。如之何其使斯民饥而死也?"

【注释】

①寡人愿安承教:寡人,古代诸侯自谦之词。安:安心、乐意。

②梃:木棍。刃:刀。

③庖:厨房。

④厩:马栏。

⑤率:放任。一说率领。

⑥恶:音乌,何,疑问副词。

⑦仲尼:孔子字仲尼。

⑧俑者:古代陪葬用的土偶、木偶。在用土偶、木偶陪葬之前,经历了一个用草人陪葬的阶段。草人只是略像人形,而土偶、木偶却做得非常像活人。所以孔子深恶痛绝最初采用土偶、木偶陪葬的人。"始作俑者"就是指这最初采用土偶、木偶陪葬的人。后来这句话成为成语,指首开恶例的人。

⑨象:同"像"。

【译文】

梁惠王说:"我很乐意听您的指教。"

孟子说:"用木棒打死人和用刀子杀死人有什么不同吗?"

梁惠王说:"没有什么不同。"

孟子又问:"用刀子杀死人和用政治害死人有什么不同吗?"

梁惠王回答："没有什么不同。"

孟子于是说："厨房里有肥嫩的肉，马栏里有健壮的马，可是老百姓面带饥色，野外躺着饿死的人，这如同带领野兽而吞食人民。野兽自相吞食，人尚且厌恶它；作为老百姓的父母官，施行政治，却不免于率领野兽来吃人，那又怎么能够做老百姓的父母官呢？孔子说：'最早采用土偶、木偶陪葬的人，应该是会断子绝孙吧！'这不过是因为土偶、木偶太像活人而用来陪葬罢了。又怎么可以使老百姓活活地饿死呢？"

【评论】

现在已经不是孟子找梁惠王游说了，而是反过来，梁惠王主动向孟子请教。孟子也就当仁不让，再一次对梁惠王来了一次关于父母官为人民的教育。

在孟子看来，执政者作为老百姓的父母官，让人民生活幸福是其基本的职责。相反，如果自己过着丰衣足食的生活，而人民群众却在挨饿受冻，那简直就像是率领野兽吃人一样，是极大的犯罪。

孟子的言论并不深奥，道理也是大家都懂得的，不外乎是一种民本主义的思想，问题还是出在实施上。梁惠王固然是实施得不好，不然怎么会出现"庖有肥肉，厩有肥马"而"民有饥色，野有饿莩"的现象呢？但是，无论是与梁惠王同时代的其他国家统治者，还是后世若干年的当权执政者，又有多少"父母官"实施得很好呢？这的确是千古政治的一大课题，或者说一大难题啊！

今天我们树立人民公仆的意识，反腐倡廉，为民办实事等等，不是依然在考虑如何为人民谋利益，真正为人民服务吗？所以，孟子的言论并不过时，直到今天，仍然对我们各级领导人起到警诫作用。

1.5 **【原文】**

梁惠王曰："晋国①，天下莫②强焉，叟之所知也。及寡人之身，东败于齐，长子死焉③；西丧地于秦七百里④；南辱于楚⑤。寡人耻之，愿比(bì)死者一洒之⑥，如之何则可？"

孟子对曰："地方百里⑦而可以王。王如施仁政于民，省刑罚，薄税

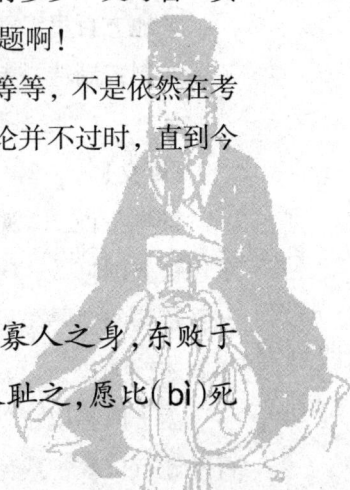

敛,深耕易耨(nòu),壮者以暇日修其孝弟忠信,入以事其父兄,出以事其长上,可使制⑧梃以挞秦楚之坚甲利兵矣。彼夺其民时,使不得耕耨以养其父母,父母冻饿,兄弟妻子离散。彼陷溺其民,王往而征之,夫谁与王敌?故曰'仁者无敌。'王请勿疑!"

【注释】

①晋国:指魏国。魏、韩、赵三家分晋,魏以晋的继承者自居。

②莫:无指代词,这里指国家,是"没有国家"的意思。

③东败于齐,长子死焉:指马陵(今河南省濮城北)之役。梁惠王三十年(公元前340年),魏发兵攻韩,韩向齐求救。齐派田忌、孙膑率军攻魏救韩,两军在马陵交战,魏军中计大败,将军庞涓自杀,统帅太子申被俘。

④西丧地于秦七百里:马陵之战后,魏国国势渐衰,秦又屡次打败魏国,迫使魏国献出河西之地和上郡的十五个县城,约七百里地。

⑤南辱于楚:梁惠王后元十一年,楚国为了迫使魏国倒向他,插手魏国的王位继承,派柱国昭阳在襄陵打败魏军,夺取了魏国的八座城邑。

⑥愿比死者一洒之:一,全部。洒通"洗",古代洒、洗一个意思。比,为,给。

⑦地方百里:读"地,方百里",方百里即纵横百里。

⑧制:制造、制作之意。

【译文】

梁惠王说:"魏国曾一度在天下称强,这您是知道的。可是到了我这时候,东边被齐国打败,连我的大儿子都死掉了;西边丧失了七百里土地给秦国;南边又受楚国的侮辱。我认为这是奇耻大辱,希望替所有的死难者报仇雪恨,我要怎样做才行呢?"

孟子回答说:"只要有方圆一百里的土地就可以使天下归服。大王如果对老百姓施行仁政,减免刑罚,减轻赋税,让老百姓深耕细作,及时除草;让身强力壮的人抽出时间修养孝顺父母、敬爱兄长、为人尽心竭力、待人忠诚守信的品德，在家侍奉父母兄长，出门尊敬长辈上级。这样，就是让他们制作木棒也可以打击那些拥有坚实盔甲锐利刀枪的秦楚军队了。因为秦国、楚国不断侵占老百姓的生产时间，使他们不能够深耕细作来赡养父母。父母受冻挨饿，兄弟妻子东逃西散。他们使老百姓陷入深渊之中，大王去征伐他们，有谁来和您抵抗呢？所以说'施行仁政的人是无敌于天下的。'大王请不要疑虑！"

【评论】

从一般的请教到倾诉苦衷，寻求雪耻图强的良方，梁惠王已经对孟子信任有加了。孟子因此也不再卖关子，而是直截了当地提出了他的仁政主张。其实还是不外乎物质生产和精神文明建设两手抓的问题。

在物质生产方面，包括三项内容：一是省刑罚，二是薄赋税，三是深耕易耨。虽然省刑罚属于法治，薄赋税属于财政，深耕易耨才属于农业生产。但说穿了，前两项的目的都是为了让老百姓能够提高劳动生产积极性，发展生产。

在精神文明建设方面，主要还是教育问题，不过，在儒家政治的教育中，德育是第一位的，做人是第一位的，而文化知识还是第二位的，所以孟子在这里依然强调的是"孝、悌、忠、信"。

只要这两手都抓住了，国无论大小都可以发展壮大。小国可以打败大国，弱国可以战胜强国。因为，施行仁政的人是无敌于天下的。孟子当然也不是随便一说，而是具体分析了敌对国的致命弱点，最后才鼓励惠王，请他不要怀疑自己的治国良方。其实，莫说梁惠王，就是我们今天听了孟子的这一番阐述申说，不也是认为很有道理的吗？

1.6**【原文】**

孟子见梁襄王①。出，语（yù）②人曰："望之不似人君，就之而不见所畏焉。卒（cù）然③问曰：'天下恶（wū）乎④定？'

"吾对曰：'定于一。'

"'孰能一之？'

"对曰：'不嗜杀人者能一之。'

"'孰能与⑤之？'

"对曰：'天下莫不与也。王知夫苗乎？七八月⑥之间旱，则苗槁（gǎo）矣。天油然作云，沛然下雨⑦，则苗浡然⑧兴之矣。其如是，孰能御之？今夫天下之人牧⑨，未有不嗜杀人者也，如有不嗜杀人者，则天下之民皆引领而望之矣。诚如是也，民归之，由⑩水之就下，沛然谁能御之？'"

【注释】

①梁襄王：梁惠王的儿子（公元前318年至公元前296年在位），名嗣，襄是死后的谥号。

②语：告诉，对人说。

③卒然：同"猝然"。

④恶乎：怎样，如何。

⑤与：此处为归顺、随从之意。

⑥七八月：这是用的周代的历法，此指周历（建子），相当于夏历（建寅）五六月，正是旱热季节，禾苗需要雨水的时候。

⑦油然：朱熹《集注》云："云盛貌。"沛然：朱熹《集注》云："雨盛貌。"

⑧浡然："浡"音勃，浡然，兴起的样子。

⑨人牧：治理人民的人，意指君主。"牧"由牧牛、牧羊的意义引申过来。

⑩由：通"犹"，好像。

【译文】

孟子见了梁襄王，出来以后告诉人说："远看不像个国君，走近他，也看不出威严的样子。他突然问我：'天下要怎样才能安定？'我回答说：'要统一才会安定。'他又问：'谁能统一天下呢？'我又答：'不喜欢杀人的国君能统一天下。'他又问：'有谁愿意跟随不喜欢杀人的国君呢？'我又答：'天下的人没有不愿意跟随他的。大王懂得禾苗的情况吗？当七八月间的时候，若长时间不下雨，禾苗就会干枯。一旦天上乌云密布，哗啦哗啦下起大雨来，禾苗便会茂盛地生长起来。这样的情况，谁能够阻挡得住呢？如今各国的国君，没有一个不喜欢杀人的。如果有一个不喜欢杀人的国君，那么，天下的老百姓都会伸长脖子期待着他来解救。真像这样，老百姓归服他，就像雨水向下奔流一样，哗啦哗啦谁能阻挡得住呢？"

【评论】

天有不测风云，人有旦夕祸福。正当孟子与梁惠王越谈越投机的时候，梁惠王却一命呜呼了。惠王的儿子襄王继位，还是召见了一次孟子。这里记录的，就是孟子见了梁襄王后的感受和他自述的谈话内容。

"望之不似人君，就之而不见所畏焉。"这两句著名的话描绘一个人不成器的样子，真是形象生动而入木三分。更为有意思的是，就是这个不成器的公子哥儿，居然一开口就问"天下恶乎定？"给人以小人说大话的感觉：他竟然也想平定天下！值得我们注意的是，孟子并没有因为反感这人就拂袖而去或缄口不言，而是照样认真地给他来了一番关于统一天下的开导。这一点，要是换了我们就很难做到了。所谓"话不投机半句多"，我们在人际交往中往往喜怒形于色，不能掩饰自己的感情好恶。尤其是遇到自己看不惯的领导人，心里面咒骂"你算什么东西！"面子上也就难看而过不去了，没有孟老夫子那样的涵养。

孟老夫子给梁襄王谈的其实是两个层次的内容。

第一层，天下统一才能够安定。这个道理是非常简单的。天下不统一，四分五裂，战争不断，怎么可能安定呢？用以后各代的历史事实（如三国六朝等）来验证，也可以看到孟子论断的正确性。

第二层，谁能统一天下？孟子说得非常简单：不喜欢杀人的人能够统一天下。用我们今天的眼光来看，谁喜欢杀人呢？除了心理变态的杀人狂而外，谁都不喜欢杀人。那岂不成了谁都可以统一天下了吗？这显然是近乎荒唐的结论。所以，我们要回到孟子谈话的具体环境和时代来理解，才不至于曲解这位"亚圣"的本来意思。首先，孟子所说的"不嗜杀人者"是指执掌人的生死大权的国君。其次，在当时的时代，七雄纷争，战争不断，战争就要互相残杀。所以，孟子所说的"不嗜杀人者"实际上是指不喜欢战争的人，也就是世界和平的维护者，而"嗜杀人者"则是指那些战争贩子，"军国主义者"。不然的话，孟子说"今夫天下之人牧，未有不嗜杀人者也"，岂不成了说天下国君都是心理变态的杀人狂吗？

其实,孟子所说的道理并不深奥,正因为当时战火纷飞,征伐不断,各国的老百姓都吃够了战争的苦头,就像生活在水深火热之中一样,痛苦不堪。如果这时候有哪个国君公然树起和平的旗帜,不再让他的老百姓去打仗卖命,而营造出一派社会稳定和发展生产的局面,那天下的老百姓都会闻风而至,诚心归服了。孟子的理论依据实际上仍然是民众的心理。孟子的政治学说具有浓厚的政治心理学色彩,终归还是"仁政"的思想。

从我们今天的研究来看,孟子的政治学说和治国方略在理论上都非常有道理,使人听了后不得不信服。但从实践来看,则不一定适用于战国时代的特殊历史。在战争年代,军事和政治密不可分,要谋求天下统一也的确离不开军事,离不开战争本身。所以,一般国君都会认为孟子的思想过于"迂阔"而不实用,不如纵横家或兵家的计策来得实在。梁襄王显然也是这种看法。事实上,就在孟子走后不久,苏秦到了魏国,并没有费太多的口舌就说动了梁襄王参加六国合纵抗秦的计划。人毕竟都是急功近利的啊,何况是在战国那个特殊的时代。

1.7【原文】

齐宣王①问曰:"齐桓、晋文②之事可得闻乎?"

孟子对曰:"仲尼之徒无道桓文之事者,是以后世无传焉,臣未之闻也。无以③,则王乎?"

曰:"德何如,则可以王矣?"

曰:"保④民而王,莫之能御也。"

曰:"若寡人者,可以保民乎哉?"

曰:"可。"

曰:"何由知吾可也?"

曰:"臣闻之胡龁(hé)⑤曰,王坐于堂上,有牵牛而过堂下者,王见之,曰:'牛何之⑥?'对曰:'将以衅钟⑦。'王曰:'舍之!吾不忍其觳觫⑧(hú sù),若无罪而就死地。'对曰:'然则废衅钟与?'曰:'何可废也?以羊易之!'不识有诸⑨?"

曰:"有之。"

曰:"是心足以王矣。百姓皆以王为爱⑩也,臣固知王之不忍也。"

王曰:"然。诚有百姓者。齐国虽褊小⑪,吾何爱一牛?即不忍其觳
觫,若无罪而就死地,故以羊易之也。"

曰:"王无异⑫于百姓之以王为爱也。以小易大,彼恶知之? 王若
隐⑬其无罪而就死地,则牛羊何择焉?"

王笑曰:"是诚何心哉?我非爱其财而易之以羊也,宜乎百姓之谓我
爱也。"

曰:"无伤也,是乃仁术也,见牛未见羊也。君子之于禽兽也,见其
生,不忍见其死;闻其声,不忍食其肉。是以君子远庖厨⑭也。"

王说曰:"《诗》云⑮:'他人有心,予忖度(duó)之。'夫子之谓也。夫
我乃行之,反而求之,不得吾心。夫子言之,于我心有戚戚焉。此心之所
以合于王者,何也?"

曰:"有复于王者曰:'吾力足以举百钧⑯,而不足以举一羽。''明足以
察秋毫之末⑰,而不见舆薪。'则王许⑱之乎?"

曰:"否。"

"今⑲恩足以及禽兽,而功不至于百姓者,独何与?然则一羽之不举,
为不用力焉;舆薪之不见,为不用明焉;百姓之不见保,为不用恩焉。故
王之不王,不为也,非不能也。"

曰:"不为者与不能者之形何以异?"

曰:"挟太山以超北海⑳,语人曰'我不能',是诚不能也。为长者折
枝㉑,语人曰'我不能',是不为也,非不能也。故王之不王,非挟太山以超
北海之类也;王之不王,是折枝之类也。老吾老,以及人之老;幼吾幼,以
及人之幼。天下可运于掌㉒。《诗》云:'刑于寡妻㉓,至于兄弟,以御于
家㉔邦。'言举斯心加诸彼而已。故推恩足以保四海,不推恩无以保妻子。

古之人所以大过人者,无他焉,善推其所为而已矣。今恩足以及禽兽,而功不至于百姓者,独何与? 权,然后知轻重;度,然后知长短。物皆然,心为甚。王请度之! 抑王兴甲兵,危士臣,构怨于诸侯,然后快于心与?"

王曰:"否;吾何快于是? 将以求吾所大欲也。"

曰:"王之所大欲可得闻与?"

王笑而不言。

曰:"为肥甘不足于口与? 轻暖不足于体与? 抑为采色㉕不足视于目与? 声音不足听于耳与? 便嬖㉖(pián bì)不足使令于前与? 王之诸臣皆足以供之,而王岂为是哉?"

曰:"否;吾不为是也。"

曰:"然则王之所大欲可知已,欲辟土地,朝秦楚㉗,莅㉘中国而抚四夷也。以若㉙所为求若所欲,犹缘木而求鱼也。"

王曰:"若是其甚与?"

曰:"殆有甚焉㉚。缘木求鱼,虽不得鱼,无后灾。以若所为求若所欲,尽心力而为之,后必有灾。"

曰:"可得闻与?"

曰:"邹㉛人与楚人战,则王以为孰胜?"

曰:"楚人胜。"

曰:"然则小固不可以敌大,寡固不可以敌众,弱固不可以敌强。海内之地方千里者九,齐集有其一。以一服八,何以异于邹敌楚哉? 盖㉜亦反其本矣。今王发政施仁,使天下仕者皆欲立于王之朝,耕者皆欲耕于王之野,商贾皆欲藏于王之市,行旅皆欲出于王之涂㉝,天下之欲疾其君者皆欲赴愬㉞(sù)于王。其若是,孰能御之?"

王曰:"吾惛㉟(hūn),不能进于是矣。愿夫子辅吾志,明以教我。我虽不敏,请尝试之。"

曰:"无恒产而有恒心者,惟士为能。若㊱民,则㊲无恒产,因无恒心。苟无恒心,放辟邪侈,无不为已。及陷于罪,然后从而刑之,是罔㊳民也。焉有仁人在位罔民而可为也?是故明君制民之产,必使仰足以事父母,俯足以畜妻子,乐岁终身饱,凶年免于死亡;然后驱而之善,故民之从之也轻㊴。今也制㊵民之产,仰不足以事父母,俯不足以畜妻子;乐岁终身苦,凶年不免于死亡。此惟救死而恐不赡㊶,奚暇治礼义哉?王欲行之,则盍㊷反其本矣:五亩之宅,树之以桑,五十者可以衣帛矣。鸡豚狗彘之畜,无失其时,七十者可以食肉矣。百亩之田,勿夺其时,八口之家可以无饥矣。谨庠序之教,申之以孝悌之义,颁白者不负戴于道路矣。老者衣帛食肉,黎民不饥不寒,然而不王者,未之有也。"

【注释】

①齐宣王:齐威王之子,名辟疆,公元前 319—前 301 年在位,宣是他死后的谥号。

②齐桓:齐桓公,名小白。晋文:晋文公,名重耳。二人在春秋时候先后称霸,为"五霸"之二。

③无以:以同"已",停止。朱熹《集注》云:"必欲言之而不止"。

④保:安也,爱护。

⑤胡龁:齐国大臣。

⑥之:动词,往也,适也。

⑦衅钟:祭钟。古代新铸钟,杀牲口以血涂钟的缝隙,从而祭神。

⑧舍之!吾不忍其觳觫:舍,同繁体字的"捨",释放的意思。觳觫,因恐惧而发抖。

⑨诸:"之乎"的合音词。

⑩爱:此指吝啬。

⑪褊:狭窄。

⑫异:动词,奇怪,疑怪。

⑬隐：怜悯。

⑭君子远庖厨：君子，指有德之人或有官职之人。远：使动用法，使他远离的意思。

⑮《诗》云：诗句见于《诗经·小雅·巧言》篇。

⑯钧：三十斤。

⑰秋毫之末：鸟尾的细毛或者是禾穗上的白毛，总之是极细小的东西。

⑱许：同意、相信。

⑲今：字前省去"曰"字，便是表示孟子的话是紧接宣王的话的。

⑳挟太山以超北海：太山即泰山，北海即渤海。

㉑折枝：折断树枝作拐杖。或说，按摩肢体。或说，弯腰行礼。后两说，"枝"同"肢"。

㉒天下可运于掌：《列子·汤问篇》："大王治国诚能若此，则天下可运于一握。"即此意。

㉓刑于寡妻：引诗见《诗经·大雅·思齐》。刑通"型"，示范。寡妻，寡德之妻，帝王诸侯对自己嫡妻的谦称。

㉔家：大夫的采邑。

㉕抑：选择连词，难道。采色就是"彩色"。

㉖便嬖：能说会道，善于迎合的宠臣。

㉗欲辟土地，朝秦楚：辟，开拓。朝，使动用法，使其朝觐。

㉘莅：临。

㉙若：如此。

㉚殆：副词，表示不肯定或推测。

㉛邹：国名，就是邾国，国土极小，故地在今山东邹县东南。

㉜盖：同"盍"，何不。

㉝涂：同"途"。

㉞愬：同"诉"。诉说，倾诉。

㉟惛：同"昏"，糊涂，愚昧。

㊱若：转折连词，至于。

㊲则：假设连词，假若。

㊳罔：同"网"，用作动词，张网以捕捉的意思，此处解释为"陷害"。

㊴轻：轻易，容易。

㊵制：订立制度。

㊶赡：足够。

㊷盍："何不"的合音。

【译文】

齐宣王问孟子："齐桓公、晋文公在春秋时代称霸的事情，您可以讲给我听听吗？"

孟子回答说："孔子的学生没有谈论齐桓公、晋文公称霸之事的，所以没有传到后代来，我也没有听说过。大王如果一定要我说，那我就说说用道德来统一天下的王道吧？"

齐宣王问："道德怎么样就可以统一天下了呢？"

孟子说："一切为了让老百姓安居乐业。这样去统一天下，就没有谁能够阻挡了。"

齐宣王说："像我这样的人能够让老百姓安居乐业吗？"

孟子说："能够。"

齐宣王说："凭什么知道我能够呢？"

孟子说："我曾经听胡龁告诉过我一件事，说是大王您有一天坐在大殿上，有人牵着牛从殿下走过，您看到了，便问：'把牛牵到哪里去？'牵牛的人回答：'准备杀了取血祭钟'。您便说：'放了它吧！我不忍心看到它那害怕得发抖的样子，就像毫无罪过却被置于死地一样。'牵牛的人问：'那就不祭钟了吗？'您说：'怎么可以不祭钟呢？用羊来代替牛吧！'——不知道有没有这件事？"

齐宣王说："是有这件事。"

孟子说："凭大王您有这样的仁心就可以统一天下了。老百姓听说这件事后都认为您是吝啬，我却知道您不是吝啬，而是因为不忍心。"

齐宣王说："是，确实有的老百姓这样认为。不过，我们齐国虽然不大，但我怎么会吝啬到舍不得一头牛的程度呢？我实在是不忍心看到它害怕得发抖的样子，就像毫无罪过却被置于死地一样，所以用羊来代替它。"

孟子说:"大王也不要责怪老百姓认为您吝啬。他们只看到您用小的羊去代替大的牛,哪里知道其中的深意呢?何况,大王如果可怜它毫无罪过却被宰杀,那牛和羊又有什么区别呢?"

齐宣王笑着说:"是啊,这一点连我自己也不知道到底是一种什么心理了。我的确不是吝啬钱财才用羊去代替牛的,不过,老百姓这样认为,的确也有他们的道理啊。"

孟子说:"没有关系。大王这种不忍心正是仁慈的表现,只因为您当时亲眼见到了牛而没有见到羊。君子对于飞禽走兽,见到它们活着,便不忍心见到它们死去;听到它们哀叫,便不忍心吃它们的肉。所以,君子总是远离厨房。"

齐宣王很高兴地说:"《诗经》说:'别人有什么心思,我能揣测出。'这就是说的先生您吧。我自己这样做了,反过来想想为什么要这样做,却说不出所以然来。倒是您这么一说,我的心便豁然开朗了。但您说我的这种心情与用道德统一天下的王道相合又怎么理解呢?"

孟子说:"假如有人来向大王报告说:我的力量能够举得起三千斤,却拿不起一根羽毛;我的视力能够看得清秋天鸟的细毛,却看不见摆在眼前的一车柴草。大王您会相信他的话吗?"

齐宣王说:"当然不会相信。"

孟子便接着说:"如今大王您的恩惠能够施及动物,却偏偏不能够施及老百姓,是为什么呢?一根羽毛拿不起,是不愿意用力气拿的缘故;一车柴草看不见,是不愿意用眼睛看的缘故;老百姓不能安居乐业,是君王不愿意施恩惠的缘故。所以大王您没有能够用仁德来统一天下,是不愿意做,而不是做不到。"

齐宣王说:"不愿意做和做不到有什么区别呢?"

孟子说:"要一个人把泰山夹在胳膊下跳过北海,这人告诉人说:'我做不到。'这是真的做不到。要一个人为老年人折一根树枝,这人告诉人说:'我做不到。'这是不愿意做,而不是做不到。大王您没有做到用仁德来统一天下,不是属于把泰山夹在胳膊下跳过北海的一类,而是属于为老年人折树枝的一类。尊敬自己的老人,并由此推广到尊敬别人的老人;爱护自己的孩子,并由此推广到爱护别人的孩子。做到了这一点,整个天下便会像在自己的手掌心里运转一样容易治理了。《诗经》说:'先给妻子做榜样,再推广到兄弟,再推广到家族和国家。'

说的就是要把自己的心推广到别人身上去。所以，推广恩德足以安定天下，不推广恩德连自己的妻子儿女都保不了。古代的圣贤之所以能远远超过一般人，没有别的什么，不过是善于推广他们的好行为罢了。如今大王您的恩惠能够施及动物，却不能够施及老百姓，这是为什么呢？称一称才知道轻重，量一量才知道长短，什么东西都是如此，人心更是这样。大王您请考虑考虑吧！难道真要发动全国军队，让将士冒着生命危险，去和别的国家结下仇怨，这样您的心里才痛快吗？"

齐宣王说："不，我为什么这样做心里才痛快呢？我只不过想实现我心里的最大愿望吧。"

孟子说："大王的最大愿望是什么呢？可以讲给我听听吗？"

齐宣王笑了笑，却不说话。

孟子便说："是为了肥美的食物不够吃吗？是为了轻暖的衣服不够穿吗？还是为了艳丽的色彩不够看呢？是为了美妙的音乐不够听吗？还是为了身边伺候的人不够使唤呢？这些，您手下的大臣都能够尽量给您提供，难道您还真是为了这些吗？"

齐宣王说："不，我不是为了这些。"

孟子说："那么，您的最大愿望便可以知道了。您是想要扩张国土，使秦、楚这些大国都来朝贡您，自己君临天下，安抚四方落后的民族。不过，以您现在的做法来实现您现在的愿望，就好像爬到树上去捉鱼一样。"

齐宣王说："竟然有这样严重吗？"

孟子说："恐怕比这还要严重。爬到树上去捉鱼，虽然捉不到鱼，却也没有什么后患。以您现在的做法来实现您现在的愿望，费劲心力去干，以后一定会有灾祸。"

齐宣王说："可以把道理说给我听听吗？"

孟子说："假定邹国和楚国打仗，大王认为哪一国会获胜呢？"

齐宣王说："当然是楚国胜。"

孟子说："显然，小国的确不可以与大国为敌，人口很少的国家的确不可以与人口众多的国家为敌，弱国的确不可以与强国为敌。中国的土地，方圆千里的共有九块，齐国不过占有其中一块罢了。想用这一块去征服其他八块，这跟邹国和楚国打仗有什么区别呢？大王为什么不回过来好好想一想，从根本上着手呢？

现在大王如果能施行仁政，使天下做官的人都想到您的朝廷上来做官，天下的农民都想到您的国家来种地，天下做生意的人都想到您的国家来做生意，天下旅行的人都想到您的国家来旅行，天下痛恨本国国君的人都想到您这儿来控诉。果真做到了这些，还有谁能够与您为敌呢？"

齐宣王说："我头脑昏乱，对您的说法不能作进一步的领会。希望先生开导我的心智，更明确地教导我。我虽然不聪明，也不妨试它一试。"

孟子说："没有固定的产业收入却有恒定的道德观念，只有士人才能做到，至于一般老百姓，如果没有固定的产业收入，也就没有恒定的道德观念。一旦没有恒定的道德观念，那就会胡作非为，什么事都做得出来。等到他们犯了罪，然后才去加以处罚，这等于是陷害他们。哪里有仁慈的人在位执政却去陷害百姓的呢？所以，贤明的国君制定产业政策，一定要让他们上足以赡养父母，下足以抚养妻子儿女；好年成丰衣足食，坏年成也不至于饿死。然后督促他们向善，老百姓也就很容易听从了。现在各国的国君制定老百姓的产业政策，上不足以赡养父母，下不足以抚养妻子儿女；好年成尚且艰难困苦，坏年成更是性命难保。到了这个地步，老百姓连保命都恐来不及，哪里还有什么工夫来修养礼仪呢？大王如果想施行仁政，为什么不从根本上着手呢？在五亩大的宅园里种上桑树，五十岁以上的老人都可以穿上丝绵衣服了。鸡狗猪等家禽家畜好好养起来，七十岁以上的老人都可以有肉吃了。每户都有百亩耕地，不要去妨碍他们的生产，八口之家都可以吃得饱饱的。认真地兴办学校，用孝顺父母尊敬兄长的道理反复教导学生，头发斑白的人也就不会在路上负重行走了。老年人有丝绵衣服穿，有肉吃，一般老百姓吃得饱，穿得暖，这样还不能使天下归服，那是从来没有的事。"

【评论】

孟子到底是从"望之不似人君"的梁襄王那里出走后才到齐国，还是先到齐国，随后才到魏国见梁惠王，这已经成了历史公案，学者们各有考证。我们姑且按《孟子》书的顺序，认为孟子是从梁襄王那里出走后才到齐国拜见齐宣王的罢。

齐宣王虽然不像梁惠王那样一开口就问"何以利吾国"，也不像梁惠王那个不成器的儿子口气更大地问"天下恶乎定"，而是很委婉含蓄地向大学者孟夫子请教历史问题："齐桓、晋文之事可得闻乎？"但实际上，他所关心的仍然是同一个问题：如何称霸天下？因为齐桓公和晋文公在春秋时代都是靠"霸道"而称雄天下的。殊不知孟子所奉行的是反对霸权主义的儒学，不讲"霸道"而讲"王道"。也就是不讲武力，靠军事力量，靠战争称霸天下，而讲用道德，靠教化的力量，靠仁政统一天下，使天下人心归服。所以，孟子也就直言不讳地说："您要问霸道，那我就不懂得。您要对王道感兴趣的话，我倒可以说一说。"好在齐宣王也还通泰随和，管他霸道、王道，只要是能称雄天下就行，也就与孟子一问一答地探讨起来了。

孟子依然用的是他一贯的手法，从心理分析入手去抓住对方，自己掌握主动，剥茧抽丝，层层推进，迫使对方落入自己观点的彀中。这一段"君子远庖厨"的心理分析，是典型的孟子手法，精彩绝伦，切中要害。它所起的作用，就是唤醒齐宣王内心"不忍"的仁慈之心。只要这种仁心被唤醒，下面的事情，什么王道啊，仁政啊，就统统有了接受的心理基础。所谓"君子远庖厨"，不过说的是一种不忍杀生的心理状态罢了，也就是齐宣王"以羊易牛"的心理，因为他亲眼看到了牛即将被杀的样子而没有亲眼看到羊即将被杀的样子。"眼不见为净"，所以君子远离宰鸡杀鸭的厨房。

齐宣王已经完全被孟子的言语所打动，所以态度诚恳地请孟子"明以教我"，不要绕弯子了，打开窗户说亮话吧。直到这时，孟子才完全正面地展开了他的治国方略和施政纲要。归结起来，也不过就是两层意思：

第一层，有恒产才有恒心，所以要先足衣食后治礼仪。孟子在这里提出了一个重要的观点，那就是财产与道德之间的关系。孟子所说的"恒产"与"恒心"的关系已经成为一种颠扑不破的定律。历代受压迫的人民之所以揭竿而起，大都是因为失去了自己维持生存的产业，官逼民反而不得不反。在这方面法家的先驱管仲也有过类似的论述，在《管子》中提纲挈领的一句话就是"仓廪实而知礼节，衣食足而知荣辱"（《管子·牧民》）。管子还说："凡治国之道，必先富民。民富则易治也，民贫则难治也。"（《管子·治国》）在这方面他堪称是孟子的知音。

其实，在一定程度上也合于两千年后卡尔·马克思那个伟大的发现："人们首先必须吃、喝、住、穿，然后才能从事政治、科学、艺术、宗教等等。"所以，"光靠勒紧肚子闹革命"是不行的，越穷越光荣也是自欺欺人。

而且，仅从社会稳定的角度来说，"无恒产者"也是最危险的因素。因此孟子认为在我们制订国民经济发展规划的时候，一定要从富民的角度出发。考虑到让老百姓过上丰衣足食，安居乐业的生活，让他们不仅能够养家糊口，而且还有一定的产业。只有做到了这一步，才谈得上进一步的精神文明建设，即"治礼仪"的问题。

讲清楚了这一层道理后，孟子才转到第二层意思，即较为具体地展示他的富民兴教的蓝图。我们不难发现，他在这里所展示的富民兴教的蓝图，几乎与他在梁惠王那里所展示的一模一样。只是把"数口之家"改为了具体的"八口之家"，"七十者衣帛食肉"改为了"老者衣帛食肉"罢了。

在一个国家不能实现自己的政治抱负，又到了另一个国家。孟子就是这样，像他的前辈孔老夫子一样，东奔西走，周游列国，希望"行义以达其道"，为救世济民而不辞辛劳，甚至是"知其不可为而为之"。其积极入世的理想精神，给后世留下了深远的影响。

这一章长文，是孟子政治学说的重要篇章，其中许多名言名句，如"君子远庖厨""缘木求鱼""察秋毫之末而不见舆薪""是不为也非不能也"等等，甚至一些重要段落也成了脍炙人口的文学名段，对于我们研究政治、哲学、经济、社会乃至于文学表达等等，都具有非常重要的价值。

梁惠王下

2.1【原文】

庄暴①见孟子,曰:"暴见于王②,王语暴以好乐,暴未有以对也。"曰:"好乐何如?"孟子曰:"王之好乐甚,则齐国其庶几③乎!"

他日,见于王曰:"王尝语庄子以好乐,有诸?"

王变乎色④,曰:"寡人非能好先王之乐也,直好世俗之乐耳。"

曰:"王之好乐甚,则齐其庶几乎!今之乐犹古之乐也。"

曰:"可得闻与?"

曰:"独乐乐,与人乐乐,孰乐?"

曰:"不若与人。"

曰:"与少乐乐,与众乐乐,孰乐?"

曰:"不若与众。"

"臣请为王言乐。今王鼓乐于此,百姓闻王钟鼓之声,管籥⑤(yuè)之音,举疾首蹙頞(cù è)⑥而相告曰:'吾王之好鼓乐,夫何使我至于此极也?父子不相见,兄弟妻子离散。'今王田猎⑦于此,百姓闻王车马之音,见羽旄⑧之美,举疾首蹙頞而相告曰:'吾王之好田猎,夫何使我至于此极也?父子不相见,兄弟妻子离散。'此无他,不与民同乐也。今王鼓乐于此,百姓闻王钟鼓之声,管籥之音,举欣欣然有喜色而相告曰:'吾王庶几无疾病与?何以能鼓乐也?'今王田猎于此,百姓闻王车马之音,见羽旄之美,举欣欣然有喜色而相告曰:'吾王庶几无疾病与?何以能田猎也?'此无他,与民同乐也。今王与百姓同乐,则王矣。"

【注释】

①庄暴：齐宣王的臣子。

②见于王：被齐王召见或朝见齐王。

③庶几：差不多。

④变乎色：改变了脸色。

⑤籥：其形制据汉代以降的历代文献记载，是一种如笛、似笛的"单管"乐器，是中国笛类乐器的先祖，其形制及吹法并未真正的失传，至今仍生生不息地活在民间。

⑥举疾首蹙頞：举，副词，皆，全部。蹙頞，皱缩鼻翼，愁苦的样子。

⑦田猎：在野外打猎。

⑧羽旄：旗帜。

【译文】

　　齐国的臣子庄暴来见孟子，说："我朝见大王，大王和我谈论他喜好音乐的事，我不知道怎么回答。"接着问道："喜好音乐怎么样？"孟子说，"大王如果非常喜好音乐，那齐国恐怕就治理得很不错了！"

　　过了些时候，孟子拜见宣王时问道："大王曾经和庄暴谈论过您爱好音乐，有这回事吗？"

　　齐宣王脸色一变，不好意思地说："我并不是喜好先王清静典雅的音乐，只不过喜好当下世俗流行的音乐罢了。"

　　孟子说："大王如果非常喜好音乐，那齐国恐怕就治理得很不错了！在这件事上，现在的俗乐与古代的雅乐差不多。"

　　齐宣王说："能让我知道是什么道理吗？"

　　孟子说："独自一人娱乐，与和他人一起娱乐，哪个更快乐？"

　　齐宣王说："与他人一起娱乐更快乐。"

　　孟子说："和少数人一起娱乐，与和多数人一起娱乐，哪个更快乐？"

　　齐宣王说："与多数人一起娱乐更快乐。"

　　孟子说："那就让我来为大王讲讲娱乐吧！假如大王在奏乐，百姓们听到大王鸣钟击鼓、吹箫奏笛的音乐声，都愁眉苦脸地相互诉苦说：'我们大王喜好音乐，为什么会使我们这般穷困呢？父亲和儿子不能相见，兄弟和妻儿分离流散。'假如大王在围猎，百姓们听到大王车马的喧嚣声，见到旗帜的华丽，都愁眉苦脸地相互诉苦说：'我们大王喜好围猎，为什么会使我们这般穷困呢？父亲和儿子不能相见，兄弟和妻儿分离流散。'这没有别的原因，是由于不和民众一起娱乐的缘故。假如大王在奏乐，百姓们听到大王鸣钟击鼓、吹箫奏笛的音声，都眉开眼笑地相互告诉说：'我们大王大概没有疾病吧，要不怎么能奏乐呢？'假如大王在围猎，百姓们听到大王车马的喧嚣声，见到旗帜的华丽，都眉开眼笑地相互告诉说：'我们大王大概没有疾病吧，要不怎么能围猎呢？'这没有别的原因，是由于和民众一起娱乐的缘故。如果大王能和百姓们同乐，那就可以使天下归服了。"

【评论】

这则故事中，孟子主要想要告诉君主：仁君应"与民同乐"，实行"仁政"。全章以音乐为题，说明不与民同乐就会失去民心；与民同乐就会得到民心，统治天下。这"与民同乐"与儒家礼乐治天下的思想是一致的。

孟子来齐国宣扬其"仁政"，劝说齐宣王"保民而王"，所以齐宣王心中要埋怨庄暴，不该把自己的隐情告诉给孟子。儒家历来重视礼乐，认为音乐具有重要的政治教化作用，并反对把音乐作为单纯的娱乐活动。"先王之乐"是先王用来教化百姓、安定民心、治理国家、巩固统治的手段，与"世俗之乐"截然不同。齐宣王爱好的不是"先王之乐"，而是"世俗之乐"，这又与儒家的音乐主张不甚吻合了。

齐宣王之所以直言不讳地向孟子表白"寡人非能好先王之乐也，直好世俗之乐耳"，是考虑到隐情现已泄露，也就不必再转弯抹角了，免得孟子纠缠下去。而后来谈话之所以还能继续进行，是因为孟子并不反对他爱好"世俗之乐"。

孟子没有在意齐宣王听不听先王雅乐，而是引到仁政上。如果国君听音乐和田猎时，民众也都跟着高兴，那就说明是实行了仁政，大家一起乐，是"与民同乐"，这未来也要"王天下"了。否则，光是大王乐，下面人皱眉抱怨，那就是没施行仁政。

所以，是国君乐民众也乐，还是国君乐民众却哭，这是国家有没有搞仁政，或者说治国好不好的试金石。同国君一样，每个人都有获得幸福享受幸福的权利；而作为国君，更有责任有义务，推己及人，让百姓共享这样的快乐。这行之于政的与民同乐，便是孟子一贯主张的仁政。

按孟子的"与民同乐"，是周文王在自己的灵台池沼上玩，齐宣王撞钟伐鼓田猎地玩，但民众晓得了，也一样替他高兴。并非领导去玩儿民众玩儿的东西，才叫"与民同乐"。重点在于"同乐"，而不是"与民"，不是场合上是否与民在一起。

2.2【原文】

齐宣王问曰："文王之囿①方七十里，有诸②？"

孟子对曰："于传（zhuàn）③有之。"

曰："若是其大乎？"

曰："民犹以为小也。"

曰："寡人之囿方四十里，民犹以为大，何也？"

曰："文王之囿方七十里，刍荛（chú ráo）者④往焉，雉兔者⑤往焉，与民同之。民以为小，不亦宜乎？臣始至于境，问国之大禁⑥，然后敢入。臣闻郊关之内⑦有囿方四十里，杀其麋鹿者如杀人之罪。则是方四十里为阱⑧于国中。民以为大，不亦宜乎？"

【注释】

①文王：周文王。囿：畜养禽兽的园林。

②诸："之乎"的合音。

③传：文字记载。

④刍荛者：割草与打柴的人。朱熹《集注》云："刍，草也；荛，薪也。"

⑤雉：野鸡。雉、兔皆作动词。雉兔者，打猎的人。

⑥大禁：重要的禁令。

⑦郊关之内：指国境之内。

⑧阱：陷阱，为对付野兽或敌人而挖的坑。

【译文】

齐宣王问孟子："文王的园林纵横有七十里，真有这回事吗？"

孟子答道："在文献上有这样的记载。"

齐宣王问："竟有这么大吗？"

孟子说："百姓还觉得小了呢。"

齐宣王说："我的园林纵横四十里，百姓还觉得大，这是为什么呢？"

孟子说："文王的园林纵横七十里，割草砍柴的可以去，捕鸟猎兽的可以去，是与百姓共同享用的，百姓认为太小，不也是很自然的吗？我初到齐国边境时，问明了齐国重要的禁令，这才敢入境。我听说齐国首都的郊外有一个园林纵横四十里，杀了其中的麋鹿，就如同犯了杀人罪。这就像是在国内设下了一个纵横四十里的陷阱，百姓认为太大了，不也是应该的吗？"

【评论】

齐宣王为了追求自己的快乐，仿效古代先王营造了可供打猎取乐的园林池沼，但他不像古代先王那样与民同乐，而是将这些视为私有财产，私有利益不容侵犯，因此他对私入园林者施行严刑峻罚。他这种禁止捕杀麋鹿的动机并不是今天我们保护珍稀动物意义上的禁令，而是为了个人的享乐和个人私欲的满足，以显示自己的唯我独尊而草菅人命。他是利用自己的权势将征收的税收贡赋来营造使自己快乐的园林池沼，而不是将这些税收贡赋用于国家的建设和改善人民的生活，因此人民就不满意他的所作所为。而周文王却不一样，他首先是富民，然后是强国，他之所以修建园林池沼，并不是为了自己的快乐，而是为了迷惑商纣王；即使修建了园林池沼，他也是与民同乐的，所以人民当然拥护他，所以人民认为方圆七十里的园林仍然是很小的。这就是周文王为公与齐宣王为己的根本区别！

从国君之乐与百姓之乐的关系来看，如果国君与民同乐，君之乐与民之乐利益保持一致，甚至百姓同样可以享受应有的快乐，那么，国君的享乐之地再大，百姓也不会以之为大，反而会以为太小；假如国君之乐与百姓之乐完全背离，甚至完全把百姓应有的权益置入法令禁止的条文之中，那么，君乐之地再小，百姓都会觉得太大。

2.3【原文】

齐宣王问曰："交邻国有道乎？"

孟子对曰："有。惟仁者为能以大事小，是故汤事葛①，文王事昆夷②。惟智者为能以小事大，故大（tài）王事獯鬻（xūn yù），勾践事吴③。以大事小者，乐天者也；以小事大者，畏天者也。乐天者保天下，畏天者保其国。《诗》④云：'畏天之威，于时保之。'"

王曰："大哉言矣！寡人有疾，寡人好勇。"

对曰："王请无好小勇。夫抚剑疾视曰：'彼恶敢当我哉'！此匹夫之勇，敌一人者也。王请大之！《诗》云：'王赫斯⑤怒，爰（yuán）整其旅⑥，以遏徂莒⑦（cú jǔ），以笃周祜⑧（hù），以对于天下⑨。'此文王之勇也。文王一怒而安天下之民。《书》曰⑩：'天降下民，作之君，作之师，惟曰其助上帝宠之。四方有罪无罪惟我在，天下曷敢有越厥⑪志？'一人衡行⑫于天下，武王耻之。此武王之勇也。而武王亦一怒而安天下之民。今王亦一怒而安天下之民，民惟恐王之不好勇也。"

【注释】

①汤事葛：汤，商汤，殷商的开国君主；葛是夏末的诸侯国，故地在今河南宁陵北。汤与葛的事，详见本书《滕文公下》"宋小国将行王政"章。

③文王事昆夷：昆夷亦作"混夷"，周朝初年的西戎国名。事不详。

④大王事獯鬻，勾践事吴：大王即"太王"，周文王的先祖古公亶父。獯鬻，当时的北方少数民族，后来发展为匈奴。勾践事吴：勾践，春秋时越国君主。春秋末年，吴越两国经常相战，公元前494年越国被吴国打败，越王勾践以屈服求和来争取机会，刻苦图强，最终在公元前473年攻灭吴国。事详《国语·越语》。

④《诗》：此处的诗句引自《诗·周颂·我将》，这是一首祭祀周文王的颂歌。

⑤赫斯：突然大怒的样子。

⑥爰：发语词，无义。整：整顿、整饬。旅：军队。

⑦遏：阻止。徂：前往，此指敌人前来侵犯。莒：古国名，臣属于周。

⑧笃：增强。祜：福祉。

⑨以对于天下：朱熹《集注》云："对，答也，以答天下仰望之心。"

⑩《书》曰：引文为《尚书》逸文，今伪《古文尚书》将其采入《泰誓》。

⑪越厥：越，违背。厥：同"其"，代词。

⑫衡行：同"横行"。

【译文】

齐宣王问孟子："和邻国交往有什么讲究吗？"

孟子回答说："有。只有仁德的人才能够以大国的身份侍奉小国，所以商汤侍奉大国，周文王侍奉昆夷。只有智慧的人才能够以小国的身份侍奉大国，所以周太王侍奉獯鬻，越王勾践侍奉吴王夫差。以大国身份侍奉小国的，是以天命为乐的人；以小国身份侍奉大国的，是敬畏天命的人。以天命为乐的人安定天下，敬畏天命的人安定自己的国家。《诗经》说：'畏惧上天的威灵，因此才能够安定。'"

齐宣王说："先生的话可真高深呀！不过，我有个毛病，就是逞强好勇。"

孟子说："那就请大王不要好小勇。有的人常常按剑瞪眼说：'他怎么敢抵挡我呢？'这其实只是匹夫之勇，只能敌得住一个人。大王请不要喜好这样的匹夫之勇！"

"《诗经》说：'文王义愤激昂，发令调兵遣将，把侵略莒国的敌军阻挡，增添了周国的吉祥，不辜负天下百姓的期望。'这是周文王的勇。周文王一怒便使天下百姓都得到安定。"

"《尚书》说：'天生万民，又替他们安排了君主，降生了师长，这些君主和师长的责任就是帮助上天来爱护老百姓。所以，天下四方的有罪者和无罪者，都由我来负责，普天之下，何人敢超越上帝的意志呢？'所以，只要有一人在天下横行霸道，周武王便感到羞耻。这是周武王的勇。周武王也是一怒便使天下百姓都得到安定。如今大王如果也能做到一怒便使天下百姓都得到安定，那么，老百姓就会唯恐大王不好勇了。"

【评论】

在这篇文章里，孟子与齐宣王的问答主要谈论国家的外交策略。

孟子的观点，归结起来还是一个"仁"字。"仁"反映到国家层面，就是大国不搞沙文主义和霸权主义，和小国友好相处。小国要智，不闭关锁国，不夜郎自大，和大国搞好外交关系。做到了这两方面，那么，就会出现大国安定天下，小国安定国家的世界和平格局。

与邻国相交也就是与别人交朋友，交朋友的目的也就是为了求得和睦相处，大家都平安无事。因此，只有能爱民的国君能以大的侍奉小的，只有有智慧的人能以小的侍奉大的，安于天命的人能保护天下，敬畏天命的人能保护国家。而做到这两方面，就是大国以天命为乐，不欺负弱小的国家；小国敬畏天命，服从天命，不与大国为敌，维护自己的生存。这里的顺应天命，可以理解为顺应历史潮流、适应现代形势的国际大趋势。

在这个问题上，老子曾经讨论过："故大邦以下小邦，则取小邦；小邦以下大邦，则取大邦。故或下以取，或下而取。大邦不过欲兼畜人，小邦不过欲入事人。夫两者各得所欲，大者宜为下。"这里的意思是说，所以大的邦国以谦下对待小邦国，则能够取得小邦国的信任；小邦国以谦下对待大邦国，则能够取得大邦国的信任。或者是以谦下取得信任，或者是以谦下而被信任。大的邦国不过是想兼顾养育人民，小的邦国不过是想加入并侍奉大国。这样大国小国都满足了自己的愿望，但大邦国还是宜为谦下。而大的邦国之所以能成其大，是因为人民众多。所以人民众多，是因为人民都信任其统治者的政策，因此愿意到这个大国来定居。因此大国在拥有了众多的人民后，更应该以谦下的态度来对待人民，来对待小国。

孟子在这里所阐述的外交策略并不深奥，其中大国、小国的做法，在后世乃至于今天也仍然是有参考意义的。不过，齐宣王对孟子所说的这一套却感到有点不得要领。齐宣王所眼见的和亲历的国与国之间的问题多半都是靠战争来解决的，那可真有点"强权就是真理"的味道。而现在照孟老夫子的一套说来，无论你是大国还是小国，似乎都不应该打仗，不该进行军事力量的较量了。

于是，齐宣王说自己好勇，这与梁襄王一样，都是崇尚以武力解决问题。所以孟子只好又举了周文王、武王的例子，文王、武王不勇吗？文王一怒而安天下之民，武王一怒而安天下之民，他们两人有过人的武功吗？有过人的勇力吗？没有！他们都是以"爱民"为中心，才取得天下的。所以孟子劝告齐宣王，如果也想一怒而安天下之民，只有先"爱民"，有了"爱民"的勇气，才能一怒而安天下之民。因此，老百姓唯恐君主没有"爱民"的勇气。孟子便说好勇也没有关系，只要不是好小勇就行了。于是便连带进行了关于大勇与小勇问题的阐述。

小勇就是我们常说的匹夫之勇。这种匹夫之勇是一种血气之怒，动辄以性命相拼，比如说我们见到那些在大街上、公共汽车上动辄提劲逞勇的人，包括那些车匪路霸，一副亡命徒的样子，其实不过是"小勇"罢了，没有什么了不起。只要我们以社会公理为武器，大家挺身而出，往往也就可以战胜那些人的"匹夫之勇"，保护我们的安全和社会秩序的安定。

在孟子生活的春秋时期，拥有勇力、武力的人也就等于拥有了权势与财富。人人都在为着满足自己的欲望而不惜诉诸武力，人与人之间缺少相互亲爱的情感而彼此憎恨，导致社会的混乱。孟子认为，欲望，尤其是满足过度欲望的需要，是导致社会混乱的根本原因。

孟子在这里总结了商汤、周文王、武王的"仁、智、勇"三种品德，只有"仁、智、勇"三者兼备的人当政才能杜绝匹夫之勇。所以，邦交之道，交友之道，实际上也就是"爱民"之道。用孟子的这些思想来指导我们现代工作，也是很有现实意义的，国与国之间，企业与企业之间，如果用仁爱以大事小，用智慧以小事大，"以笃周祜，以对于天下"，杜绝匹夫之勇，何愁不能做强做大呢？

2.4【原文】

齐宣王见孟子于雪宫①。王曰："贤者亦有此乐乎？"

孟子对曰："有。人不得，则非②其上矣。不得而非其上者，非也；为民上而不与民同乐者，亦非也。乐民之乐者，民亦乐其乐；忧民之忧者，民亦忧其忧。乐以天下，忧以天下，然而不王者，未之有也。昔者，齐景公③问于晏子④曰：'吾欲观于转附、朝儛（wǔ）⑤，遵海而南，放于琅邪（lángyá）⑥，吾何修⑦而可以比于先王观也？'晏子对曰：'善哉问也！天子适诸侯曰巡狩。巡狩者，巡所守也。诸侯朝于天子曰述职。述职者，述所职也。无非事者。春省耕而补不足，秋省敛而助不给。夏谚曰："吾王不游，吾何以休？吾王不豫⑧，吾何以助？一游一豫，为诸侯度。"今也不然：师行而粮食，饥者弗食，劳者弗息。睊(juàn)睊胥谗⑨，民乃作慝⑩(tè)。方命⑪虐民，饮食若流。流连荒亡，为诸侯忧。从流下而忘反谓之流，从流上而忘反谓之连，从兽无厌谓之荒，乐酒无厌谓之亡。先王无流连之乐，荒亡之行。惟君所行也。'景公悦，大戒⑫于国，出舍于郊。于是始兴发补不足。召大(tài)师⑬曰：'为我作君臣相说之乐！'盖《徵(zhǐ)招》《角招》⑭是也。其诗曰：'畜(chù)君何尤⑮？'畜君者，好君也。"

【注释】

①雪宫：齐宣王的离宫，相当于后世的别墅。

②非：责备、非议。

③景公：春秋时齐国国君，姓姜，名杵臼。

④晏子：齐国贤臣，名婴，字平仲。

⑤观于转附朝儛：观，游也。转附，或说即山东烟台北面的芝罘岛。朝儛，或说即山东荣城东面的召石山。

⑥遵海而南，放于琅邪：遵，循着，沿着。放，到达。琅邪，山名，在今山东省诸城东南。

⑦何修：怎么去做。

⑧豫：义同"游"。

⑨睊睊胥谗：睊睊，因愤恨而侧目相视的样子。胥，皆，都。谗，抱怨。

⑩慝：恶。

⑪方命：方，违反之意。命指上天旨意。

⑫戒：有的翻译为戒备。但根据文中意思，且《孟子正义》注为"备也"。应当如《诗经·小雅·大田》"既种既戒，既备乃事"的"戒"，是准备的意思。

⑬大师：读为太师，古代乐官之长。

⑭《徵招》《角招》：徵和角是古代五音（宫、商、角、徵、羽）中的两个。

⑮畜君何尤：畜君，指谓匡正君主之失。尤，过错。

【译文】

齐宣王在雪宫接见孟子。宣王问："贤人也有这样的快乐吗？"

孟子回答说："有。人们要是得不到这种快乐，就会埋怨他们的国君。得不到这种快乐就埋怨国君是不对的；可是作为一国之君不与民同乐也是不对的。国君以老百姓的忧愁为忧愁，老百姓也会以国君的忧愁为忧愁。以天下人的快乐为快乐，以天下人的忧愁为忧愁，这样还不能够使天下归服，是没有过的事情。过去齐景公问晏子说：'我想到转附、朝儛两座山去游览，然后沿着海岸向南行，一直到琅邪。我该怎样做才能够和古代圣贤君王的巡游相比呢？'晏子回答说：'问得好呀！天子到诸侯国家去叫作巡狩。巡狩就是巡视各诸侯所守疆土的意思。诸侯去朝见天子叫述职。述职就是报告在他职责内的工作的意思。没有不和工作相结合的。春天里巡视耕种情况，对粮食不够吃的百姓给予补助；秋天里巡视收获情况，对歉收的农户给予补助。夏朝的谚语说："我王不出来游历，我怎么能得到休息？我王不出来巡视，我怎么能得到赏赐？一游历一巡视，足以作为诸侯的法度。"现在可不是这样了，国君一出游就兴师动众，索取粮食。饥饿的人得不到粮食补助，劳苦的人得不到休息。大家侧目而视，怨声载道，违法乱纪的事情也就做出来了。这种出游违背天意，虐待百姓，大吃大喝如同流水一样浪费。流连忘返，荒亡无行，连诸侯们都为此而忧虑。什么叫流连荒亡呢？从上游向下游的游乐而忘返叫作流；从下游向上游的游乐而忘返叫作连；打猎不知厌倦叫作荒；嗜酒不加节制叫作亡。古代圣贤君王既无流连的享乐，也无荒亡的行为。至于大王您的行为，只有您自己选择了。'齐景公听了晏子的话非常高兴，先在都城内作了充分的准备，然后驻扎在郊外，打开仓库赈济贫困的人。又召集乐官说：'给我创作一些君臣同乐的乐曲！'这就是《徵招》《角招》。其中的歌词说：'畜君有什么不对呢？''畜君'，就是热爱自己的国君。"

【评论】

这一章的核心还是"与民同乐"的问题，只不过角度有所不同罢了。

在《梁惠王上》篇里孟子见梁惠王于沼上时已经谈到过"古之人与民偕乐，故能乐也"的问题。在本篇中，孟子也曾与齐宣王两次讨论过"与民同乐"的问题。一次是在谈到欣赏音乐时，孟子告诉齐宣王，只要能够做到与民同乐，无论是喜爱古典音乐还是流行音乐都是好事而不是坏事。另一次是在谈到皇家园林的大小时，孟子告诉齐宣王，如果与民同乐，向老百姓开放，皇家园林再大（如周文王的方圆七十里），老百姓也不会嫌它大。如果不与民同乐，不准老百姓进入，皇家园林再小（如齐宣王的方圆四十里），老百姓也会嫌它大。所以，本章其实是孟子第三次与齐宣王讨论"与民同乐"的问题了。

这一次讨论的特点是不仅说到乐，而且还从乐说到忧，所谓"乐以天下，忧以天下"，更为完整地显示了孟子政治学说中的民本主义思想。这也使我们想到，宋人范仲淹《岳阳楼记》中那传诵千古的名句——"先天下之忧而忧，后天下之乐而乐"——不正是从孟子这里的"乐以天下，忧以天下"而生发出来的吗？

不过，从"乐以天下，忧以天下"的与民同乐同忧到"先"天下之忧而忧，"后"天下之乐而乐，的确注入了更为强烈的使命感和自我牺牲精神，而且，也更具有一种浓厚的悲剧意识。所以，它能更为激动人心地为人们所传诵。直到今天，当我们说到什么人为人民大众的利益而牺牲时，还会想到这两句名言。

追根溯源，其实还是一种"以民为本"的思想在影响着我们的认识，激动着我们的感情。而这一点，又不能不回到作为孟子"仁政"理论重要组成部分之一的"与民同乐"思想上来。

2.5【原文】

齐宣王问曰："人皆谓我毁明堂①，毁诸？已②乎？"

孟子对曰："夫明堂者，王者之堂也。王欲行王政，则勿毁之矣。"

王曰："王政可得闻与？"

对曰："昔者文王之治岐③也，耕者九一④，仕者世禄⑤，关市讥⑥而不征，泽梁⑦无禁，罪人不孥（nú）⑧。老而无妻曰鳏（guān）⑨，老而无夫曰寡，老而无子曰独，幼而无父曰孤。此四者，天下之穷民而无告者。文王发政施仁，必先斯四者。《诗》云：'哿⑩（gě）矣富人，哀此茕⑪（qióng）独。'"

王曰："善哉言乎！"

曰："王如善之，则何为不行？"

王曰："寡人有疾，寡人好货。"

对曰："昔者公刘⑫好货，《诗》云：'乃积乃仓⑬，乃裹糇(hóu)粮⑭，于橐(tuó)于囊⑮。思戢⑯(jí)用光。弓矢斯张⑰，干戈戚扬⑱，爰方启行⑲。'故居者有积仓，行者有裹囊也，然后可以爰方启行。王如好货，与百姓同之，于王何有？"

王曰："寡人有疾，寡人好色。"

对曰："昔者太王好色，爱厥妃。《诗》云：'古公亶(dǎn)父，来朝走马⑳，率西水浒㉑，至于岐下。爰及姜女㉒，聿来胥宇㉓。'当是时也，内无怨女，外无旷夫㉔。王如好色，与百姓同之，于王何有？"

【注释】

①明堂：有的说是为天子朝见诸侯而设的，有的说是天子的太庙。这里指的明堂在齐国境内，可能是准备天子东巡朝见诸侯用的。

②已：止也。

③岐：今陕西岐山一带。

④耕者九一：指实行井田制。每井九百亩，八家各一百亩，叫作私田。当中一百亩叫作公田，由八家共同耕种。

⑤仕者世禄：仕，做官。世禄，子孙沿袭父职。

⑥讥：稽察。

⑦泽梁：古代用以在流水中捕鱼的一种装置。

⑧孥：妻子儿女，此作动词用，指连及家属。

⑨鳏：老年光棍。

⑩哿矣富人：哿，可以。

⑪哀此茕独：茕独，孤独无依靠的人。

⑫公刘：后稷的后代，为周代创业的始祖。

⑬乃积乃仓：赵岐《注》："积谷于仓。"乃，无义。

⑭乃裹糇粮：糇粮就是干粮。

⑮于橐于囊：橐、囊，概指装东西的器具。囊，两头有口的袋子，装物后再扎紧口袋。

⑯思戢用光：思，无义。戢，通"辑"，和睦，安定。光，发扬光大。

⑰弓矢斯张：毛《传》云："张其弓矢。"

⑱干戈戚扬：干是盾牌，戈是一种有钩有啄的兵器，戚是大斧，扬是钺（形似大斧）。

⑲爰方启行：启行，开动，出发，指带领民众迁往邠地。

⑳走马：马跑得很快。

㉑率：循，沿着。浒，水边。

㉒爰及姜女：爰，发语词，无义。姜女就是太姜，古公亶父的妻子。

㉓聿来胥宇：聿，发语词，无义。胥，省视。宇，居处。

㉔怨女：年龄大而没有出嫁的女子。旷夫，单身汉。

【译文】

齐宣王问："别人都建议我拆毁明堂，究竟是拆毁好呢？还是不拆毁好呢？"

孟子回答说："明堂是施行王政的殿堂。大王如果想施行王政，就不要毁掉它吧。"

齐宣王说："可以把王政说给我听听吗？"

孟子回答说："从前周文王治理岐山的时候，对种地的人实行九分之一的税，对于做官的人是给予世代承袭的俸禄，在关卡和市场上只管理不征税，任何人到湖泊捕鱼都不禁止，对罪犯的处罚不牵连妻子儿女。失去妻子的老年人叫作鳏夫，失去丈夫的老年人叫作寡妇，没有儿女的老年人叫作独老，失去父亲的儿童叫作孤儿。这四种人是天下穷苦无依无靠的人。文王实行仁政，一定要先考虑这四种人。《诗经》说：'有钱人是可以过得去了，可怜可怜那些无依无靠的孤独者吧。'"

齐宣王说："这话讲得太好了！"

孟子说："大王如果认为说得好，为什么不这样做呢？"

齐宣王说："我有个毛病，我喜爱钱财。"

孟子说："从前公刘也喜爱钱财。《诗经》说：'积蓄粮食装满仓，备足干粮装进小袋和大囊。安定和睦争荣光，张弓带箭齐武装。金盾铁矛大斧扬，队伍动身向前方。'因此留在家里的人有备粮，外出打仗的人有干粮，然后才能够率队伍远行。大王如果喜爱钱财，又愿意和老百姓共同享有它们，这对施行王政有什么影响呢？"

齐宣王说："我还有个毛病，我喜好女色。"

孟子回答说："从前周太王也喜好女色，非常宠爱他的妃子。《诗经》说：'古公亶父，一大早骑马奔驰，沿着西边的河岸，一直走到岐山下。带着姜氏女，勘察地址建新居。'那时，没有找不到丈夫的女人，也没有找不到妻子的男人。大王如果喜好女色，又能与百姓同好，这对施行王政又有什么影响呢？"

【评论】

齐宣王是舍不得拆毁明堂的。古代天子的建筑是明堂格式，进门后，中间一个大天井，天井过去的大厅就叫明堂，深入明堂便是内室，再后面就是后院。这里所指的明堂，是指国君朝会、办公的地方。亦有可能是准备天子东巡朝见诸侯用的。也就是说，拥有了明堂，似乎也就有了做天子的满足感、快乐感。

孟子认为，如果拥有了明堂，就应该施行王道，否则就不应该拥有。所以孟子给齐宣王讲述了周文王的故事，说明周文王施行王政，是关心人民疾苦的"爱民"措施。孟子在这里所说的王政也就是前面给梁惠王说的王道，王政就是王道之政，用仁德来统一天下的政治，实际上也就是他的政治主张——仁政。

与孔子一样，孟子也是言必称文、武、周公的。所以，他在这里向齐宣王介绍王道政治时也是以文王治理岐山的政策为依据的。这里的话虽不长，但包含的内容却是很广，牵涉到农业税收、官吏制度、商业政策、渔业开放、刑法制度等等，尤其是最后还重点说到了社会福利的问题。按照孟子的思想，治国平天下的人不可不重视社会福利事业。敬老院、孤儿院等应大大加强，养老保险、人身保险等等也应该提上议事日程。

当孟子描绘出周文王的仁政图景时，齐宣王不由得脱口而出，赞扬孟子所说的是"善哉言呼！"然而，有意思的是，当孟子自以为抓住了时机问齐宣王为什么不向周文王学习，施行仁政时，齐宣王竟然又一次找出遁词来，从上一次孟子劝他采取和平共处外交政策时的"寡人好勇"上升到说"寡人好货"，乃至于"寡人好色"来了。

孟子就齐宣王的好财、好色问题进一步阐述,古代先王也有好财好色的,但他们是用自己好财好色的心去体恤人民好财好色的心,这就是将心比心,心想人民。作为"人",谁都有好财好色的心理,人类自从有了思维以后,就开始思索,如何才能让自己身体的感官能获得最大的愉悦。作为人民的统治者,如果只想满足自己的欲望,那必然要遭到全体人民的反对。如果能与民同乐,与民同利,与民同欲,将心比心,体恤人民,忧乐人民;那么,人民也就会与统治者同忧同乐,进而拥护统治者,使其统治地位更加巩固。

孟子这段议论的现实意义在于,现代的政治家们也要想到老百姓,不能只顾自己一个人发财好色,要让老百姓都能发财,让老百姓觉得在这个国家里有发展前途,有能够改变自己生活状况的希望,老百姓才能奋发有为,国家也才可能得到发展和巩固。

2.6【原文】

孟子谓齐宣王曰:"王之臣有托其妻子于其友而之楚游者,比其反也[1],则冻馁其妻子,则如之何?"王曰:"弃之。"

曰:"士师不能治士[2],则如之何?"王曰:"已之。"

曰:"四境之内不治,则如之何?"王顾左右而言他。

【注释】

[1]比其反也:比读去声,及也,至也。反,通"返"。

[2]士师不能治士:士师,古代的司法官。《周礼》有士师,其下有乡士、遂士等属官。士,指乡士、遂士。

【译文】

孟子对齐宣王说:"如果大王您有一个臣子把妻子儿女托付给他的朋友照顾,自己出游楚国去了。等他回来的时候,他的妻子儿女却在挨饿受冻。对待这样的朋友,应该怎么办呢?"

齐宣王说："和他绝交！"

孟子说："如果您的司法官不能管理他的下属，那应该怎么办呢？"

齐宣王说："撤他的职！"

孟子又说："假如一个国家治理得很糟糕，那又该怎么办呢？"

齐宣王左右张望，把话题扯到别处去了。

【评论】

孟子告诫齐宣王要做一个称职的君主。首先是孟子讲述了一个人受朋友之托而没有履行朋友之道，让朋友的妻子儿女受冻挨饿，其行为方式是不对的；齐宣王就认为这种朋友应该弃之。进而孟子又问，如果司法官员不能管好下级官吏，那应该怎么办？齐宣王认为应该停他的职。孟子之所以举出交友之道和任官之道，目的是为了同齐宣王讨论如何做一个能施行王道的君主。其旨在启迪齐宣王反省自我，痛改前非，发政施仁，爱护人民百姓，结束战争，统一国家。

但齐宣王只会对别人严格要求，不会自责自省，而且是讳言其疾，左顾右盼而言其他。因为按照齐宣王回答上面两个话题的逻辑，齐宣王就应该引咎辞职，所以最后一个问题齐宣王就不敢回答了。孟子是想用这种方式来提醒齐宣王，要想巩固自己的地位，只有选择施行王道仁政，与民同乐，与民同忧才行。

这是一段非常精彩的小品。尤其是最后"王顾左右而言他"一句，真是生动传神，成为大家常用的名言。孟子采用的是层层推进的论证法，从生活中的事情入手，推论到中层干部的行为，再推论到高级领导人的身上。逼齐宣王毫无退路，尴尬不已，也就只有"王顾左右而言他"的份了。孟子本身倒不一定非要出齐宣王的丑，不过是因为他不肯表态实施仁政，所以激他一激，逼他一逼，迫使他思考如何抓纲治国，作出选择罢了。

我们平时在工作中、生活中也常常有被上司或下属问得一时之间不知怎样回答的情况，遇到这种时候，你虽然不是"王"，但是，"顾左右而言他"还是可以用来应一应急的罢。不过，反过来的情况是，对待你的上司，尤其是在众目睽睽之下，你可一定得当心，不要把他逼到"王顾左右而言他"的程度。不然的话，他那时尴尬是尴尬，可下来以后就有你受的了。孟子不是最终没有在齐宣王那里呆下去吗？之所以如此，很难说没有这些使宣王尴尬的因素在起作用。所以，孟子的言谈和论辩术固然厉害，但我们如果要学习使用，也有一个运用的对象和场合问题需要注意。

2.7【原文】

孟子见齐宣王，曰："所谓故国者，非谓有乔木之谓也，有世臣之谓也。王无亲臣矣，昔者所进，今日不知其亡①也。"

王曰："吾何以识其不才而舍之？"

曰："国君进贤，如不得已，将使卑逾尊，疏逾戚②，可不慎与？左右皆曰贤，未可也；诸大夫皆曰贤，未可也；国人③皆曰贤，然后察之；见贤焉，然后用之。左右皆曰不可，勿听；诸大夫皆曰不可，勿听；国人皆曰不可，然后察之；见不可焉，然后去之。左右皆曰可杀，勿听；诸大夫皆曰可杀，勿听；国人皆曰可杀，然后察之；见可杀焉，然后杀之。故曰，国人杀之也。如此，然后可以为民父母。"

【注释】

①不知其亡：不知，犹言不恤。亡，指离君出走，去位、去国之意。

②卑：地位低下。逾：超越。疏：关系疏远的人。戚：关系亲密的人，古代多指血缘关系。

③国人：当时对居住于国都之人的通称。

【译文】

孟子见齐宣王，说："我们平时所说'故国'，并不是指那个国家有高大的树木，而是指有世代建立功勋的大臣。可大王您现在却没有亲信的大臣了，过去所任用的大臣，现在也不知为什么离去了。"

齐宣王说："我应该怎样识别那些缺乏才干的人而不用他们呢？"

孟子回答说："国君选拔贤能，如果非用不可，甚至会把原本地位低的人提拔到地位高的人之上，把原本关系疏远的提拔到关系亲近的人之上，这怎么能够不谨慎呢？因此，左右亲信都说某人好，不可确信；众大夫都说某人好，还是不确信；全国的人都说某人好，然后去考察他，发现他果然是贤才，然后再任用他。左右亲信都说某人不好，不可确信；众位大夫都说某人不好，还是不可确信；全国的人都说某人不好，然后去考察他，发现他真的不好，然后再罢免他。左右亲信都说某人该杀，不可确信；众位大夫都说某人该杀，还是不可确信；全国的人都说某人该杀，然后去考察他，发现他真的该杀，然后再杀掉他。所以才可说是全国人杀的他。能这样做，才可以做老百姓的父母官。"

【评论】

孟子在这里所谈论的人才选拔观一方面来自他的先辈孔子，另一方面又加进了自己的民本主义政治思想。

在《论语·子路》篇里，子贡曾经问孔子说："一乡的人都喜欢他，怎么样？"孔子仍然说："还难说。不如一乡中的好人喜欢他，坏人厌恶他。"在《卫灵公》篇里，孔子又概括说："众恶之，必察焉；众好之，必察焉。"我们不难发现，孟子在这里对齐宣王的论述几乎就是孔子思想的翻版而加以扩展。只不过，孔子是就一般人品或人才的识鉴发表看法，而孟子则是具体到为国家选拔人才，提拔干部的问题，所以又糅进了他"以民为本"的政治思想，要求国君听听国人的意见，用我们今天的话来说，也就是人民群众的意见。

孟子之意还在于，作为统治者，用人行政，当以公论为准，如果只凭自己的好恶，或者只听信某些人的谗言和褒贬，国家是无法治理好的，企业也是无法治理好的。孟子提出的这三条重要原则，具有很好的民主政治思想因素，是孟子民主思想在用人和司法上的具体反映，直到今天仍有很强的现实意义。

从理论上说，孟子的论述的确是非常有道理的。直到今天，我们的人民代表大会制度也就是要听听"国人"的意见，而由"人大"任命政府各级干部正是选拔任用人才听"国人"意见的具体体现。另一方面，我们一直坚持的干部考查制度也就是听取群众意见。"国人皆曰贤，然后察之；见贤焉，然后用之。国人皆曰不可，然后察之；见不可焉，然后去之。"

当然，从实践的操作来看，我们也不能对孟子的论述作拘泥刻板的理解。因为事实上，我们不大可能就某一个人的情况而听到"国人皆曰"，全国人民都谈论他。除非他是围棋国手、体育世界冠军、顶尖级的电影明星或歌星等类似的人物。而这一类人物多半又不一定适合做政府部门的领导人。

所以，"国人皆曰"也是相对的。我们应该把握的精神实质是群众路线，"从群众中来，到群众中去"，多倾听人民群众的意见。

2.8【原文】

齐宣王问曰："汤放桀①，武王伐纣②，有诸？"

孟子对曰："于传③（zhuàn）有之。"

曰："臣弑④其君，可乎？"

曰："贼仁者谓之贼，贼义者谓之残，残贼之人谓之一夫。闻诛一夫纣⑤矣，未闻弑君也。"

【注释】

①放：流放。桀：夏的末代君主。据古代传说，汤兴兵讨伐桀，把他流放到南巢。

②武王伐纣：商纣王无道，周武王捧着文王的木主兴兵讨伐，纣王大败，自焚而死。

③传：传记。

④弑：弑和下文的诛各有褒贬。臣下无礼杀死君主，儿女杀害父母都用弑。诛则相反，合乎正义地讨杀罪犯就用"诛"。

⑤一夫纣，即"独夫纣"的意思。失掉了群众，成为孤立者。

【译文】

齐宣王问："商汤流放夏桀，武王讨伐商纣，真有这回事吗？"

孟子回答说："史籍上有这样的记载。"

齐宣王问："臣子杀他的君主，可以吗？"

孟子说："破坏仁的人叫贼，破坏义的人叫残。这样的人，我们叫他独夫。我只听说过诛杀独夫纣，没听说过弑君。"

【评论】

在这篇文章里，孟子的说辞可谓大胆之至。将不仁的君主称作独夫，在国君面前说得义正词严，这样的话让人惊讶，难以应对。实际上，春秋乱世，臣弑君、子弑父、兄弟相残的情况时时发生，齐宣王肯定也明白这样的事情并不罕见。齐宣王想争霸群雄，担心自己权位的稳固，因此对"汤放桀，武王伐纣"这样的史实十分敏感。同时，他对孟子相当尊重，想听听孟子的看法，所以才有上述对话。只是，孟子所说，大出其意外。

封建君主，位高权重，都希望自己天下独尊，孟子的骇人言论恰恰戳中了他们最敏感的那根神经。明代朱元璋就曾下令把孟子赶出孔庙，又下令删节《孟子》一书，许多"大逆不道"的言论都不见了，其中就包括上述文字。齐宣王闻听"诛一夫纣"而惊讶之余，心中亦必怏怏不乐。

我们纵观古今中外历史，孟子的话很有道理。孟子站在尧舜立场上，以仁义为最高之理，自然认为不仁不义的桀、纣被"放"被"伐"是合理的。孟子站在民众立场上，信奉"天视自我民视，天听自我民听"，认为社稷之神、国家之君如果不能给民众带来福祉，可以"变置"——"诸侯危社稷，则变置"，"旱干水溢，则变置社稷"（《尽心下》）。因而，"汤放桀""武王伐纣"又是合法的。孟子的仁义思想和变置思想，着眼于人民的福祉和社会的进步，可被今之历史唯物主义所接纳，是古代的先进思想。

清末民初，"汤武革命论"热闹一时，认为孟子主张"易姓革命"云云。且不说其论者都是在为自己的政治观点寻找根据，仅谈孟子本人，说他革命，未免言过其实。盖因"革命"一词有广义与狭义之分，而近代中国多用其狭义，有特定指向。孟子头脑中不过是"变置"而已。狭义的革命与变置，尚不可等同也。

2.9 **【原文】**

孟子见齐宣王，曰："为巨室①，则必使工师②求大木。工师得大木，则王喜，以为能胜其任也。匠人斫③（zhuó）而小之，则王怒，以为不胜其任矣。夫人幼而学之，壮而欲行之。王曰：'姑舍女所学而从我'，则何如？今有璞玉④于此，虽万镒⑤（yì），必使玉人雕琢之。至于治国家，则曰'姑舍女所学而从我’，则何以异于教玉人雕琢玉哉？”

【注释】

①巨室：古代“室”和“宫”有时意义相同，都是房屋的意思。

②工师：古代官名，管理工匠的官员。

③斫：砍削。

④璞玉：玉之在石中者，尚未经雕琢的玉石。

⑤万镒：镒也作“溢”，古代的金银计量单位，二十两为一镒。万镒，喻其贵重。

【译文】

孟子见齐宣王，说：“建造大房子，就一定要叫工匠去寻找大木料。工匠找到了大木料，大王就高兴，认为工匠是称职的。木匠砍削木料，把木料砍小了，大王就发怒，认为木匠是不称职的。一个人从小学到了一种本领，长大了想运用它，大王却说：‘姑且放下你所学的本领来听我的’，那会怎么样？假如现在有块未经雕琢的玉石在这里，虽然价值万金，也必定要叫玉匠来雕琢它。而涉及治理国家，却说：‘姑且放下你所学的本领来听我的’，那与要求玉匠按您的办法去雕琢玉石有什么不同呢？”

【评论】

孟子针对齐宣王不能用贤图治的弊病，借用两个比喻来告诫齐宣王应该依靠专家，让他们学以致用，而不要依着自己的好恶爱憎，不要依着自己的个性来治理国家。

第一个比喻是木材的利用问题，大木料有大木料的用处，但建造房屋，不能都用大木料；工匠根据修建房屋的需要，将大木料改制成小木料来利用，是因为修建房屋也需要小木料。大小配合，才能有一幢完整的房屋。治理国家同样也是这个道理，大臣有大臣的用处，小吏有小吏的用处，而齐宣王却说：“姑舍女所学而从我”，就是要抹杀每个人的个性和自幼所学的东西，就是否认贤才治理国家的才能，这正应了老子所说的，用愚蠢的智慧来治理人民。究其实，齐宣王本人又能懂得多少呢？工、农、兵、学、商、农、林、渔、牧、副，让他管理什么呢？必须先要确定其管理范围和职责，他才能名正言顺地管理这一方面的事。统治者在处理国家事务上，必须先要确定事务的范畴，才能确定立个什么官，才能确定这个官职的职权和责任。而这个官员才能根据职权和责任干好他的事。生活中也是这样，做儿女的责任就是要听父母的教导，不到时候，他是不能承担父母亲的责任的。即使是他生儿育女以后，他有了作父母的责任，但在他的父母亲面前，他仍然是父母亲的儿女，还是要承担作儿女的责任。

孟子的第二个比喻是说，雕琢璞玉需要专家，如果玉匠按照您的吩咐去雕琢璞玉，那么很可能这块非常昂贵的玉石也就没有价值了。这就是说，专家在治理国家时，有他的一套办法，如果事事都要按照某个人的旨意和好恶爱憎来办理，那就像外行冒充玉匠雕琢玉石一样了。既然知道雕琢玉石需要请玉匠，同理，治理国家就需要贤才。这个道理很多人都懂，可是一旦掌了权，说话有人听了，就会忘乎所以，到处视察，到处指手画脚，恨不得所有人都听自己的话，都按自己的意愿办事。这种情景不但古代有，现代更有，而且是愈演愈烈。尤其在中下层官员和很多企业中，往往形成了一言堂，一个人说了算，而这种人往往很快就倒台了。

2.10【原文】

齐人伐燕，胜之①。宣王问曰："或谓寡人勿取，或谓寡人取之。以万乘之国伐万乘之国，五旬②而举之，人力不至于此。不取，必有天殃③。取之，何如？"

孟子对曰："取之而燕民悦，则取之。古之人有行之者，武王是也④。取之而燕民不悦，则勿取。古之人有行之者，文王是也⑤。以万乘之国伐万乘之国，箪（dān）食（sí）壶浆⑥以迎王师，岂有他哉？避水火也。如水益深，如火益热，亦运而已矣⑦。"

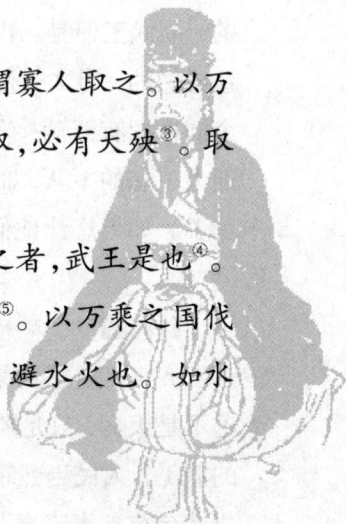

【注释】

①齐人伐燕，胜之：燕国是齐国的近邻，齐宣王五年燕国内乱，次年齐宣王乘乱进攻燕国，燕军不愿抵抗，齐军大胜。

②旬：十天。

③不取，必有天殃：《国语·越语》云："天与不取，反之为灾。"

④武王是也：指武王顺应民心伐纣。

⑤文王是也：指周文王时，纣还没有完全失掉民心，周文王三分天下有其二，仍然服事殷商。

⑥箪食壶浆：箪，古代盛饭的竹筐。食，去声，饭。浆，用米熬成的酸汁，古人用以代酒。

⑦亦：只也。运：转，改变。

【译文】

齐国攻打燕国，大获全胜。齐宣王问孟子："有人劝我不要占领燕国，有人又劝我占领它。我觉得，以一个拥有万辆兵车的大国去攻打一个同样拥有万辆兵车的大国，只用了五十天就打下来了，光凭人力是做不到的。如果我们不占领它，一定会遭到天灾吧。占领它，怎么样？"

孟子回答说："占领它，如果燕国老百姓高兴，那就占领它。古人有这样做的，周武王便是。占领它，如果燕国的老百姓不高兴，那就不要占领它。古人有这样做的，周文王便是。以齐国这样一个拥有万辆兵车的大国去攻打燕国这样一个同样拥有万辆兵车的大国，燕国的老百姓却用饭筐装着饭，用壶盛着酒浆来欢迎大王您的军队，难道有别的什么原因吗？不过是想摆脱他们那水深火热的日子罢了。如果您让他们的灾难加深了，那他们就会转而去求其他的出路了。"

【评论】

齐宣王自以为秉天命而轻易战胜了燕国，于是便向孟子炫耀。而孟子却认为这不是天命，只是燕国的人民生活在水深火热的苦海中，齐国的军队消灭了残暴的燕王，人民当然箪食壶浆来迎接，换做另外一个国家，或秦国、或楚国，人民仍然会箪食壶浆来迎接，所以这并不是齐国秉承了天意。而齐宣王如果不用爱民的政策去帮助燕国人民，而使人民再陷入更加水深火热的苦海中，那么燕国的人民同样会箪食壶浆以迎接其他诸侯国的军队，或者会迁徙到其它国家。所以，以爱民的政策来治理国家，才是最重要的。

孟子与孔子一样，并不是死搬教条、抱缺守残的书呆子，而是具有非常灵活的通权达变思想。因为他认为当时燕国的老百姓是生活在水深火热之中，所以不反对齐宣王的军队去进驻。何况，他也说得很清楚，如果齐国的军队进驻以后反倒使燕国百姓的"水益深，火益热"，那也是不行的！

所以，孟子也并不是一味反对战争，只要是正义的，符合人民利益和愿望的战争，他也是支持的。这种权变的思想，正如前几章齐宣王说自己有好勇、贪财、好色等等毛病，孟子都说没有关系一样，同样是以"民本"为原则的。

2.11【原文】

齐人伐燕，取之。诸侯将谋救燕。宣王曰："诸侯多谋伐寡人者，何以待之？"

孟子对曰："臣闻七十里为政于天下者，汤是也。未闻以千里畏人者也。《书》曰：'汤一征，自葛始①。'天下信之。东面而征，西夷怨；南面而征，北狄怨。曰：'奚为②后我？'民望之，若大旱之望云霓③也。归市者④不止，耕者不变。诛其君而吊⑤其民，若时雨降，民大悦。《书》曰：'徯我后⑥，后来其苏⑦。'今燕虐其民，王往而征之。民以为将拯己于水火之中也，箪食壶浆以迎王师。若杀其父兄，系累⑧其子弟，毁其宗庙，迁其重器⑨，如之何其可也？天下固⑩畏齐之强也，今又倍地而不行仁政，是动天下之兵也。王速出令，反其旄（máo）倪⑪（ní），止其重器，谋于燕众，置君而后去之，则犹可及止也。"

【注释】

①汤一征，自葛始：一征，朱熹《集注》云："初征也。"葛，当时的一个小国。

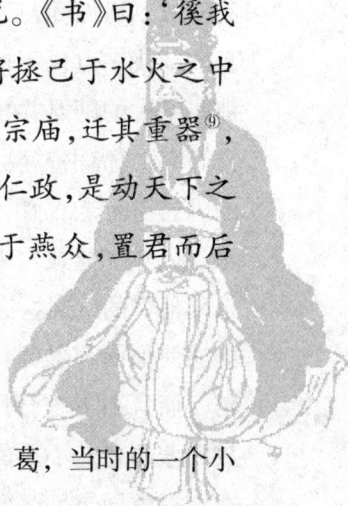

②奚为：为何。

③云霓：霓是虹霓，这里指出于西方。

④归市者：赶集的人。

⑤吊：抚恤慰问。

⑥徯我后：徯，等待。后，君主，王也。

⑦苏：也写作"甦""蘇"，更生，复活的意思。

⑧系累：束缚，捆绑。

⑨重器：宝器，是国家的象征。当时齐国搬走了燕国的宝鼎。

⑩固：本来。

⑪旄倪：旄，同耄，老人。倪，小孩。

【译文】

齐国攻打燕国，占领了它。一些诸侯国在谋划救援燕国。齐宣王说："不少诸侯在谋划着要来攻打我，该怎么办呢？"

孟子回答说："我听说过，有凭借着方圆七十里的国土就统一天下的，商汤就是，却没有听说过拥有方圆千里的国土而害怕别国的。《尚书》说：'商汤征伐，从葛国开始。'天下人都相信了。所以，当他向东方进军时，西边国家的老百姓便抱怨；当他向南方进军时，北边国家的老百姓便抱怨。都说：'为什么把我们放到后面呢？'老百姓盼望他，就像久旱盼乌云和雨后彩虹一样。这是因为汤的征伐一点也不惊扰百姓。做生意的照常做生意，种地的照常种地，只是诛杀那些暴虐的国君并抚慰那些受害的老百姓。就像天上下了及时雨一样，老百姓非常高兴。《尚书》说：'等待我们的王，他来了，我们也就复活了！'如今，燕国的国君虐待老百姓，大王您的军队去征伐他，燕国的老百姓以为您是要把他们从水深火热中拯救出来，所以用饭筐装着饭，用壶盛着酒来欢迎您的军队。可您却杀死他们的父兄，抓走他们的子弟，毁坏他们的宗庙，抢走他们的宝器，这怎么能够使他们容忍呢？天下各国本来就害怕齐国强大，现在齐国的土地又扩大了一倍，而且还不施行仁政，这就必然会激起天下各国动兵。大王您赶快发出命令，放回燕国老老小小的俘虏，停止搬运燕国的宝器，再和燕国的人士商量，为他们选立一位国君，然后从燕国撤回齐国的军队。这样做，还可以来得及制止各国兴兵。"

【评论】

齐国征伐燕国,真的是救燕国人民于水深火热的苦海之中吗? 显然不是! 齐国之伐燕,只是齐宣王想要扩大自己的领土,想拥有更多的财富,想要称霸于天下的一个步骤,只是齐宣王私心的一个表现。

孟子举出"汤伐葛"的例子来说明,汤之伐葛,并不是为了自己膨胀的私心,而真正是救民于水深火热之中。商汤施行的是"王道",是恢复被灭亡的国家,承续接继已经断绝了的世族,这是自尧以来的统治者所采取的"爱民"为政措施之一,意思是要各种人种、各种民族都能够在这里和平共处,即使是被消灭了,也要找到他们的旁支后代继续繁衍。

而齐宣王则是杀死他们的父兄,拘禁他们的子弟,拆毁他们的宗庙,抢走他们的宝器,这样做怎么可以呢? 这样做显然不能使人民心服! 所以齐宣王此举也引起别的诸侯国蠢蠢欲动,都想分一杯羹。这就是"王道"与"霸道"的行为方式的区别。作出分析以后,孟子又直陈意见,要齐宣王悬崖勒马,赶快撤军,避免一场大战。

进也孟子,退也孟子。

进也民心,退也民心。

民心向背是孟子政治思想的核心,国内问题如此,国际事务也如此。

2.12【原文】

邹与鲁哄①(hòng)。穆公问曰②:"吾有司③死者三十三人,而民莫之死也④。诛之,则不可胜诛;不诛,则疾视其长上之死而不救,如之何则可也?"

孟子对曰:"凶年饥岁,君之民老弱转⑤乎沟壑,壮者散而之四方者,几⑥千人矣;而君之仓廪实,府库充,有司莫以告,是上慢而残下也。曾子⑦曰:'戒之戒之! 出乎尔者,反乎尔者也。'夫民今而后得反之也。君无尤⑧焉! 君行仁政,斯民亲其上,死其长矣。"

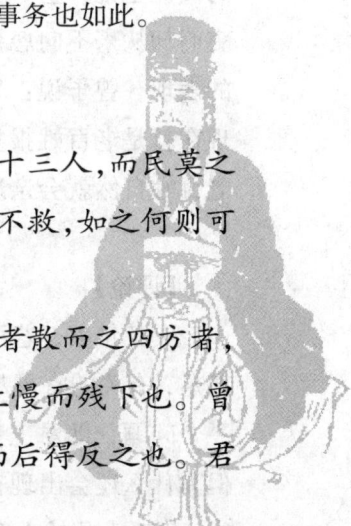

【注释】

①邹与鲁哄：邹，与鲁国相邻的一个小国，现今山东邹城市境内。哄，争斗，交战。

②穆公：即邹穆公。贾谊《新书》和《新序》都记载着他实行仁政的故事，可能是接受了孟子的意见。

③有司：指有关官吏。

④莫之死：没有谁为他们战死，否定句中宾语前置。

⑤转：抛弃尸首。

⑥几：音同机，接近的意思。

⑦曾子：孔子弟子曾参。

⑧尤：动词，责备。

【译文】

邹国与鲁国发生冲突。邹穆公对孟子说："我的官吏死了三十三个，百姓却没有一个为他们而死的。杀他们吧，杀不了那么多；不杀他们吧，又实在恨他们眼睁睁地看着长官被杀而不救。到底怎么办才好呢？"

孟子回答说："灾荒年岁，您的老百姓，年老体弱的弃尸于山沟，年轻力壮的四处逃荒，差不多有上千人吧；而您的粮仓里堆满粮食，货库里装满财宝，官吏们却从来不向您报告老百姓的情况，这是他们不关心老百姓并且还残害老百姓的表现。曾子说：'小心啊，小心啊！你怎样对待别人，别人也会怎样对待你。'现在就是老百姓报复他们的时候了。您不要归罪于老百姓吧！只要您施行仁政，老百姓自然就会亲近他们的长官，肯为他们的长官而死。"

【评论】

灾荒年岁，老百姓不是饿死就是逃荒，而作为国君的邹穆公粮仓积满，府库充足，有关的官员却没有报告，这就是居上位者残害下面的百姓。这里面还牵涉一个问题，即君王爱民而官吏违之。据说邹穆公是比较爱民的，还是施仁政的，但为什么还会出现在灾荒的岁月里，百姓中年老体弱的大批死亡而被弃尸于山沟中，年轻力壮的人四散逃荒有近千人的景况呢？这就是任用贤才的问题了。所谓贤才，不仅仅是能干，懂得管理，更重要的是应有一颗爱民的拳拳之心。这一点，尤为现代管理者所应重视。

在孟子这里，实际上还是说的君与民、官与民的关系问题。孟子的意思很简单，普通老百姓看到当官的战死而见死不救固然是不对，但当老百姓灾荒年岁饿死或逃荒时，你当官的见死不救就对吗？

当官不为民作主，又要你这当官的来干什么呢？我们常说"你不仁，我不义"，一报还一报，也就是曾子所说的"出乎尔者，反乎尔者也"。话说回来，只要你当官的施行仁政关心民众的疾苦，那么，自然就会出现"你仁我义"的情况。

引申开来，当然不只是君与民、官与民之间才有这种关系，就是我们平常的人际交往中，也同样存在着这种关系。孟子所说的，以及所引曾子的话，都是对孔子"对等原则"的发挥。孔子学问的中心是"仁"，即是人与人之间的相互亲爱，相互爱护，相互帮助。这就是人际关系中最基本的对等原则。

《诗经》说："投之以桃，报之以李。"依照这个原则，你投入了"爱"，才能得到爱的回报；你投入了"信"，才能得到诚实的回报。如果你对别人是欺骗，那么别人也会不诚实。所以，人如果失去了爱心，那么剩下的还有什么呢？你用狠心来对待别人，别人也就敬而远之了。

2.13【原文】

滕文公①问曰："滕，小国也，间于齐、楚。事齐乎？事楚乎？"

孟子对曰："是谋非吾所能及也。无已，则有一焉②：凿斯池③也，筑斯城也，与民守之，效死④而民弗去，则是可为也。"

【注释】

①滕文公：滕是西周初年所分封的诸侯国，故城在今山东滕州市西南。滕文公是滕定公的儿子。

②无以：犹言"不得已"。以，通"已"，停止。一：指一个办法。

②池：护城河。

③效：献也。效死：献出生命。

【译文】

滕文公问孟子："滕国是一个小国，处在齐国和楚国两个大国之间。是归服齐国好呢？还是归服楚国好呢？"

孟子回答说："到底归服哪个国家好我也说不清。如果您一定要我谈谈看法，倒是另有一个办法：把护城河挖深，把城墙筑坚固，与老百姓一起坚守它，宁可献出生命，老百姓也不会离开。就这个办法可行。"

【评论】

作为一个小国，怎样在弱肉强食的大环境里站住脚，不至于被别的强国侵略，不至于被消灭。两大之间难为小，服从这个，那个会来找你的麻烦；服从那个，这个又会来跟你过不去。这当然令其统治者头痛。所以，滕文公要问政于孟子。

而孟子并没有要求滕文公做大做强，换一个人，或商鞅、或孙子、或苏秦、或其他兵家、法家人物，无疑会要滕文公做大做强，以抵御外来侵略。而孟子为什么不要求做大做强呢？其实，做大做强的根本基础还是在于"爱民"，在于施仁政。

孟子的中心思想是寻求最佳行为方式而"爱民"，所以，让老百姓有恒产，让他们衣食有着，生活无忧，人民就会珍惜这来之不易的安定生活，就会誓死捍卫这种安居乐业的生活方式！如果统治者能与民同乐，与民同利，与民同欲，将心比心，体恤人民，忧乐人民；那么，人民也就会与统治者同忧同乐，进而拥护统治者，使其统治地位更加巩固。

当然，要做到这一点，并不是凭空口说白话，而是要靠全国人民同心同德，深沟高垒，加强国防建设。一旦有侵略者来犯，就与国家共存亡，宁为玉碎，不为瓦全。

所以，自强自立是"两大之间难为小"的根本出路。国家如此，我们每个人的立身处世也是如此，不论于何种困境面前，都需要以自强自主的精神来解决。

2.14 **【原文】**

滕文公问曰："齐人将筑薛①，吾甚恐。如之何则可？"

孟子对曰:"昔者大王居邠^②(bīn),狄人侵之,去之岐山^③之下居焉。非择而取之,不得已也。苟为善,后世子孙必有王者矣。君子创业垂统^④,为可继也。若夫成功,则天也。君如彼何^⑤哉?强^⑥(qiǎng)为善而已矣。"

【注释】

①薛:城邑名,故地在今山东滕州市东南。它原是西周初年分封的诸侯国,国灭后该地为齐所得,齐威王将它作为小儿子田婴(孟尝君)的封地。因薛接近于滕,滕文公感到恐慌。

②邠:古同"豳",古地名,在今陕西省旬邑县。

③岐山:今陕西省岐山县东北的箭括山,因山巅分开为两峰,故名岐山。

④垂统:传给后世子孙。

④如彼何:对他奈何。彼:指齐国人。

⑤强:勉也,尽力。为善:指实行仁政。

【译文】

滕文公问孟子:"齐国要修筑薛城,我很害怕,怎么办才好呢?"

孟子回答说:"从前,太王居住在邠地,狄人侵犯那里,他便离开,迁到岐山下居住。不是愿意选择那里居住,迫不得已罢了。一个君主如果能施行仁政,后代子孙中必定会有称王于天下的。君子创立基业,传给后世,是为了可以继承下去。至于能否成功,那就由天决定了。您怎样对付齐国呢?只有努力施行仁政罢了。"

【评论】

面对齐、楚两大强国,除了凿池筑城外,滕文公不知道应该怎么办。

于是孟子又给他举了一个例子,这就是古公太王迁岐之事。公刘率族人定居于豳(今陕西旬邑西),发展农耕,势力渐兴。后又传九世,到古公亶父时,因受薰鬻、戎狄的进攻,从豳迁徙到岐山之下的周原(今陕西扶风、岐山间),因古公亶父为善,从者不计其数。周原土地肥美,宜于农作。商代晚期,古公亶父在那里兴建城郭房屋，划分邑落，设立了官吏机构，国号为周。后古公卒，少子季历继位，后季历终为商王所杀。季历之子昌继位，即周人追称的周文王。这都是几代人为善，所以能成就王者的缘故。

《易大传》曰："积善之家必有余庆。"《道德经》中，老子说："上善若水。水善利万物而不争，处众人之所恶，故几于道。居善地，心善渊，与善仁，言善信，政善治，事善能，动善时。夫唯不争，故无尤。"《论语·颜渊》中还有一段记载，季康子问政于孔子曰："如杀无道，以就有道，何如？"孔子对曰："子为政，焉用杀？子欲善，而民善矣。君子之德风，小人之德草。草上之风，必偃。"这就是说，你敬人民，人民就敬你；你孝慈，人民就忠诚，找一些善良的人来教育不能够善良的人，就是劝化教导的办法了。我们现在所说的"风气"，就是从这里来的。孔子用很形象的话形容它，风吹草伏，风往哪边吹，草就往哪边倒伏。领导人的人生规律就像风一样，如果是善的、好的，百姓也就是善的、好的。领导人的人生规律如果是恶的狠的贪的，老百姓也就跟着学习恶的狠的贪的。所以，要建立人与人之间相互亲爱的关系，关键在于领导人、统治者，也就是"上行下效"。

孟子没有鼓励滕文公做大做强，是因为即使现在能牺牲人民的利益来做大做强，那也是权宜之计，只可侥幸避过一时；而积善以贻子孙，才是国家的长远之计。

2.15【原文】

滕文公问曰："滕，小国也；竭力以事大国，则不得免①焉，如之何则可？"

孟子对曰："昔者大王居邠，狄人侵之。事之以皮币②，不得免焉；事之以犬马，不得免焉；事之以珠玉，不得免焉。乃属其耆老而告之曰③：'狄人之所欲者，吾土地也。吾闻之也：君子不以其所以养人者害人。二三子何患乎无君？我将去之。'去邠，逾梁山④，邑⑤于岐山之下居焉。邠人曰：'仁人也，不可失也。'从之者如归市。或曰：'世守⑥也，非身之所能为也。效死勿去。'君请择于斯二者。"

【注释】

①免：免于侵犯和危险的意思。

②皮币：毛皮和丝绸。

③属：召集、集合。耆老：古称六十为耆，七十为老。此处泛指老年人。

⑤梁山：在今山西乾县。

⑤邑：动词，建筑城邑。

⑥世守：世代传下来的基业。

【译文】

滕文公问孟子："滕国是个小国，竭力去侍奉大国，却不能免除威胁，怎么办才好呢？"

孟子回答说："从前，周太王居住在邠地，狄人侵犯那里。周太王拿皮裘丝绸送给狄人，不能免遭侵犯；拿良犬骏马送给狄人，不能免遭侵犯；拿珠宝美玉送给狄人，还是不能免遭侵犯。于是召集邠地的父老，对他们说：'狄人想要的是我们的土地。我听说过：君子不拿用来养活人的东西害人。你们何必担心没有君主？我要离开这里了。'于是离开邠地，越过梁山，在岐山下建城邑定居下来。邠地的人说：'是个仁人啊，不能失去他啊。'追随他迁居的人，多得像赶集市一般。当然，也有人这样说：'土地是祖宗传下来让儿孙必须世世代代守护的，不能自作主张将它舍弃，宁可拼了命也不能离开它。'以上两条道路，请您从中选择吧。"

【评论】

似乎滕文公对于"为善"也是做不到的，于是孟子只好又举出古公迁岐的例子。这等于是向滕文公出了两个计策，一是效法古公太王迁徙以避强权，保存族人以图东山再起。二是按一般人的做法，誓死捍卫自己的土地，即使全部牺牲也在所不惜。这两种办法哪一种好呢？孟子没有明说，因为孟子心里很清楚，无论取哪一种，滕国人民都不会追随滕文公，要迁徙，只有滕文公家族的几百或上千人；要死守，也只有这些人。广大的人民百姓都是不会追随他的，因为滕文公从来就不是一个"爱民"的君主，也没有施行"爱民"的政策。一个领导人如果不爱民，人民又怎么会爱领导人呢？

在《孟子》书中，这一段和上一段，怎样看，都是同一个问题的重复记述。只是一个详细，一个简化而已。

历史上凡是动乱时期，像滕国这种环境的遭遇也很多。我们由此可了解，一个小国处于大国之间的艰苦。近如现代正在纷争的中东问题，那些小国之间，就有许多困难存在。现在世界上，不论欧洲、非洲，全球各地的小国，所遭遇到的困难，许多和战国时代的滕国一样，所处的环境，都非常矛盾。不是身历其境的人，是不容易了解的。

个人的人生也是一样，自己不能强大，当受到艰难或迫害的时候，就要改变自己的环境。当环境不能改变时，就要自己站起来，坚强起来，宁死而不向困难环境屈服。

2.16 【原文】

鲁平公①将出，嬖(bì)人②臧仓者请曰："他日君出，则必命有司所之。今乘舆③已驾矣，有司未知所之。敢④请。"

公曰："将见孟子。"

曰："何哉？君所为轻身⑤以先于匹夫者，以为贤乎？礼义由贤者出，而孟子之后丧逾前丧⑥。君无见焉！"

公曰："诺。"

乐正子⑦入见，曰："君奚为不见孟轲也？"

曰："或告寡人曰：'孟子之后丧逾前丧'，是以不往见也。"

曰："何哉，君所谓逾者？前以士，后以大夫⑧；前以三鼎，而后以五鼎与⑨？"

曰："否。谓棺椁(guǒ)衣衾⑩之美也。"

曰："非所谓逾也，贫富不同也。"

乐正子见孟子，曰："克告于君，君为来见也。嬖人有臧仓者沮⑪君，君是以不果来也。"

曰:"行,或使之;止,或尼⑫之。行止,非人所能也。吾之不遇鲁侯,天也。臧氏之子焉能使予不遇哉?"

【注释】

①鲁平公:名叔,鲁景公的儿子,公元前314年至公元前294年在位。

②嬖人:受宠爱的小人,焦循《正义》谓指男宠。臧仓,战国末年鲁国人,鲁平公的男宠,曾向鲁君进谗诋毁孟子,使其不接见孟子,后因以臧仓指进谗害贤的小人。

③乘舆:国君出行所用的车马。

④敢:表敬副词,无实际意义。

⑤轻身:降低身份。

⑥后丧逾前丧:孟子早年丧父,"前丧"指父亲的丧事,"后丧"指母亲的丧事。

⑦乐正子:名克,孟子的弟子。

⑧前以士,后以大夫:以,按照。以士,按士的规格办丧事。以大夫,按大夫的规格。

⑨三鼎:按士的规格来祭奠。五鼎:以大夫的规格来祭奠。

⑩棺椁衣衾:指丧礼的用具。内棺曰棺,外棺曰椁。衣衾是装殓死者的衣被。

⑪沮:一本作"阻",阻止。

⑫尼:旧读去声,阻碍。

【译文】

鲁平公将要外出,他的宠臣臧仓请示说:"往日君王外出,都要令有关官员知道。今天车马已经备好,有关官员还不知道要去哪里,胆敢请君王示下。"

鲁平公说:"要去见孟子。"

臧仓说:"这是为什么呀?您为什么要降低身份去见一个读书人呢?您以为孟子是贤德之人吗?贤德之人的行为应该合乎礼义;而孟子后来为母亲操办的丧事超过先前为父亲操办的丧事。君王还是不要去见他。"

鲁平公说:"好吧。"

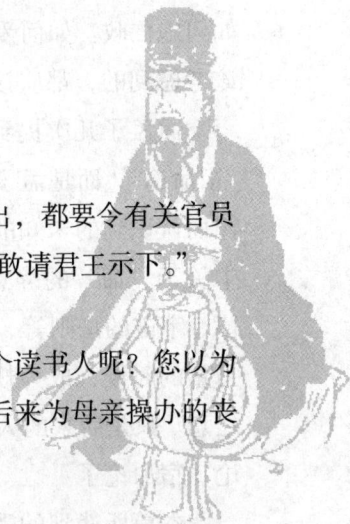

乐正子入宫见鲁平公，说："您为什么不去见孟子呢？"

鲁平公说："有人告诉我说：'孟子后来为母亲操办的丧事超过先前为父亲操办的丧事。'所以我不去见他。"

乐正子说："您所谓的超过是指什么？是指前面用士的丧礼，后面以大夫的丧礼？还是前面用三鼎礼，后面用五鼎礼？"

鲁平公说："不是，我所说的是指棺椁和寿衣的精美不同。"

乐正子说："这不叫超过，这是前后家境贫富不同而已。"

后来乐正子见到孟子时说："我告诉了鲁平公，他本来要来见您的，但他的宠臣臧仓阻止了他，鲁君因此没有来。"

孟子说："一个人干成一件事，或许有股力量支持他；干不成，或许有股力量阻止他。干成干不成，不是人力所能左右的。我之所以不能与鲁君相见，天意呀！臧仓那小子怎么能使我们不能相见呢？"

【评论】

本章是全篇的总结。所谓与鲁平公见不见的问题只是一个引子，本章的重点在于孟子的那句话："行，或使之；止，或尼之。行止，非人所能也。"这句话其实就是针对梁惠王、梁襄王、齐宣王、邹穆公、滕文公、鲁平公等这些君王的所作所为而言的。他们的一言一行，一举一动，都关乎广大人民百姓的生活安危。如何施仁政？如何爱民？如何选择到一种最佳行为方式？是任何一个统治者都应该考虑到的，都应该做到的。

而孟子几次提到的"天"，其实并不是后来的儒学家们所说的"天命论"和"宿命论"，而是孟子根据周文王、老子、孔子等人所揭示的"天"的运行变化规律而认识到的未知的宇宙现象及人类发展的规律。总结自《周易》以来所有古籍中关于"命"的辞意，不论是指天命、人命等，其实都是指天的规律、人的规律、宇宙的法则等，当人事、物理、历史的命运、时间和空间加起来，形成一股力量的时候，成为规律的时候，人们称它为命。现代我们称它为"时代的趋势"之意。只是后来的人误解并歪曲了"命"的本义，将它看成是迷信意义上的天命论、宿命论了。

本篇所谈到的爱民、与民同乐等问题，是统治者、为政者的行为方式问题，选择什么样的行为方式，就会导致什么样的后果。因为"爱民"，不能仅仅是在口头上说一说，或者是玩弄一下权术，像齐宣王一样"爱牛"就意味着"爱民"。爱民是要有一种踏踏实实的精神，与民同乐、与民同忧，想人民之所想，急人民之所急，忧人民之所忧，一切行为方式都是为了人民，才能取得人民的信任。人民得到踏踏实实的爱护，才会信任统治者。

公孙丑上

3.1【原文】

公孙丑①问曰："夫子当路②于齐,管仲、晏子③之功,可复许乎？"

孟子曰："子诚齐人也,知管仲、晏子而已矣。或问乎曾西④曰:'吾子与子路孰贤⑤？'曾西蹙⑥(cù)然曰:'吾先子之所畏也。'曰:'然则吾子与管仲孰贤？'曾西艴⑦(bó)然不悦,曰:'尔何曾⑧比予于管仲？管仲得君如彼其专也,行乎国政如彼其久也,功烈如彼其卑也；尔何曾比予于是？'"

曰："管仲,曾西之所不为也,而子为⑨我愿之乎？"

曰："管仲以其君霸,晏子以其君显。管仲、晏子犹不足为与？"

曰："以齐王,由⑩反手也。"

曰："若是,则弟子之惑滋⑪甚。且以文王之德,百年而后崩,犹未洽于天下；武王、周公⑫继之,然后大行。今言王若易然,则文王不足法与？"

曰："文王何可当也？由汤至于武丁⑬,贤圣之君六七作⑭。天下归殷久矣,久则难变也。武丁朝诸侯,有天下,犹运之掌也。纣之去武丁未久也⑮,其故家遗俗,流风善政,犹有存者；又有微子、微仲、王子比干、箕子、胶鬲⑯——皆贤人也——相与辅相⑰之,故久而后失之也。尺地,莫非其有也；一民,莫非其臣也；然而文王犹方百里起,是以难也。齐人有言曰:'虽有智慧,不如乘势；虽有镃(zī)基,不如待时⑱。'今时则易然也。夏后、殷、周之盛,地未有过千里者也,而齐有其地矣；鸡鸣狗吠相闻,而达乎四境,而齐有其民矣。地不改⑲辟矣,民不改聚矣,行仁政而王,莫之能御也。且王者之不作，未有疏于此时者也；民之憔悴于虐政，未有甚于此时者也。饥者易为食，渴者易为饮。孔子曰：'德之流行，速于置邮而传命[20]。'当今之时，万乘之国行仁政，民之悦之，犹解倒悬也。故事半古之人，功必倍之，惟此时为然。"

【注释】

①公孙丑：齐国人，孟子的弟子。

②当路：当政掌权。

③管仲：名夷吾，在齐桓公时任国相，辅助桓公称霸诸侯，是当时著名的政治家。

④曾西：有两种说法，一说是曾参的孙子；一说是曾子的儿子，因曾参的儿子字子西。

⑥吾子：亲密的对称敬词。子路：孔子弟子，即仲由。

⑦蹙：皱眉，表示局促不安的样子。也有版本写作"蹵"，同"蹴"，表示惊惭不安的样子。

⑦艴：也读 fú，生气的样子。

⑧曾：副词，乃，竟。

⑨为：认为。

⑩由：同"犹"。

⑪滋：更加。

⑫周公：姬旦，文王之子，武王之弟，辅助武王伐纣，统一天下，又辅助成王定乱，安定天下。

⑬武丁：商代国君，后世亦称为高宗。

⑭作：赵《注》训"兴"，朱熹训"起"。在此"六七作"即六七个的意思。

⑮纣之去武丁未久也：据《史记·殷本纪》记载，武丁去世后，先后由他的儿子祖庚、祖甲继位，再以下又传了五代。

⑯又有微子、微仲、王子比干、箕子、胶鬲：微子，名启，商王武乙的长子，纣的庶兄。微仲，名衍，微子的弟弟。王子比干：商纣王的叔父，因强谏纣

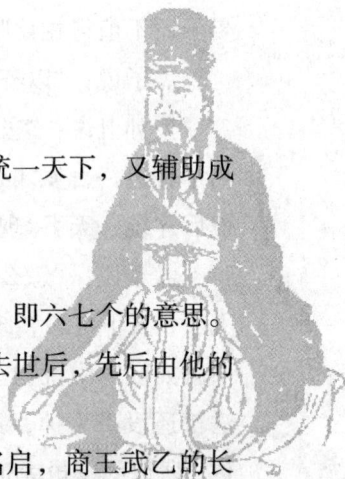

王，被剖心而死。箕子，也是纣的叔父，他谏纣不听，被降为奴，佯狂被囚。胶鬲，纣王贤臣。

⑰相与：双音副词，共同之意。辅相：双音动词，相读去声。

⑱虽有镃基，不如待时：镃基，今之锄头，或作"兹基""兹其"。时，指耕种之农时。

⑲改：更，重新。

⑳速于置邮而传命：置邮，古代的驿站，也叫"置"或"邮"。命：政令。

【译文】

公孙丑问孟子："您如果在齐国当权，管仲、晏子的功业可以再度兴起来吗？"

孟子说："你可真是个齐国人啊，只知道管仲、晏子。曾经有人问曾西：'您和子路相比，哪个更有才能？'曾西不安地说：'子路可是我父亲所敬畏的人啊，我怎么能和他相比呢？'那人又问：'那么您和管仲相比，哪个更有才能呢？'曾西马上不高兴地说：'你怎么竟拿管仲来和我相比呢？管仲受到齐桓公那样信任不疑，行使国家政权那样长久，而功绩却是那样少，你怎么竟拿我和他相比呢？'"

孟子接着又说："管仲是曾西都不愿跟他相比的人，你以为我愿意跟他相比吗？"

公孙丑说："管仲辅佐桓公称霸天下，晏子辅佐景公名扬诸侯。难道管仲、晏子还不值得相比吗？"

孟子说："以齐国的实力来统一天下，易如反掌。"

公孙丑说："您这样一说，弟子我就更加疑惑不解了。以周文王那样的仁德，活了将近一百岁才死，还没有能够统一天下。直到周武王、周公继承他的事业，然后才统一天下。现在您说统一天下易如反掌，难道连周文王都不值得效法吗？"

孟子说："怎么可以将周文王拿来相比呢？从商汤到武丁，贤明的君主有六七个，天下在殷朝统治下已经很久了，久就难以改变，武丁使诸侯来朝，治理天下就如同掌中玩物。纣王离武丁并不久远，原有的好家风、好习俗、好的管理方法都还没有丢掉，又有微子、微仲、王子比干、箕子、胶鬲等一批贤臣共同辅佐，所以纣王虽无道，也维持了一段时间之后才失国。当时没有一尺土地不属于纣王所有，没有一个百姓不属于纣王统治，在那种情况下，文王还只能从方圆百里的小地方兴起，所以是非常困难的。齐国人有这样的话：'即使有智慧，不如趁形势；即使有锄头，不如等农时。'现在的时势就很利于用王道统一天下。夏、商、周三代兴盛的时候，没有哪一国的国土有超过方圆千里的，而现在的齐国却超过了；鸡鸣狗叫的声音处处都听得见，一直到四方边境，这说明齐国人口众多。国土不需要新开辟，老百姓不需要新聚集，如果施行仁政来统一天下，没有谁能够阻挡。况且没有诞生王者的时间已经很久了，老百姓受暴政的苦难从来没有这么严重过。饥饿的人不择食物，口渴的人不择饮料。孔子说：'德政的流行，比驿站传递政令还要迅速。'现在这个时候，拥有一万辆兵车的大国施行仁政，老百姓心悦诚服，就像被吊着的人得到解救一样。所以用古人的一半力量，就可以成就古人双倍的功绩。只有现在这个时候才能做得到。"

【评论】

孟子通过与公孙丑的对话，借着管仲、晏子等人的事例，阐明了施行仁政而王天下的王道的优越性及施行仁政的机遇、条件和结果，指出了齐国在当时选择最佳行为方式施行仁政的可能性。

作为儒家"王道"政治的推行者，孟子不屑于与"霸道"政治家管仲、晏婴相比，这正如齐宣王问"齐桓、晋文之事"他不予回答一样。他所热衷的，是在齐国推行"王道"政治，靠实施"仁政"来统一天下。而且，他认为无论从土地、人口，还是从时机来看，目前都是实施王道的最好时候，可以收到事半功倍的效果。

姑且撇开孟子关于王道的种种论述不谈，只看他关于乘势待时，事半功倍的思想，我们也可以得到较为深刻的启示。所谓"赶得早不如赶得巧，算得精不如运气好。"这其实没有什么神秘的地方，不外乎是强调抓住时机，捕捉机遇的重要性罢了。

在某种意义上说，个人智慧的确不如时势造英雄，工具优良也的确不如时机重要。所以，很多人怨天尤人，认为自己怀才不遇，实际上是自己没有抓住时机。居里夫人曾经说过："弱者坐待良机，强者制造时机。"就是强调主动出击，抓住时机。

反过来说，识时务者为俊杰。真正要乘势待进，其实也离不开智慧。有智慧才能正确分析各方面错综复杂的情况，作出决断，抓准时机，收到事半功倍的效果。相反，则很难做到这一点，往往让时机从自己的身旁悄悄溜走而不自知。

身处市场经济体制的时代，无论是做生意，炒股票，还是选择自己的职业，机遇的问题都越来越突出地摆在大家面前。如何乘势待时，抓住机遇，也就越来越引起人们的重视。孟子关于"王道""霸道"的论述也许不会引起你的多大兴趣，但他关于"虽有智慧，不如乘势；虽有镃基，不如待时"的看法，关于如何做到"事半功倍"的讨论，也许可以值得你做一番思考。

3.2【原文】

公孙丑问曰："夫子加齐之卿相①，得行道焉，虽由此霸王，不异②矣。如此，则动心③否乎？"

孟子曰："否。我四十不动心。"

曰："若是，则夫子过孟贲④(bēn)远矣。"

曰："是不难，告子⑤先我不动心。"

曰："不动心有道乎？"

曰："有。北宫黝⑥(yǒu)之养勇也：不肤挠⑦，不目逃，思以一豪挫于人，若挞之于市朝⑧。不受于褐宽博⑨，亦不受于万乘之君；视刺万乘之君，若刺褐夫；无严⑩诸侯。恶声至，必反之。孟施舍⑪之所养勇也，曰：'视不胜犹胜也。量敌而后进，虑胜而后会⑫，是畏三军者也。舍岂能为必胜哉？能无惧而已矣。'孟施舍似曾子，北宫黝似子夏⑬。夫二子之勇，未知其孰贤，然而孟施舍守约也。昔者曾子谓子襄⑭曰：'子好勇乎？吾尝闻大勇于夫子矣：自反而不缩⑮，虽褐宽博，吾不惴焉⑯；自反而缩，虽千万人，吾往矣。'孟施舍之守气，又不如曾子之守约也。"

曰："敢问夫子之不动心，与告子之不动心，可得闻与？"

"告子曰：'不得于言，勿求于心⑰；不得于心，勿求于气⑱。'不得于心，勿求于气，可；不得于言，勿求于心，不可。夫志，气之帅也；气，体之充也。夫志至焉，气次焉⑲。故曰：'持其志，无暴其气⑳。'"

"既曰'志至焉，气次焉'，又曰'持其志，无暴其气'者，何也？"

曰："志壹则动气，气壹则动志也。今夫蹶者趋者，是气也，而反动其心。"

"敢问夫子恶乎长？"

曰："我知言，我善养吾浩然㉑之气。"

"敢问何谓浩然之气？"

曰："难言也。其为气也，至大至刚，以直养而无害，则塞于天地之间。其为气也，配义与道；无是，馁也。是集义所生者，非义袭而取之也。行有不慊㉒（qiǎn）于心，则馁矣。我故曰，告子未尝知义，以其外之也㉓。必有事焉，而勿正㉔，心勿忘，勿助长也。无若宋人然：宋人有闵㉕其苗之不长而揠㉖（yà）之者，芒芒然㉗归，谓其人曰：'今日病矣㉘！予助苗长矣！'其子趋而往视之，苗则槁矣㉙。天下之不助苗长者寡矣。以为无益而舍之者，不耘苗者也；助之长者，揠苗者也——非徒无益㉚，而又害之。"

"何谓知言？"

曰："诐（bì）辞知其所蔽㉛，淫辞知其所陷㉜，邪辞知其所离㉝，遁辞知其所穷㉞。——生于其心，害于其政；发于其政，害于其事。圣人复起，必从吾言矣。"

"宰我、子贡㉟善为说辞，冉牛、闵子、颜渊㊱善言德行。孔子兼之，曰：'我于辞命，则不能也。'然则夫子既圣矣乎？"

曰："恶㊲！是何言也？昔者子贡问于孔子曰：'夫子圣矣乎？'孔子曰：'圣则吾不能，我学不厌而教不倦也。'子贡曰：'学不厌，智也；教不倦，仁也。仁且智，夫子既圣矣。'夫圣，孔子不居——是何言也？"

"昔者窃闻之：子夏、子游、子张皆有圣人之一体㊳，冉牛、闵子、颜渊则具体而微，敢问所安。"

曰："姑舍是㊴。"

曰："伯夷、伊尹何如？"

曰："不同道。非其君不事，非其民不使；治则进，乱则退，伯夷也。何事非君，何使非民；治亦进，乱亦进，伊尹也。可以仕则仕，可以止则止㊵，可以久则久，可以速则速㊶，孔子也。皆古圣人也，吾未能有行焉；乃所愿，则学孔子也。"

"伯夷、伊尹于孔子，若是班㊷乎？"

曰："否。自有生民以来，未有孔子也。"

曰："然则有同与？"

曰："有。得百里之地而君之，皆能以朝诸侯，有天下；行一不义，杀一不辜，而得天下，皆不为也。是则同。"

曰："敢问其所以异？"

曰："宰我、子贡、有若㊸，智足以知圣人，汙㊹（wū）不至阿其所好。宰我曰：'以予观于夫子，贤于尧舜远矣㊺。'子贡曰：'见其礼而知其政，闻其乐而知其德。由百世之后，等百世之王，莫之能违也。自生民以来，未有夫子也。'有若曰：'岂惟民哉？麒麟之于走兽，凤凰之于飞鸟㊻，太山之于丘垤㊼（dié），河海之于行潦㊽（lǎo），类也。圣人之于民，亦类也。出于其类，拔乎其萃㊾，自生民以来，未有盛于孔子也。'"

【注释】

①加：处于，担任，"加"与"居"古音相同，通"居"。

②异：动词的意动用法，奇异。

③动心：赵岐《注》认为此处的"动心"是"畏难，自恐不能行"之意。

④孟贲：古代勇士。

⑤告子：一说名不害。关于此人的身份，前人的说法不一。说法一：告子是东周战国时的思想家，曾受教于墨子，有口才，讲仁义。曾和孟子辩论人性问

题，认为人性"无善无不善"；主张"食色，性也"。所以他的学说仅有一鳞片甲记录在《孟子·告子》中。说法二：告子是孟子的学生，因为《告子》篇有他与孟子辩论的章节，所以一般以为此人是孟子的弟子。赵岐在《孟子注》中说，告子"兼治儒墨之道"。

⑥北宫黝：生平不详。

⑦肤挠：肌肤被刺而退却。挠：退却。

⑧市朝：市，买卖之所。朝，朝廷。

⑨褐：粗布。宽博，地位低下者所穿的一种形制宽大的衣服。

⑩严：畏惧。

⑪孟施舍：人名，已无可考。

⑫会：交锋。

⑬子夏：卜商，字子夏，孔子弟子。

⑭子襄：曾子的弟子。

⑮缩：直，不曲。

⑯惴：害怕，此处作使动用法。

⑰不得于言，勿求于心：不得：不能得胜之意。朱熹《集注》云："告子谓于言有所不达，则当舍置其言而不必反求其理于心。"勿求于心，就是不要在思想上找原因。

⑱可：可以，对。

⑲持：坚守。暴：乱。

⑳蹶：跌倒。趋：快步走。

㉑浩然：朱熹《集注》云："浩然，盛大流行之貌。"

㉒慊：通"惬"，快心，满意。

㉓以其外之也：动词意动用法。外之：把义看作外在的东西。

㉔正：正在此是"止"的意思。《诗经·终风·序》毛传："正，犹止也。"

㉕闵：朱熹《集注》云："忧也。"

㉖揠：拔。

㉗芒芒然：赵岐《注》："罢倦之貌。"罢通"疲"。

㉘病：朱熹《集注》云："病，疲倦也。"

㉙槁：赵岐《注》："干枯也。"

㉚非徒无益：句子承上省略了主语"揠苗"或者"助长"诸字。

㉛诐辞知其所蔽：诐，偏颇，邪僻。蔽，掩盖。

㉜淫辞知其所陷：淫，过分。陷，陷溺，失足。

㉝邪辞知其所离：离于正则为邪。

㉞遁：逃遁，躲闪。

㉟宰我：孔子弟子宰予。子贡：孔子弟子端木赐。

㊱冉牛：孔子弟子冉耕，字伯牛。闵子：孔子弟子闵损，字子骞。颜渊：孔子弟子颜回，字子渊。

㊲恶：叹词，表惊讶不安。

㊳子游：孔子弟子言偃，字子游。子张：孔子弟子颛孙师，字子张。

㊴姑：暂且；舍同"捨"；是：代词。姑舍是：暂时不谈论这个。

㊵止：赵岐《注》云："止，处也。"

㊶久：指稽迟淹滞。速：赵岐《注》云："疾行也。"

㊷班：赵岐《注》云："齐等之貌也。"同等，并列之意。

㊸有若：孔子弟子，鲁人。

㊹汙：同"污"，低下。阿：阿谀，偏袒。

㊺尧、舜：传说中上古时代的贤君，事迹可参《史记·五帝本纪》。

㊻麒麟之于走兽，凤凰之于飞鸟：古人将动物分成五类，凤凰是羽虫（相当于飞禽）之长，麒麟是毛虫（相当于走兽）之长。

㊼行潦：潦，雨水。行潦，雨水大。

㊽丘垤：垤，小土丘。

㊾萃：《易·序卦传》："萃者，聚也。"聚集之意。

【译文】

公孙丑问孟子："先生您要是担任齐国的卿相，得以推行仁政，即使由此而成就霸业和王道，也没有什么意外的。像这样，您会动心吗？"

孟子说："不，我四十岁后就不动心了。"

公孙丑说："若是这样，您比孟贲要强多了。"

孟子说："做到这个并不难，告子做到不动心比我还要早。"

公孙丑问："做到不动心有什么诀窍吗？"

孟子说："有，北宫黝培养勇气的方法是，肌肤被刺破而不屈服，看见可怕的不逃避，想到受别人一点点委屈，犹如在大庭广众面前遭到鞭打一样，他不受制于贫贱的人，也不受制于大国的君主；把刺杀大国君主看作如同刺杀普通平民一样；对诸侯无敬畏之意，受到辱骂必然要回击。孟施舍培养勇气的方法又不同，他说：'看到不胜的形势犹如看到必胜的形势，估量敌方的强弱而后前进，思虑胜败后才交锋，这是害怕敌方的三军。我怎么能因为必胜才战斗？只要无所畏惧就行了。'孟施舍像曾子，北宫黝像子夏。这两个人的勇气，不知道哪个更好些。就方法而言，孟施舍比较简易可行。从前曾子对子襄说：'你崇尚勇敢吗？我曾经听孔子说过大勇的理论：反躬自问，正义不在我，对方虽然是平民，我也不去恐吓他；反躬自问，正义确在我，虽然纵有千军万马，我也勇往直前。'孟施舍的方法又不如曾子这一方法简易可行。"

公孙丑说："请问先生的不动心与告子的不动心，可以说给我听一听吗？"

孟子说："告子说：'不懂得对方的言论，就无法理解对方的心思；不理解对方的心思，就无法理解对方的意气。'不理解对方的心思，就无法理解对方的意气，是可以的；不懂得对方的言论，就无法理解对方的心思，就不可以了。人的意志，乃是人的意气的主帅，人的意气，是充满人体内的巨大的精神力量。那意志是周密而周到的，意气比起来就稍差一点。所以说：'要坚守自己的心志，不要伤害自己的意气。'"

公孙丑又问："既然说'意志是周密而周到的，意气比起来就稍差一点'，又说'坚守自己的心志，不要伤害自己的意气'，这是为什么呢？"

孟子说："心志不畅就会激动气，气不畅就会激动志。走得急而跌倒的人，是意气不畅造成的，反之则会激动他的心志。"

公孙丑又问："请问先生擅长于什么呢？"

孟子说："我能辨明别人的言论，我善于修养我的浩大广博之气。"

公孙丑说："请问什么叫作浩大广博之气？"

孟子说："这很难说透，这种气，最广大、最刚强，用正直去培养它而不损害它，那就会充满于天地之间。这种气与正直、正义紧紧地结合在一起，如果不

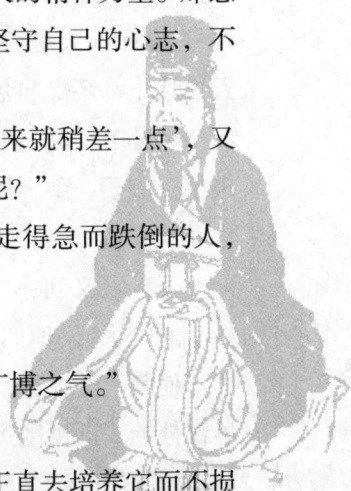

是，就会泄气。它是不断积聚正义而产生的，不是一朝一夕忽然获得的。行动有愧于心，就会泄气。所以我说告子不曾懂得义，因为他把义看作是外在的东西。一定要经常培养义，而不要定预期成效，不要忘记它，也不要强行使它快速成长。千万不要像宋国人那样，宋国有个人担心他的禾苗长不快而把禾苗拔高，累了一天回家告诉家人说：'今天我太累了，我帮助禾苗长高了。'他的儿子跑到田里一看，禾苗都枯萎了。天下不拔苗助长的人太少了。以为集义无益而放弃修养的人，是不锄草不培育禾苗的懒汉；帮助禾苗快速成长的人，就是拔苗助长的人；他们这样做，不但于事无益，反而会影响事情的发展。"

公孙丑又问："什么叫能辨明别人的言论呢？"

孟子说："听了偏颇不正的言辞就知道其有所隐蔽，听了放荡的言辞就知道其有所沉溺，听了邪恶的言辞就知道其有所偏离，听了搪塞的言辞就知道其理尽辞穷。这四种言辞，从思想中产生出来，必然会危害政务；如果萌发于政务，就会妨害国家事务。如果再有圣人出现，也一定会赞同我的见解的。"

公孙丑又问："宰我、子贡善于辞令，冉牛、闵子、颜渊善于阐述道德伦理。孔子则兼而有之，可他还说：'我对于辞令，是不擅长的。'那么先生您已经是圣人了吗？"

孟子说："哎呀，你这是什么话！从前子贡问孔子：'先生是圣人吗？'孔子说：'圣人那是我做不到的，我只是自己学而不厌，教育别人不怠倦罢了。'子贡说：'学而不厌是智慧，教而不倦是爱民。既有爱又有智，先生就是圣人了。'圣人连孔子都不敢自居，你这是什么话呢！"

公孙丑又问："从前我听说，子夏、子游、子张都各有孔圣人的一部分品德，冉牛、闵子、颜渊则基本具备圣人品德，请问您属于哪一种？"

孟子说："暂时不谈这个。"

公孙丑又问："伯夷、伊尹这两个人怎么样？"

孟子说："他们不是同道中人。不是他的理想君主不侍奉，不是他的理想百姓不使唤，治世他就进取，乱世他就退隐，这是伯夷。任何君主都侍奉，任何百姓都使唤，治世他进取，乱世他也进取，这是伊尹。可以做官就做官，适合退隐就退隐，能继续干就继续干，需要迅速果断就迅速果断，这是孔子。他们都是古代的圣人，我没有能做到他们那样；至于我的愿望，就是向孔子学习。"

公孙丑又问："伯夷、伊尹与孔子是一样的吗？"

孟子说："不，自有人类以来，没有人能比得上孔子的。"

公孙丑说："那么，他们有相同之处吗？"

孟子说："有。如果得到方圆百里的土地而为国君，他们都能使诸侯来朝见，而统治天下；如果叫他们做一件不合道理的事、杀一个无辜的人而得到天下，他们都不会干的。这就是他们的相同之处。"

公孙丑又问："请问他们之间的不同之处是什么？"

孟子说："宰我、子贡、有若，他们的智慧足以了解圣人，他们再不好也不至于阿谀奉承。宰我说：'依我观察先生，其贤能远超尧、舜。'子贡说：'见一国礼制，就可知其政治，听一国音乐就可知其君施行的德教。即使在百世之后来评价百世中的君王，也没有一个人能违离孔夫子的观点。自有人类以来，没有人能比得上先生的。'有若说：'难道只有民众有高下之分吗？麒麟比于走兽，凤凰比于飞鸟，泰山比于土堆，河海比于水塘，都是同类。圣人比于民众，也是同类。但远远高出同类、超越群体，自有人类以来，没有谁比孔子更伟大的。'"

【评论】

要行仁政，要爱民，首先得从自己做起，然而孟子之周游列国，四处游说，是否是因为看到了梁惠王的亭台水池，齐宣王的雪宫，以及这些君王们的穷奢淫侈的豪华的生活方式而动心吗？所以公孙丑问："先生……您会动心吗？"公孙丑的言下之意就是，您先生是不是也追求名誉地位和功名利禄？而孟子回答说："不，我四十岁后就不动心了。"面对着名誉地位和功名利禄而不动心，那是很难做到的。孔子"四十而不惑"，不惑什么呢？不迷惑于人生道路上的名誉地位和功名利禄，对自己树立起来的思想不再疑惑。孟子的不动心与孔子的不惑，乃有异曲同工之妙。

那么，既然不动心、不惑于名誉地位和功名利禄，孟子为什么还要周游列国游说君王们呢？《论语·述而》记载，子曰："德之不修，学之不讲，闻义不能从，不善不能改，是吾忧也。"这是孔子对当时社会风气的忧患意识，孟子也具有这样的忧患意识。所以孔子之提倡"仁、义、礼、智、信"是有感而发，是为着人类幸福生活而倡导的。这也是孔子和孟子"好古"继承"周礼"的忧国忧民的思想表现。

要做到面对着名誉地位和功名利禄不动心，是很难的，但若有很大的勇气，也是可以做到的，即所谓"勇者无惧"。而在"勇"当中，就有一个守约不守约的问题，很多人做事为人，都喜欢随口承诺，但承诺后往往又后悔，于是害怕兑现承诺，采取躲、避、瞒、骗等等办法不兑现承诺，这就是"无勇"！

不动心除了有勇之外，还有什么呢？孟子认为，不理解对方的心思，就无法理解对方的意气，是可以的；不懂得对方的语言，就无法理解对方的心思，就不可以了。这一点，与孔子所说的"不患人之不己知，患不知人也"是同一个意思。我们在实际工作中、实际生活中，基本上都是在考虑"我"自己，害怕别人不了解、不理解你，实际上是害怕别人不重用你，不爱你，于是就怨天尤人。而我们了解、理解周围身边的人了吗？实实在在替别人考虑一下了吗？所以，人与人之间的矛盾也就多了起来。所以孟子强调，要通过对方的语言表达，尽量去了解和理解对方，不能因为对方的辞不达意而误解对方。很多人口头表达能力很差，心里想的是一回事，说出来却是另一回事，所以不能凭一时一事而判定对方的为人。

人的意志，乃是人的意气的主帅，人的意气，是充满人体内的巨大的精神力量。那意志是周密而周到的，意气比起来就稍差一点。这一点现代很多人都不懂，有些人没有意志，承受能力很差，但意气却很嚣张，飞扬跋扈；而有些人沉默寡言，似乎没有什么意气飞扬的表现，但他们有着坚强的意志，顽强的毅力。所以意志和意气不能混为一谈。

那么，在不动心上，还有什么呢？孟子说："我知道语言的作用，我善于修养我的浩然之气。"什么叫作"知言"呢？孔子说："不知命，无以为君子也。不知礼，无以立也。不知言，无以知人也。"这就是说，不知道规律和趋势，就不能做君子；不知道社会行为规范，就无法在这个社会立身处世；不知道辨别语言，就无法知道人的善恶。所以，知言就是善于辨别语言，就是知道别人所想要表达的是什么，而不是凭只言片语去断定一个人的善恶是非。

什么叫作浩然之气呢？浩然之气就是"最伟大、最刚强，用正直去培养它而不损害它，那就会充满于天地之间"的一种在意志的主导下的意气。它是集聚最佳行为方式在心中所生起的，不是凭偶然的最佳行为方式所能获取的。孟子的这一段分析，无疑是非常正确的，虽然有些人花言巧语，衣冠楚楚，但他骗人只骗得了一时，骗不了一世。培养浩然之气首先要端正心态，积累知识，要有正义感，能辨别善恶是非，这是一个渐进的过程，而不是靠侥幸、偶尔的取巧所能达到的。但我们很多人对待事情的发生，不是去拔苗助长，就是以为没有什么益处而放弃，不会等待有利时机和采取最佳行为方式。这就是现代我们所说的"浮躁"！看到事情发生了，总以为自己聪明能干，无所不懂，便去干涉、调节、纠正事物的发展规律，结果破坏了事物的正常发展规律，因而导致了失败的来临。很少有人在事情发生时恬然处之，然后根据事物的发展规律而采取对应的办法。

然而公孙丑还是不懂什么叫作知道语言的作用，因此孟子又说："听了偏颇不正的言辞就知道其有所隐蔽，……"这段话的意思说的就是人的内心的意志决定着人的外在的语言表达和行为表达。

然后孟子通过回答公孙丑问题，比较、分析了伯夷、伊尹、孔子这三个人的异同。孔子是"忧天下之忧"的一生从事于教育人民的一介穷书生。孔子之"圣"，在于他认识到，只有普及全民教育，提高全民素质，才是最根本的问题。从古到今，古今中外，为政者很少有真正能做到使民"安居乐业"的。战争、犯罪迭迭频起，层出不穷，究其根本原因，则是由于民众的文化知识过于贫乏、文化素质偏低所致。所以孔子想要普及全民教育，提高全民素质，建立起社会公理解释体系以及社会行为规范，乃是最根本的问题。如果民众的文化知识水平得到普及，那么整个社会的风气也就会逐渐端正了。这与伯夷投靠周国、伊尹辅佐商国有着根本的不同。因此孟子说："至于我所愿望的，则是向孔子学习。"所以孟子之周游列国，四处游说，并不是因为看到了梁惠王的亭台水池，齐宣王的雪宫，以及这些君王们的穷奢淫侈的豪华的生活方式而动心，本章的重点也就在于此了。

3.3【原文】

孟子曰："以力假①仁者霸，霸必有大国；以德行仁者王，王不待大——汤以七十里，文王以百里。以力服人者，非心服也，力不赡②也；以德服人者，中心悦而诚服也，如七十子之服孔子也。《诗》云：'自西自东，自南自北，无思不服③。'此之谓也。"

【注释】

①假：借助，假借。

②赡：足。

③此处的诗句引自《诗·大雅·文王有声》，这是一首歌颂周文王的诗。思：句中助词，无义。

【译文】

孟子说："倚仗实力假借仁义的人可以称霸，称霸一定要凭借国力的强大。依靠仁德推行仁政的人可以称王，称王不一定要强大的国力；商汤凭借七十里国土、周文王凭借百里国土就使人心归服。凭借实力使人服从，并不能使人心服，是因为实力不足罢了。依靠仁德使人服从，人家才是心悦而诚服。就像七十多个弟子诚心诚意归服孔子一样。《诗经》上说：'自西至东，自南至北，无不心悦而诚服。'讲的正是这个道理。"

【评论】

在此篇里，孟子接着说明王道与霸道的不同。

孟子说："以力假仁者霸"，"以德行仁者王"。以力服人确属霸者的共性，但是在春秋时代，即使霸道也须假仁义而行，五霸在以力服人的同时，尚能以尊王攘夷相号召；至战国法家的霸术，则武力之外，已经不再需要任何理由；但行王道者有理也必须有力，不然天理或正义仍难得以伸张。

霸道依靠的是什么？

霸道崇尚权术和武力，推行快速地"强国之术"，其所标榜的原则宗旨（如尊王攘夷、富国强兵）并非不美，但往往只是对内盘剥对外掠夺的旗号，惑人耳目的幌子而已，目的全不在此。即以春秋五霸的霸业而论，其效果也仅是部分地伸张正义，达到诸侯国间局部和短期的安定，不能从根本上解决纷争不断的混乱局面，很难形成天下太平长治久安的政治局面。霸道的政治理念和方法，为法家学派所继承和发展。春秋五霸的兴兵约盟，尚能以信义矫世，至战国法家，则全变成以智术欺骗，武力征服的方式，帮助赢秦达到"囊括四海""君临天下"的目的。中国向有崇尚"大一统"的思想观念，但是怎样实现大一统和实现怎样的大一统，却是更为原则的问题。因此历史上对此一结局的评价始终是毁大于誉。

而王道依靠的是什么呢？

王道依靠的是治理的规律，是司法，有一定的社会行为规范和社会公理解释体系，有了这些，人民得到共同的、约定俗成的社会公理解释，人们的社会行为就会趋同。而人民的社会行为趋同，就会减少人与人之间的矛盾冲突。社会行为规范使人们的社会行为有了一个标准，人人都按这个标准行为，就没有谁能够只凭自己的好恶和实力、势力、武力行事，那么，人类社会就会逐渐走向太平。

王道崇尚仁义和礼制，道德的标准高于事功的追求，重在通过争取人心归附的途径谋求社会的长治久安。王道思想是由儒家针对霸道的政治理念和行为而提出的政治主张。"尊王攘夷"的霸道虽然功不可没，但其间掺杂了太多的私利，五霸之首的齐桓公因而被孔子讥为"不知礼"，还批评管仲"小器"。孟子见齐宣王，不言"齐桓、晋文之事"，以示其"贵王贱霸"的立场。实则是认识到霸道不足以从根本上救治春秋战国时代礼坏乐崩，战乱频仍的衰乱局面。而奉行王道主张，并非就不计利害，轻忽功利，而是将功利建立在更加符合人道更为深远合理的坚实基础之上，最终目标，仍然是要"一天下"，在更大的范围内建立适合人类生活的理想政治环境。王道虽然难行，但其学理已经深入人心，致使兵家也以"不战而屈人之兵"和"怀敌附远"为战争的最高境界。

孔子依靠什么使他的学生们服从呢？就是依靠"说理"，依靠一定的社会行为规范和社会公理解释体系。《论语·为政》记载，子曰："道之以政，齐之以刑，民免而无耻；道之以德，齐之以礼，有耻且格。"说的就是为政之道之所以要用政治理论，就是要用典范榜样平等地对人，人民因此会勉励自己而没有耻辱感。为政之道之所以要认识客观规律，就是要用平等的社会行为对人规范，即使有了羞耻的行为自己也会度量、衡量。只有用平等的社会行为对人规范，尽量消除官僚特权思想，才能真正地解放生产力，使社会得以进步与发展。人民才会心服于政府，心服于统治者。

3.4【原文】

孟子曰："仁则荣，不仁则辱①；今恶辱而居不仁②，是犹恶湿而居下也。如恶之，莫如贵德而尊士，贤者在位，能者在职；国家闲暇，及是时，明其政刑③。虽大国，必畏之矣。《诗》云：'迨天之未阴雨，彻彼桑土，绸缪牖户。今此下民，或敢侮予④？'孔子曰：'为此诗者，其知道乎！能治其国家，谁敢侮之？'今国家闲暇，及是时，般（pán）乐怠敖⑤，是自求祸也。祸福无不自己求之者。《诗》云：'永言配命，自求多福⑥。'《太甲》⑦曰：'天作孽，犹可违；自作孽，不可活⑧。'此之谓也。"

【注释】

①仁：指行仁政。

②恶：厌恶。居：居住，处在。

③刑：《尔雅·释诂》："刑，常也。"又："刑，法也。"

④以下诗句见于《诗经·豳风·鸱鸮（chī xiāo）》篇。迨：及，赶上。彻：剥取。桑土：即桑杜，朱熹《集注》云："桑根之皮也。"绸缪：缠结之意。下民：民犹人也。诗句作鸱鸮口吻，其巢在上，故称人为"下民"。

⑤般乐：快乐。怠：懈怠，懒惰。敖：通"遨"，游玩。

⑥此处的诗句引自《诗·大雅·文王》。永言配命：朱熹《集注》云："永，长也。言，犹念也。配，合也。命，天命也。"

⑦《太甲》：《尚书》篇名。

⑧天作孽，犹可违；自作孽，不可活：孽，灾祸。违，逃避。活，《礼记·缁衣》引作"逭（huàn）"。郑玄《注》云："逭，逃也。"

【译文】

孟子说："行仁政者就会获得荣耀，行暴政者就会遭受耻辱；如今有人憎恶耻辱而又不行仁政，就好像是憎恶潮湿又居住在沼泽地一样。如果想摆脱耻辱，没有比重视仁德而尊崇贤士更重要，使贤明的人有相应的官位，让能干的人担任一定的职务。在国家无内忧外患时，趁此时机，修明政治法典。纵使邻有大国，也必然会畏惧它。《诗经》上说：'趁着天还没有下雨，剥取桑树皮，修缮好门窗，有了这样的民众，谁敢来欺侮呢？'孔子说：'作这首诗的人，应该很懂治国之道呀！'如能治理好自己的国家，谁还敢欺辱我呢？现今国家无内忧外患，而此时却肆无忌惮地玩乐，怠慢国政，这等于是自找灾祸。无论是福是祸，无不是自己找来的。《诗经》上说：'做事永远合乎天命，就是自求更多的幸福。'《尚书·太甲》上说：'天降灾祸，还可以躲避；自作的罪孽，逃也逃不了。'讲的就是这个道理。"

【评论】

在本篇文章里，孟子本意是规劝当政者施行仁政：既然厌恶潮湿，就不要自居于低洼的地方；既然厌恶耻辱，就不要自居于不仁的境地。说到底，还是要求当政者实施仁政。这是孟子政治学说中万变不离其宗的主题。

当时的诸侯君主们无不是在为了自己的享乐而努力，但他们又害怕没有一个好名声，害怕人民不尊敬他们，害怕《春秋》之类的编年史埋没他们，不记载他们的政绩。所以孟子一针见血地指出："爱民则荣耀，不爱民则会被埋没。"

《春秋》是儒家的经书，记载了从鲁隐公元年（公元前 722 年）到鲁哀公十四年（公元前 481 年）的历史，是中国现存最早的一部编年体史书。其纪年依据鲁国，记述范围却遍及当时整个中国。当时晋、齐、楚、宋等国均有这样的史官建置和类似的史书编著，其体裁及"书法"也大体一致。《春秋》所以能记载各国大事，就是这些史官相互通报的结果。当时正值社会剧变，礼坏乐崩，"天子失官"之时，原属官府掌管的《诗》《书》《春秋》等典籍散播民间，成为各诸侯君主们害怕的一种社会舆论。他们既害怕史官们秉公直书抨击他们的过失，也害怕史官们将他们一笔带过，埋没他们。

见享乐而不动心，就是自求福；"般乐怠敖"就是自求祸。无论是福是祸，都是自己求得的。如果沉溺于享乐，沉溺于所谓的福，就会引来灾祸。因为人们都不会中止自己的欲求，好了还想再好，有了还想再多，于是便有所作为，有所行动；而这有所作为，有所行动，如果违背了大自然的道路和规律，就会导致灾祸的发生。比如砍树，是为了烧火煮食，或是为了驱寒取暖，是为了制作更多更好的房屋与家具，然而大面积的砍伐，也就导致水土流失、洪水泛滥和破坏了空气的净化功能。再比如享乐，一个人的享乐是建立在若干人的辛勤劳动之上，甚至是建立在若干人的痛苦之上，一旦这些人不甘于辛勤劳动和不甘于痛苦，就会奋起反抗，就会使只顾自己享乐的人陷入灾祸之中。天降灾祸而给人带来痛苦，那是大自然运行规律所造成的，人们拿天没有办法，而因为自己享乐带给别人痛苦，就逃脱不了灭亡的结果了，因为人拿人总会是有办法的。

3.5 【原文】

孟子曰："尊贤使能，俊杰①在位，则天下之士皆悦，而愿立于其朝矣；市，廛（chán）而不征，法而不廛②，则天下之商皆悦，而愿藏于其市矣；关，讥而不征，则天下之旅③皆悦，而愿出于其路矣；耕者，助而不税④，则天下之农皆悦，而愿耕于其野矣；廛，无夫里之布⑤，则天下之民皆悦，而愿为之氓⑥（méng）矣。信能行此五者，则邻国之民仰⑦之若父母矣。率其子弟，攻其父母，自生民以来，未有能济者也。如此，则无敌于天下。无敌于天下者，天吏⑧也。然而不王者，未之有也。"

【注释】

①俊杰：朱熹《集注》云："俊杰，才德之异于众者。"

②法而不廛：廛，集市。《周礼·廛人》注云："其有货物久滞于廛而不售者，官以法为居取之，故曰'法而不廛'。"

③旅：旅客。

④助而不税：朱熹《集注》云："但使出力以助耕公田，而不税其私田。"助：指助耕公田，以劳役代赋税。

⑤廛，无夫里之布：赵岐《注》："里，居也。布，钱也。夫，一夫也。"廛：此指每户的地宅。

⑥氓：赵岐《注》："谓其民也。"

⑦仰：仰望、仰慕。

⑧天吏：《说文》云："吏，治人者也。"

【译文】

孟子说："尊重有道德的人，使用有能力的人，德才兼备的人都有相应的职位，那么天下的有才之人都会高兴，就会愿意在这样的朝廷里供职。在市场上，出租房屋而不征税，法律不限制交易场地，那么天下的商人们都会高兴，从而愿意将货物屯藏在这样的市场。在关卡上，仅是查问而不征税，那么天下的旅客们都会高兴，从而愿意穿行于这样的道路。对耕田的人，实行井田制，只助耕公田而不纳税，那么天下的农民都会高兴，从而愿意耕种这样的土地。百姓居住的地方，没有额外的徭役和赋税，那么天下的百姓都会高兴，从而愿意成为这里的居民。如果能做到这五点，那么邻国的人民，就会像对父母一样敬仰这里的国君。如果率领子弟去攻打他们仰之父母的人，自有人类以来，这样的事没有能够成功的。如此就会无敌于天下。天下无敌的人，是代表上天管理人民的官员。如此还不能称王天下的，那是没有的事。"

【评论】

所谓"天吏"，是能尊奉天道的君臣，他们所担负的使命便是仁民爱物。仁民爱物不能是空洞的口号、标语，而是要通过具体措施显现出来。

首先，要使天下的士子高兴地到本国的朝廷来，需要做的是，尊重贤德的人而任用有能力的人，使才德出众的人各得其位。士子所期望的是得以行道义，君主唯有尊贤使能，才能使士子充分发挥作用；才德出众的人所期望的是充分施展其才能，君主唯有使之各得其位，才能使之甘心情愿地尽心尽力做事。

其次，要使从商之人高兴地到本国的集市上来做生意，需要做的是对集市的管理措施得当。如果从商者众多，就采取"市廛而不征"的措施，即根据从商者在集市上所占用的地方大小、时间长短而征收赋税，不再征收其货物的赋税。如果从商者比较少，就采取"法而不廛"的做法，即根据官方制定的法规而征收所售货物的赋税，而不再对其所占用的地方征收赋税。这样，赋税轻，而且易于管理，使集市能够井井有条，从商者当然愿意到这里来做生意。

其三，要使行走于各国之间的人们愿意从本国的道路上经过，需要做的是对关口的管理措施得当。设置关口的目的，不是为了阻碍行人，也不是为了收取过路费用，而是为了防范异国异地的人当中有行为不轨者，以此避免扰乱国人。因为不是为了从中取利，所以不征收费用；因为要防止图谋不轨的人扰乱，所以要设关口随时检查过往行人。这样，国人的安全和行人的安全都可以得到保障，人们当然愿意从这里经过。

其四，要使天下的农夫愿意到本国的田野来耕种，需要做的是使赋税合情合理。在实行井田制的时候，八家共同耕种一井，每家一百亩地为私田，中间的一百亩为公田。所谓"助"，是指八家共同耕种公田，将公田所收获的粮食全部上交给朝廷，而对私田不征收任何赋税。这种做法相当于缴纳九分之一的税，而且因为年成的丰歉而增减，没有固定的数量。当不实行井田制的时候，能够依据这个原则征收赋税，也可以有同样的效果。其关键在于赋税要尽可能轻一些，而且不能在丰年和歉年都一样征收，更不能丰年少收而歉年多收。

其五，要使天下的流动人口愿意到本国来定居，需要做的是管理措施得当。宅院旁边不种桑麻的人家，如果不从商，又不去从事某种职业，则是懒散之民，应当予以惩罚，使之交纳一条里弄的二十五家所应当交纳的布帛数量；不耕田种地，也不去从事某种职业，也是懒散之民，也应当予以惩罚，使之交纳一个家庭应当交纳的赋税，也就是一百亩地所应当交纳的赋税数量。这两种情况叫作"夫里之布"。但是，如果是来往从商的人，已经征收其所租赁或所购买的房地之税，就不能再征收"夫里之布"了。

确实能把以上五个方面落到实处，那么，才能做到仁民爱物。能仁民爱物，本国的民众当然能够安居乐业、衣食无忧，那么，邻国的百姓听说之后，当然愿意前来归附，即使无法前来，也必然真心向往。君臣把庶民当作子女一样爱护，庶民才会像敬爱父母一样对待君臣。

邻国的君臣如果不能仁民爱物，却想要驱使他的民众来攻打民众视为父母的本国君臣，或许会有一时的、局部的得逞，但是，最终都不可能获得成功，更不可能长久。正因为如此，所以能仁民爱物的君臣才能无敌于天下。这种无敌于天下的君臣，能担负起上天所赋予的保民安民的责任，才可以算是合乎天道的君臣。

这一章实际上是孟子与齐宣王对话中关于"发政施仁"（《梁惠王上》1.7）内容的进一步展开。我们从孟子展开的描述中，看到一幅开放的治国蓝图：从干部政策到商业、农业、城市居民、海外关系等各个方面，无不以开放的姿态来处理。开放则得民心，得民心则国家兴旺发达。孟子在这里所描绘的开放蓝图是十分具有前瞻性的，尤其是在他所处的那个战火纷飞、兵祸不断的时代，如果有哪一个君王真能够做到实践他的这一系列规划，那的确是非常难能可贵的。当然，是不是真能像他所说的那样行之有效，甚至达到"无敌于天下"的理想程度，那又另当别论了。

当今之世，改革开放，孟子的这一幅理想蓝图倒正好可以作为我们的借鉴。

3.6 【原文】

孟子曰："人皆有不忍人之心。先王有不忍人之心，斯有不忍人之政矣。以不忍人之心，行不忍人之政，治天下可运之掌上。所以谓人皆有不忍人之心者，今人乍见孺子①将入于井，皆有怵（chù）惕（tì）恻隐②之心——非所以内交③于孺子之父母也，非所以要④（yāo）誉于乡党朋友也，非恶其声而然也。由是观之，无恻隐之心，非人也；无羞恶之心，非人也；无辞让之心，非人也；无是非之心，非人也。恻隐之心，仁之端⑤也；羞恶之心，义之端也；辞让之心，礼之端也；是非之心，智之端也。人之有是四端也，犹其有四体也。有是四端而自谓不能者，自贼⑥者也；谓其君不能者，贼其君者也。凡有四端于我⑦者，知皆扩而充之矣，若火之始然⑧，泉之始达。苟能充之，足以保⑨四海；苟不充之，不足以事父母。"

【注释】

①乍：朱熹《集注》云："乍，犹忽也。"孺子：赵岐《注》："未有知小子也。"即儿童。

②怵惕恻隐：怵，恐惧。惕，惊恐不宁。朱熹《集注》云："怵惕，惊动貌。恻，伤之切也；隐，痛之深也，此即所谓不忍人之心也。"

③内交：内同"纳"，朱熹《集注》："内，结也。"内交即结交。

④要：通"邀"，谋求。

⑤端：本作"耑"，指草木初生的样子，引申为开始。

⑥自贼：伤害自己，贬低自己。

⑦我：此"我"字作"己"字用。

⑧然："燃"本字。《说文》："然，烧也。"

⑨保：这和"保民而王"的"保"字同义，定也。

【译文】

孟子说："每个人都有怜悯体恤别人的心。先王因为有怜悯体恤别人的心，所以才有怜悯体恤百姓的政治。用怜悯体恤别人的心，施行怜悯体恤百姓的政治，治理天下就可以像在手掌心里面运转小物件一样容易。所以说人人都有怜悯体恤别人的心。如果今天有人突然看见一个小孩要掉到井里去了，必然会产生惊骇同情之心。这种心情的产生，不是因为想去和这孩子的父母攀结交情，不是因为想在乡邻朋友中博取名誉，也不是因为厌恶小孩的哭叫声才产生这种惊骇同情之心的。由此看来，没有同情之心，不是人；没有羞耻之心，不是人；没有谦让之心，不是人；没有是非之心，不是人。同情之心是仁的发端，羞耻之心是义的发端，谦让之心是礼的发端，是非之心是智的发端。人有这四端，就像有四肢一样。有了这四端而说自己不能的人，是自暴自弃的人；认为他的君主不行的人，是暴弃君主的人。凡是有这四端的人，如果知道要不断扩充它们，就如火刚刚开始燃烧，就如泉水刚刚开始流淌。如果能够扩充它们，便足以安定天下，如果不能够扩充它们，就连奉养父母都不行。"

【评论】

孟子认为，每个人都有不忍伤害别人的仁爱之心，正因为有不忍伤害别人之心，才有不忍伤害别人的爱民政治。孟子用见到一个小孩将要掉下井去的事例，来说明人们都有恐惧害怕警惕的心理和天性，这种心理和天性既不是要跟孩子的父母攀亲结交，也不是要求取乡党朋友的称誉，更不是厌恶担心别人指责自己见死不救的坏名声才产生的。

因此他分析说，没有同情之心的人不能算是人，没有羞耻憎恶之心的人不能算是人，没有谦让之心的人不能算是人，没有是非辨别之心的人不能算是人。因为人们的同情恻隐之心、憎恶羞耻之心、谦让之心、是非辨别之心是与生俱来的一种天性，是人与动物的根本区别，是人性与兽性的根本区别。人若是失去了人性，也就等同于动物了。因此，同情恻隐之心是建立人与人之间相互亲爱关系的开端，羞耻憎恶之心是选择最佳行为方式的开端，谦让之心是遵守社会行为规范的开端，是非辨别之心是开启智慧的开端。

孟子的这段论述，与曾子《大学》所描述的"古之欲明明德于天下者，先治其国，欲治其国者先齐其家，欲齐其家者先修其身，欲修其身者先正其心，欲正其心者先诚其意，欲诚其意者先致其知，致知在格物。物格而后知至，知至而后意诚，意诚而后心正，心正而后身修，身修而后家齐，家齐而后国治，国治而后天下平"乃是同一道理。这也是孟子对孔子"仁、义、礼、智、信"的发挥，孔子提倡的"仁、义、礼、智、信"就是用智慧（智），用真心诚意的态度（诚信），寻求一种最佳行为方式（义），遵守一定的社会行为规范（礼），建立起人与人之间相互亲爱的关系（仁），从而创造出良好的生存空间以及良好的生存环境，以使自己和别人都能获得幸福而快乐。

从人性的前提推导政治，具体说，从人人都有"不忍人之心"的仁心推导仁政。由于这种"不忍人之心"是人本身所固有的，所以，仁政也应该是天经地义的。这就是孟子的仁学思路。

3.7【原文】

孟子曰："矢人岂不仁于函人哉①？矢人唯恐不伤人，函人唯恐伤人。巫匠②亦然。故术不可不慎也。孔子曰：'里仁为美。择不处仁，焉得智？'夫仁，天之尊爵③也，人之安宅④也。莫之御而不仁，是不智也。不仁、不智、无礼、无义，人役也。人役而耻为役，由⑤弓人而耻为弓，矢人而耻为矢也。如耻之，莫如为仁。仁者如射：射者正己而后发；发而不中，不怨胜己者，反求诸己而已矣。"

【注释】

①矢人：造箭的工匠。函人：造铠甲的工匠。《周礼·考工记》："函人为甲。"

②巫：巫师，用法术与药物给人治病。我国古代医起于巫，相传"巫彭作医"。匠：工匠，木匠。此指做棺材的木匠。

③爵：爵位，等级。朱熹《集注》云："仁、义、礼、智皆天所与之良贵，而仁者天地生物之心，得之最先而兼统四者，所谓元者善之长也，故曰'尊爵'。"

④安宅：朱熹《集注》云：仁、义、礼、智"人当常在其中而不可须臾离者也，故曰'安宅'。"

⑤由：同"犹"，好像。

【译文】

孟子说："造箭的人难道不如造甲的人仁慈吗？造箭的人唯恐自己造的箭不伤人，造甲的人唯恐人被箭伤害。医生和棺材匠之间也是这样。所以选择职业不可以不谨慎。孔子说：'居住在有仁厚风尚的地方是好的。选择住处而不择仁厚之地，怎能说是明智呢？'仁是天的尊贵爵位，是人最安逸的住所。没有人阻挡而不选择仁，这是愚昧。不仁不智，无礼无义的人，只配被人役使。被人役使而引以为耻，就像造弓的人却又以造弓为耻，造箭的人却又以造箭为耻一样。如果真正引以为耻，那就不如好好行仁。有仁德的人就像射手：射手先端正自己的姿势然后才放箭；如果没有射中，不埋怨那些胜过自己的人，而是要反躬自问有何不足。"

【评论】

难道制造弓箭的人就没有恻隐之心吗？他比制造铠甲的人要坏吗？不是！难道制造棺材的人就没有恻隐之心吗？他比专门为人求福的巫师要坏吗？不是！制造弓箭的技术不可不慎，但关键在于孔子所说的要内心发出的仁爱。

在春秋时期，没有"内在"这个词，孔子也没有想到要用"内在"这个词，但怎么样才能表达出"内在"这个含义呢？孔子就用了"里"这个字。从"里"字的字面意义也可得到证实。里，里面也，人的内心里面。里面即是内在也。里仁就是内在的仁，就是内在的与人相互亲爱的关系。"择不处仁"是说选择要不停止于仁上，就无法得到知识，也就是说，人生的选择、挑选一定要落实在"仁"上。

当然，这个道理很简单，人与人相互亲爱，才能形成一个社会；若是人与人相互仇恨，也就没有了人类社会了。因此，孟子所说的矢人也好，函人也好，巫也好，匠也好，都只是一种职业，一种技能，无论从事什么样的职业和拥有什么样的技能，这不重要。重要的是要有从内心里发出的仁爱之情。如果你有仁爱之情不被接受，不受认可，首先不要去埋怨别人，应该反躬自责，自问一下我的仁爱之情是发自内心的吗？

3.8【原文】

孟子曰："子路，人告之以有过，则喜。禹闻善言①，则拜。大舜有大焉②，善与人同③。舍己从人，乐取于人以为善。自耕、稼、陶、渔④以至为帝，无非取于人者。取诸人以为善，是与⑤人为善者也。故君子莫大乎与人为善。"

【注释】

①禹闻善言：禹，中国上古治理洪水的伟大人物。《尚书·皋陶漠》："禹拜昌言。"昌言即善言，美言。

②大舜：虞舜。有同"又"。

③善与人同：犹言善与人通。

④耕稼陶渔：《史记·五帝本纪》云："舜耕历山，历山之人皆让畔；渔雷泽，雷泽之人皆让居；陶河滨，河滨器皆不苦窳。一年所居成聚，二年成邑，三年成都。"

⑤与：协同之意。

【译文】

孟子说："子路，有人指出他的过错，他就很高兴。大禹听到善言，就拜谢。伟大的舜更是了不得，总是与别人共同做善事。舍弃自己的缺点，学习人家的优点，非常快乐地吸取别人的长处来行善。从他耕地、种庄家、做陶器、捕鱼一直到做帝王，他总是取人之长补己之短。学习别人的长处来行善，就如同和别人一起行善。所以君子的最高德行就是与别人一起行善。

【评论】

孟子在本章举例而谈的重点："与人为善"，就是跟随着别人共同行善。而这

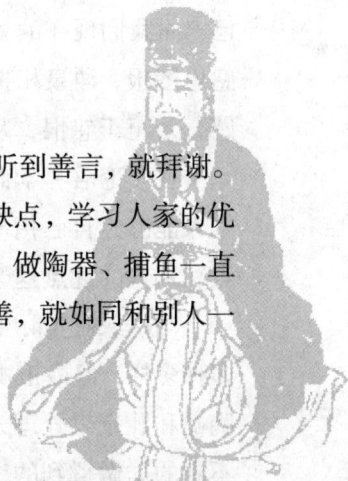

种与人一起行善的基础是吸取别人的优点，改正自己的缺点。

这个道理很简单，人与人相互亲爱，才能形成一个社会；若是人与人相互仇恨，也就没有了人类社会了。什么叫善人？古往今来都没有说清楚，而且，也没有一个是非曲直标准。我拿钱帮助一个人，在我看来是行善，但另外有人就会认为我是在帮凶。所以，善恶是没有标准的，它是根据每个人的思想、观念、立场和人生态度以及时间、地点、环境的不同而呈现不同的意义。

那么，到底有没有善恶是非的区别呢？当然有！这就是一定的社会行为规范。每一个社会都有各自约定俗成的以及统治者为治理社会所制定的社会行为规范；每一个民族也有自己的社会行为规范；每一个阶层都有各自的社会行为规范；甚至于一个家族、家庭也有自己的社会行为规范，每个人也有每个人的行为规范及道德标准。但各自独特的行为都遵守自己所在的社会、民族、阶层的既定的共同的社会行为规范和道德标准，就是善；而违反、背弃这些便是恶。而这些社会行为规范中，除了法律条文外，有很大一部分是不见诸文字的约定俗成的社会道德概念、观念。

所以，如果为着表现自己是善人而刻意地去行善，就是"践迹"，也就是落下痕迹了，要做善人，或行善事，就要不露痕迹地去做，做了就做了，不要刻意地去让别人知道或刻意地让别人不知道，既不洋洋得意，也不因为别人不知道而灰心丧气。既不要求得到回报，更不能怨恨别人不回报。心态平平的，如此而已。而我们现在的人，做了一点善事便到处张扬，生怕别人不知道，总希望别人感恩图报，涌泉相报；张扬过分了，便会使接受善行的人，受到帮助的人心存反感，乃至于怨恨，从而使善行变成了恶行，亦使好事变成了坏事。

在《论语·学而》篇里，孔子曾经说过："丘也幸，苟有过，人必知之。"把别人能够给自己指出过错看作一大幸事。可见，孔、孟在如何正确对待自己的缺点和别人的优点这个问题上也是一脉相承的。

当然，在实际生活中，要真正按孔、孟的要求做是非常难的。这里面的原因多种多样，但最根本的一点，还是有没有宽广的胸襟和肚量的问题。没有宽广的胸襟和肚量来处理人与我之间的关系，莫说与人为善，就是闻过则喜也是绝对做不到的。做得到的，只有闻过则想，文过饰非而已。

3.9【原文】

孟子曰："伯夷，非其君不事，非其友不友。不立于恶人之朝①，不与恶人言；立于恶人之朝，与恶人言，如以朝衣朝冠坐于涂炭②。推恶恶之心，思与乡人立，其冠不正，望望然③去之，若将浼④(měi)焉。是故诸侯虽有善其辞命而至者，不受也。不受也者，是亦不屑就已。柳下惠⑤不羞污君，不卑小官；进不隐贤⑥，必以其道；遗佚⑦而不怨，阨(è)穷而不悯⑧。故曰：'尔为尔，我为我，虽袒(tǎn)裼(xí)裸裎⑨(chéng)于我侧，尔焉能浼我哉？'故由由然⑩与之偕而不自失焉，援而止之而止。援而止之而止者，是亦不屑去已。"

孟子曰："伯夷隘，柳下惠不恭⑪。隘与不恭，君子不由⑫也。"

【注释】

①立：站立。此句指在朝中做官。

②涂炭：赵岐《注》："涂，泥；炭，墨也。"

③望望然：怨望之貌，不满意的样子。

④浼：污染。

⑤柳下惠：鲁国大夫，本名展获，字禽。居家于大柳树下，谥号"惠"，故称柳下惠。其言行散见于《左传》《国语》《国策》及先秦诸子书。

⑥进不隐贤：进，指进入朝廷做官。隐贤，掩盖自己的才能。

⑦遗佚：被遗弃。"佚"与"逸"通，谓不被用。

⑧阨穷：穷困。悯，忧伤。

⑨袒裼裸裎：袒，《说文》作"但"，云："但，袒也。"《尔雅·释训》《诗毛传》皆云："袒裼，肉袒也。"朱熹《集注》云："裸裎，露身也。"

⑩由由然：朱熹《集注》云："自得之貌。"高兴而任其自然的样子。

⑪伯夷隘，柳下惠不恭：隘，偏狭。不恭，不严肃，随便。

⑫由：《广雅·释诂》："由，行也。"

【译文】

孟子说:"伯夷,不是理想的君主他不侍奉,不够格的朋友他不交往;不在凶恶的人的朝廷里做官,不与凶恶的人谈话;如果在恶人的朝廷里做官,和恶人交谈,就好像穿着礼服戴着礼帽坐在污泥和炭灰等污浊的地方上一样。推想他厌恶恶人的心理,想象他与乡下人站在一起,那人衣冠不整,他就会愤愤然离开,好像他将会被玷污一样。所以,即使有诸侯派遣善于辞令的人来聘请他,他也不接受。不接受的原因,是因为他不屑于那些人接近。柳下惠并不觉得侍奉贪官污吏是耻辱,不会因官职小而觉得卑贱;他进职不隐藏自己的才干,必定要按自己的主张行事;被冷落遗忘而隐逸也不怨恨,处于困窘之境也不发愁。所以他说:'你是你,我是我,即使有美女一丝不挂赤裸裸地站在我身边,又怎么能迷惑玷污我呢?'所以他自然而然地与人和谐相处而又不失大的原则。拉着他让他留下他也留下,其原因就是因为他不想离开罢了。"

孟子又说:"伯夷器量太小,柳下惠太随便。器量太小和太随便,都是君子所不提倡的。"

【评论】

孟子说:"伯夷,圣之清者也;伊尹,圣之任者也;柳下惠,圣之和者也;孔子,圣之时者也。孔子之谓集大成。"(《孟子·万章下》)春秋战国时期推崇的几位"圣人"中,柳下惠被誉为"圣之和者"。在推动构建"和谐"人际关系与社会"和谐"上,柳下惠确实有其突出表现和思想建树,对我国古代思想,特别是儒家思想的产生和发展,产生了重要影响。

孟子对柳下惠的思想总的来说是肯定、赞许的。伯夷、叔齐不与世俗同流合污,坚持他们认定的正义,耻食周粟,宁肯饿死;柳下惠则出污泥而不染,即使有人裸体引诱他,他也毫不动心,坦然处之。但是,孟子并没有一味推崇这些"圣人",而是带着批判发展的眼光来看待他们,认为伯夷、叔齐器量太小,柳下惠过于不严肃,都不完全符合儒家的标准。孟子认为柳下惠对待民众"袒裼裸裎"、不合社会礼仪规范的行为,采取姑息放任的态度,这有损礼仪的推行和人类文明,是对社会持不严肃、不恭敬的态度,不可取。

儒家主张怎么做呢?首先要积极入世:你不入世,不出来做官,怎么实现你的主张？伯夷、叔齐义不食周粟，饿死的是自己，对殷商丝毫没有帮助。其次，做官就要贯彻自己的主张，要改变周围环境，而不能只是洁身自好。如果自己的主张得不到推行，周围环境无法改善，就要引退。当仕则仕，当留则留，当退即退。所谓"当官不为民做主，不如回家卖红薯"。对我们今天也有一定的借鉴意义。商界侈靡成风，我们能省则省，能避就避，并且在自己力所能及的范围内做到清廉、正直。单位实在无法挽救，该跳槽就坚决跳槽，不要犹豫。

公孙丑下

4.1【原文】

孟子曰："天时不如地利,地利不如人和①。三里之城,七里之郭②,环③而攻之而不胜。夫环而攻之,必有得天时者矣;然而不胜者,是天时不如地利也。城④非不高也,池⑤非不深也,兵革⑥非不坚利也,米粟非不多也;委而去之,是地利不如人和也。故曰:域⑦民不以封疆之界,固国不以山溪之险,威天下不以兵革之利。得道⑧者多助,失道者寡助。寡助之至,亲戚畔⑨之;多助之至,天下顺之。以天下之所顺,攻亲戚之所畔;故君子有不战⑩,战必胜矣。"

【注释】

①天时:指阴晴寒暑之宜于攻战与否。地利:指高城深池山川险阻。人和:指人心所向内部团结。

②三里之城,七里之郭:郭是外城,城是内城。朱熹《集注》云:"三里、七里,城郭之小者。"

③环:朱熹《集注》:"环,围也。"

④城:城墙。

⑤池:城壕也。《集韵》云:"壕,城下池。"

⑥兵:武器,指戈矛刀剑等。革:皮革,指甲胄。

⑦域:朱熹《集注》云:"域,界限也。"

⑧得道:指得治国之道,即行仁政。

⑨畔:通"叛"。

⑩有不战:此"有"字可读为"有无"之"有";亦可读为"或",古书"有"

与"或"经常通用,译文亦用"或"字之义。

【译文】

孟子说:"有利的天时不如有利的地势,有利的地势不如人的齐心协力。一个三里内城墙、七里外城墙的小城,四面围攻都不能够攻破。既然四面围攻,总有遇到好天时,但还是攻不破,这说明天时不如有利的地势。另一种情况是,城墙不是不高,护城河不是不深,不是兵器不尖利、甲胄不坚固,不是粮草不充足,但还是弃城而逃了,这就说明有利的地势不如人的齐心协力。所以说:管控百姓不是靠封锁边境,保护国家不是靠山川险阻,扬威天下也不是靠锐利的兵器。行仁政拥护的人就多,失道义拥护的人就少。拥护的人少到极点时,连亲戚也会叛离;拥护的人多到极点时,全天下的人都会顺从。以全天下人都顺从的力量去攻打连亲戚都会叛离的人,除非仁君圣主不用战争,如用战争,必然是战无不胜。"

【评论】

天、地、人三者的关系问题古往今来都是人们所关注的。三者到底谁最重要也就成了人们经常议论的话题。

孟子在这里主要是从军事方面来分析论述天时、地利、人和之间关系的,而且观点鲜明:"天时不如地利,地利不如人和。"三者之中,"人和"是最重要的,起决定作用的因素,"地利"次之,"天时"又次之。这是与他重视人的主观能动性的一贯思想分不开的,也是与他论述天时、地利、人和关系的目的分不开的。正是从强调"人和"的重要性出发,他得出了"得道者多助,失道者寡助"的结论。这就把问题从军事引向了政治,实际上又回到了他那"老生常谈"的"仁政"话题。

"得道"就是施仁政。施行仁政则"多助","多助"则"天下顺之",这就是"人和",即得到人民的支持和拥护。这是治国之道。得天下必先得民,得民必先得民心。所谓的"得民",就是得到人民的支持、拥护和帮助。所谓的"得天下",是指通过施行仁政来"王天下",而不是单靠武力来争夺天下。在孟子看来,得天下之道,即是施行仁政。仁政,是以德服人,使人心悦诚服,自动来归附;而以力服人，不能服人之心。

按照孟子的看法，老百姓不是靠封锁边境线就可以限制住的，国家也不是靠山川险阻就可以保住的，所以，闭关锁国是没有出路的。要改革，要开放，要提高自己的国力，让老百姓安居乐业。只要做到了这一点，就会"得道者多助"，多助到了极点，全天下的老百姓都会顺从归服。那就必然会出现孔子所说的那种情况——"则四方之民襁负其子而至矣"（《论语·子路》）。各国人士都来申请留学，申请经商，甚至携带妻子儿女前来申请移民定居，哪里还用得着"封疆之界"呢？只怕是赶也赶不走啊。

今天我们通常用"得道多助，失道寡助"这句话来表示，合乎正义者就能得到多方面的支持与帮助，违背正义的就会陷入孤立无援的境地。在这里，我们把"道"理解为"正义"。那么，什么叫"正义"？"正义"是指"公正的、有利于人民的道理"。这是富于现代气息的理解，然而是和它最初的含义一脉相承的。

曾国藩说过："成大事者必以多得助手为第一要义。"如果你懂得真正的管理之道，就会有很多人忠诚地支持你，帮助你，甚至连全天下的人都愿意追随在你的身后；否则，就不会有多少人对你忠诚，甚至连夫妻这样的亲人都会与你同床异梦。

爱是唯一的管理之道。如果你能够懂得爱，你就能够深谙管理学的奥秘。作为一个企业家，你的强大，不是因为你的企业规模有多大，也不是因为你的产业有多么朝阳，甚至也不是因为你的市场营销有多么强势，而是因为员工们和顾客们对你的认同、爱护与支持。

4.2 【原文】

孟子将朝王①，王使人来曰："寡人如②就见者也，有寒疾，不可以风。朝，将视朝③，不识可使寡人得见乎？"

对曰："不幸而有疾，不能造朝④。"

明日，出吊于东郭氏⑤。公孙丑曰："昔者⑥辞以病，今日吊，或者不可乎？"

曰："昔者疾，今日愈，如之何不吊？"

王使人问疾,医来。

孟仲子⑦对曰:"昔者有王命,有采薪之忧⑧,不能造朝。今病小愈,趋造于朝,我不识能至否乎?"

使数人要⑨(yāo)于路,曰:"请必无归,而造于朝!"

不得已而之景丑氏⑩宿焉。

景子曰:"内则父子,外则君臣,人之大伦也。父子主恩,君臣主敬。丑见王之敬子也,未见所以敬王也。"

曰:"恶!是何言也!齐人无以仁义与王言者,岂以仁义为不美也?其心曰:'是何足与言仁义也'云尔,则不敬莫大乎是。我非尧舜之道,不敢以陈于王前,故齐人莫如我敬王也。"

景子曰:"否,非此之谓也。礼曰:'父召,无诺⑪;君命召,不俟驾⑫。'固将朝也,闻王命而遂不果⑬,宜与夫礼若不相似然。"

曰:"岂谓是与?曾子曰:'晋楚之富,不可及也;彼以其富,我以吾仁;彼以其爵,我以吾义,吾何慊⑭(qiàn)乎哉?'夫岂不义而曾子言之?是或一道也。天下有达尊三⑮:爵一,齿一⑯,德一。朝廷莫如爵,乡党莫如齿,辅世长民莫如德。恶得有其一以慢其二哉?故将大有为之君,必有所不召之臣;欲有谋焉,则就之。其尊德乐道,不如是,不足与有为也。故汤之于伊尹,学焉而后臣之,故不劳而王;桓公之于管仲,学焉而后臣之,故不劳而霸。今天下地丑⑰(chǒu)德齐,莫能相尚,无他,好臣其所教,而不好臣其所受教。汤之于伊尹,桓公之于管仲,则不敢召。管仲且犹不可召,而况不为管仲者乎?"

【注释】

①王:指齐宣王。

②如:助动词,应当。

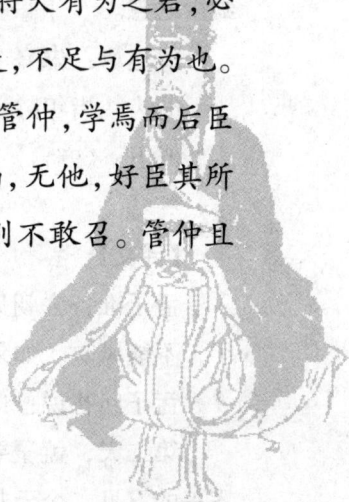

③朝，将视朝：赵岐《注》："说可来朝，欲力疾临视朝，因得见孟子也。"是以第一"朝"字仍读为"朝见"之"朝"。朱熹《集注》以第一"朝"字读为"朝暮"之"朝"，为"将视朝"之时间词，亦通。

④有疾：朱熹《集注》云："孟子本将朝王，王不知而托疾以召孟子，故孟子亦以疾辞也。"造：前往。

⑤东郭氏：赵岐《注》："齐大夫家也。"

⑥昔者：昨日。

⑦孟仲子：赵岐《注》："孟子之从昆弟，学于孟子者也。"

⑧采薪之忧：患病的委婉说法，朱熹《集注》云："言病不能采薪，谦词也。"亦作"负薪之忧"。

⑨要：阻拦。

⑩景丑氏：朱熹《集注》云："齐大夫家也。"

⑪父召，无诺：父亲召唤，子女应不等答应就立即趋前。《礼记·曲礼》云："礼，父召无诺，先生召无诺，唯而起。"

⑫君命召，不俟驾：俟，等待。《论语·乡党》："君命召，不俟驾行矣。"驾：车辆。

⑬不果：事之合于预期者曰果，否则曰不果。

⑭慊：朱熹《集注》云："恨也，少也。"赵岐《注》："慊，少也。"有嫌恨、缺少之意。

⑮达尊：朱熹《集注》云："达，通也。盖通天下之所尊，有此三者。"

⑯齿：指年龄。

⑰丑：《方言》云："丑，同也，东齐曰丑。"

【译文】

孟子准备去朝见齐王，恰巧齐王派人来转达说："我本应来看您，但因感冒了，不能风吹。如果您肯来朝，我将上朝处理政务，不知您能否让我见到您？"

孟子回答说："不幸得很，我也有病，不能到朝上去。"

第二天，孟子要到东郭大夫家去吊丧。公孙丑说："昨天您托辞生病谢绝了齐王的召见，今天却又去东郭大夫家吊丧，这或许不太好吧？"

孟子说："昨天生病，今天好了，为什么不可以去吊丧呢？"

齐王打发人来问候孟子的病，并且带来了医生。孟仲子应付说："昨天大王命令来时，他正生着病，不能上朝去。今天病刚好了一点，已经上朝去了，但我不知道他能否到达。"

孟仲子又立即派人到路上去拦孟子，转告孟子说："请您无论如何不要回家，而赶快上朝去！"

孟子不得已而到景丑的家去借宿。景丑说："在家里有父子，在家外有君臣，这是人与人之间最重要的伦常关系。父子之间以慈爱为主，君臣之间以恭敬为主。我只看见齐王尊敬您，却没看见您尊敬齐王。"

孟子说："哎！这是什么话！在齐国人中，没有一个与齐王谈论仁义的。难道是他们觉得仁义不好吗？不是。他们心里想的是：'这样的王哪里配和他谈论仁义呢？'这才是他们对齐王最大的不恭敬。至于我，不是尧舜之道就不敢拿来向齐王陈述。所以，齐国没有人比我对齐王更恭敬的了。"

景丑说："不，我说的不是指这个。礼经上说过，父亲召唤，不能犹豫；君王召唤，不等备车，立即前往。可您本来就准备朝见齐王，听到齐王的召见却反而不去了，这似乎与礼不符吧。"

孟子说："原来你说的是这个呀！曾子说过：'晋国和楚国的富有，没有人赶得上。不过，他凭借他的富有，我凭借我的仁德；他凭借他的地位权势，我凭借我的道义。我有什么卑微的呢？'曾子这些话难道不合道义吗？应该是合乎道义的。天下有三样东西最尊贵：一是爵位，一是年龄，一是德行。在朝廷上最尊贵的是爵位；在乡里最尊贵的是年龄；至于辅助君王治理百姓，最尊贵的是德行。他怎么能够凭爵位就来怠慢我的年龄和德行呢？所以，大有作为的君主不会随便召唤大臣，如果他有事需要出谋划策，就应亲自登门拜访。君主不如此尊重德行喜爱仁道，就不能够与他有所作为。因此，商汤对于伊尹，先向伊尹学习，然后请他为臣，于是不费大力气就统一了天下；桓公对于管仲，也是先向他学习，然后请他为臣，所以不费大力气就称霸天下。现在，天下各国的土地都差不多，君主的德行也都不相上下，相互之间谁也不能高出一筹，没有别的原因，就是因为君主只喜欢用听话的人为臣，而不喜欢用能够教导他们的人为臣。商汤对于伊尹，桓公对于管仲，就不敢召唤。管仲尚且不可以被召唤，更何况连管仲都不愿做的人呢？"

【评论】

这个连管仲都不屑于做的人就是孟子自己。因为在《公孙丑上》里，当公孙丑提出管仲来和孟子相比时，孟子已经说过，自己根本不屑于与管仲相比（参见《公孙丑上》），比都不愿意比，当然就更不愿意做了。

可见孟子的自视是很高的。自视既然这样高，当然就不愿意被呼来唤去的了。自己主动要去朝见是一回事，被召唤去朝见又是另一回事。所以，孟子才有为景丑等人所不理解的行为。说穿了，是因为凡是自视甚高的人都很注意自己的立身"出处"。说得好听一点是"清高"，说得不好听一点是"拿架子"，再说得难听一点那可就是"迂腐"而"酸溜溜"的了。或许正是因为他们的"清高"而不肯苟且，所以无论是孔子还是孟子，空有满腹经纶和济世良方，周游列国而不被重用。

孟子在这里的意思是很明确的，就是要求当政的君王"尊贤使能"，"尊德乐道"，礼贤下士，主动放下自己尊贵的架子而启用贤才，甚至拜贤才为老师，就像商汤王对待伊尹，齐桓公对待管仲那样。其实，这也是儒学在用人问题上的基本观点。虽然孔、孟本人一生宣扬这种观点而自身并没有受到过这种待遇，但他们的思想却对后世的用人之道产生了极其深远的影响。刘玄德"三顾茅庐"请诸葛亮的故事，不就是这种影响最为典型的例证吗？当然，有这种典型的例证并不意味着后世都在实施着孔、孟的观点。而是恰恰相反，人们越是津津乐道于"三顾茅庐"的故事，就越是说明现实中缺乏这种"礼贤下士""求贤若渴"的作风。

事实上，孔、孟的思想永远都给我们以理想主义的感觉，他们所提出的一些思想观点，就是在两千多年后的今天，也仍然使人感到有很多理想的成分。回到用人和被用的问题上来，既然当政者多半"好臣其所教，而不好臣其所受教"，既然任人唯贤、礼贤下士是如此困难，如此难遇，作为被用的人，有一点"不可召"的清高和骨气，不也是应该的吗？正如曾子所说：你有你的官位，我有我的正义，我又输与你什么呢？

所以，我们还不能简单地认为孟子"不能造朝"是故作姿态，是迂腐，而应该肯定他的清高和骨气。不然的话，"亚圣"之名从何得来呢？

4.3【原文】

陈臻^①问曰:"前日于齐,王馈兼金^②一百而不受;于宋,馈七十镒而受;于薛^③,馈五十镒而受。前日之不受是,则今日之受非也;今日之受是,则前日之不受非也。夫子必居一于此矣。"

孟子曰:"皆是也。当在宋也,予将有远行,行者必以赆^④(jìn);辞曰:'馈赆。'予何为不受? 当在薛也,予有戒心^⑤;辞曰:'闻戒,故为兵馈之。'予何为不受? 若于齐,则未有处^⑥也。无处而馈之,是货^⑦之也。焉有君子而可以货取乎?"

【注释】

①陈臻:赵岐《注》:"孟子弟子。"

②兼金:赵岐《注》:"兼金,好金也。其价兼倍于常者,故谓于兼金。"古时所谓"金",不是今日的"黄金",一般实际上是铜。一百:指一百镒,赵岐《注》:"古者以一镒为一金。"

③薛:古国名,当时已成为齐国大臣田婴的封邑。故城在今山东滕州市东南。

④赆:临别时赠送给远行人的路费、礼物。

⑤戒心:戒备之心。赵岐《注》:"戒备不虞之心也。时有恶人欲害孟子,孟子戒备。"

⑥未有处:赵岐《注》:"我在齐无事,于义未有所处也。"指没有理由。

⑦货:动词,贿赂。

【译文】

陈臻问孟子:"以前在齐国的时候,齐王送给您上等金一百镒,您不接受;到宋国的时候,宋王送给您七十镒,您却接受了;在薛地,薛君送给您五十镒,您也接受了。如果以前的不接受是正确的,那后来的接受便是错误的;如果后来的接受是正确的,那以前的不接受便是错误的。老师一定有一次做错了吧。"

孟子说:"都是正确的。当在宋国的时候,我准备远行,对远行的人理应送些盘费。所以宋王说：'送上一些盘费。'我怎么不接受呢？当在薛地的时候，我听说路上有危险，需要戒备。薛君说：'听说您需要戒备，所以送点钱给您买兵器。'我怎么能不接受呢？至于在齐国，则没有什么馈赠的理由。没有理由而馈赠金钱，这等于是用钱来收买我。哪里有君子可以拿钱收买的呢？"

【评论】

本章通过孟子与他的学生陈臻的问答，表明了孟子眼里君子对待金钱的态度：君子爱财，取之有道。

孟子在宋国临行前坦然接受他人赠送的"路费"，在薛国接受他人赠送的"自由之费"，在齐国时却坚持不接受高额的赠金，只因为对方是在毫无理由的情况下赠送财物，想要收买贿赂孟子的意图昭然若揭。

都送金子，有的接受有的不接受，孟子看似矛盾的做法体现了对权势和财富的取与不取的原则。他只接受符合礼仪的馈赠，从不接受收买之意的贿赂，可见孟子讲原则，能坚守自己的尊严，不做权钱交易的牺牲品，也可见孟子能够通权达变，灵活的处理方式。

本章节最后一句话说："没有理由而赠送财物给人，是想借由财物来贿赂收买别人。难道君子是能够用金钱礼物来收买的吗？"所谓君子爱财，应当取之有道，而不要为了一点点的好处，就让自己直不起腰。真正的君子是绝不会收不义之财的。人生在世，安身立命，虽少不了钱财，但不可过分渴求。须知身外之物，如钱财，生不带来，死不带走，又何须强求。

今天我们面临市场经济的时代，金钱的受与不受，辞与不辞问题也时常摆在人们的面前。孟子的基本原则是"焉有君子而可以货取乎"，不拿不明不白的钱。在这样的原则前提下，当受则受，当辞则辞。这种处理态度，恐怕对我们是有借鉴意义的罢。

当然，关键是在对那"当"的理解上。理解错误，或者是故意理解错误，把不当接受的作为当接受的统统接受了下来，那就要出问题。所以，君子不可不当心啊！做人要有人格，做官要有官德。在孟子看来，真正的君子以义为重，以利为轻，能被金钱收买的不是真君子，而只能是那些临大节而背信弃义、满嘴仁义道德而一肚子男盗女娼的伪君子。现在的贪官之所以被金钱收买，有些是思想蜕化变质，已经不是原来的"君子"；有些是两面人、两面派，台上是"君子"，台下是"小人"。

孔子说"无欲则刚"，一个真正的君子绝对不会被物质权力所困惑，进而迷失掉自己。"富与贵，是人之所欲也，不以其道得之，不处也。"从思想方法上来说，就是既坚持原则又通权达变。

4.4 【原文】

孟子之平陆①，谓其大夫②曰："子之持戟之士③，一日而三失伍④，则去之⑤否乎？"

曰："不待三。"

"然则子之失伍也亦多矣。凶年饥岁，子之民，老羸转于沟壑，壮者散而之四方者，几千人矣。"

曰："此非距心之所得为也。"

曰："今有受人之牛羊而为之牧之者，则必为之求牧与刍⑥矣。求牧与刍而不得，则反诸其人乎？抑亦立而视其死与？"

曰："此则距心之罪也。"

他日，见于王曰："王之为都⑦者，臣知五人焉。知其罪者，惟孔距心。"为王诵⑧之。

王曰："此则寡人之罪也。"

【注释】

①平陆：齐国边境邑名，据说在今山东汶上县北。

②大夫：战国时的邑宰亦称大夫，故赵岐《注》："大夫，治邑大夫也。"相当于今日的县长。

③持戟之士：戟，古代兵器的一种。古代常称战士为"持戟"。

④失伍：赵岐《注》："失其行伍。"指离开了自己的战斗岗位，与失职的含义相似。

⑤去之：郝敬云："去之，罢去也。"

⑥牧与刍：牧地和草料。

⑦都：城邑。

⑧诵：背诵复述。

【译文】

孟子到了平陆，对平陆长官说："如果你的守卫战士在一天内三次失职，你会开除他吗？"

平陆长官说："不用等三次。"

孟子说："然而您失职的地方很多，灾荒歉收的年份，你的百姓们，老弱病残的辗转于沟壑而死亡，年轻力壮的四处逃难，有近千人之多。"

平陆长官说："这不是我孔距心的力量所能做得了的事情。"

孟子说："现在假如有个人接受了替别人放牧牛羊的事，那一定要设法找到牧场和喂养牲畜的草料，要是找不到牧场和草料，那么是把牛羊还给主人呢？还是站在一旁眼看着牛羊饿死呢？"

平陆长官说："这是我孔距心的罪过了。"

过了些天，孟子去见齐王，对齐王说："大王管理都邑的地方长官，我知道了五个人，能够知道自己有罪过的，唯有孔距心。"于是就为齐王复述了与孔距心的对话。

齐王说："这也是我的罪过呀。"

【评论】

无论是官员还是国君，都要有责任心，不要对百姓的生死不负责任，无动于衷。仁政爱民，是上至帝王，下至地方长官都应自觉履行的基本原则。

一个士兵没有守好自己的职责就要被开除，那么一个地方长官呢？一个国君呢？是不是也要被开除呢？其实，任何一个地方长官，不谈爱民不爱民，只要他能守好自己的职责，尽到自己的责任，他也就是爱民的了。

作为一个地方的统治者来说，或一个企业的领导者来说，其主要职责就是帮助和管理普通人民，使人们都能共同遵守一个约定俗成的或领导者根据实际情况作出的社会行为规范。如果能做到这些，就不会有"老羸转于沟壑，壮者散而之四方者，几千人矣"的情形发生了。也就是说，守责就是爱民，不守责就是不爱民。

当官不为民作主，不如回家卖红薯。这是一句很常见的百姓话，朴实地道出了为民是为官的根本责任。选择从政，就意味着肩上少些个人私欲杂念，多些治国安民的大爱与博爱，多些舍己为人的奉献和责任担当。官者，就是肩上有担的人。当镇长，肩上就要挑着全镇的担子；当县长，肩上就挑着全县的担子。当官不是戴着"官帽""打官腔""过官瘾"的，而是要实实在在为党为国为民做事的。当官从政，贵在这"当"上，这个"当"一定是担当的"当"。

当官就有权力，权力就是责任，责任就要担当。在其位谋其政，首要的就是要有担当意识和勇气。为官者，人民衣食父母也，吃国家俸禄，拿国家薪水，应该"情为民所系，利为民所谋"，为官一任，造福一方，这就是人民所需要的官。如果为官一任，碌碌无为，贪污受贿，欺诈和鱼肉百姓，甚至骑在人民头上作威作福，这样的官最终会被人民所抛弃。

4.5【原文】

孟子谓蚳(chí)蛙①曰："子之辞灵丘②而请士师，似也，为其可以言也。今既数月矣，未可以言与？"

蚳蛙谏于王而不用，致为臣而去③。

齐人曰："所以为蚳蛙则善矣；所以自为，则吾不知也。"

公都子④以告。

曰："吾闻之也：有官守者，不得其职则去；有言责者，不得其言则去。我无官守，我无言责也，则吾进退，岂不绰绰然有余裕哉？"

【注释】

①蚳蛙：赵岐《注》："齐大夫。"

②灵丘：齐国边境邑名。

③致为臣而去：赵岐《注》："三谏不用，致仕而去。"

④公都子：赵岐《注》："孟子弟子也。"

【译文】

孟子对蚔蛙说："您辞去灵丘县长而请求做狱官，这似乎有道理，因为可以向齐王进言。可是现在你已经做了好几个月的狱官了，还不能向齐王进言吗？"

蚔蛙向齐王进谏，齐王不听。蚔蛙因此辞职而去。齐国人说："孟子为蚔蛙的考虑倒是有道理，但是他怎样替自己考虑呢？我们就不知道了。"

公都子把齐国人的议论告诉了孟子。

孟子说："我听说：有官位的人，如果无法尽其职责就应该辞官不干；有进言责任的人，如果言不被听，计不被从，就应该辞职不干。至于我，既无官位，又无进言的责任，那我的进退去留，岂不是非常宽松而有无限回旋的余地吗？"

【评论】

本章是对爱民而尽忠职守的继续论证，其实也包含着孟子对自己的自嘲。爱民者要尽忠职守，进言者也要尽忠职守，如果不能尽职尽责，当然就要辞职不干。

有官有职就有责。不能尽职，不能尽责，当什么官呢？难免失落，难免苦闷与烦恼。可是，要尽职，要尽责又免不了争斗，免不了权术，依然是苦闷与烦恼。如果再加上官场黑暗腐败，尔虞我诈，你死我活，那就更是痛苦不堪，人性扭曲了。只有无官一身轻，进退都有余地。

孟子没有担任官职，也没有担任进言的责任，他就真的那么从容不迫有很大的活动余地吗？那么他跑到各个国家去向国君们说什么呢？这段记载并不是在于说明孟子的进退观、荣辱观、价值观，而是在于孟子劝说蚔蛙的进言，即忠于职守。

《资治通鉴》曾记载唐代一位名为王及善的官员，因才行平庸被时人讥讽为"鸠集凤池"，也就是"斑鸠占了凤凰池"。甚至他身处右相之位，也只作出一条规定，要求官员不准骑驴入官署，由此留下了"驱驴宰相"之名。还有宋神宗时的宰相王圭，"以其上殿进呈，曰取圣旨；上可否讫，云领圣旨；退谕禀事者，曰已得圣旨也"，被时人称为"三旨相公"讽其失职。

中国几千年社会，官场的"秘诀"，在于一个"推"字。由于官场的"考绩"，是在官僚体制内部一个封闭的机制之内，往往以"不办错事"作为是否合格的基本标准，于是"多干多错，少干少错，不干不错"，便成为不少官员的遵循，整个官僚阶层，形成一种"不作为"的风气。一些有识之士已经看到了问题的所在，并提出了切中肯綮的警告，纵然能引起少数统治者的重视，也由于时代和制度的限制，无法从根本上消除此类官场痼疾。

当今社会，此类问题依然存在。但随着十八大以来正风肃纪力度的不断加强，党风政风明显好转，人民群众满意度也不断提升。然而"八项规定"的禁令之下也有些干部明显感到浑身不自在，抱着"宁可不为也不为错"的心理，一心想当太平官，将"多栽花少栽刺，多请示少表态""机器不坏不要修，矛盾不露不要碰"等作为自己的官场哲学，对上唯唯诺诺讨好，对下呵呵哄哄讨好，谁也不得罪。然而，庸官的危害却是极其大的。有的地方经济发展缓慢，一些热点和难点问题迟迟没有得到解决，有的地方重特大事故频频发生，有些单位歪风邪气盛行，一个很重要的原因就是为官者"不得其职"矣。

当下正开展"两学一做"学习专题教育，就是要教育引领全体党员干部在学习继承我们党的优良传统中敢于担当，在服务群众做合格党员的实践中弘扬奉献的精神，自觉抵制歪风邪气，树立清风正气。对于庸官，必须严格落实中央的规定，该"去其职"的及时"去其职"，该"腾位子"的尽快"腾位子"，如此，方能搅动"一池春水"，使为官者乐为、敢为、能为，形成争先作为的氛围，迎来风清气正的新常态。

4.6【原文】

孟子为卿于齐，出吊于滕①，王使盖（gě）大夫王驩②（huān）为辅行③。王驩朝暮见，反齐滕之路，未尝与之言行事也。

公孙丑曰："齐卿之位，不为小矣；齐滕之路，不为近矣。反之而未尝与言行事，何也？"

曰："夫④既或治之，予何言哉？"

【注释】

①出吊于滕：去吊唁滕文公的丧事。

②盖：齐国邑名，在今山东省沂水县西北。王驩：字子敖，赵岐《注》："齐之诣人，有宠于王，后为右师。"

③辅行：朱熹《集注》云："辅行，副使也。"

④夫：彼也。

【译文】

孟子在齐国担任国卿，受命到滕国吊丧，齐王派盖地的长官王驩为孟子的副使。王驩早晚同孟子相见，一起往返于齐国至滕国的路上，孟子却从来没有与他谈论过怎样办理公事。

公孙丑说："齐国国卿的职位不算小了，从齐国到滕国的路程也不算近啊，但往返途中未曾与他谈过公事，这是什么原因呢？"

孟子说："他既然已经独断独行，我还有什么话可说呢？"

【评论】

王驩，字子敖，是齐宣王时期（公元前319年—前301年）的大臣，曾做过盖邑（今山东沂水县西北）大夫，后官至齐国右师（主礼之官）。此人长于溜须拍马，阿谀逢迎，因而颇得齐宣王宠信。孟子二次来齐（公元前319年—前316年）时，曾与之共事，对他十分厌恶。

当时，齐王任孟子为卿，但不用他的政治主张，孟子就"退而有去志"。孟子认为你任用我就应用我的政治主张，若我的主张不能推行，你虽给我官做，我也不会感激你。当齐王问孟子"贵戚之卿"的职责时，孟子答道："君有大过则谏，反复之而不听，则易位（即换个国君）。"齐王听后变了脸色。但孟子毫不畏惧，他说：就应该如此。

孟子在齐国做卿大夫，论职位是朝里大臣，官不算小，这样的人说话都有威力，越是说话有威力，越不能随便乱说。况且，孟子虽然担任齐国国卿，实际上却是虚名，而王驩虽然是副使，却是齐王手下的宠臣，他自专行事，其实也是齐王之意。

孟子若谦恭地与王驩商量公事，则会使王驩更自以为是。若是孟子摆出高傲的样子，则会使王驩忌惮孟子专权。所以两人往返千里，不谈一言，这表明孟子确实很懂为人处事的原则，采取的是最佳行为方式。孟子之不谈，并不是不办事，该怎样办他就怎样办。而王驩作为副使，总不敢超越职权于吊丧之事上有闪失。这就是孟子对于忠于职守的说明，也是孟子对孔子"道不同，不相为谋"的深刻理解。

4.7【原文】

孟子自齐葬于鲁①，反于齐，止于嬴②。

充虞③请曰："前日不知虞之不肖，使虞敦匠事④。严⑤，虞不敢请。今愿窃有请也：木若以美然⑥。"

曰："古者棺椁无度⑦，中古棺七寸⑧，椁称之。自天子达于庶人，非直为观美也，然后尽于人心。不得⑨，不可以为悦；无财，不可以为悦。得之为⑩有财，古之人皆用之，吾何为独不然？且比化者⑪，无使土亲肤，于人心独无恔（xiào）乎⑫？吾闻之也：君子不以天下俭其亲。"

【注释】

①自齐葬于鲁：赵岐《注》："孟子仕于齐，丧母，归葬于鲁。"

②嬴：赵岐《注》："齐南邑。"故城在今山东莱芜西北。

③充虞：赵岐《注》："孟子弟子也。"

④敦：孔广森《经学卮言》："敦，治也。"匠指木匠。

⑤严：焦循《正义》："严为急；急者，谓不暇也。"

⑥木：指棺材。以美：朱熹《集注》云："以、已通，以美，太美也。"

⑦古者棺椁无度：赵岐《注》："言古者棺椁薄厚无尺寸之度。"

⑧中古：赵岐《注》："谓周公制礼以来。"

⑩不得：旧注皆以不得"谓法制所不得当"。

⑪为：此处作"与"字讲。见王念孙《读书杂志》。

⑪比：去声，为了。化者：朱熹《集注》云："化者，死者也。"

⑫忮：赵岐《注》："快也。"

【译文】

孟子从齐国到鲁国安葬母亲后返回齐国，住在嬴县。

充虞请教说："前些日子承蒙老师您不嫌弃我，让我管理做棺椁的事。当时大家都很忙碌，我不敢来请教。现在我想把心里的疑问提出来请教老师：棺木似乎太好了吧！"

孟子回答说："上古对于棺椁的尺寸没有规定；中古时规定棺木厚七寸，椁木以与棺木的厚度相称为准。从天子到老百姓，讲究棺木的质量并非仅仅是为了美观，而是因为要这样才能尽到孝心。为礼制所限不能用上等木料做棺椁，当然不称心；没有钱不能用上等木料做棺椁，也不称心。既为礼制所允许，又有财力，古人都会这么做，我又怎么不可以呢？况且，这样做不过是为了不让泥土沾上死者的尸体，难道孝子之心就不可以有这样一点满足吗？我听说过：君子不因为天下大事而俭省用在父母身上的钱财。"

【评论】

从流传下来很少的记载来看，我们已经知道孟母是一位慈母，在孟子的教育上很花了些心血。所以，当母亲去世的时候，孟子的孝子之心是可以理解的。

当然，《孟子》一书之所以把这一章记载在这里，绝不仅是为了给孟子为母亲做上等棺作解释。而是为了表达孟子的思想：在安葬父母的问题上，只要是礼制和财力两方面许可，可以做得好一些。尤其是本章最后的一句话——"君子不以天下俭其亲"，更是格言似的表达了孟子关于"孝"的看法。

我们已经知道，《论语》里有不少孔子及其弟子关于"孝"、关于"丧"的问题的论述。其中比较重要而又与本章所论问题关系密切的如孔子在《八佾》篇里的说法："与其易也，宁戚。"意思是说，丧礼与其铺张浪费，宁可悲哀可度。所以，孔子其实更重视的是内在情感方面，而要求在物质方面节俭办事，反对丧事过分大办，铺张浪费。这一点，在孟子这里显然已发生了变化。时代不同，个人所处地位不同，财力状况不同，都导致了这种变化。

自两汉以来，社会世风一直倡行厚葬。显然，这跟两汉社会独尊儒家有关，因为儒家主张"葬其亲厚","君子不以天下俭其亲",于是"生不极养,死乃崇丧,……崇侈上潜"(王符《潜夫论》)的现像便大炽于天下;加之两汉社会又强调重孝,认为"令先人坟墓俭约,非孝也",而厚葬者"则称以为孝,显名立于世,光荣著于俗",故"世以厚葬为德,薄终为鄙"。此外,尽孝者还可以通过"孝"来猎取声名,进而达到入仕的目的——这在当时亦不失为一条捷径。由于占统治地位思想的引导,社会各界竞相厚葬,有些人甚至不惜"废室卖业",倾家荡产。从以后的发掘情况看,两汉厚葬的随葬品之丰,确实达到了惊人的地步。20世纪70年代从长沙马王堆汉墓和满城汉墓出土的大量文物,便是其有力的证明。

不过,社会文明发展到今天,在丧葬礼仪上,我们并不赞成越铺张越好。就是为母亲做上等棺椁的孟子,不也仍然坚持了礼制与财力许可这两条基本原则吗?况且,在父母长辈生前多体贴多陪伴,远胜过等他们百年之后再过分表达"孝心"。

所以,超出"礼制"(比如说动用豪华公车)和财力大办丧事也罢,修豪华祖坟也罢,都不一定能够在孔、孟这里得到支持。倒是真正诚心诚意地在礼俗许可的范围内办好丧事,真正表达对失去亲人的悲戚和悼念,才是先贤圣哲们所赞许的行为。

4.8 【原文】

沈同①以其私问曰:"燕可伐与②?"

孟子曰:"可;子哙③不得与人燕,子之不得受燕于子哙。有仕④于此,而子悦之,不告于王而私与之吾子之禄爵;夫士也,亦无王命而私受之于子,则可乎?——何以异于是?"

齐人伐燕。

或问曰:"劝齐伐燕,有诸?"

曰:"未也;沈同问'燕可伐与',吾应之曰'可',彼然而伐之也。彼如曰'孰可以伐之?'则将应之曰'为天吏,则可以伐之。'今有杀人者,或问

之曰：'人可杀与？'则将应之曰'可。'彼如曰'孰可以杀之？'则将应之曰'为士师，则可以杀之。'今以燕伐燕，何为劝之哉？"

【译文】

沈同以个人的身份问孟子："燕国可以攻伐吗？"

孟子说："可以！燕王子哙不应该把燕国轻率地交给别人，相国子之也不应该从子哙手中接受燕国。比如有这样一个人，你很喜欢他，便不向国君奏准而自作主张地把你的俸禄官位转让给他；而他也没有得到国君的任命就从你那里接受了俸禄官位，这样行吗？子哙、子之私下互相授受的事与此有什么不同吗？"

齐国去讨伐燕国。

有人问孟子："你劝说齐国去攻伐燕国，有这回事吗？"

孟子说："没有！沈同私下问我'燕国可以攻伐吗？'我回答说'可以！'他们就这样去攻伐它了。如果他是问'谁可以攻伐燕国？'我就会回答说'只有天吏才可以攻伐燕国'。比如这里有个杀人犯，有人问道'犯人可以杀吗？'我将回答说'可以！'如果他再问'谁可以杀他呢？'我将回答说'只有法官才有权杀他'。今用一个同燕国一样暴虐的齐国去攻伐残暴的燕国，我为什么去劝导他呢？"

【评论】

齐国讨伐燕国，是战国中期的一项重大事件。综合本书《梁惠王》篇中的有关章节来看，孟子对此事的态度很明显：燕国的国政败坏，民众因此遭受苦难，所以是可以去讨伐的，但讨伐者必须施行优于燕的政措，否则，伐燕是没有意义的，而且也不可能得到民众的支持。在此，评估的准则是和民众的利害、爱憎相一致的。

沈同与孟子之间的对话，是私下的对话，因此，沈同的询问不是遵君主之命而来。沈同问是否可以讨伐燕国，孟子的回答是"可以"，意味着不是必须，也不是应该，更不是任何国家都可以讨伐。况且，孟子的回答，把重点放在了可以讨伐的原因方面。燕国是国君子哙从他的前代国君手中继承过来的，而他的前代国君是由天子所任命的，他本人作为国君的职责是为天子保护民众，而不是把燕国作为他自己的私有财产，因此，他没有权力私自把燕国及其民众给予其他人。燕国的宰相子之，是宰相的身份，其职责是辅佐国君治理国家，除非有天子之任命，否则，他也没有权力私自接受子哙的给予。因为子哙和子之的做法都有罪，所以孟子说可以讨伐他们。同样道理，一个大夫的职位是受命于国君的，并不是说这个大夫就拥有了这个职位，他只是在这个职位上尽自己的责任而已，不能因为自己喜欢某个士子就私自把这个职位给那个士子，任何士子也不能私自接受这个职位。

齐国真的去讨伐燕国了。有人听说孟子曾经说燕国可以讨伐，所以前来质问孟子。孟子说，因为燕国君臣有罪，按照礼义是可以讨伐的，但是，必须是顺天道、合民意的王者之师才可以去讨伐有罪。这就好比说，只有掌管刑罚的官员可以杀掉有罪之人，其他人不能私自去杀有罪之人。然而燕国有罪，齐国是否可以讨伐它呢？

孟子并不支持齐国去讨伐燕国，因为当时的齐国，并不是一个施行王道、爱民的国家，它的情形也同燕国差不多，而这样的以暴制暴，并不能从根本上解决燕国及其燕国人民的问题。

所以孟子说："只有代表上天管理人民的官员，才可以攻伐燕国。"因为要说杀人的话，只有法官才有权杀人，有权判处有罪的人的死刑。如果人人都恣意妄为地杀人，也就没有了人类社会的秩序。而要维持人类社会的秩序，那就是人人都遵守自己的职责。君君、臣臣、父父、子子，必须各自遵循一定的社会行为规范，才能符合各自的做人的标准，人与人之间才能建立起相互亲爱的关系。如果君不君、臣不臣、父不父、子不子，都违背了既定的社会行为规范，人与人之间是建立不起相互亲爱的关系的。

　　然而，孟子也意识到自己的言论有"文过饰非"之嫌，不论沈同以什么样的身份来问，他毕竟是齐国的一个大臣，所以才有后面的孟子辞职。

4.9【原文】

　　燕人畔①。王曰："吾甚惭于孟子②。"

　　陈贾③曰："王无患焉。王自以为与周公孰仁且智？"

　　王曰："恶！是何言也？"

　　曰："周公使管叔监殷④，管叔以殷畔；知而使之，是不仁也；不知而使之，是不智也。仁智，周公未之尽也，而况于王乎？贾请见而解之。"

　　见孟子问曰："周公何人也？"

　　曰："古圣人也。"

　　曰："使管叔监殷，管叔以殷畔也，有诸？"

　　曰："然。"

　　曰："周公知其将畔而使之与？"

　　曰："不知也。"

　　"然则圣人且有过与？"

　　曰："周公，弟也；管叔，兄也。周公之过，不亦宜乎？且古之君子⑤，过则改之；今之君子，过则顺之。古之君子，其过也，如日月之食⑥，民皆见之；及其更也，民皆仰之⑦。今之君子，岂徒顺之，又从为之辞。"

【注释】

　　①燕人畔：畔通"叛"。齐攻占燕国后，有亡燕的意图，引起诸侯的不满，赵国与燕人合谋迎立流亡在外的燕王哙庶子职为王，与齐国相对抗。

　　②吾甚惭于孟子：孟子曾劝齐宣王不要吞并燕国，设立新君后便撤兵。而齐宣王不听，结果遭到燕国反抗。

③陈贾：赵岐《注》："齐大夫也。"

④周公使管叔监殷：管叔，周公的哥哥姬鲜。周武王灭纣后，封纣的儿子武庚禄父治理殷地遗民，并将弟弟叔鲜、叔度封于管、蔡以监视他。周武王去世后，继位的成王年幼，周公摄政，管叔、蔡叔认为他有篡位之意，便与武庚一起作乱，周公奉命进行讨伐，杀了武庚与管叔，流放了蔡叔。

⑤君子：指在位者，甚至指在高位者。

⑥日月之食：日蚀月蚀的"蚀"字，古书多作"食"字。

⑦仰之：仰，抬头仰望。此指日月蚀复明而言，而臣民对君王的更改错误，也正如盼望日月复明一般，故也可以说"仰之"。

【译文】

齐国占领燕国后，燕国人群起反抗。齐王说："我很是愧对孟子。"

陈贾说："大王不必感到羞愧。大王自以为和周公相比，谁更仁？谁更智？"

齐王说："唉呀，你这是什么话？"

陈贾说："周公派他的哥哥管叔监管殷国，管叔却带领殷人叛乱；如果周公早已预见到会这样，还派管叔监管殷国，就是不仁；如果周公没有预见到会这样，而派管叔监管殷国，那就是不智。仁和智，周公都没有全做到，何况大王您呢？我请求见孟子并向他解释。"

于是陈贾去见了孟子，陈贾问孟子："周公是个什么样的人？"

孟子说："是古代的圣贤。"

陈贾说："他派管叔监管殷人，但管叔却带领殷人叛乱，有这回事吗？"

孟子说："有的。"

陈贾说："周公知道管叔将要叛乱仍然派他去吗？"

孟子说："他不知道。"

陈贾说："那么圣贤之人也会犯错误？"

孟子说："周公，是弟弟；管叔，是哥哥。周公的过错，不是很近情理吗？况且古时候的君子，有了过错就会改正；如今的君子，有了过错则任其发展。古时候的君子，他的过错，就像日食月食一样，百姓都看得见，等到他改正过错时，百姓就会很敬仰。如今的君子，何止是让过错顺其自然发展，而且还会编一

套言辞来为自己的错误辩护。"

【评论】

齐国攻占燕国后二年，燕人拥立燕王庶子太子平，是为昭王（公元前311—前279年在位）。齐军由于没有能得到燕国民众的支持，不得不撤了回来。因为孟子在齐国战胜燕国之初就提醒齐王，如不施"仁政"，就不能保持已取得的成果（见本书《梁惠王》篇），所以，齐王在此时觉得有愧于孟子。

然而大臣陈贾不仅不劝说齐王检讨自己，却用周公用错管叔的事来安慰齐王，为齐王开脱罪过。想通过"圣人也有过失"的事实强为齐王的错误辩解，这种不实事求是的恶劣态度，理所当然地遭到了孟子的驳斥。

周武王死后，太子诵继位，是为周成王。成王年幼，曾辅佐克商的武王之弟周公旦摄政。管叔、蔡叔怀疑周公将篡取王位，故传播流言，武庚也谋划复国，与管、蔡结合叛周，纠集徐（在今江苏泗洪）、奄（在今山东曲阜）、薄姑（在今山东博兴东南）和熊、盈等方国部落作乱。周公奉成王之命东征，经过三年战争，终于平定叛乱。武庚和管叔被诛杀，蔡叔被流放。

孟子向他解释说，周公是弟弟，管叔是哥哥，难道弟弟会怀疑哥哥反叛吗？所以，周公犯这样的过错是可以理解的。而且，古代的君子是"有过则改"，如今的君子却是"文过饰非"，这是很不一样的。

4.10【原文】

孟子致为臣而归①。王就见②孟子，曰："前日愿见而不可得，得侍同朝，甚喜；今又弃寡人而归，不识可以继此而得见乎？"

对曰："不敢请耳，固所愿也。"

他日，王谓时子③曰："我欲中国④而授孟子室，养弟子以万钟⑤，使诸大夫国人皆有所矜式⑥。子盍⑦为我言之！"

时子因陈子⑧而以告孟子，陈子以时子之言告孟子。

孟子曰："然；夫时子恶知其不可也？如使予欲富，辞十万⑨而受万，是为欲富乎？季孙曰：'异哉子叔疑⑩！使己为政，不用，则亦已矣，又使其子弟为卿。人亦孰不欲富贵？而独于富贵之中有私龙断⑪焉。'古之为市也，以其所有易其所无者，有司者治之耳。有贱丈夫⑫焉，必求龙断而登之，以左右望，而罔市利。人皆以为贱，故从而征之。征商自此贱丈夫始矣。"

【注释】

①致为臣而归："归"指回返家乡。致为臣，赵岐解为"辞齐卿"。朱熹《集注》云："孟子久于齐而道不行，故去也。"

②就见：亲自去看望。

③时子：赵岐《注》："齐臣也。"

④中国：朱熹《集注》云："当国之中也。"

⑤万钟：朱熹《集注》云："钟，量名，受六斛四斗。"指优厚的俸禄。钟，古量器名。

⑥矜式：赵岐《注》："矜，敬也；式，法也。"

⑦盍："何不"的合音。

⑧陈子：赵岐《注》："陈子，孟子弟子陈臻。"

⑨十万：孟子所谓十万，当系成数，以见其多，不必作确数看。

⑩季孙、子叔疑：朱熹《集注》云："不知何时人。"

⑪龙断：龙同"垄"，本义为陡峭的冈垅，引申为阻隔，又引申为独占利益。

⑫丈夫：成年男子。

【译文】

孟子辞去齐国的官职准备回乡。齐王专门去看孟子，说："从前希望见到您而不可能；后来终于得以在一起共事，我感到很高兴；现在您又将辞掉官职而离开我，不知我们以后还能不能够相见？"

孟子回答说："我不敢请求罢了，这本来就是我的愿望。"

过了几天，齐王对臣下时子说："我想在都城中给孟子一所房子，再用万钟之禄供养他的学生，使我们的官吏和百姓都有所效法。你何不替我向孟子讲一讲！"

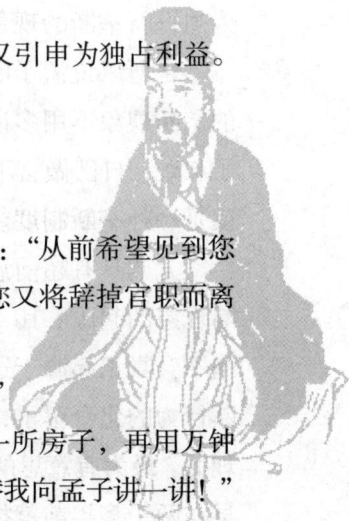

时子便托陈子把这话转告给孟子。陈子也就把时子的话告诉了孟子。

孟子说："嗯，时子哪里知道这事做不得呢？如果我是贪图财富的人，辞去十万钟俸禄的官不做却去接受一万钟的赏赐，这难道是贪图财富吗？季孙曾经说过：'子叔疑真奇怪！自己要做官，别人不重用，也就罢了，却又让自己的子弟去做卿大夫。谁不想做官发财呢？可他却想在这做官发财中搞垄断。'这正如古代的市场交易，本来不过是以有换无，有关的部门进行管理。但却有那么一个卑鄙的汉子，一定要找一个独立的高地登上去，左边望望，右边望望，恨不得把全市场的赚头都由他一人一网打尽。别人都觉得这人卑鄙，因此向他征税。向商人征税，就是从垄断市利之徒开始的。"

【评论】

孟子在齐宣王那里虽然受到比较好的接待，甚至做了客卿，在不少问题上（例如是否攻打燕国，是否占领燕国等）齐宣王也征求他的意见。但齐宣王却始终不愿意真正实施孟子所提出的"仁政"方案，所以，孟子还是只有"致为臣而归"，辞职归家了。

当齐宣王通过臣下来转达留住孟子的愿望时，孟子以"辞十万而受万，是为欲富乎"作为回答，表明了自己做官绝对不是为了个人发财致富，而是为实现政治抱负，济世救民。接着，孟子便说了一段寓言式的话，指出了官场和商场都有人想进行垄断的现象。

之所以说孟子的这段话像寓言，是因为它的含义极其深刻而具有哲理。官场的垄断现象不用多说大家也很清楚，自古便有裙带关系，就像孟子这里所指出的子叔疑，自己做官不算，还要让自己的子弟都去做官。话说回来，世袭制度本身就是一种垄断制度。即便不是世袭的科举制度，其垄断现象也是非常严重的。

尤其具有超前意义的是，孟子在指出官场垄断现象的同时，还指出了市场垄断现象的起源。其"贱丈夫"的说法固然具有浓厚的寓言色彩，商业税的征收也绝不会真正起源于这个"贱丈夫"。但是，"贱丈夫"不过是"罔市利"的市场垄断行为的化身罢了，所以，说征收商业税起源于这种市场垄断行为也不是没有道理的。最为有意思的是，我们都知道垄断资本主义是近现代社会的产物，而孟子早在两千多年前就指出了这个垄断的怪物——"贱丈夫"。虽然性质和程度都有所不同，但其超前意义，不是很值得深思吗？

就我们今天而言，市场经济的竞争已愈来愈激烈，愈来愈卷进全民的注意力。"赚进每一分可能赚到的钱"，已成为很多经商者的心愿。但是，如果只图自己赚钱而"罔市利"，不顾别人利益，则很可能成为孟子笔下的"贱丈夫"，成为大家群起而攻之的对象。结果很可能会事与愿违，不仅不能"罔市利"，反而还会被"市利"所罔。所以，还是不要做"贱丈夫"而做"大丈夫"吧。

就孟子的本意而言，"贱丈夫"的寓言是为了配合说明官场与商场一样存在着垄断，干扰着他说服齐王实施仁政。而这正是他不愿意享受十万钟的俸禄而辞职还乡的根本原因。一心想称霸于列强的齐宣王又哪能体会到这些呢？就算体会到，又会不会真正采纳孟子的建议，实施以道德来统一天下的"仁政"呢？这些都是孟子所不抱希望的了，所以他只能以近乎寓言的方式来表达，让他的学生把它转达回齐王那里，任他去深思罢了。

4.11【原文】

孟子去齐，宿于昼①。有欲为王留行者，坐而言②。不应，隐几③而卧。

客不悦曰："弟子齐(zhāi)宿④而后敢言，夫子卧而不听，请勿复敢见矣。"

曰："坐！我明语子。昔者鲁缪公无人乎子思⑤之侧，则不能安子思；泄柳、申详⑥无人乎缪公之侧，则不能安其身。子为长者虑，而不及子思；子绝长者⑦乎？长者绝子乎？"

【注释】

①昼：赵岐《注》："齐西南近邑也。"

②坐而言：赵岐《注》："客危坐而言留孟子之言。"危坐，即恭恭敬敬地跪坐。

③隐几：隐，《说文》云："有所依据也。"几，《说文》云："居几也。"居几就是坐几，为老年人坐时所倚靠的。

④齐宿：齐同"斋"。先一日斋戒，便叫"斋宿"。

⑤缪：同"穆"。鲁缪公，名显，在位三十三年。子思：孔子的孙子，名伋。

⑥泄柳：据《告子下》第六章之子柳，鲁缪公时的贤人。申祥：朱熹《集注》云："子张之子也。"

⑦长者：赵岐《注》："孟子年老，故自称长者。"

【译文】

孟子离开齐国，歇宿在昼地。有个想替齐王挽留孟子的人来看孟子，严肃地端坐着与孟子谈话，孟子不回应，伏在几案上。

来人很不高兴地说："我是先一天斋戒沐浴后才敢跟您说话，先生伏案而不听，今后再也不敢请求见您了。"

孟子说："坐下来！我明白地告诉你，从前鲁缪公要是没有人在子思身边侍候，就不能让子思安心。泄柳、申详要是没有人在鲁缪公身边侍候，就不能使自己安身。请你为年长的人考虑，连子思怎样被鲁缪公对待都想不到，（不去劝说齐王改变态度，却用空话留我。）是你拒绝长者？还是长者拒绝你呢？"

【评论】

孟子采取辞职的行为方式，是因为他既不能像子思一样安心，也不能像泄柳、申详一样安身，所以他必然就要拒绝那个想替齐王挽留孟子的人了。孟子并不是挑剔这个人的礼数不周，而是在指出这个人思想上的局限性，即礼遇贤人和劝谏诸侯哪一个更重要。

子思是孔子的孙子，是曾子的学生，其门人是孟子的老师。孔子死后，鲁国当时的国君缪公对子思非常尊重，他派两个最亲信的官员在子思旁边，以便随时传话。鲁缪公为什么要这么做呢？他为什么不干脆把子思请到宫里来住，或者请他住到隔壁，不是更方便吗？殊不知，人与人之间相处，尤其是高级干部之间，有些问题要研究、讨论的时候，必须有个转圜的余地，如果不是这样，事情就容易搞砸。

从这里可以看出，鲁缪公深懂人与人之间相处的艺术，他以至礼对待子思，但中间如果没有人来缓和缓和，就无法安顿子思。孟子提到泄柳、申详这两个人，他们都是鲁国当时的贤人，也很了不起，尤其是申详，是孔子有名的弟子子张的儿子。虽然他们不如子思在鲁缪公心目中的分量，但是鲁缪公也很器重他们。当时他们两人也都有缪公的人在身边，替他们传话转圜。

孟子讲这些话究竟什么意思呢？他是说，我与齐王之间的关系也同样需要有人在中间做转圜。孟子对这个客人说，你很恭敬我，待我以长者，希望改善我和齐王的关系。你有这个理想，但是你有这个本事吗？为人处世的艺术是很不简单的，你想撮合齐王和我的关系，那么你是不是能做得像鲁缪公与子思之间那么的圆满呢？既然你无法劝说齐王接受我的政治主张，实行仁政，光在这里劝说我留下，又有什么意义呢？

4.12【原文】

孟子去齐。尹士①语人曰："不识王之不可以为汤武，则是不明也；识其不可，然且至，则是干泽②也。千里而见王，不遇故去。三宿而后出昼，是何濡滞③也？士则兹不悦④。"

高子⑤以告。

曰："夫尹士恶知予哉？千里而见王，是予所欲也；不遇故去，岂予所欲哉？予不得已也。予三宿而出昼，于予心犹以为速，王庶几⑥改之！王如改诸，则必反予。夫出昼，而王不予追也，予然后浩然⑦有归志。予虽然，岂舍王哉？王由⑧足用为善；王如用予，则岂徒齐民安，天下之民举安。王庶几改之！予日望之！予岂若是小丈夫然哉？谏于其君而不受，则怒，悻悻然⑨见⑩于其面，去则穷日之力而后宿哉？"

尹士闻之曰："士诚小人也。"

【注释】

①尹士：赵岐《注》："齐人也。"

②干泽：赵岐《注》："干，求也；泽，禄也。"

③濡滞：朱熹《集注》云："迟留也。"

④兹不悦：兹，此也。这句为倒装句，"兹不悦"即"不悦此"。

⑤高子：赵岐《注》："齐人，孟子弟子。"

⑥庶几：也许，可能。

⑦浩然：朱熹《集注》云："如水之流不可止也。"

⑧由：同"犹"。

⑨悻悻然：气量狭小者之貌。

⑩见：同"现"。

【译文】

孟子离开齐国，有个叫尹士的人就对别人说："不晓得齐王不能够做商汤、周武，那便是孟子的糊涂；晓得他不行，然而还要来，那便是孟子贪求富贵。行走了千里路来见齐王，得不到赏识所以又走了，在昼地宿了三天才走，是何等的想长期滞留在齐国，我最不喜欢的就是这种人。"

高子把这话告诉了孟子。

孟子说："那个尹士怎么能了解我呢？不远千里来见齐王，是我的愿望！不得赏识而离开，怎么能是我希望的呢？我是无可奈何呀。我住了三天才离开昼地，在我心里仍觉得快了，就是希望齐王能改变态度。齐王如果改变态度，那就会反过来找我。而我离开昼地，齐王没有来追赶我，我这才无所留念地有回家的念头。我虽然这样做，还是舍不得抛弃齐王！齐王还是有施行仁政的资质，齐王假如用我，那就不仅仅是让齐国的百姓安居乐业了，全天下的百姓都可以安居乐业了。就是希望齐王能改变态度，我才每天盼望着。我难道像是一个目光短浅的小人吗？向国君进谏而不被接受，便大发脾气，怨恨失意的神色就露在脸上，一旦离开，非得走到精疲力竭才肯住宿吗？"

尹士听孟子说这番话后，说："我真是个小人。"

【评论】

孟子在昼那个小地方，整整待了三个晚上。那时候一座小城，大概和今天一个村子的大小差不多。齐国都城临淄离孟子老家邹县不过两百公里，孟子说千里而来，其实是夸张了。两百公里的距离，有三天时间，徒步都差不多能到家了。

孟子迟迟没有离开齐国，是希望齐宣王能够改弦易辙，这样就可以实现他的理想。孟子不考虑个人的小节，他考虑的是在齐国实行"王道"，造福老百姓。

孟子与齐宣王有多次交谈，齐宣王对孟子也做过自我批评，例如孟子向齐宣王复述他与孔距心的对话时，齐宣王就说："此则寡人之罪也。"处理齐国与燕国的关系，齐宣王因为没有听取孟子的劝告致使燕国背离齐国而感到内心有愧。孟子要离开齐国，齐宣王是想以财富挽留他的。孟子也对齐宣王寄予希望，认为齐宣王还能做点好事，若能用他的方略与理念治国，连天下的民众都能得到平安。

齐宣王终究没有派人去追赶孟子。这不是齐宣王放不下架子，这是他考虑再三后作出的抉择，他不想一概取用孟子的方略与理念。不仅是齐宣王，在春秋战国的几百年中，是"法先王之道"以称王，还是以变法图强以称霸，始终是摆在那些雄心勃勃的诸侯王面前的两个选项。然而，以变法图强的有"五伯"，以礼义称王的无一君。孔孟相隔百余年，他们的那一套都不见容于当世，故有"仲尼菜色陈蔡"而"孟轲困于齐梁"。

4.13【原文】

孟子去齐。充虞路问曰："夫子若有不豫色然①。前日虞闻诸夫子曰：'君子不怨天，不尤人②。'"

曰："彼一时，此一时也③。五百年必有王者兴，其间必有名世④者。由周而来，七百有余岁矣⑤。以其数，则过矣；以其时考之，则可矣。夫天未欲平治天下也；如欲平治天下，当今之世，舍我其谁也？吾何为不豫哉？"

【注释】

①不豫色：赵岐《注》："颜色不悦也。"

②不怨天，不尤人：实是孔子的话，见《论语·宪问》篇，孟子不过向他的学生转述而已。

③彼一时，此一时也：彼一时，指说那两句话的时候，即在平常日子里君子应抱那种态度处世。此一时：指离开齐国的时候，即主张不能实现，关系天下兴衰治乱，不得不有忧天悯人的表现。（见焦循《孟子正义》）

④五百年必有王者兴：朱熹《集注》云："自尧舜至汤，自汤至文武，皆五

百余年而有圣人出。"名世疑即后代之"命世",指辅佐王者的杰出贤才。

⑤由周而来，七百有余岁矣：赵岐《注》："谓周家王迹始兴，大王、文王以来。"

【译文】

孟子离开齐国，充虞在途中问孟子："您似乎很不快乐的样子。可是以前我曾听您讲过：'君子不抱怨上天，不责怪别人。'"

孟子说："那是一个时候，现在又是另一个时候。从历史上来看，每五百年就会有一位圣君兴起，其中必定还有名望很高的辅佐者。从周武王以来，到现在已经七百多年了。从年数来看，已经超过了五百年；从时势来考察，也正应该是时候了。大概老天不想使天下太平了吧，如果想使天下太平，在当今这个世界上，除了我还有谁呢？我为什么要不高兴呢？"

【评论】

这一段话里，我们能看出来，孟子的思想感情是极复杂的，有些像告老还乡歌，又有些像解甲归田赋。孟子的学生是很不错的，在这时深知老师的心情，于是引用老师平时所说的"不怨天，不尤人"来加以劝慰。老师也是很不错的，坦率承认"彼一时，此一时也"。人非圣贤，怎么可能没有自己的情绪呢？所以，平时说"不怨天，不尤人"是对的，可一旦事情真正落到自己头上，有抱怨情绪也是可以理解的。

接下来，孟子话说天下大势，实际上也向学生解释了自己不愉快的原因。"五百年必有王者兴，其间必有名世者。"这是孟子的政治历史观，成为名言，对后世发生着深刻影响。按照这个观点推算，孟子的时代正应该有"王者"兴起了，可孟子周游列国，居然没有发现这样的"王者"，好不容易遇到齐宣王，看来还有些眉目，可最终还是斗不过那些"贱丈夫"，自己没有能够说服齐宣王实施"王天下"的一套治国平天下方案。没有"王者"，"名世者"又怎么显现出来呢？而孟子分明觉得自己就应该是那"名世者"，所以才有如许惆怅，又怎能"不怨天，不尤人"呢？所以他说"大概老天不想使天下太平了吧"，反过来又自我安慰说，如果老天还想使天下太平，"当今之世，舍我其谁也？"这样一想，也就没有什么不快乐了。"吾何为不豫哉？"与其说是对学生充虞的回答，不如说是自我解嘲更准确些。

"当今之世，舍我其谁也？"大有孔子所说"天生德于予，桓魋其如予何？"的味道。其底蕴是一种"以天下为己任"的社会责任感和使命感。当然，孟子的表达是有愤激情绪的，因此也成为后世批判孔、孟之道时的靶子之一，认为他不可一世，狂妄到了极点。要说狂妄，伟大的人物从内心来说总是有那么一点点的。如果要脱离开具体的语言环境来加以定罪，那孟子当然也就难辞其咎了，因为他毕竟说过那样一句话啊！

4.14【原文】

孟子去齐，居休①。公孙丑问曰："仕而不受禄，古之道乎？"

曰："非也；于崇②，吾得见王，退而有去志，不欲变③，故不受也。继而有师命④，不可以请。久于齐，非我志也。"

【注释】

①休：地名，在今山东滕州市北，距孟子家乡仅百里。
②崇：地名，不可考。
③不欲变：指不想改变要离开的方向。
④师命：赵岐《注》："师旅之命。"

【译文】

孟子离开齐国，住在休地。公孙丑问他："做官而不接受俸禄，是古圣贤的做法吗？"

孟子说："不是，在崇地的时候我见到齐王，退下来我就有离开的想法，我不想改变自己想法，所以就不接受俸禄。后来发生了战争，不能够申请离开。长期留在齐国，不是我的想法。"

【评论】

本章是全篇的总结。从第一章"得道者多助，失道者寡助"始，孟子从"爱

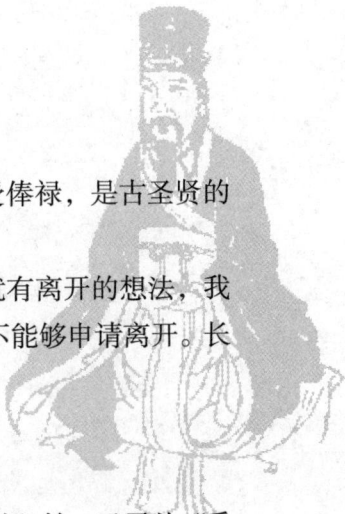

民"这一大主题下，延伸到忠于职守的问题，第五章孟子劝说蚳蛙的进言，就是忠于职守的问题，因为真正的忠于职守即是爱民。然后孟子又谈到自己的辞职，通过别人的评论，阐明了求职与辞职的根本原因。

孟子怀有先天下之忧而忧的广大胸怀和爱民的拳拳之心，他之求官而不受禄，不为钱财所困，不为名利所羁，确实是学到了孔子的精髓。孟子的这种价值取向，对今天的人来说，也许是傻、笨、憨、呆、痴，没有谁会赞同，因为人总是要吃饭的，而吃饭是要钱的，所以，干了事就要拿钱。然而孟子这种精神，却世世代代传了下来，因为孟子并不是提倡白干事，而是说不计较报酬，不要为了丰厚的报酬而出卖自己的良心和意志。因此，总结孟子所有的行为，都可以认为是孟子采取了最佳行为方式。

因为见解不能被采纳就辞禄辞官，可见孟子当官的目的只是为了实现自己的政治理想。如果像现在一些为了名利而当官的人那样，即使齐王不挽留他，也完全可以不主动辞职。他只要稍微有一点灵活性，只要不与现实同流合污，就可以既保住君子名声又可以保住官职地位，可是孟子不会这样做，因为他不仅是君子，更是君子中的大丈夫，是道德平庸的俗人所无法理解的！

而时下的有些官员，政治理想谈不上，为了升官不仅与现实同流合污，更不惜在败坏社会风气上推波助澜；有些人在获取名利的方法上也能屡屡创新，给后来者提供参考。对于这些人来说，经常学学古人孟子的人品，确实很有必要！

滕文公上

5.1【原文】

滕文公为世子^①，将之楚，过宋^②而见孟子。孟子道性善，言必称尧舜。

世子自楚反，复见孟子。孟子曰："世子疑吾言乎？夫道一而已矣。成覸（jiàn）^③谓齐景公曰：'彼，丈夫也；我，丈夫也；吾何畏彼哉？'颜渊曰：'舜，何人也？予，何人也？有为者亦若是。'公明仪^④曰：'文王，我师也；周公岂欺我哉？'今滕，绝长补短^⑤，将五十里也，犹可以为善国。《书》曰：'若药不瞑眩（míng xuàn），厥疾不瘳^⑥（chōu）。'"

【注释】

①世子：即"太子"。"世"和"太"古音相同，古书常通用。

②过宋：过，旧读平声。宋：当时宋国的国都在彭城（今徐州）。而滕在徐州之北一百九十里之地，滕文公到楚国，必定南行而经宋。

③成覸：亦作"成荆""成庆"，齐国的勇士。赵岐《注》："勇果者也。"

④公明仪：《礼记·祭义》郑玄注云："曾子弟子。"

⑤绝长补短：即长短相补的意思。绝，犹言截。

⑥《书》曰："若药不瞑眩，厥疾不瘳"，见于伪古文《说命上》篇，又见《国语·楚语》引武丁之书。瞑眩：杨伯峻《孟子译注》等版本读音作"miánxuàn"。瞑眩本来是指头昏目眩、眼睛睁不开的症状，但古书往往把瞑眩和药物反应联系起来，即服药后出现恶心、头眩、胸闷等反应的称为"瞑眩"。瘳，病愈。

【译文】

滕文公做太子时，要到楚国去，经过宋国，会见了孟子。孟子给他讲善良是人的本性的道理，话题不离尧舜。

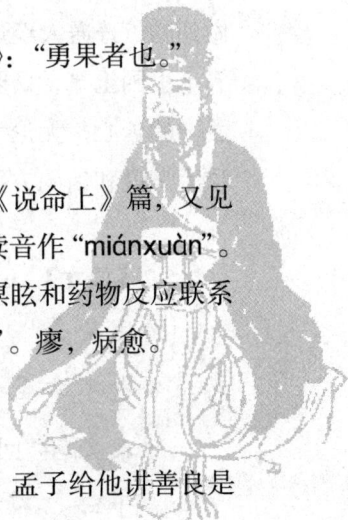

太子从楚国回来，又来见孟子。孟子说："太子不相信我的话吗？道理都是一样的啊。成覵对齐景公说：'你是一个男子汉，我也是一个男子汉，我为什么怕你呢？'颜渊说：'舜是什么样的人，我也是什么样的人，有作为的人也会像他那样。'公明仪说：'文王是我的老师；周公难道会欺骗我吗？'现在的滕国，假如把疆土截长补短也有将近方圆五十里吧，还可以治理成一个好国家。《尚书》说：'如果药不能使病人头昏眼花，那病是不会痊愈的。'"

【评论】

"道性善"和"称尧舜"是孟子思想中的两条纲，而这两方面又是密切联系在一起的。"道性善"就是宣扬"性善论"。"性善"的正式说法，最早就见于这里。所以，本章还有重要的思想史资料价值。当然，从"性善"的内容来看，在"人皆有不忍人之心"（《公孙丑上》）的论述中就已经展开了。"称尧舜"就是宣扬唐尧虞舜的"王道"政治，也就是孟子所说的"仁政"。所谓"先王有不忍人之心，斯有不忍人之政矣"，"不忍人之心"的善良本性是"不忍人之政"的仁政的基础，二者的关系是密不可分的。所以，孟子"道性善"要"言必称尧舜"，这是非常清楚的了。

至于滕文公再次拜访时孟子所引述的那些话，不外乎鼓励他要有实施仁政的勇气罢了。因为，古往今来，不论是圣贤还是普通人，本性都是善良的，圣贤能做到的，普通人经过努力也能做得到。何况，滕国虽然小，但折算起来也有方圆五十里国土嘛，只要是实施仁政，照样可以治理成一个好的国家。从这里能看出孟子的苦心，无论大国小国，只要是有机会，孟子就抓住不放，积极宣扬自己的政治学说和治国方案。

5.2 **【原文】**

滕定公薨①。世子谓然友②曰："昔者孟子尝与我言于宋，于心终不忘。今也不幸至于大故③，吾欲使子问于孟子，然后行事。"

然友之邹④问于孟子。

孟子曰："不亦善乎！亲丧，固所自尽也⑤。曾子曰：'生，事之以礼；

死,葬之以礼,祭之以礼,可谓孝矣⑥。'诸侯之礼,吾未之学也;虽然,吾尝闻之矣。三年之丧⑦,齐(zī)疏之服⑧,飦(zhān)粥之食⑨,自天子达于庶人,三代共之。"

然友反命,定为三年之丧。父兄百官皆不欲,曰:"吾宗国⑩鲁先君莫之行,吾先君亦莫之行也,至于子之身而反之,不可。且《志》⑪曰:'丧祭从先祖。'曰:'吾有所受之也⑫。'"

谓然友曰:"吾他日未尝学问,好驰马试剑。今也父兄百官不我足⑬也,恐其⑭不能尽于大事,子为我问孟子!"

然友复之邹问孟子。

孟子曰:"然;不可以他求者也。孔子曰:'君薨,听于冢宰⑮,歠⑯(chuò)粥,面深墨⑰,即位而哭,百官有司莫敢不哀,先之也。'上有好者,下必有甚焉者矣。君子之德,风也;小人之德,草也。草尚之风,必偃⑱。是在世子。"

然友反命。

世子曰:"然;是诚在我。"

五月居庐⑲,未有命戒。百官族人可,谓曰知⑳。及至葬,四方来观之,颜色之戚,哭泣之哀,吊者大悦。

【注释】

①薨:诸侯国君去世称薨,《公羊传·隐公三年》云:"天子曰崩,诸侯曰薨。"

②然友:赵岐《注》:"世子之傅也。"傅,辅导太子的官。

③大故:赵岐《注》:"谓大丧也。"指重大事故。

④之邹:《史记正义》云:"今邹县去徐州滕县四十余里,盖往反不过大半日,故可问而后行事。"

⑤自尽:竭尽自己的心力。

⑥曾子曰诸句:引语出自《论语·为政》,本为孔子的话语。《大戴礼记·曾

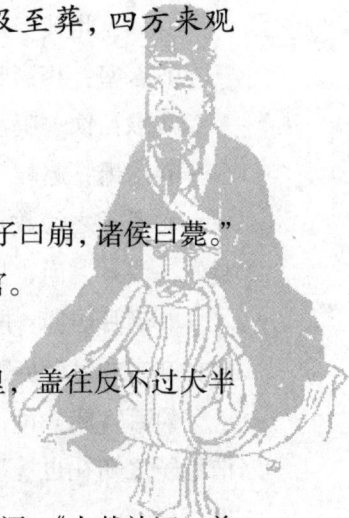

子本孝》曾子论孝说："生则有义以辅之，死则哀以莅焉，祭祀则莅之。"意义相近。

⑦三年之丧：据儒家传说，上古便曾行三年之丧（子女对于父母，臣对于君，都守孝三年），但据下文及《左传》的若干关于丧事的记载，儒家此语很可怀疑。

⑧齐疏之服：缝辑衣边。《仪礼·丧服》云："疏衰裳，齐。"疏衰（cuī）裳，是粗布制作的丧服，郑玄注云："凡服，上曰衰，下曰服。"孟子此处所谓的"齐疏之服"，只是概指应穿的衣服。

⑨飦粥之食：飦，古同"饘"，浓稠的粥。《礼记·檀弓》孔疏云："厚曰饘，稀曰粥。"

⑩宗国：周朝重宗法，鲁、滕诸国的始封祖都是周文王的儿子，而周封鲁，行辈较长，因此其他姬姓诸国都以鲁为宗。

⑪《志》：记国家世系等的一种书。赵岐《注》："志，记也。《周礼》，小史掌邦国之志。"

⑫吾有所受之也：此为滕文公回答群臣的话。赵岐《注》："曰丧祭之事，各从其先祖之法，言我转有所承受之，不可于己身独改更也。一说吾有所受之，世子言我受之于孟子也。"后一说不可信。

⑬不我足：朱熹《集注》云："谓不以我满足其意也。"

⑭其：此其字固可以看作世子自指之词，赵《注》以为指父兄百官，亦通。

⑮冢宰：相当于后世的宰相。

⑯歠：饮、喝。

⑰深墨：赵岐《注》："深，甚也；墨，黑也。"

⑱君子之德数句：见于《论语·颜渊》篇。"上"与"尚"同，古多通用。赵岐《注》："尚，加也。"偃：卧倒。

⑲五月居庐：按当时的礼制规定，诸侯去世要五个月下葬，太子在这期间要住在守丧的"孝庐"里。

⑳百官族人可，谓曰知：朱熹《集注》云："可谓曰知，疑有阙误，或曰'皆谓世子之知礼也'。"可见他也不大明白，赵岐《注》也没说明白，且以我们的意思直译。

【译文】

滕定公去世，太子对然友说："上次在宋国的时候孟子和我谈了许多，我记在心里久久不忘。今天不幸父亲去世，我想请您先去请教孟子，然后再办丧事。"

然友便到邹国去向孟子请教。

孟子说："好得很啊！父母的丧事本来就应该尽心竭力。曾子说：'父母活着的时候，依照礼节侍奉他们；父母去世，依照礼节安葬他们，依照礼节祭拜他们，就可以叫作孝了。'诸侯的礼节，我不曾专门学过，但却也听说过。三年的丧期，穿着粗布做的孝服，喝稀粥。从天子一直到老百姓，夏、商、周三代都是这样的。"

然友回国复命，太子便决定实行三年的丧礼。滕国的父老官吏都不愿意。他们说："我们的宗国鲁国的历代君主没有这样实行过，我们自己的历代祖先也没有这样实行过，到了您这一代便改变祖先的做法，这是不应该的。而且《志》上说过：'丧礼祭祖一律依照祖先的规矩。'还说：'道理就在于我们有所继承。'"

太子说："我也觉得有些道理。"于是对然友说："我过去不曾做过学问，只喜欢跑马舞剑。现在父老官吏们都对我实行三年丧礼不满，恐怕我处理不好这件大事，请你再去替我问问孟子吧！"

然友再次到邹国请教孟子。孟子说："要坚持这样做，不可以改变。孔子说过：'君王去世，太子把一切政务都交给宰辅处理。自己每天喝稀粥。脸色深黑，天天在灵位前哭，大小官吏没有谁敢不悲哀，这是因为太子亲自带头的缘故。'在上位的人有什么喜好，下面的人一定就会喜好得更厉害。君子的德行是风，老百姓的德行是草。风向哪边吹，草就往哪边倒。所以，这件事完全取决于太子。"

然友回国报告了太子。

太子说："是啊，这件事确实取决于我。"

于是太子守丧五个月，没有颁布过任何命令和禁令。大小官吏和同族的人都很赞成，认为太子知礼。等到下葬的那一天，四面八方的人都来观看，太子面容非常悲伤，哭得非常哀痛，使前来吊丧的人都非常满意。

【评论】

领导人以身作则，上行下效是孔子反复申说的一个话题，孟子也同样继承了

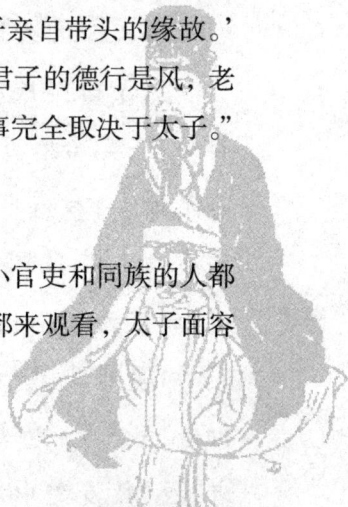

孔子的思想。他在本章里所说的"君子之德，风也；小人之德，草也。草尚之风，必偃。"正是孔子在《颜渊》里面说的"君子之德风，小人之德草，草上之风，必偃"的翻版。由此可见，以身作则，上行下效是孔子、孟子都非常重视的政治领导原则，而本章正是这样一个上行下效的实例。

滕国的太子（也就是后来的滕文公）死了父亲，由于他上一次在宋国听了孟子"道性善，言必称尧舜"，给他留下了很深刻的印象，所以这一次遇事，他就托自己的老师去向孟子请教如何办丧事。孟子的意见请回来以后，太子发出了实施三年丧礼的命令，结果遭到了大家的反对，"虽令不从"。太子于是又再次请老师去问计于孟子，这一次孟子讲了上行下效，以身作则的道理，希望太子亲自带头这样做。结果，丧事办得非常成功，大家都很满意，"不令而行"。

从这件事上，我们固然可以看到儒家对于丧礼的观点，但对我们更有启发意义的还是领导人以身作则的问题。居上位的人有哪一种爱好，在下面的人必定爱好得更厉害。凡事都是上行下效、上率下行。有的久拖难解的问题，病症在下面，病根却在上头。上头搞形式主义，下面就会弄虚作假；上头是官僚主义，下面就会照搬照套；上头有享乐主义，下面就会投其所好；上面刮奢靡之风，下面就会铺张浪费。

5.3【原文】

滕文公问为国①。

孟子曰："民事不可缓也②。《诗》云：'昼尔于茅，宵尔索绹（táo）；亟其乘屋，其始播百谷③。'民之为道也，有恒产者有恒心，无恒产者无恒心。苟无恒心，放辟邪侈，无不为已。及陷乎罪，然后从而刑之，是罔民也。焉有仁人在位罔民而可为也？是故贤君必恭俭礼下，取于民有制。阳虎④曰：'为富不仁矣，为仁不富矣。'"

"夏后氏五十而贡，殷人七十而助，周人百亩⑤而彻，其实皆什一也。彻者，彻⑥也；助者，藉⑦也。龙子⑧曰：'治地莫善于助，莫不善于贡。'贡者，校⑨数岁之中以为常。乐岁，粒米狼戾⑩，多取之而不为虐，则寡取之；

凶年,粪其田而不足,则必取盈焉。为民父母,使民盻盻(xì,勤苦不休)然,将终岁勤动,不得以养其父母,又称贷⑪而益之,使老稚转乎沟壑,恶在其为民父母也?夫世禄,滕固行之矣。《诗》云:'雨我公田,遂及我私⑫。'惟助为有公田。由此观之,虽周亦助也。"

"设为庠序学校⑬以教之。庠者,养也;校者,教也;序者,射也⑭。夏曰校,殷曰序,周曰庠;学则三代共之,皆所以明人伦也。人伦明于上,小民亲于下。有王者起,必来取法,是为王者师也⑮。"

《诗》云:'周虽旧邦,其命惟新⑯。'文王之谓也。子力行之,亦以新子之国!"

使毕战⑰问井地⑱。

孟子曰:"子之君将行仁政,选择而使子,子必勉之!夫仁政,必自经界始⑲。经界不正,井地不钧⑳,谷禄㉑不平,是故暴君污吏必慢其经界。经界既正,分田制禄可坐而定也。"

"夫滕,壤地褊小,将为㉒君子焉,将为野人焉。无君子,莫治野人;无野人,莫养君子。请野九一而助,国中什一使自赋。卿以下必有圭田㉓,圭田五十亩;余夫二十五亩㉔。死徙无出乡,乡田同井,出入相友,守望相助㉕,疾病相扶持,则百姓亲睦。方里而井,井九百亩,其中为公田。八家皆私百亩,同养公田;公事毕,然后敢治私事,所以别野人也。此其大略也;若夫润泽㉖之,则在君与子矣。"

【注释】

①问为国:朱熹《集注》云:"文公以礼聘孟子,故孟子至滕而文公问之。"

②民事:指与民众有关的事务,朱熹则释为"农事"。

③《诗》云:此处诗句引自《诗·豳风·七月》,这是一首描写农事的诗篇。于:往也;茅:作动词用,取茅之意。索:动词,以两三股摩而交之,总为一绳,此种动作谓之索或绞。绹:名词,绳索也。亟其乘屋:郑《笺》云:"亟,

急；乘，治也。"百谷：泛指各种粮食作物。

④阳虎：鲁国正卿季氏的总管，一度挟持季氏，专鲁国国政，失败而出亡。其人与孔子同时，字货。

⑤五十、七十、百亩：这只是孟子假托古史以阐述自己的理想，古史自然不如此，清代有些学者信以为真，纷纷出来作解释。

⑥彻：前人训此字为通、取。现在的研究者一般认为，"彻"是一种双轨制，即在有的地区行缴纳实物的贡法，有的地区行出劳力的助法，但其缴纳比例都是什一。

⑦藉：赵岐《注》："藉者，借也；犹人相借力助之。"

⑧龙子：赵岐《注》："古贤人也。"

⑨校：或作"挍"，比较、核定。

⑩粒米：赵岐《注》："粒米，粟米之粒也。"狼戾：朱熹《集注》云："犹狼藉，言多也。"

⑪称贷：朱熹《集注》云："称，举也；贷，借也。"

⑫《诗》云：此处诗句引自《诗·小雅·大田》，这是一首农事诗。

⑬庠、序、校：诸词亦见于《仪礼》《周礼》《礼记》《左传》诸书，都用于乡里学校的名称。

⑭庠者，养也；序者，射也：王念孙《广雅疏证》云："'庠'训为'养'，'序'训为'射'，皆是教导之名。"

⑮为王者师：被称王天下的人所效法。

⑯《诗》云：此处诗句引自《诗·大雅·文王》。

⑰毕战：赵岐《注》："滕臣也。"

⑱井地：即井田，殷商时代的一种土地制度。

⑲经界：赵岐《注》："经亦界也。"则"经界"为同义复词。

⑳钧："钧""均"古字通用。

㉑谷禄：亦为同义复词，古人俸禄用谷，所以谷有禄义。

㉒为：赵岐《注》："为，有也。"

㉓圭田：用于祭祀的田。

㉔余夫："丁男"之外的人口。赵岐《注》："余夫者，一家一人受田，其余

老小尚有余力者，受二十五亩，半于圭田，谓之余夫也。"

㉕守望：朱熹《集注》云："防寇盗也。"

㉖润泽：朱熹《集注》云："谓因时制宜，使合于人情、宜于土俗而不失乎先王之意也。"

【译文】

滕文公向孟子问有关治理国家的问题。

孟子说："人民的事情是刻不容缓的，《诗经》上说：'白天赶紧割茅草，晚上搓绳到通宵。抓紧时间补漏房，开年又要种百谷。'老百姓有一个基本的生活道理，那就是有固定产业的人才有一定的道德观念和行为准则，没有固定产业的人就没有一定的道德观念和行为准则。如果人没有一定的道德观念和行为准则，就会放荡任性，胡作非为，无恶不作。等到他们犯了罪，然后对他们施以刑罚，这等于是设下网罗陷害民众。哪里有仁爱的国君当政，却干出陷害百姓的事呢？所以贤明的君主必须谦恭俭朴，礼贤下士，向百姓征税有定制。阳虎说过：'能富贵的人都不仁爱，能仁爱的人都不会富贵。'"

孟子继续说："夏朝时每家授田五十亩而实行贡法，商朝时每家授田七十亩而实行助法，周朝时每家授田一百亩而实行彻法，实际上征的税都是十分取一。什么叫彻法呢？彻就是抽取之意；助就是凭借之意。古贤人龙子说：'管理土地的税制以助法为最好，而贡法最不好。'所谓贡法就是参照几年中的收成取一个固定数。不管丰年灾年，都要按照这个确定的税额征税。丰收年成，处处是谷物，多征收一些也不算苛暴，但却并不多收；灾年歉收，每家的收获量甚至还不够第二年耕种的费用，却一定要征足这个额定数。作为百姓父母的国君，使百姓一年到头辛勤劳动，也不足赡养自己的父母，却还要靠借贷来凑足租税，致使老弱幼小在山沟荒野奄奄一息，哪里还称得上是百姓的父母呢？而当官的都有一定的田租收入，世代承袭，这一办法滕国早已实行了。《诗经》上说：'雨水浇灌我们的公田，同时也滋润到我的私田。'只有实行助法才会有公田，由此看来，周朝也是实行助法的。另外还要开办庠、序、学、校以教化百姓。所谓庠，意思是培养；所谓校，意思是教导；所谓序，意思是有秩序地陈述。夏朝时叫校，殷商朝时叫序，周朝时叫庠；这个'学'是三代都有的，都是教化百姓，使之懂得人与人之间的伦理关系，人与人之间的伦理关系为上层所懂得，小民百姓自然会亲密团结。如果有贤明的君王兴起，必然会来学取这个方法，因为这是为王者所效法的。《诗经》上说：'周国虽然是一个古老的国家，但其思想却是吐故纳新的。'这是对周文王的称赞。你努力实行这些，也可以使你的国家焕然一新！"

后来滕文公又派毕战向孟子请教有关井田的问题。

孟子说："你的国君将要实行仁政，特意选派你来，你一定要努力！施行仁政，必须从分清田地的经纬之界着手。经纬之界不正，井田就不均衡，不能按田亩纳税就不公平。所以残暴的国君和贪官污吏必然是不重视田地的经纬之界。田地的经纬之界一旦划分正确，怎样分配田地和俸禄就可以议定了。滕国，虽然土地狭小，但一样要有官员和在田野里耕田的农民。没有官员，就没有办法管理农民，没有农民，也就没有办法养活官吏。希望你们在田野上实行九分抽一的助法，在都城中实行十分抽一的税法，让人们自行交纳。国卿以下的官员必须要有供祭祀用的田地，这供祭祀用的田地为五十亩；其余的人给田地二十五亩。死葬和搬迁都不离开本乡范围，乡里的田都要同样实行井田制，人们出入劳作时相互伴随，抵御盗寇时互相帮助，有疾病事故时互相照顾，这样百姓就友爱和睦了。方圆一里为一个井田，一个井田为九百亩，中间一块田地为公田，八家各以一百亩为私田，但要共同料理好公田；把公田的事办完了，然后才能做私事，这就是区别官吏和农民的办法。这只是一个大概情况，至于怎样有效处理，就要靠你的君主和你了。"

【评论】

孟子要求统治者急民之所急，想民之所想，为人民百姓制定恒产，这是一种最佳行为方式。孟子曾对齐宣王谈过这个问题（见《梁惠王上》第七章），孟子认为人们拥有一定数量的财产，是巩固社会秩序的一个必要条件。他这是从安定社会秩序出发，为私有财产制度的建立而作的辩护。因为，自从夏启王天下以来，天下成为一个人的私有，私有制便从此蔓延和生存下来，而且愈演愈烈，已成为不可逆转的一种社会制度。孔子之所以失意，就在于他本人和他推崇的圣贤、善人，都是不大赞成私有制的，尤其是不赞成绝对私有。而在春秋战国时期，是诸侯私有，土地私有大发展、大混乱的时期，如果说在西周还是周天子一个人的天下，那么到了战国时期，天下就成了诸侯们的天下、大夫们的天下。人人都想拥有自己的私有的恒产，以便能使自己个人的生活有保障。孟子在这个时候提出的"恒产论"，是一种审时度势的进步思想，它对安定社会秩序起了较大作用。因为人们拥有了自己的私有财产后，首先希望的就是社会秩序不要混乱，自己也不出去胡作非为，就能使自己的私有财产得到保障。

在使上上下下都满足了物质需要，都有了物质基础后，孟子还提出兴办学校，进行教育的方针。总结孟子所提倡的仁政，一是养，以井田制养民，二是学，以学校教民。人民得养得教，社会秩序也就有了保障，统治者的地位也就有了保障。

从孟子这段话中，我们仍可以看出，他虽然提倡私有财产、私有土地，但他仍未放弃平均思想，其"经界不正，井地不均，谷禄不平"的说法，亦是孔子"道之以政，齐之以刑，民免而无耻；道之以德，齐之以礼，有耻且格"思想的延续。

5.4【原文】

有为神农之言①者许行②，自楚之滕，踵③门而告文公曰："远方之人闻君行仁政，愿受一廛而为氓④。"

文公与之处。

其徒数十人，皆衣褐⑤，捆屦⑥，织席以为食。

陈良⑦之徒陈相与其弟辛负耒耜而自宋之滕，曰："闻君行圣人之政，是亦圣人也，愿为圣人氓。"

陈相见许行而大悦，尽弃其学而学焉。

陈相见孟子，道许行之言曰："滕君则诚贤君也；虽然，未闻道也。贤者与民并耕而食，饔飧⑧（yōng sūn）而治。今也滕有仓廪府库，则是厉⑨民而以自养也，恶得贤？"

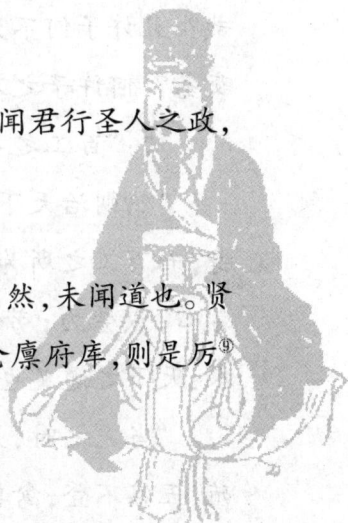

孟子曰："许子必种粟而后食乎？"

曰："然。"

"许子必织布而后衣乎？"

曰："否。许子衣褐。"

"许子冠乎？"

曰："冠。"

曰："奚冠？"

曰："冠素。"

曰："自织之与？"

曰："否；以粟易之。"

曰："许子奚为不自织？"

曰："害于耕。"

曰："许子以釜甑（zèng）爨（cuàn），以铁耕乎⑩？"

曰："然。"

"自为之与？"

曰："否。以粟易之。"

"以粟易械器者，不为厉陶冶；陶冶亦以其械器易粟者，岂为厉农夫哉？且许子何不为陶冶，舍皆取诸其宫中而用之⑪？何为纷纷然与百工交易？何许子之不惮烦？"

曰："百工之事固不可耕且为也。"

"然则治天下独可耕且为与？有大人⑫之事，有小人之事。且一人之身，而百工之所为备。如必自为而后用之，是率天下而路⑬也。故曰：或劳心，或劳力；劳心者治人，劳力者治于人；治于人者食人，治人者食于人：天下之通义也。"

"当尧之时，天下犹未平，洪水横流，泛滥于天下，草木畅茂，禽兽繁殖，五谷不登，禽兽偪⑭（bī）人，兽蹄鸟迹之道交于中国。尧独忧之，举舜

而敷治焉。舜使益掌火,益烈山泽而焚之,禽兽逃匿。禹疏九河,瀹(yuè)
济漯(tà)而注诸海⑮,决汝汉,排淮泗而注之江⑯,然后中国可得而食也。
当是时也,禹八年于外,三过其门而不入,虽欲耕,得乎?"

"后稷教民稼穑⑰,树艺五谷⑱;五谷熟而民人育。人之有⑲道也,饱
食、暖衣、逸居而无教⑳,则近于禽兽。圣人有忧之,使契(xiè)为司徒㉑,
教以人伦——父子有亲,君臣有义,夫妇有别,长幼有序,朋友有信。放
勋曰㉒:'劳之来之㉓,匡之直之,辅之翼之,使自得之,又从而振德之。'圣
人之忧民如此,而暇耕乎?"

"尧以不得舜为己忧,舜以不得禹、皋陶㉔(gāo yáo)为己忧。夫以百
亩之不易㉕为己忧者,农夫也。分人以财谓之惠,教人以善谓之忠,为天
下得人者谓之仁。是故以天下与人易,为天下得人难。孔子曰:'大哉尧
之为君!惟天为大,惟尧则之,荡荡乎民无能名焉!君哉舜也!巍巍乎
有天下而不与㉖(yù)焉!'尧舜之治天下,岂无所用其心哉?亦㉗不用于
耕耳。"

"吾闻用夏变夷者,未闻变于夷者也。陈良,楚产也,悦周公、仲尼之
道,北学于中国。北方之学者,未能或之先也。彼所谓豪杰之士也。子
之兄弟事之数十年,师死而遂倍㉘之!昔者孔子没,三年之外,门人治
任㉙将归,入揖于子贡,相向而哭,皆失声,然后归。子贡反,筑室于场,独
居三年,然后归。他日,子夏、子张、子游以有若似圣人,欲以所事孔子事
之,强曾子。曾子曰:'不可。江汉以濯之,秋阳以暴之㉚,皜皜㉛(hào)乎
不可尚已。'今也南蛮鴂(jué)舌㉜之人,非先王之道,子倍子之师而学之,
亦异于曾子矣。吾闻出于幽谷迁于乔木者,未闻下乔木而入于幽谷者。
《鲁颂》曰:'戎狄是膺,荆舒是惩㉝。'周公方且膺之,子是之学,亦为不善
变矣。"

"从许子之道，则市贾㉞不贰，国中无伪；虽使五尺之童㉟适市，莫之或欺。布帛长短同，则贾相若；麻缕丝絮轻重同，则贾相若；五谷多寡同，则贾相若；屦大小同，则贾相若。"

曰："夫物之不齐，物之情也；或相倍蓰㊱（xǐ），或相什百㊲，或相千万。子比㊳而同之，是乱天下也。巨屦小屦㊴同贾，人岂为之哉？从许子之道，相率而为伪者也，恶能治国家？"

【注释】

①神农之言：神农，上古传说中的人物。春秋战国诸子，多托古代所谓圣主以自重，孟子则"言必称尧舜"，因之当时重农学派也托之于神农。

②许行：生平无考，钱穆《先秦诸子系年考辨》卷三认为他可能就是《吕氏春秋·当染》中提到的"学于禽滑釐"的许犯，但证据不够充分，未能论定。

③踵：赵岐《注》："至也。"

④廛：赵岐《注》："居也。"古时一家所居占地二亩半，称一廛。氓：此指治下的民众。

⑤褐：以粗麻编织的衣服。

⑥捆屦：织草鞋。

⑦陈良：赵岐《注》："儒者也。"

⑧饔飧：赵岐《注》："饔飧，熟食也。"

⑨厉：《论语》："则以为厉己也。"王肃《注》云："厉，病也。"

⑩釜：金属器。甑：古人以泥土为之，故字从瓦。铁：此指农具。

⑪舍皆取诸其宫中而用之：舍，钱玄同、章太炎均训为"什么"，指许行自为陶冶生产的东西。宫，指居室。

⑫大人：同"君子"相似，指有德者，或有位者，此处指有位者。

⑬路：朱熹《集注》云："谓奔走道路，无时休息也。"

⑭偪：古同"逼"。

⑮禹疏九河句：据《尚书·禹贡》，当时的黄河流到华北平原中部后"播为九河"，《尔雅·释水》还具体列举了这九条河的名称。瀹，疏通。济，水名，源

于河南济源以西的王屋山，南下流入黄河，入河口几经变迁，近代为河堤所阻塞，已折入漭河。漯，古漯水。

⑯决汝汉句：汝，水名，源出今河南鲁山大盂县，注入淮河。汉，水名，源出今陕西宁强县北蟠冢山，流入长江。淮，水名，出河南桐柏山，东经安徽、苏州入洪泽湖。泗，水名，源于今山东泗水陪尾山，流入淮水。

⑰后稷：相传名弃，为周朝的始祖，帝尧时为农师。稼穑，播种和收获，泛指一般农事。

⑱树艺：朱熹《集注》云："树，亦种也；艺，殖也。"五谷：赵岐《注》："稻、黍、稷、麦、菽也。"稻，今之水稻；黍，今黄米之黏者，可以酿酒；稷，今之小米；麦，今之小麦；菽，豆类之总名。

⑲有：犹为也。

⑳饱食句：旧以"饱食暖衣"为一读，"逸居而无教"为一读，实误。崔述《论语余说》云："'饱食暖衣逸居而无教'九字一句，谓衣食居三者俱全而惟无教也，与《中庸》'去谗、远色、贱货而贵德'文意正同。"

㉑有：同"又"。契：相传为殷代的先祖。司徒：当时掌管民事的官职。

㉒放勋：尧名放勋。

㉓劳之来之：《尔雅·释诂》："劳、来，勤也。"据此，此处两"之"是同义词，意为督促、勤勉。

㉔皋陶：又作"咎繇"，《书·舜典》云："皋陶，汝作士。"为虞舜时之司法官。

㉕易：朱熹《集注》云："易，治也。"

㉖与：占有，私有。

㉗亦：据杨树达《词诠》，此处的"亦"为只是的意思。

㉘倍：同"背"。

㉙任：赵岐《注》："担也。"治任犹现在所谓的收拾行李。

㉚秋阳：赵岐《注》："周（历）之秋，夏（历）之五六月，盛阳也。"暴：同"曝"。

㉛皜皜：朱熹《集注》云："洁白貌。"

㉜鴃舌：说话如鸟叫一般难懂。

㉝《鲁颂》曰：此处诗句引自《诗·鲁颂·閟官》，这是一首赞美鲁僖公功绩的诗歌。膺：朱熹《集注》云："击也。"

㉞贾：同"价"。

㉟五尺之童：古代成年人自称丈夫。五尺只及成年人的一半，朱熹云："言幼小无知也。"古人尺短，五尺不过今日三尺半。

㊱蓰：五倍。

㊲百：或作"伯"，同。

㊳比：旧读去声，朱熹《集注》云："次也。"

㊴巨屦小屦：赵岐《注》："巨，粗屦也；小，细屦也。"

【译文】

有一个研究神农氏学说名叫许行的人，从楚国到滕国拜见滕文公说："我来自远方，听说您施行仁政，希望得到一所住处，成为您的百姓。"

滕文公给了他房屋。

许行的门徒有几十个人，都穿着粗麻织成的衣服，靠打草鞋编席子为生。

陈良的门徒陈相和他弟弟陈辛背着农具从宋国来到滕国，拜见滕文公说："听说您施行圣人的政治，那么您也是圣人，我们都愿意做圣人的百姓。"

陈相见到许行后非常高兴，完全抛弃了以前的学术而改向许行学习。

陈相去拜访孟子，转述许行的话说："滕君的确是个贤明的君主，不过，他还没有掌握真正的治国之道。贤人治国应该和老百姓一道耕种而食，要亲自做饭。现在滕国却有储藏粮食的仓库，存放财物的府库，这是损害别人来奉养自己，这怎么能叫贤明呢？"

孟子说："许先生一定要自己种庄稼才吃饭吗？"

陈相回答说："对。"

"许先生一定要自己织布然后才穿衣吗？"

回答说："不，许先生只穿粗麻织成的衣服。"

"许先生戴帽子吗？"

回答说："戴。"

孟子问："戴什么帽子呢？"

回答说："戴白绸帽子。"

孟子问："他自己织的吗？"

回答说："不，是用粮食换的。"

孟子问："许先生为什么不自己织呢？"

回答说："因为怕误了农活。"

孟子问："许先生用锅甑做饭，用铁器耕田吗？"

回答说："是。"

"他自己做的吗？"

回答说："不，是用粮食换的。"

孟子说："农夫用粮食换取锅甑、农具，不能说是损害了瓦匠铁匠。那么，瓦匠和铁匠用锅甑和农具换取粮食，难道就能够说是损害了农夫吗？而且，许先生为什么不自己烧窑冶铁做成锅甑和各种农具，什么东西都放在家里随时取用呢？为什么要一件一件地去和各种工匠交换呢？为什么许先生这样不怕麻烦呢？"

陈相回答说："各种工匠的事情当然不是可以一边耕种一边同时干得了的。"

孟子说："那么治理国家就偏偏可以一边耕种一边治理了吗？官吏有官吏的事，百姓有百姓的事。每一个人所需要的生产、生活用品需要依靠各种工匠才能齐备，如果都一定要自己亲手做成才能使用，那就是率领天下的人疲于奔命。所以说：有的人靠脑力劳动，有的人靠体力劳动；脑力劳动者统治人，体力劳动者被人统治；被统治者养活别人，统治者靠别人养活——这是通行天下的原则。"

"在尧那个时代，天下还不安定，洪水成灾，四处泛滥；草木无限制生长，禽兽大量繁殖，谷物没有收成，飞禽野兽危害人类，到处都是它们的踪迹。尧一个人为此担忧，选拔舜出来进行全面治理。舜派益掌管火政，益便用烈火焚烧山野沼泽的野草，使鸟兽逃跑隐藏。大禹又疏通九河，治理济水、漯水，引流入海；挖掘汝水、汉水，疏通淮水、泗水，引导流入长江。这样中国才可以进行农业耕种。当时，禹八年在外，三次经过自己的家门前都不进去，即便他想亲自种地，可能吗？"

"后稷教老百姓种庄稼，栽培谷物，谷物成熟了才能够养育百姓。人之所以为人，吃饱了，穿暖了，住得安逸了，如果没有教育，那就和禽兽差不多。圣人又为此而忧虑，便派契做司徒，主管教育。用人与人之间应有的伦常关系和道理来教育百姓——父子之间有骨肉之亲，君臣之间有礼义之道，夫妻之间有内外之别，老少之间有尊卑之序，朋友之间有诚信之德。尧说道：'督促他们，安抚他们，纠正他们，帮助他们，使他们各得其所，然后再进一步提高他们的品德。'圣人为老百姓考虑得如此周到，因此而烦苦，还有时间来亲自耕种吗？"

"尧把得不到舜这样的人作为自己的忧虑，舜把得不到禹和皋陶这样的人作为自己的忧虑。把耕种不好田地作为自己忧虑的，那些是农夫。把钱财分给别人叫作惠，把好的道理教给别人叫作忠，为天下百姓发现人才叫作仁。把天下让给人容易，为天下百姓找到出色的人才却很难。孔子说：'尧做天子真是伟大！只有天最伟大，只有尧能够效法天，他的圣德广阔无边，老百姓找不到恰当的词语来赞美他！舜也是了不得的天子！虽然有了这样广阔的天下，自己却并不享受、占有它！'尧和舜治理天下，难道不用心思吗？只是不用在耕田种地上罢了。"

"我只听说过用中原文化去改造边远落后地区的文化，没有听说过用边远落后地区的文化来改变中原的文化。陈良本来是楚国的人，喜爱周公、孔子的学说，由南而北来到中原学习。北方的学者还没有人能够超过他。他可以称得上是豪杰之士了。你们兄弟跟随他学习几十年，他一死，你们就背叛了他！以前孔子死的时候，门徒们都为他守孝三年，三年以后，大家才收拾行李准备回家。临走的时候，都去向子贡行礼告别，相对而哭，泣不成声，然后才离开。子贡又回到孔子的墓地重新筑屋，独自守墓三年，然后才离开。后来，子夏、子张、子游认为有若有点像孔子，便想用尊敬孔子的礼来尊敬他，他们希望曾子也同意。曾子说：'不可以。就像曾经用江汉的水清洗过，又在夏天的太阳下曝晒过，洁白的无以复加。还有谁能再比孔子呢？'如今许行这个南方蛮子，诽谤先王的圣贤之道，你们却背叛自己的老师而向他学习，这和曾子的态度恰恰相反。我只听说过从幽暗的山沟飞往高大的树木的，从没听说过从高大的树木飞往幽暗的山沟的。《鲁颂》说：'攻击北方的戎狄，惩罚南方的荆舒。'周公尚且要攻击楚国这样的南方蛮子，你们却去向他学习，这简直是越变越坏了。"

陈相说："如果听从许先生的学说，那么就会做到市场上的物品价格一致，人人没有欺诈，就是叫一个小孩子去市场上去购物，也不会被欺骗。布匹丝绸的长短一样，价格也就一样；麻线丝绵的轻重一样，价格也就一样；谷米的多少一样，价格也就一样；鞋子的大小一样，价格也就一样。"

孟子说："各种东西的质量和价格不一样，这是很自然的，有的相差一倍五倍，有的相差十倍百倍，有的甚至相差千倍万倍。您若不分精粗优劣，想让它们完全一样，只是搞乱天下罢了。一双粗糙的鞋子与一双精致的鞋子价格完全一样，人们难道能接受吗？听从许先生的学说，是率领大家走向虚伪，怎么能够治理好国家呢？"

【评论】

这一章文字很长，内容却并不算太复杂。既可以把它看作是孟子对当时流行的农家学说的有力批驳，又可以把它看作是孟子对于社会分工问题的系统论述。

社会分工是人类历史发展的必然规律，也是文明的表现。从理论上说，生产力的发展必然导致社会分工，这是不可阻挡的历史趋势；社会分工又将进一步促进生产力的发展和社会进步，这也是必然的结果。从实际情况来看，在原始社会中出现了农业和畜牧业的分离，这是第一次社会大分工。在原始社会末期，又出现了农业和手工业的分工。更进一步，随着人类由原始社会向文明社会过渡，脑力劳动和体力劳动之间，管理者与被管理者之间的分工也不可避免地出现了。而这种分工的出现，就必然出现统治者与被统治者，管理者与被管理者，也就导致阶级矛盾和阶级对立的出现。这种分工和矛盾对立的出现，从人类发展的总体上来看是必然趋势，但从局部的阶段性来看充满了尖锐斗争。正是面对这种复杂情况，思想家们提出了各自的观点和解决问题的办法。

许行的农家学说就是这些观点中的一种。他把各种社会问题的出现都归咎于社会分工，认为"贤者与民并耕而食，饔飧而治"是解决社会矛盾的最佳办法。他不仅从理论上这样认为，而且还身体力行地进行实践。他的这种观点和做法怪异而新鲜，吸引了不少人，就连一向奉行儒家学说的陈相兄弟也从宋国赶来滕国，成为许行的门徒。陈相兄弟不仅背叛了师门，而且还公然去拜访孟子，宣扬自己新学到的农家学说。

孟子当然不会容忍陈相兄弟的行为，也不能不对许行的学说展开批驳。于是又使出了自己一贯擅长的推谬手法，一问一答，把许行及其门徒的做法推到了极其荒唐的程度，迫使陈相承认"百工之事固不可耕且为也"，实际上就承认了社会分工的合理性。孟子这才展开自己的正面论述，首先提出他那一段著名的论断："或劳心，或劳力；劳心者治人，劳力者治于人；治于人者食人，治人者食于人：天下之通义也。"然后再以尧舜等古代圣王的事迹来论证社会分工的必要性。最后，在驳倒了许行的观点和做法以后，孟子展开了对于陈相兄弟背叛师门、抛弃儒学行为的鞭挞。

体力劳动与脑力劳动的差别，在孟子的时代早已是一个普遍存在的现象，他不过是对这种现象加以概括，而在"或劳心，或劳力"的基础上进一步发挥为"劳心者治人，劳力者治于人"的著名"公式"而已。由此，一方面的确为后世的统治者提供了理论依据，另一方面，孟子又作为统治阶级的代言人而在一定历史时期内被批倒批臭。其实，我们在这里已经知道，孟子的原意倒不是论述统治与被统治的问题。阴差阳错，这个毕生为"民"请命，呼吁当政者实施仁政的人倒成了统治阶级的代言人。

平心而论，关键是看你从什么角度去看问题。许行的学说主张统治者与老百姓"同吃同住同劳动"，自己动手，丰衣足食，的确也是有一定意义因而具有吸引力的。可是，如果从人类历史发展的总体和全程来看，他的观点和做法就是非常荒唐而可笑的了。越是进入文明发达的现代社会，就越是近乎寓言般可笑了。我们今天有谁会想到要自己造一台电视机然后才来看，自己造一辆汽车然后才来开呢？"劳心者治人，劳力者治于人"也不是什么大逆不道、反动透顶的学说，而是人类社会发展阶段中的现象概括。如果我们还历史背景以真实，从孟子说这话的具体情况来理解，也就是从社会分工问题的角度来理解，那就没有什么可怪的了。

5.5【原文】

墨者夷之①因徐辟②而求见孟子。孟子曰："吾固愿见，今吾尚病，病愈，我且往见，夷子不来③！"

他日，又求见孟子。孟子曰："吾今则可以见矣。不直，则道不见④；我且直之。吾闻夷子墨者，墨之治丧也，以薄为其道也⑤；夷子思以易天下，岂以为非是而不贵也；然而夷子葬其亲厚，则是以所贱事亲也。"

徐子以告夷子。

夷子曰："儒者之道,古之人若保赤子⑥,此言何谓也? 之则以为爱无差等,施由亲始⑦。"

徐子以告孟子。

孟子曰："夫夷子信以为人之亲其兄之子为若亲其邻之赤子乎? 彼有取尔也。赤子匍匐将入井,非赤子之罪也。且天之生物也,使之一本,而夷子二本故也⑧。盖上世尝有不葬其亲者。其亲死,则举而委之于壑。他日过之,狐狸食之,蝇蚋(ruì)姑嘬(chuài)之⑨。其颡(sǎng)有泚⑩(cǐ),睨而不视。夫泚也,非为人泚,中心达于面目,盖归反虆梩⑪(léi lí)而掩之。掩之诚是也,则孝子仁人之掩其亲,亦必有道矣。"

徐子以告夷子。夷子怃(wǔ)然为闲⑫曰:"命⑬之矣。"

【注释】

①墨者夷之:墨者,就是信奉墨子学说的人。夷之,已无可考。

②徐辟:赵岐《注》:"孟子弟子也。"

③夷子不来:赵岐《注》:"是日夷子闻孟子病,故不来。"焦循《正义》云:"赵氏以'夷子不来'是记其实事,近时通解谓亦孟子言,谓我病愈往见夷子,夷子不必来。王氏引之《经传释词》云:'不,毋也,勿也。'"

④见:同"现"。

⑤墨之治丧句:墨家主张薄葬,《墨子》有《节葬》篇。

⑥古之人若保赤子:《尚书·康诰》:"若保赤子,惟民其康乂。"

⑦施:施行。

⑧一本、二本:赵岐《注》:"天生万物各由一本而出,今夷子以他人之亲与己亲等,是为二本。"

⑨蝇蚋姑嘬之;蝇蚋,昆虫,头小,色黑,胸背隆起,吸人畜的血液。姑嘬,大口吞食。

⑩颡:赵岐《注》:"额也。"泚:赵岐《注》:"汗出泚泚然也。"

⑪虆梩:盛土的箕和挖土的锹。

⑫怃然为闲：朱熹《集注》云："怃然，茫然自失之貌。为闲，有顷之闲也。"闲，朱熹《集注》原文为"閒"（闲、间的繁体字），也有版本写作"間"（间的繁体字）。据查，间是后起字，古代写作闲，会意。金文，从门，从月。段玉裁《说文解字注》："开门月入，门有缝而月光可入。"

⑬命：朱熹《集注》云："犹教也，言孟子已教我矣。"

【译文】

墨家学派的信徒夷之想通过孟子的学生徐辟求见孟子。孟子说："我本来是愿意见他的，但我现在有病，等我病好了我去见他，夷子就不用来了。"

过了几天，夷子又提出想见孟子。孟子说："我今天可以见他，不说直话，那么道理就会不显明；我就说说直话吧。我听说夷子是信奉墨家学说的，墨家学说提倡办理丧事，以节俭为合理；夷子想用薄葬之风改变天下之俗，自然认为不薄葬是轻贱不合理的。然而夷子又厚葬他的亲人，那就是用他认为轻贱的方法来侍奉亲人了。"

徐辟把这些话告诉了夷子。

夷子说："儒家的观点认为，古代帝王爱护百姓就像爱护婴儿一样，这话什么意思呢？我也认为爱是没有亲疏厚薄差别的，只是施行的时候由亲人开始。"

徐辟把这些话告诉了孟子。

孟子说："这个夷子真的认为人们爱护他哥哥的孩子和爱护他邻居的孩子一样吗？那是有取舍的。婴儿在地上爬着将要跌进井里，这不是婴儿的罪过。况且天生万物，每物只有一个根本，而夷子却认为有两个根本。大概上古时候曾经有不安葬自己亲人的人，他的亲人死了，就把尸体扛起来丢到山沟里。后来路过那里，看见狐狸在撕食尸体，苍蝇蚊子也聚来叮咬。他的额头上流着悔恨的汗，斜着眼而不敢正视。这种汗，不是流给别人看的，是内心悔恨表露在脸上的结果，于是这人就回家取来工具，掩埋亲人尸体。掩埋尸体确实是对的，那么孝子和仁人埋葬自己的亲人，也一定是有道理的。"

徐辟把这些话告诉了夷子。

夷子怅然若失，停了一会才说："我领教了。"

【评论】

本篇从一开始提出"性本善"的思想，即怎样行善、怎样以身作则的问题。并且批驳了墨子学派"兼相爱"的思想，指出人与人之间的爱是有差别等级的，爱护人民百姓，犹如爱护天真无邪的儿童，那是一种普遍性的关爱，是一视同仁的，然而在对待具体的某事某人上，还是有差别、有取舍的。正因为有差别等级，人们在行为时才会有所取舍。因此，爱民是对一个社会整体性的关爱，并不是泛爱、乱爱。所以，我们任何一个人在具体行为时，都要选择不同的行为方式，而从中选择到最佳行为方式，才能建立起人与人之间相互亲爱的关系。

墨子是战国初期思想家，墨家学派的创始人。墨子在政治上提出了"兼爱""非攻""尚贤""尚同""节用""节葬""非乐"等主张。"兼以易别"是他的社会政治思想的核心，"非攻"是其具体行动纲领。他对统治者发动战争带来的祸害以及平常礼俗上的奢侈佚乐，都进行了尖锐的揭露和批判。墨子的"节葬"是对当时各诸侯国厚葬现象的反对，他认为这种厚葬的风俗是极大的浪费，因此而提出节葬短丧的主张。这一点与孔子不厚葬伯鱼和颜渊是相同的，然而夷子却厚葬其亲，这就说明在夷子的思想中，人与人之间还是有差别的，这与墨子的"爱无差等"是相悖的。虽然夷子对此进行了辩解："我也认为爱是没有差别等级的，只是施行的时候由亲人开始。"但他的这个辩解却承认了人与人之间的爱就是有差别等级的。因此孟子说："那是有取舍的。"这个取舍，也就是万事万物都有差别等级的意思。正因为有差别等级，人们在行为时才会有所取舍。因为一个人只能由他的父母生育教养，而不能由很多人来生育教养，因此他在对待父母时，肯定会与对待其他的父母有所不同。夷子一方面大谈墨家的"兼相爱"，一方面又说"施由亲始"，这就是有了两个根本。这就是说，既要鼓吹"爱无差等"，又要承认有差别等级，这显然是矛盾的了！

夷子举出"赤子"之例，那是他根本没有弄懂"古之人若保赤子"的根本含义。古代帝王爱护人民百姓，犹如爱护天真无邪的儿童，那是一种普遍性的关爱，是一视同仁的，然而在对待具体的某事某人上，还是有差别、有取舍的。所以孟子在回答他时，亦举了赤子之例，百姓犹如赤子，其"匍匐将入井"，乃是比喻其无知而犯法，作为百姓的父母官，能愿意自己的百姓都无知而犯法吗？所以这是"非赤子之罪也"。这种对老百姓，对一个社会整体性的关爱，其间是有差别等级的。

因此，夷子听完孟子的话后，怅然若失，最后承认这是"命之矣"。对于这个"命"字，这两千多年来，都把它说成是迷信的"宿命论"，其实它的本意并不是后来的儒学家们所说的"天命论"和"宿命论"，而是孟子根据周文王、老子、孔子等人所揭示的"天"的运行变化规律而认识到的未知的宇宙现象及世间万事万物发展的规律。当人事、物理、历史的命运、时间和空间加起来，形成一股力量的时候，成为一定规律的时候，人们称它为命。现代我们称它为"时代的趋势"之意。只是后来的人误解并歪曲了"命"的本义，将它看成是迷信意义上的天命论、宿命论了。夷子在这里所说的"命"，也就是承认这宇宙世间万事万物都有差别等级的规律之意，而不是朱熹《集注》所言"命，犹教也。言孟子已教我矣"之意，更不应牵强附会地解释为"同'名'，引申为'明'"。古时没有"规律"二字，古人在表达这个意思时，就命名为"命"，这是读古文时一定要弄清楚的。望文生义是文化研究的大忌，因为文化的字面含义常常同它作为行为指令的实践含义相去甚远。

滕文公下

6.1【原文】

陈代①曰："不见诸侯,宜若小然;今一见之,大则以王,小则以霸。且《志》曰:'枉尺而直寻②',宜若可为也。"

孟子曰："昔齐景公田,招虞人以旌③,不至,将杀之。志士不忘在沟壑,勇士不忘丧其元。孔子奚取焉?取非其招不往也。如不待其招而往,何哉?且夫枉尺而直寻者,以利言也。如以利,则枉寻直尺而利,亦可为与?昔者赵简子④使王良⑤与嬖(bì)奚⑥乘,终日而不获一禽。嬖奚反命曰:'天下之贱工也。'或以告王良。良曰:'请复之。'强而后可,一朝而获十禽。嬖奚反命曰:'天下之良工也。'简子曰:'我使掌与女乘。'谓王良。良不可,曰:'吾为之范我驰驱⑦,终日不获一;为之诡遇⑧,一朝而获十。《诗》云:不失其驰,舍矢如破⑨。我不贯与小人乘,请辞。'御者且羞与射者比⑩;比而得禽兽,虽若丘陵,弗为也。如枉道而从彼,何也?且子过矣:枉己者,未有能直人者也。"

【注释】

①陈代:赵岐《注》:"孟子弟子也。"

②枉尺而直寻:朱熹《集注》云:"枉,屈也;直,伸也。"寻是古代的长度单位,等于八尺。

③虞人:管理狩猎场的官员。旌:用牦牛尾和彩色鸟羽作竿饰的旗。按当时的礼仪,旌是用来招请大夫的,招请虞人应用皮冠。因齐景公的做法不合乎礼仪,所以虞人不应命。

④赵简子：晋国正卿赵鞅，亦称赵孟。

⑤王良：《左传·哀公二年》所载的邮无恤，春秋末年著名的御手。

⑥嬖奚：即《梁惠王下》的"嬖人"，爱幸小人也；奚是其名。

⑦范我驰驱："范"作动词，规范、法度。请纳我驰驱于轨范之中，按照法度去驾车奔驰。据《谷梁传》所载，驾御田猎车，尘土飞扬不能出轨道，马蹄须相应合拍。

⑧诡遇：朱熹《集注》云："不正而与禽遇也。言奚不善射。以法驰驱则不获，废法诡遇而后中也。"

⑨《诗》云：此处诗句引自《诗·小雅·车攻》，这是一首以周宣王田猎为题材的颂歌。不失其驰：赵岐《注》："言御者不失其驰驱之法。"舍矢如破：舍矢指放箭，王引之《经传释词》云："如破，而破也。"

⑩比：旧读去声，颜师古《注》云："比，合也。"

【译文】

陈代说："您不去拜见诸侯，似乎只是拘泥于小节；如今见了诸侯，大可以使其实行仁政，统一天下；小也可以使其称霸一方。何况《志》上说：'屈曲一尺而伸展八尺。'这事好像是可以做一做的。"

孟子说："从前齐景公田猎，用旌旗召唤管理园林的官吏，官吏不来，就想杀掉他。'有志之士不会忘记自己身处沟壑的处境，有勇之士不会忘记抛头颅洒热血。'孔子会取哪一种呢？取不召唤就不去的那种。如果不待其召唤就前往，那算什么呢？况且那个屈曲一尺而伸展八尺的说法是从利上来说的，如果要说利，那么屈曲八尺而伸展一尺有利，是否也应该去做呢？从前赵简子派王良为他宠幸的小臣奚驾车去打猎，一整天捕不到一只鸟。宠臣奚回去汇报说：'王良是天下最差的车手。'有人把这话告诉了王良，王良说：'请让我们再去一次。'奚勉强同意后又去，一早上就捕获到十只鸟。宠臣奚回去汇报说：'王良是天下最优秀的驾车手。'赵简子说：'我派他专门为你驾车。'便告诉了王良。王良不同意，说：'我按照规矩赶车奔驰，终日捕不到一只鸟；不依法驾驭，一早晨却捕获十只鸟。《诗经》上说：按照规矩而奔驰，箭一放出便破的。我不习惯替小人驾车，这种差事我不能担任。'驾御战车的人尚且羞于与奚这样的射手合作，即便合作得到的鸟兽多得堆积如山，也是不愿干的。如果屈辱自己的人生道路去随从别人，那是为什么呢？并且你也弄错了，屈辱自己人生道路的人，是不能矫正别人的人生道路的。"

【评论】

本篇本章是接着养浩然之气而讲的个人的修养问题，仍是对行为方式的讨论。孟子的学生陈代劝说孟子委屈自己去见诸侯，即使不能成就王道，也可以富国强兵而称霸于世。

而孟子则认为，"枉尺而直寻"乃是就求利而言的，如果有利益，不论是屈曲一尺而伸展八尺，还是屈曲八尺而伸展一尺，那只是某些人的价值取向，因此他举了虞人宁死不受齐景公非礼之招以及王良羞与奚驾车的例子来说明，每个人的人生价值取向都是不一样的，做人就应该懂得，有志之士不会忘记自己身处沟壑的处境，有勇之士不会忘记抛头颅洒热血的道理。如果说扭曲自己的人生道路去随从别人的人生道路，那是为什么呢？无非是求利罢了；那么，求得眼前的一点利益而放弃了自己未来的大利益，孰是孰非呢？何况扭曲自己人生道路的人，是不能矫正别人的人生道路的。

孟子的这种人生观、价值观确实值得我们现代人深思，一是屈曲八尺而伸展一尺，只追求眼前利益是否值得？二是扭曲自己的人生道路而去矫正别人的人生道路，是否可能？

陈代为孟子所出的是一个以屈求伸的主意。"枉尺而直寻"，先弯曲自己，哪怕显得只有一尺长，有朝一日实现抱负，伸展开来，就可以有八尺长了。陈代所说的，其实正是苏秦、张仪等纵横家的做法。先顺着诸侯们的意思来，然后再慢慢实施自己的思想主张。说穿了，有一点机会主义的味道。

所以，孟子坚决不同意，而以"志士不忘在沟壑，勇士不忘丧其元"的方正刚直为行为主张。同时以齐景公时的猎场管理员和赵简子时的驾驶员王良为范例，说明了君子在立身处世上不能苟且，不能搞机会主义的道理。最后指出，机会主义的路其实也是走不通的，因为，"枉己者，未有能直人者也"。把自己弄得不成样子，扭曲了人格，怎么还可能去让别人正直呢？这就又回到他的前辈孔子的说法去了："不能正其身，如正人何？"（《论语·子路》）

从这里我们可以看到，虽然孔、孟都很倡导通权达变的思想，但在立身处世方面，却是非常认真而不可苟且的。因为，对他们来说，这是一个原则问题。或许正是因为坚持这个原则而影响了他们的学说为当世所用，使他们在世的时候没有能够"大行其道"。但从另一方面来说，也许正因为他们坚持了这个原则，才使他们的学说在身后流传下去，历千年而不衰，使他们本身也成为圣人、亚圣人。

6.2【原文】

景春①曰："公孙衍、张仪②岂不诚大丈夫哉？一怒而诸侯惧，安居而天下熄③。"

孟子曰："是焉得为大丈夫乎？子未学礼乎？丈夫之冠也，父命之④；女子之嫁也，母命之，往送之门，戒之曰：'往之女家，必敬必戒，无违夫子！'以顺为正者，妾妇之道也。居天下之广居，立天下之正位，行天下之大道⑤；得志，与民由之；不得志，独行其道。富贵不能淫，贫贱不能移，威武不能屈⑥，此之谓大丈夫。"

【注释】

①景春：赵岐《注》："孟子时人，为纵横之术者。"

②公孙衍：魏国人，名衍。战国中期的纵横家。张仪：魏国人，战国中期著名的纵横家，曾多次游说各国与秦国结盟，瓦解齐楚联盟，使秦国更为强大。

③熄：赵岐《注》："天下兵革熄也。"

④冠：古代男子到了二十岁，要举行冠礼，以示成年。命：训示。

⑤广居、正位、大道：朱熹《集注》云："广居，仁也；正位，礼也；大道，义也。"

⑥富贵不能淫，贫贱不能移，威武不能屈：朱熹《集注》云："淫，荡其心也；移，变其节也；屈，挫其志也。"

【译文】

景春说："公孙衍和张仪难道不是真正的大丈夫吗？一发怒，诸侯都害怕；

一安静，天下就平安无战事。"

孟子说："这怎么能算大丈夫呢？你没有学过礼吗？男子行成年礼，父亲对他有所嘱托；女子要出嫁，母亲有所嘱托，并送到大门口，告诫她说：'到了你自己的家，必须恭敬，必须谨慎，不要违抗丈夫。'以顺从作为准则，这是妇女立世居家之道。而男子则以仁义为家，站在天下仁德的正位，走天下正义的大道；得志时，带领人民一同施仁行义；不得志时，自己走正义的大道。富贵时不会放肆无度，贫贱时不会失守节操，面对权势、武力不屈服，这才叫大丈夫！"

【评论】

景春认为公孙衍、张仪能够左右诸侯，挑起国与国之间的战争，"一怒而诸侯惧，安居而天下熄"，是了不得的男子汉、大丈夫。

孟子则认为公孙衍、张仪之流靠摇唇鼓舌、曲意顺从诸侯的意思往上爬，只是顺从秦国君主的意愿而成就了一番霸业，因此他们也就像妻妾一样只是顺从了丈夫而做出一点事情，说白了，也就是趋炎附势、狐假虎威而已。那么，怎么样才能算是男子汉、大丈夫呢？

孟子针锋相对地提出真正的大丈夫之道。这就是他那流传千古的名言："富贵不能淫，贫贱不能移，威武不能屈"。怎样做到？那就得"居天下之广居，立天下之正位，行天下之大道"。就还是回到儒学所一贯倡导的仁、义、礼、智、信上去了。这样做了以后，再抱以"得志，与民由之；不得志，独行其道"的立身处世态度，也就是孔子所谓"用之则行，舍之则藏"，或孟子在另外的地方所说的"穷则独善其身，达则兼善天下"（《尽心上》），那就能够成为真正的大丈夫了。

孟子关于"大丈夫"的这段名言，句句闪耀着思想和人格力量的光辉，在历史上曾鼓励了不少仁人志士，成为他们不畏强暴，坚持正义的座右铭。直到今天，当我们读这段话的时候，似乎仍然可以听到他那金声玉振的声音。

6.3【原文】

周霄①问曰："古之君子仕乎？"

孟子曰："仕。《传》曰：'孔子三月无君，则皇皇如也，出疆必载质②。'

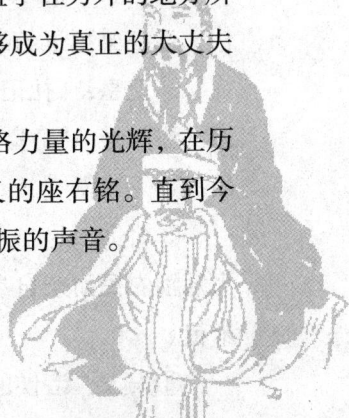

公明仪曰：'古之人三月无君，则吊。'"

"三月无君则吊，不以急乎？"

曰："士之失位也，犹诸侯之失国家也。《礼》曰：'诸侯耕助，以供粢盛③（zī chéng）；夫人蚕缫，以为衣服④。牺牲不成⑤，粢盛不洁⑦，衣服不备，不敢以祭。惟士无田，则亦不祭。'牲杀、器皿、衣服不备，不敢以祭，则不敢以宴，亦不足吊乎？"

"出疆必载质，何也？"

曰："士之仕也，犹农夫之耕也，农夫岂为出疆舍其耒耜哉？"

曰："晋国亦仕国⑥也，未尝闻仕如此其急。仕如此其急也，君子之难仕，何也？"

曰："丈夫生而愿为之有室，女子生而愿为之有家；父母之心，人皆有之。不待父母之命、媒妁之言⑧，钻穴隙相窥，逾墙相从，则父母国人皆贱之。古之人未尝不欲仕也，又恶不由其道。不由其道而往者，与钻穴隙之类也。"

【注释】

①周霄：赵岐《注》："魏人也。"按此人又见于《战国策·魏策》，考其年代，当在梁惠王与襄王之时。

②皇皇：《礼记·檀弓》郑《注》云："皇皇，忧悼在心之貌也。"《楚辞》王逸《注》云："皇皇，惶遽貌。"质：同"贽""挚"。古代初次与人相见所送的礼品。

③耕助：此二字为连绵动词，"助"即"藉"，耕种藉田。藉田是古代统治者为勉励农民而亲自参加耕种的"样板田"。粢盛：粢，泛指谷物。祭祀时所用的米粮。

④夫人：诸侯的正妻。蚕缫：养蚕缫丝。衣服：指祭祀所穿用的衣服。

⑤牺牲：祭祀所杀的牛羊猪等都叫"牺牲"，也叫"牲杀"。成：此指肥壮。

⑥仕国：可以出仕的国家。

⑦洁：焦循《孟子正义》版本写作"絜"，絜为"潔"的异体字，"潔"和"洁"本是不同的两个字，"潔"是河流名，后来成为"洁"的俗字，现在是"絜"的简化字。

⑧媒妁：《说文》："媒，谋也，谋合耳姓。"又云："妁，酌也，斟酌二姓也。"妁与媒同义，均为古代的婚姻介绍人。

【译文】

周霄问孟子："古时候的君子也出来做官吗？"

孟子说："做官。《传》上说：'孔子如果三个月没有被任用，就会惶惶不安，离开一个国家，一定要带着准备拜见另一个国家君主的礼物。'公明仪也说：'古时候的人如果三个月没有被任用，就要去咨问。'"

周霄问："三个月没有被任用就要去咨问，不是太急了吗？"

孟子说："士失去官位，犹如诸侯失去国家。《礼》书上说：'诸侯耕种藉田以供给祭祀用品，他们的夫人养蚕缫丝以供给祭服。祭祀的牲畜不肥壮，祭祀的谷物不洁净，祭服不完备，就不敢用来祭祀。读书人没有禄田，则无法祭祀。'牲畜、器皿、衣服不完备，不敢举行祭礼，就更不敢举行宴会，这难道不该去咨问吗？"

周霄又问："离开一个国家，一定要带着拜见君主的礼物，这是为什么呢？"

孟子说："读书人出来做官，就好像农夫耕地一样；农夫怎么会因为离开一个国家就舍弃农具呢？"

周霄说："晋国也是一个读书人可以做官的国家，但没有听说做官有如此急迫的。出来做官如此急迫，君子却又不轻易做官，这是为什么呢？"

孟子说："男孩子一生下来，父母就希望为他找到妻室；女孩一生下来，父母就希望为她找到夫家。父母的这种心情，是人人都有的。但要是没有父母的许可，没有媒人的介绍，就钻洞扒门相互偷看，爬墙私会，那么父母、国人都会看不起他们。古时候的人不是不想出来做官，但讨厌不通过正道。不通过正道而做官的，就跟钻洞爬墙相类似。"

【评论】

周霄很想知道读书就是为了做官吗？这个问题很有意思，因为一直到现在，还有人在问这个问题。

孟子的时代，对我们现代人来说，是古时候；而孟子他们的古时候，则是殷末周初之时。在殷时，是王族或是各地诸侯家族掌权，平民百姓是无法做官的。到了周文王时，举办学校，开始培养有管理知识的普通平民治理国家，管理人民。但那时并不是每一个人都有读书的权利。直到孔子时期，一般平民才有权选择读书，书读好了，就有可能出来做官。当时没有科举考试制度，只是由地方官根据百姓的传诵以及自己的考察，选"贤"举荐给上级。所以，一般平民之所以选择读书，就是想要做官，治理国家，管理人民。

所以孟子举例说："《传》曰：'孔子如果三个月没有见到君子，就会徘徊迟疑。'"既然是出仕当官，首先必然是由统治者——君子安排工作，如果三个月都见不到君子，也就会徘徊迟疑了。所以古时候的人三个月没有见到君王，就等于是不被任用或不被重用，就失去了他在社会上应有的位置，这就是一种悲哀。既然是读书，也就无暇耕种庄稼，求得衣食；所以，读书人对于在社会上应有的位置，如同农民对于耕种庄稼是一样的重要。因为知识也就等同于工具，拥有的知识越多，工具也就越多，能做的事也就越多。一个人由幼儿、少年而成年，一旦踏入社会，就等于踏上战场，从今以后就要为自己的生存问题而努力奋斗；而知识就等同于武器、工具，武器、工具越多越先进，生存的机会就越大；如果没有或少有武器、工具，生存以及生活质量当然也就不很好了。所以孟子说："农夫怎么会因为离开此地而舍弃农具呢？"

孟子紧接着说了一个很重要的问题，即读书人是否能不择手段地求取官位。孟子打比方说："男孩生下来就希望为他找到妻室，……不通过正道而做官的，就跟钻洞爬墙相类似。"这就是说，一个人一旦拥有了一定的知识后，要根据自己的信仰、人生观、价值观来求取官位，不能只为了自己的生存质量而不择手段。从孔子、孟子的言行看，他们之所以提倡"信、智、礼、义、仁"，乃是希望人们能用诚信（信），用智慧（智），遵守一定的社会行为规范（礼），选择最佳行为方式（义），建立人与人之间相互亲爱的关系（仁），使自己能健康而快乐地生存下去。为了这个目的而求取官位，则是走正道，如果是钻洞偷看，爬墙相爱，那就是不走正道，父母、国人都会看不起他们。

孟子以男女苟合偷情为喻，谴责那些不由其道，不择手段去争取做官的人，实际上还是在谴责靠游说君王起家的纵横术士们。根据孟子的观点，想做官，实现自己的政治抱负和理想是非常正当的。但另一方面，"又恶不由其道"。说穿了，还是立身处世的"出处"问题。其基本观点与"枉己者，未有能直人者"一章是相同的，就是不能靠不正当手段去争取做官，不能扭曲自己的人格。

孟子关于男女偷情的比喻是非常生动而深刻的。不过，时代发展到今天，恋爱婚姻一律自由，"父母之命，媒妁之言"早已被抛到了一边，少男少女们再也用不着钻洞扒缝，翻墙过壁，像张君瑞和崔莺莺那样"待月西厢下"了。那么，"钻穴隙之类"是不是也就合理了呢？当然不是这样，莫说是在政治上、官场上去"钻穴隙"，就是男女关系上的"不由其道而往"，也仍然会遭到"父母国人皆贱之"，总归不是什么光宗耀祖的事。所以，还是光明磊落走正道，不要"钻穴隙之类"的好。

孟子的比喻始终是意味深长的。

6.4【原文】

彭更①问曰："后车数十乘，从者数百人，以传食于诸侯②，不以泰（tài）乎？"

孟子曰："非其道，则一箪食不可受于人；如其道，则舜受尧之天下，不以为泰——子以为泰乎？"

曰："否。士无事而食，不可也。"

曰："子不通功易事③，以羡④（xiàn）补不足，则农有余粟，女有余布；子如通之，则梓匠轮舆皆得食于子⑤。于此有人焉，入则孝，出则悌，守先王之道，以待后之学者⑥，而不得食于子；子何尊梓匠轮舆而轻为仁义者哉？"

曰："梓匠轮舆，其志将以求食也；君子之为道也，其志亦将以求食

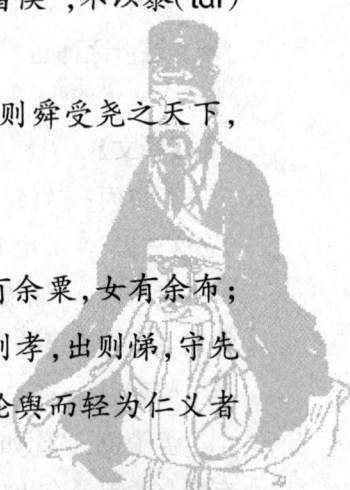

与？"

曰："子何以其志为哉？其有功于子，可食而食之矣。且子食志乎？食功乎？"

曰："食志。"

曰："有人于此，毁瓦画墁⑦（màn），其志将以求食也，则子食之乎？"

曰："否。"

曰："然则子非食志也，食功也。"

【注释】

①彭更：赵岐《注》："孟子弟子。"

②传食：传，旧读去声，传食犹言转食。

③通功易事：朱熹《集注》云："谓通人之功而交易其事。"

④羡：多余，过剩。

⑤梓匠轮舆：《周礼·考工记》有梓人、匠人为木工，有轮人（制军轮）、舆人（制车箱），为制车之工。

⑥待：焦循《正义》引杜子春说云："'待'当为'持'"，"谓扶持后之学者"。

⑦墁：本义为粉刷墙壁的工具，这里指新粉刷的墙壁。朱熹《集注》云："墁，墙壁之饰也。"

【译文】

彭更问："后面跟随着数十辆车，又跟随着几百人，而使各诸侯国轮流供养，（您这样做，）不也太过分了吗？"

孟子说："如果不合道义，即使一碗饭也不接受；如果合道义，那舜接受尧的天下，也不过分，你以为过分吗？"

彭更说："不。读书人不做事而吃白饭，是不可以的。"

孟子说："你如不互通有无，交换产品，用多余的补充不足的，那么农夫就有多余的粮食，（别人得不着吃，）妇女就有多余的布帛，（别人得不着穿。）你如果互通有无，那么木工车匠都能从你那里得到粮食。若有这样一个人，在家孝顺父母，在外尊敬官长，能守先王之道，以此扶持后来的学者，却不能从你那里得到粮食。你为什么尊重木工车匠而轻视推行仁义之士呢？"

彭更说："木工车匠，他们工作的目的就是为了谋饭吃；君子修养仁义、推行王道，其目的也是为了谋饭吃吗？"

孟子说："你何必管动机目的呢？他们对你有功绩，你可以供养就供养，你是按动机供养人，还是按功绩供养人呢？"

彭更说："论动机。"

孟子说："有这样一个人，他打坏瓦，又乱涂墙，他的动机也是为了弄到吃的，你给他吃的吗？"

彭更说："不。"

孟子说："那么你不是论动机，而是论功绩的了。"

【评论】

从本章的问答可以看出，彭更的思想观念和许行差不多，都认为君子不能"无事而食"，应该自食其力，要亲自劳动，要亲自耕耘。当然，彭更的话不无道理，在春秋战国时期，大大小小上百个诸侯国，那些诸侯们、大夫们、官吏们大多是"无事而食"，或者是"无功而食"。他们拼命剥削、压榨人民百姓，吸取人民百姓的血脂血膏，弄得人民百姓一贫如洗，贫病交迫。

孟子却说，一个人生存，并不一定要亲自劳动，亲自耕耘，而要看其所做的事是否有价值。如果对人民有价值，后面跟随着数十辆车，又跟随着几百人，也不以为过分。因为舜接受尧的天下，都不以为过分。而如果做了"毁瓦画墁"的事，吃一点点也是过分的，因为他做的是毫无价值的事情。所以，人生的价值不是用金钱来衡量的，而是用贡献来衡量的。而人的贡献并不仅仅是种了多少粮食，制作了多少器皿，而是使人能认识到人生的目标和责任，人生的快乐与幸福，才是对人类的大贡献。

这里实际上牵涉到两个方面的问题。

一个还是当受不当受的问题。用我们的话来说，只要是正当的，再多也可以接受；如果不正当，再少也不应该接受。他在这里的观点与孔子所谓"见利思义"的观点以及他自己"当辞则辞，当受则受"的实际做法都是一致的。说到底，还是我们今天常说的"君子爱财，取之有道"。

另一个是动机与效果的关系问题。在这一点上，孟子同样采取了他一贯的推谬手法，把论辩对手推到荒唐的境地，使之不得不承认错误，从而证实了自己观点的正确性。在我们今天看来，他们师生之间所谈论的这个问题并不复杂。学生彭更是从动机来看问题解决问题的。孟子则是从实际功绩，也就是效果方面来看问题解决问题。有点近似于我们今天说不听大话、空话，只看工作实绩。

当然，上升到理论的高度，动机与效果的问题是一对哲学范畴。我们的观点是二者的统一，也就是主观动机与客观效果统一：无论你是好心办了错事，还是做好事的"动机不纯"，都是应该反对的。

6.5【原文】

万章①问曰："宋，小国也；今将行王政，齐楚恶而伐之②，则如之何？"

孟子曰："汤居亳③（bó），与葛④为邻，葛伯放⑤而不祀。汤使人问之曰：'何为不祀？'曰：'无以供牺牲也。'汤使遗之牛羊。葛伯食之，又不以祀。汤又使人问之曰：'何为不祀？'曰：'无以供粢盛也。'汤使亳众往为之耕，老弱馈食。葛伯率其民，要其有酒食黍稻者夺之，不授者杀之。有童子以黍肉饷，杀而夺之。《书》曰：'葛伯仇饷⑥。'此之谓也。为其杀是童子而征之，四海之内皆曰：'非富天下也，为匹夫匹妇复仇也。''汤始征，自葛载⑦'，十一征而无敌于天下。东面而征，西夷怨；南面而征，北狄怨，曰：'奚为后我？'民之望之，若大旱之望雨也。归市者弗止，芸者不变，诛其君，吊其民，如时雨降。民大悦。《书》曰：'徯我后，后来其无罚！''有攸不惟臣⑧，东征，绥厥士女，匪厥玄黄⑨，绍我周王见休⑩，惟臣附于大邑周⑪。'其君子实玄黄于匪以迎其君子，其小人箪食壶浆以迎其小人；救民于水火之中，取其残而已矣。《太誓》⑫曰：'我武惟扬⑬，侵于之疆⑭，则取于残，杀伐用张⑮，于汤有光⑯。'不行王政云尔；苟行王政，四海之内皆举首而望之，欲以为君；齐楚虽大，何畏焉？"

【注释】

①万章：孟子弟子。本书中他与孟子的问答甚多。

②今将行王政，齐楚恶而伐之：据《战国策·秦策》《史记·宋世家》，宋王偃的行为同于桀纣，终于为齐、魏、楚三国所灭。而《孟子》说他行王政，有人说这是宋王偃早年之事，而"晚节不终"，但全祖望、焦循则怀疑《国策》《史记》的记载，认为是当时齐楚诸国诬陷之言。

③亳：此处所说的亳在今河南商丘东南，即前人所谓的南亳。

④葛：古国名，嬴姓，故城在今河南宁陵县北十五里。

⑤放：放纵、放肆之意。

⑥《书》曰：赵岐《注》："《尚书》逸篇文。"见《仲虺（huǐ）之诰》篇。

⑦汤始征，自葛载：此六字恐仍是《尚书》之文，见于《梁惠王下》十一章。《毛诗传》云："载，始也。"

⑧有攸不惟臣：有攸，诸侯国名，故地在今河南安阳和淇县的东南。不惟臣，即不臣服。

⑨匪：同"篚"，竹器，形似竹箧。作动词用，把物件装在筐筐之中。玄黄：本为束帛之色，指贡献的丝帛。

⑩绍：朱熹《集注》云："继也，犹言事也。"休：朱熹《集注》云："美也。"

⑪大邑周：这一称呼亦见于金文，犹如殷商的甲骨文自称"大邑商""天邑商"，乃尊大之辞。

⑫《太誓》：即《泰誓》，其文早已亡逸。据传是周武王伐商大会诸侯的誓词。

⑬扬：赵岐训为"鹰扬"，朱熹训作"奋扬"。

⑭侵：《谷梁传·隐公五年》云："苞人民、殴牛马曰侵。"

⑮张：张大，即彰明正道。

⑯有光：即"又光"，犹今言更为辉煌。

【译文】

万章问："宋国是个小国，现在想推行王政，齐国、楚国嫉妒并出兵攻打它，

应该怎么办呢？"

孟子说："成汤居住在亳地，与葛国相邻，葛伯放纵无道，不祭祀先祖。汤派人询问他：'为什么不祭祀？'葛伯说：'没有祭祀用的牲畜。'汤派人送给他们牛羊，葛伯把牛羊吃了，还是不祭祀。汤又派人询问他：'为什么不祭祀？'葛伯说：'没有谷物来做祭品。'汤派亳地的民众去为他们耕种，让老年人和小孩为耕种的人送饭。葛伯带领着他的民众拦住那些带着酒食米饭的人并抢夺食物，不肯交出食物的人就被杀死。有个小孩带着米饭和肉，遭到杀害而被抢走了食物。《尚书》上说：'葛伯与送饭者为仇。'就是指这件事。成汤因为葛伯杀死了这个小孩子而去征讨葛国，天下的老百姓都说：'这不是贪图天下的财富，这是为平民百姓复仇。'成汤的征讨，从葛国开始，先后征伐十一次而无敌于天下。他向东征讨，西边的夷族人便埋怨；向南征讨，北方的狄族人便埋怨，都说：'为什么把我们放在后面呢？'老百姓盼望他，就像大旱时候盼望雨水一样。所到之处，赶集的不停止买卖，种田的不停止耕耘，商汤讨伐暴君，慰问他们的老百姓，像及时雨从天而降，老百姓非常高兴。《尚书》上说：'等待我们的君王，他来了我们就不受罪了。''有攸国不臣服，周王便东行讨伐，安抚那里的百姓，他们用筐装着黑色和黄色的丝帛，以侍奉周王为荣，最后他们臣服了大邦周室。'那儿的官吏带着用筐装着的丝绸来迎接周的官吏，那儿的老百姓用筐装着饭食，用壶盛着酒来迎接周的士兵。把老百姓从水深火热中拯救出来，就是要推翻残暴的君主。《太誓》上说：'我们的武力要发扬，攻入他们的国土，除掉那残暴的君主，用杀伐来彰显正义，比汤的功业更辉煌。'不推行仁政则罢，若推行仁政，普天之下民众都会仰望，要拥戴他来做君主；齐国、楚国即使强大，又有什么可怕的呢？"

【评论】

《史记》里说孟子"退而与万章之徒作《孟子》七篇"，而且在整本书里，万章和孟子的对话最多。这一节是万章的第一次出场。不愧是著名弟子，万章问的问题极有深度，问的是："宋国是个小国，如今想实行仁政，可齐国和楚国这两个超级大国却很反感，出兵攻打宋国，宋国人该怎么办呢？"万章的言下之意是：老师，您不是总说百里小国行仁政就可以称王天下么，宋国就是个小国，等人家真的施行仁政了，大国却跟它过不去了，眼看着就要把它灭了。要是他们真把宋国灭了，您的理论可就在现实面前彻底垮台了啊！

孟子怎么回答这个问题呢？孟子的回答是：先看看古人面对同样事情的时候是怎么做的，结果又是如何。孟子说的是商汤王建立商朝的过程。商汤是商朝的开国君主，他一开始所有的只是亳这个小地方，他有个坏邻居葛国，首领葛伯不守礼法，不敬鬼神。商汤数次以仁义待之，葛伯却几乎无恶不作。《尚书》里说：葛伯把送饭的孩子当成仇人。商汤就是为了这个孩子的死而起兵攻杀葛伯。后来，商汤出征一共十一次，战无不胜。商汤发动战争可和别人大不一样，商汤征战别国，做买卖的还照样做买卖，种地的还照样种地，只是"诛其君，吊其民，如时雨降"。这样一来，别国受苦受难的老百姓就欢迎商汤的征战了。讲完商朝再讲周朝，周朝的开国战争也不比商汤逊色。

孟子说了这几个故事，最后联系到万章问的这个现实问题：行仁政的小小宋国面对超级大国的联合进攻到底应该怎么办？孟子的意见是："仁政比什么武器都厉害，商汤王和周武王这些前辈的例子不是告诉得很清楚么：哪位君王只要施行仁政，天下人都会翘首期待，拥护他来做自己的王。所以说，具体到宋国的现实问题，齐国和楚国纵然强大，又有什么可怕的呢？"

这就是推行王道的价值！作为个人也是这样，只要你善于团结和帮助你周围的人，那么你就能得到人们的拥戴以及帮助，能够得到很多人的帮助，你还有什么可怕的呢？在《论语》中，孔子多次提到过"勇者不惧"，说的就是这个意思。

6.6【原文】

孟子谓戴不胜①曰："子欲子之王之善与？我明告子。有楚大夫于此，欲其子之齐语也，则使齐人傅诸？使楚人傅诸？"

曰："使齐人傅之。"

曰："一齐人傅之，众楚人咻②之，虽日挞而求其齐也，不可得矣；引而置之庄岳之间数年③，虽日挞而求其楚，亦不可得矣。子谓薛居州④，善士也，使之居于王所。在于王所者，长幼卑尊皆薛居州也，王谁与为不善？在王所者，长幼卑尊皆非薛居州也，王谁与为善？一薛居州，独⑤如宋王

何？"

【注释】

①戴不胜：赵岐《注》："宋臣。"

②咻：赵岐《注》："讙（同"欢"）也。"焦循《正义》云："讙即今之喧哗字也。"

③庄岳：朱熹《集注》云："齐街里名也。"

④薛居州：赵岐《注》："宋之善士也。"

⑤独：王引之《经传释词》云："独犹将也。"

【译文】

孟子对戴不胜说："你想要你们君王向善吗？我明确地告诉你，有位楚国的大夫，希望他的儿子会说齐国话，那么，找齐国人来教他呢？还是找楚国人来教他呢？"

戴不胜说："找齐国人来教他。"

孟子说："一个齐国人教他，众多楚国人在旁干扰，即使天天鞭挞并强逼他说齐国话，也是做不到的。要是把他送到齐国的街上去待几年，即使天天鞭挞并强逼他说楚国话，也是做不到啊。你说薛居州是个善人，要让他居住在国君的身边。如果在国君身边的人无论年纪大小、地位高低都是薛居州那样的人，大王和谁去做不善的事呢？如果在国君身边的人无论年纪大小、地位高低都不是薛居州那样的人，大王和谁去做善事呢？一个薛居州，能把宋王怎么样呢？"

【评论】

孟子的本意还是在政治方面，用"近朱者赤，近墨者黑"的道理说明周围环境对人的影响的重要性，从而说明当政的国君应注意自己身边所用亲信的考察和选择。因为，如果国君周围多是好人，那么国君也就会和大家一起向善做好事。相反，如果国君周围多是坏人，那么国君也就很难做好人了。这里的道理并不深奥，实际上也就是《大戴礼记·曾子制言》所说"蓬生麻中，不扶自直；白沙在涅，与之俱黑"的意思。所谓"昔孟母，择邻处"，"孟母三迁"不也就是为了找一个周围环境好的地方以利于孩子的教育与成长吗？孟子是从小就受到这方面的熏陶，早有切身体会的了，所以说得非常在理而又生动形象。

所以，孟子认为，正确的人生观、价值观的树立，要靠教育，要靠社会氛围。而一个社会整体性的价值取向，则要靠一定的社会行为规范和国家的法律法规，以及统治者的"以身作则"。

6.7【原文】

公孙丑问曰："不见诸侯何义？"

孟子曰："古者不为臣不见。段干木①逾垣而辟之，泄柳闭门而不内②，是皆已甚；迫，斯可以见矣。阳货欲见孔子而恶无礼③，大夫有赐于士④，不得受于其家，则往拜其门。阳货瞷⑤(kàn)孔子之亡也，而馈孔子蒸豚；孔子亦瞷其亡也，而往拜之。当是时，阳货先，岂得不见？曾子曰：'胁肩谄笑⑥，病于夏畦⑦。'子路曰：'未同而言⑧，观其色赧赧然，非由之所知也⑨。'由是观之，则君子之所养可知已矣。"

【注释】

①段干木：姓段，名干木，战国初年魏文侯时贤者，曾师事子夏。

②内：同"纳"。

③阳货欲见孔子：事见《论语·阳货》篇。"见"旧读去声，为使动用法，阳货欲使孔子来见之意。

④大夫：阳货虽然不是鲁国之卿，但为正卿季氏之宰（总管），所以也得称"大夫"。而其时孔子在野，故称"士"。

⑤瞷：同瞰，窥视，此意为看望。

⑥胁肩：耸起肩故作恭敬状。谄笑：强装笑容。

⑦夏畦：夏，夏天；畦，灌园，浇水。

⑧未同而言：言见解不一致而勉强交谈。

⑨非由之所知：朱熹《集注》云："甚恶之之辞也。"

【译文】

公孙丑问孟子："不拜见诸侯，是什么道理？"

孟子说："按古礼，不是诸侯的臣子就不去拜见。段干木翻墙逃避魏文侯来访，泄柳关门不接待鲁穆公，都太过分了点。迫不得已，也是可以见的。阳货想召孔子来见，又怕别人说他失礼。当时大夫对士人有所赏赐，士人如果不能在家亲自受赏，就应去大夫家拜谢。于是阳货探听到孔子不在家，便给孔子送去煮熟的小猪；孔子于是也探听到阳货不在家时前往拜谢。在那时，如果阳货先去拜访孔子，孔子怎么会不见他呢？曾子说：'耸着肩膀、扮着笑脸去讨好别人，比夏天在田里干活累多了。'子路说：'跟一个人不志同道合，却勉强交谈，脸上还要露出羞愧之色，我是不赞成的。'这样看来，君子怎样培养自己的品行修养，是可以知道的。"

【评论】

见不见诸侯，要选择最佳行为方式，段干木翻墙逃避魏文侯，泄柳关门不接待鲁穆公，都不是最佳行为方式。因为这里面有一个价值取向问题，有价值，怎么样都可以见，没有价值，也用不着翻墙和闭门不见。因此孟子举了孔子不见阳货的例子，就是要说明孔子选择的是最佳行为方式。阳货作为一个大夫，篡位夺权，想当一方诸侯，这在孔子认为是大逆不道的，为这样的人服务，是毫无价值可言的，所以孔子避不见面。而段干木为魏文侯、泄柳为鲁穆公服务，还可能稍有价值，所以孟子认为他们的行为都过分了。所以，作为一个君子，要树立起正确的人生观、价值观，要选择最佳行为方式，才是君子的修养。

这里一方面是对《论语·阳货》所记"阳货欲见孔子"一章的补充说明；另一方面又是对孔子所说"巧言令色，鲜矣仁"（《论语·学而》）的进一步发挥。所谓"胁肩谄笑"，就是"巧言令色"，包括子路所不理解的那种"未同而言，观其色赧赧然"都是类似的行径。说穿了，就是两个字——虚伪！

说到虚伪，那可就真是一个千古话题了。一方面，它是"老鼠过街，人人喊打"，世上几乎找不到什么人不深恶痛绝，把它作为人类的恶行败德而加以口诛笔伐。也就是说，似乎是一个无须讨论的问题了。但另一方面，我们又分明感觉到自己随时随地都生活在虚伪的包围之中，世上几乎就找不到没有虚伪存在的净土。所以，这似乎又是一个很有必要深入研究的话题。正是这样，"虚伪"出现在我们的生活之中，不仅令我们这些凡夫俗子，而且让圣贤们也困惑不已，所以仅仅关于"巧言令色"的论述，在《论语》中就有三次，分别见于《学而》《公冶长》《阳货》三篇。

至于孟子在这里为什么又说到这个话题，则是从"谄媚"引起的。因为学生公孙丑提到为什么不主动去拜见诸侯的问题，孟子在回答时说到两个方面的表现。一方面是像段干木、泄柳那样，过于清高，过于孤芳自赏，似乎也没有必要。因为儒者凡事反对走极端，而主张中正平和、恰如其分。另一方面就说到谄媚的问题了。虽然他这里没有明说，但我们可以揣测到，他所指的"胁肩谄笑"之徒，正是那些逢迎巴结各国诸侯的纵横术士们。而这些人，正是他反复鞭挞的对象。

从谄媚到虚伪，或者换句话说，谄媚本身也就是虚伪。有人说："虚伪及欺诈产生各种罪恶。"有人说得更为干脆："虚伪乃罪恶之源！"问题还是在于，认识到这些以后，我们又拿什么来与之较量，怎样来清除这人类的"罪恶之源"呢？这恐怕就不是能够"毕其功于一役"，甚而至于"毕其功于一代"的事了吧。

6.8【原文】

戴盈之①曰："什一，去关市之征，今兹②未能，请轻之，以待来年，然后已，何如？"

孟子曰："今有人日攘③(rǎng)其邻之鸡者，或告之曰：'是非君子之道。'曰：'请损④之，月攘一鸡，以待来年，然后已。'——如知其非义，斯速已矣，何待来年？"

【注释】

①戴盈之：赵岐《注》："宋大夫。"

②今兹：今年。

③攘：偷窃。

④损：朱熹《集注》云："减也。"

【译文】

戴盈之说："田租十分取一，取消关卡市场的税收，现今还不能办到。请先减轻一些，等到明年再完全实行，怎么样？"

孟子说："现在有一个人每天都偷他邻居的鸡，有人告诫说：'这不是君子之道。'他却说：'请让我少偷一些，每月偷一只，等到明年再完全不偷。'如果知道这样做不对，就应该赶快改正，为什么要等到明年呢？"

【评论】

要选择最佳行为方式，关键之一就是要知错就改，因此孟子举"日攘一鸡"的例子来说明，知道"日攘一鸡"是错的，改为"月攘一鸡"，也是错的。因为这个行为终是不好的，属于偷盗、窃取行为，而田租十分取一，取消关卡市场的税收，是爱民的举措；却因为统治阶层想要收取更多的财物而不愿改正，这就很明显地错了。可戴盈之还想因循苟且，这就说明戴盈之以及宋国的统治者的价值观还没有转变过来。

好一个偷鸡贼的逻辑！这逻辑就是改错分步，明明认识到不对，但就是不愿意彻底改正，而以数量减少来遮掩性质不改的问题。这则偷鸡贼的寓言生动幽默，看似荒唐可笑，实际上是人心写照。在我们的生活中，无论是戒烟、戒赌、戒毒，还是"反腐倡廉"中披露出来的一些案子，其当事人不是多少都有一点这个偷鸡贼的心态和逻辑吗？

6.9【原文】

公都子①曰："外人皆称夫子好辩，敢问何也？"

孟子曰："予岂好辩哉？予不得已也。天下之生久矣，一治一乱。当尧之时，水逆行，泛滥于中国，蛇龙居之，民无所定；下者为巢，上者为营窟②。《书》曰：'洚水警余③。'洚水者，洪水也。使禹治之。禹掘地而注之海，驱蛇龙而放之菹（zū）；水由地中行，江、淮、河、汉是也。险阻既远，鸟兽之害人者消，然后人得平土而居之。"

"尧舜既没，圣人之道衰，暴君代作④，坏宫室以为汙池⑤，民无所安息；弃田以为园囿，使民不得衣食；邪说暴行又作，园囿、污池、沛泽多而禽兽至。及纣之身，天下又大乱。周公相武王诛纣，伐奄三年讨其君⑥，驱飞廉于海隅而戮之⑦，灭国者五十，驱虎、豹、犀、象而远之，天下大悦。《书》曰：'丕显哉，文王谟！丕承哉，武王烈！佑启我后人，咸以正无缺⑧。'"

"世衰道微，邪说暴行有⑨作，臣弑其君者有之，子弑其父者有之。孔子惧，作《春秋》。《春秋》，天子之事也；是故孔子曰：'知我者其惟《春秋》乎！罪我者其惟《春秋》乎！'"

"圣王不作，诸侯放恣⑩，处士横议⑪，杨朱、墨翟之言盈天下⑫。天下之言不归杨，则归墨。杨氏为我，是无君也⑬；墨氏兼爱⑭，是无父也。无父无君，是禽兽也。公明仪曰：'庖有肥肉，厩有肥马；民有饥色，野有饿莩，此率兽而食人也。'杨、墨之道不息，孔子之道不著，是邪说诬民，充塞仁义也。仁义充塞，则率兽食人，人将相食。吾为此惧。闲⑮先圣之道，距杨、墨，放淫辞，邪说者不得作。作于其心，害于其事；作于其事，害于其政。圣人复起，不易吾言矣。"

"昔者禹抑洪水而天下平，周公兼夷狄、驱猛兽而百姓宁，孔子成《春秋》而乱臣贼子惧。《诗》云：'戎狄是膺，荆舒是惩，则莫我敢承⑯。'无父无君，是周公所膺也。我亦欲正人心，息邪说，距诐行，放淫辞，以承三圣者；岂好辩哉？予不得已也。能言距杨、墨者，圣人之徒也。"

【注释】

①公都子：赵岐《注》："孟子弟子也。"

②营窟：朱熹释为"穴处"，焦循《正义》云："当是相连为窟穴。"

③《书》曰：赵岐《注》："《尚书》逸篇也。"洚：和"洪"古音同，河流不

遵河道，赵岐《注》："泽洞无涯，故曰泽水。"

④代作：代有所出，言频繁。作，在此是兴起的意思。

⑤宫室：此指民居。汙池：深池。

⑥奄：是商末周初山东曲阜之东的一个小国，其国都为山东曲阜。周成王初年，奄随同武庚和东方的夷族起兵反周，被周公诛灭。

⑦飞廉：亦作"蜚廉"，殷纣王的佞臣。

⑧《书》曰：赵岐《注》："《尚书》逸篇也。"丕：大。显：明。谟：谋。佑启：朱熹《集注》云："佑，助也；启，开也。"咸：都，皆。

⑨有：同"又"。

⑩恣：《说文》云："纵也。"

⑪处士：《汉书·异姓诸侯王表》颜师古注云："处士谓不官于朝而居家者也。"

⑫杨朱：魏国人，战国初年的著名思想家，其人其事略见于《庄子》及《淮南子》诸书。墨翟：鲁人，春秋末年的著名思想家，墨家学说的创始人，该学派有《墨子》一书传世。

⑬无君：朱熹《集注》云："杨朱但知爱身，而不复知有致身之义，故无君。"

⑭兼爱：墨家的基本观点之一，朱熹《集注》云："墨子爱无差等，而视其至亲无异众人，故无父。"

⑮闲：《说文》云："阑也，从门中有木。"引申转义为捍卫。

⑯《诗》云：此处诗句引自《诗·鲁颂·閟宫》。莫我敢承：朱熹训"承"为"当"，即抵御的意思。

【译文】

公都子问："别人都说您喜欢辩论，请问为什么？"

孟子回答说："我哪里喜欢论辩，我是迫不得已！国家产生已经很久了，总是一时太平，一时混乱。在尧那个年代，大水横流，在国中泛滥，毒蛇和蛟龙占据其中，百姓没有安身的地方。地势低的地方，就在树上搭窝栖身，地势高的地方，就打相连的洞穴。《尚书》上说：'泽水警诫我们。'泽水，就是洪水。尧派禹治水。禹开挖河道，让洪水流注进大海；驱逐蛇龙，把它们赶进荒草丛生的沼泽；水都顺着地中间的河道流泄，这就是长江、淮河、黄河和汉水。险阻排除了，危害人类的鸟兽消灭了，然后人们才能够在平地上居住。"

"尧舜去世以后，圣人治国爱民之道逐渐衰微，暴虐的君主接连出现，他们毁坏民宅来做深池，使百姓无处安居；破坏农田来做园林，使百姓无法谋生。淫邪的学说和暴虐的行为随之兴起，园林、深池、草泽增多并招来了飞禽走兽。到了殷纣之时，天下又发生大乱。周公辅佐武王诛杀殷纣，讨伐奄国，与这些暴君打了三年，把飞廉追逐到海边处死，消灭殷商的属国五十个，将虎、豹、犀牛、大象驱赶得远远的，天下百姓非常高兴。《尚书》上说：'文王的谋略多么伟大光明啊！武王的功绩多么伟大啊！帮助开导我们后代，都走正路而无缺失。'"

"现在社会混乱，正道衰微，淫邪的学说和暴虐的行为随之兴起，有臣子杀君主的，有儿子杀父亲的。孔子为之忧虑，便著述了《春秋》。《春秋》所记载的是天子的事，所以孔子说：'世人了解我恐怕就因《春秋》了，世人责怪我也因《春秋》了。'"

"圣王没有产生，诸侯们肆无忌惮，无位之士乱发议论，杨朱、墨翟的言论充斥天下，世上的言论不属于杨朱一派便属于墨翟一派。杨氏主张个人第一，是不要君王；墨氏主张兼爱，不分亲疏，是不要父母。不要父母不要君王的人，就是禽兽。公明仪说：'厨房里有肥美的肉，马棚里有健壮的马匹，老百姓却面带饥色，田野上有饿死的人，这无异于驱赶着兽类去吃人。'杨、墨的学说不破除，孔子的学说不发扬，就是要用邪说欺骗百姓、阻止仁义的施行。仁义被阻止，就是放任野兽去吃人，人们也将互相残食。我为此感到忧虑，所以出来捍卫古圣人之道，抵制杨、墨的学说，批驳错误的言论，使邪说歪理不能再流行。邪说兴起在人们心中，会危害工作，危害了工作，也就会危害政治。即使圣人再出现，也会赞成我的观点。"

"从前大禹抑制洪水使天下太平，周公兼并夷族狄族，赶走猛兽使百姓安宁，孔子著成《春秋》使乱臣贼子害怕。《诗经》上说：'打击戎狄，惩治荆舒，没有人敢抗拒我。'不要父亲不要君主，是周公所要惩罚的。我也想要端正人心，破除邪说，抵制偏激的行为，批驳错误的言论，来继承大禹、周公、孔子三位圣人的事业。我难道是喜好辩论吗？我是不得已而为之呀。能以言论抵制杨、墨学说的人，也就是圣人的门徒了。"

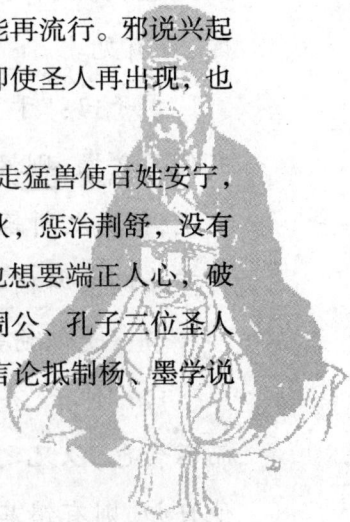

【评论】

孟子主张端正人心，消除邪说，反对偏激，批判怪论，这些做法符合人民意愿和社会发展规律。孟子认为自己好辩是迫不得已而为之，借论辩来表明自己的态度，宣扬儒家的"仁政"思想。将杨、墨两家的学说概括为"无君""无父"，将其比作乱臣贼子的邪说，认为危害堪比禽兽。

孟子认为，既然人是要群聚而居的，那么人与人之间的关系就应该搞好，不能因为自己的享乐而剥削和压迫别人。如果人人都为自己而活着，那天下就等于没有了领导和管理人民的统治者。如果没有内外亲疏之分，人人兼爱，那就等于不承认自己有父母。所以他说，统治者既然是为人民服务的，就首先应为人民大众的生活考虑，使人民能安居乐业，才不负众望，人类社会才能成为安定的社会。

其实，孟子的思想存有矛盾之处，一方面他提倡"恒产论"，即人人有私有的恒产，但私有制的发展却超乎他的想象，每人都为了一己之私而不顾他人，这又使得孟子苦恼不已。因为仅仅提倡先古圣人的不为私，公天下，很少有人能做到，所以，孟子在下面紧接着讨论了不为一己之私的廉洁问题。

6.10【原文】

匡章①曰："陈仲子②岂不诚廉士哉？居於陵③，三日不食，耳无闻，目无见也。井上有李，螬食实者过半矣④，匍匐往，将食之⑤，三咽，然后耳有闻，目有见。"

孟子曰："于齐国之士，吾必以仲子为巨擘焉⑥。虽然，仲子恶能廉？充仲子之操，则蚓而后可者也。夫蚓，上食槁壤，下饮黄泉⑦。仲子所居之室，伯夷之所筑与？抑亦盗跖⑧之所筑与？所食之粟，伯夷之所树与？抑亦盗跖之所树与？是未可知也。"

曰："是何伤哉？彼身织屦，妻辟纑⑨，以易之也。"

曰："仲子，齐之世家也；兄戴，盖⑩（gě）禄万钟；以兄之禄为不义之禄而不食也，以兄之室为不义之室而不居也，辟⑪兄离母，处于於（wū）陵。他日归，则有馈其兄生鹅者，己频顣⑫曰：'恶用是鶃鶃⑬（yì）者为哉？'他日，其母杀是鹅也，与之食之。其兄自外至，曰：'是鶃鶃之肉也。'出而哇⑭之。以母则不食，以妻则食之；以兄之室则弗居，以於陵则居之。是尚为能充其类也乎？若仲子者，蚓而后充其操者也。"

【注释】

①匡章：齐国人，曾在齐威王和宣王时担任过齐国的将军，据《离娄下》，他是孟子的友人。

②陈仲子：亦称"田仲"，齐人，因居于於陵，后人亦称之为"於陵子"。

③於陵：据前人考证，其地在今山东长山以南。

④井上有李，蟟食实者过半矣：井上之"李"，为李树，还是李实，很难肯定。蟟，金龟子的幼虫。

⑤将：取。

⑥巨擘：赵岐《注》："大指也。"

⑦黄泉：《左传·隐公元年》云："不及黄泉，无相见也。"杜预《注》云："地中之泉，故曰黄泉。"

⑧盗跖：春秋时有名的大盗，柳下惠的兄弟。

⑨辟纑：赵岐《注》："缉绩其麻曰辟，练其麻曰纑（lú）。"

⑩盖：地名，为陈戴采邑。故地约在今山东沂水县西北。

⑪辟：同"避"。

⑫频颇：朱熹《集注》云："频与颦同，颇蹙同。"则以"频"为蹙眉，"颇"为绉缩眉鼻。

⑬鶃鶃：朱熹《集注》云："鹅声也。"

⑭哇：呕吐。

【译文】

匡章说："陈仲子难道不是真正的正直廉洁之士吗？居住在於陵，三天不吃饭，耳朵听不见，眼睛看不到。井边有棵李子树，金龟子的幼虫已蛀食大半，他摸索着爬过去取来吃，吞咽了三口，耳朵才听得见，眼睛才看得见。"

孟子说:"在齐国的人士中,我一定把陈仲子看作顶呱呱的人。然而,仲子怎么称得上廉洁呢?如果要推广仲子的操守,那只有变成蚯蚓才能做到。那蚯蚓,吞食地面上的干土,饮用地底下的泉水。而仲子所居住的房屋,是像伯夷那样廉洁的人建造的呢?还是像盗跖那样的强盗所建造的呢?他所吃的粮食,是像伯夷那样廉洁的人种植的呢?还是像盗跖那样的强盗所种植的?这些都无法确知!"

匡章说:"这有什么关系呢?他亲自编织草鞋,妻子纺织麻线,用这些去交换来的。"

孟子说:"仲子,是齐国的世家大族,他的哥哥陈戴,有封地在盖邑,年收入万钟;他认为哥哥的俸禄是不义之物而不食用,认为哥哥的房屋是不义之产而不居住,因此避开哥哥离开母亲,独自住到於陵。有一天回来,正好碰到有人送一只鹅来,他皱着眉头说:'要这嘎嘎叫的东西干什么?'过了几天,他母亲杀了这只鹅给他吃,他正吃着,他哥哥从外面回来,说:'这便是那嘎嘎叫的东西的肉。'仲子一听,便跑到外面把肉呕吐出来。母亲的东西不吃,妻子的食物却吃;兄长的房屋不住,於陵的房屋却去住,这样能称得上是廉洁的典范吗?像陈仲子这样的人,恐怕只有把自己变成蚯蚓后才能符合他的廉洁作风。"

【评论】

这一章可以当作讽刺文学作品来读。

陈仲子是齐国著名的"廉士",可孟子却认为他的作为并不能算是廉洁,尤其是不能提倡、推广他的这种作为。为什么呢?因为他的所作所为做得太过分了,是一种走极端的行为。孟子讽刺说,要做到他那样,除非把人先变成蚯蚓,只吃泥土,喝地下水,这才能够做到彻底"廉洁"。而真正要用这种"廉"的标准来衡量,就是陈仲子本人也没有能够做到。比如说,他住的房屋,还不知道是哪个不廉洁的人甚至强盗一样的人建筑起来的;他所吃的粮食,还不知道是哪个不廉洁的人甚至强盗一样的人种植出来的。何况他离开母亲,不吃母亲的食物,但却还是要吃妻子的食物;他避开哥哥,不住哥哥的房屋,但却还是要在於陵这个地方来住房屋。这些行为,难道能够说是彻底"廉洁"吗?不是!说到头,只能算是一种沽名钓誉,一种酸腐,用我们今天流行的话来说,就是一种"假",

一种虚伪。而用朱熹引范氏的话来说，就更为严重："仲子避兄离母，无亲戚、君臣、上下，是无人伦也，岂有无人伦而可以为廉哉？"（《孟子集注》）

在"反腐倡廉"的今天，也的确存在一个对廉洁如何认定的问题。廉洁并不是谈钱色变，拿得越少越好；也并不是生活越俭朴越好，人越清贫穷酸越好。其实，按照孔子、孟子的看法，廉洁就是"见得思义"，就是"非其道，则一箪食不可受于人；如其道，则舜受尧之天下，不以为泰"。所谓"真理再往前走一步就成了谬误"。廉洁做过了头，"当受不受"，比如说你该领的工资不领，该拿的奖金不拿，那就不是廉洁，而是酸腐，是"虚伪"，是沽名钓誉了。所以，廉洁与酸腐的界限还是应该引起我们注意的一个问题，尤其是在当今这个经济问题时常引起人们困惑的时代。

离娄上

7.1【原文】

孟子曰:"离娄之明、公输子之巧①,不以规矩,不能成方员②;师旷之聪③,不以六律,不能正五音④;尧舜之道,不以仁政,不能平治天下。今有仁心仁闻⑤而民不被其泽、不可法于后世者,不行先王之道也。故曰:徒善不足以为政,徒法不能以自行。《诗》云:'不愆(qiān)不忘,率由旧章⑥。'遵先王之法而过者,未之有也。圣人既竭目力焉,继之以规矩准绳,以为方员平直,不可胜用也;既竭耳力焉,继之以六律正五音,不可胜用也;既竭心思焉,继之以不忍人之政,而仁覆天下矣。故曰:为高必因丘陵,为下必因川泽。为政不因先王之道,可谓智乎?是以惟仁者宜在高位。不仁而在高位,是播其恶于众也。上无道揆(kuí)也⑦,下无法守也⑧,朝不信道,工不信度⑨,君子犯义,小人犯刑,国之所存者幸也。故曰:城郭不完⑩,兵甲不多,非国之灾也;田野不辟⑪,货财不聚,非国之害也。上无礼,下无学,贼民兴,丧无日矣。《诗》曰:'天之方蹶,无然泄泄⑫。'泄泄犹沓沓也。事君无义,进退无礼,言则非⑬先王之道者,犹沓沓也。故曰:责难于君谓之恭,陈善闭邪⑭谓之敬,吾君不能谓之贼。"

【注释】

①离娄:亦称"离朱",据《经典释文》引司马彪说云:"黄帝时人,能于百步之外见秋毫之末。"公输子:名班(亦作"般"),鲁国人,故亦称为鲁班,是春秋末年的著名巧匠。

②规矩:规是画圆的工具,矩是画方的工具。员,圆形。古文中多写作"员",

后来写作"圆"。

③师旷：晋平公的太师（乐官之长），为中国古代极有名的音乐家。

④六律：我国古代以阳律管确定乐音的标准音高。此处的"六律"是概称定音律管。五音：古代以宫、商、角、徵、羽为音阶，亦称"五声"。

⑤闻：去声，声誉也。

⑥《诗》云：此处诗句引自《诗·大雅·假乐》，这是一首赞美周成王的诗歌。郑玄《笺》云："愆，过；率，循也。成王之令德，不过误，不遗失，循用旧典之文章。"

⑦道揆：朱熹《集注》云："道，义理也；揆，度也"，"谓以义理度量事物而制其宜"。

⑧法守：朱熹《集注》云："谓以法度自守。"

⑨度：此"度"恐非法度之"度"，应读为《韩非子》"宁信度，毋自信也"之"度"，指尺码而言。

⑩完：坚牢。或训为完好，亦通。

⑪辟：同"闢"。

⑫《诗》曰：此处诗句引自《诗·大雅·板》，旧说这是首讥刺周厉王的诗歌。蹶，赵岐《注》："动也。"泄泄，《说文》云："多言也。"

⑬非：及物动词，意动用法，"以为不是"之意。朱熹《集注》云："非，诋毁也。"

⑭闭：通"辟"，意为排斥、抵制。

【译文】

孟子说："就是有离娄那样敏锐的视力，有公输班那样精巧的手艺，如果不使用圆规和曲尺，也画不出方形和圆形。就是有师旷那样的听力，如果不根据六律，也不能校正五音。就是有尧舜之道，如果不施行仁政，也不能治理好天下。现在有些国君虽有仁爱之心、仁爱之誉，但百姓却未能受到恩泽，他的治国之道就不能被后世效法，就是因为不实行先王的仁政的缘故。所以说，仅有善心不足以用来治理国政，仅有法度不能使之自行实施。《诗经》上说：'无过失也无遗忘，一切都按旧规章。'遵守先王的法度竟然会犯错误，这是没有的事。圣人既已竭尽了目力，再加以圆规、曲尺、水准、墨线，画方、圆、平、直是用不胜用的；既已竭尽了听力，再加以六律以校正五音，也是用不胜用的；既已竭尽了心思，再加以怜悯百姓的政策，因此就可以使仁爱覆盖天下。所以说，筑高台一定要凭借山陵，挖深池一定要凭借沼泽。治理国政如果不凭借先王之道，怎能说得上有智慧呢？所以唯有爱民者适宜处在统治地位。不爱民而处在统治地位，就会把他的恶行传播给大众。在上者没有道德规范，在下者就没有法则遵守；朝廷之士不相信道义，百工就不相信尺度；官员违背义理，百姓触犯刑法，国家还能生存下去，那真是太侥幸了。所以说，城墙不坚固，军备不充足，不是国家的灾害；土地没开垦，财物没积聚，也不是国家的祸害；在上者没有礼义，在下者不受教育，坏人横行，国家的灭亡就指日可待了。《诗经》上说：'上天将要颠覆，不要顺势乐从。'顺势乐从，就是懈怠治国。侍奉国君，若进退不遵礼义，言论不倡导先王之道，就是懈怠治国。所以说，用仁政来要求君主就称为恭，向君主宣讲仁义就称为敬，如果认为自己的君主不能为善，这便是贼。"

【评论】

本篇一开始，孟子就把道路、准则、行为规范提出来，并用例子来说明人生、国家的治理，都必须要有一定的道路、准则和社会行为规范，为什么要强调"道路"问题呢？

孟子深刻地认识到，每一个人，每一个国家，每一件事物，都有自己的道路。然而，走什么样的道路，却是人类独特的思维结果，有的人愿意走善道，有的人愿意走恶道，有的人愿意走王道，有的人愿意走霸道，这是每个人对社会不同的认识所导致的。但是，作为一个国家来说，应以尧舜所走的道路为准绳，因为尧舜所走的道路是爱护人民，而人民得到爱护才会拥护这个统治者。如果人民受到残酷暴虐的对待，怎么能期望他们还能拥护统治者呢？所以唯有爱民者适宜处在领导地位。其实，说到底，孟子还是在宣扬他的"仁政"治国理政的观点。

具体落实到两个方面：一是"法先王"，二是选贤才。

"法先王"是因为"不以规矩，不能成方圆"，"不以六律，不能正五音"，"不以仁政，不能平治天下"。相反，"遵先王之法而过者，来之有也"。正反两方面的道理都说明了这一点。孟子的"法先王"思想，实际上也就是孔子"祖述尧舜，宪章文武"思想的继承。

选贤才是因为"惟仁者宜在高位"。一旦不仁者窃据了高位，奸邪当道，残害忠良，必然就会是非颠倒，黑白混淆，世风日下，天下大乱，历史依据不胜枚举。

这两个方面在《论语》《孟子》中都不是什么新思想，而近乎老生常谈了。倒是所谓"不以规矩，不能成方圆"的说法成了人们在生活中常用的格言警句。尤其是面对日益紧张激烈的市场竞争，许多新事物新现象冒出来，其是与非，正与邪，往往使人感到困惑，感到难以评说。这时候，大家对"不以规矩，不能成方圆"的感受就更加真切而深刻了。所以，要求健全法制法规的呼声日益强烈。据有人统计说，当前的中国，几乎每天都有法规出台。这种说法不知有没有夸张的成分，但大家对"规矩"的重视，全民普法教育的进行，这些都是非常真实的。说起来，所有这些，不都是在"以规矩"而"成方圆"吗？

7.2【原文】

孟子曰："规矩，方员之至①也；圣人，人伦之至也。欲为君，尽君道；欲为臣，尽臣道。二者皆法尧舜而已矣。不以舜之所以事尧事君，不敬其君者也；不以尧之所以治民治民，贼其民者也。孔子曰：'道二，仁与不仁而已矣。'暴其民甚，则身弑国亡；不甚，则身危国削。名之曰'幽''厉②'，虽孝子慈孙，百世不能改也。《诗》云：'殷鉴不远，在夏后之世③'，此之谓也。"

【注释】

①至：极，准则。

②幽厉：周朝有幽王和厉王。"幽厉"是恶谥，评价不好行为。

③《诗》云：此处诗句引自《诗·大雅·荡》，这是一首哀伤周室统治衰落的诗歌。鉴：原指铜镜，引申为教训。

【译文】

孟子说:"圆规和曲尺,是方与圆的标准;圣人是人伦道德的标准。作为君主,就要尽君主之道;作为臣子,就要尽臣子之道。君、臣均需效法尧、舜罢了。不以舜侍奉尧的态度和方法来侍奉君主,就是对君主的不恭敬;不以尧治理民众的态度和方法来治理民众,就是残害自己的百姓。孔子说:'治国之道只有两种,行仁政和不行仁政罢了。'暴虐百姓太厉害,本身就会被杀,国家就会灭亡;不太厉害,则自身危险,国力削弱。如果君主落得个'周幽王''周厉王'式的昏君罪名,即使有孝子贤孙,历百世也改变不了。《诗经》上说:'殷商可以借鉴的教训并不遥远,就是在前一代的夏朝。'说的正是这个意思。"

【评论】

这段话论述的是君臣之道,说明了君臣要各司其职、各尽其守的道理。

君臣关系是古代社会中很重要的社会关系。在《论语·颜渊》中,孔子便说过"君君,臣臣,父父,子子"的话,意思是君王要像个做君王的,臣子要像个做臣子的,父亲要像个做父亲的,儿子要像个做儿子的。这句话深得历代帝王之心,他们认为这道出了一个臣要尊君、子要尊父的天经地义的正理,并借以维护他们的阶级统治。在我们看来,孔子的意思却是说是什么身份就做好什么样的人,也就是一个各司其职、各尽其守的道理。孟子的这句"欲为君,尽君道;欲为臣,尽臣道",其实讲述的也是这样一个道理。

在一个国家中,君王是一国之主,臣子是从各方面辅佐君王的人,君王和臣子各有其职、各尽其"道",国家便兴盛有望。比如汉高祖刘邦,他曾公开承认:论机变谋略,他不如张良;论治理国家,他不如萧何;论带兵打仗,他不如韩信。刘邦虽然这些方面不如张良、萧何、韩信,但他善于"将将",能够知人善用,把他们放在最适合的位置上,从而最大限度地发挥他们的才干,这就是刘邦的"尽君道";张良、萧何、韩信在各自的位置上尽展所长,帮助刘邦夺取天下,这就是他们的"尽臣道"。看来,只有君"尽君道"、臣"尽臣道",各司其职,才能共同把国家治理好。相反,如果有一方未尽其职的话,结果肯定就不一样了。

作为个人来说,这样的道理同样适用。每个人都有各自的特点,也都有各自的职责所在,在我们暂时不能做出选择的时候,要努力把自己负责的事情做好。

别人取得成功，必定因其能力及客观条件所致。适合别人的并不一定适合自己，所以，不要一味地崇拜别人、效仿别人，关键是要把自己职责范围内的事情做好。

7.3【原文】

孟子曰："三代之得天下也以仁，其失天下也以不仁。国之所以废兴存亡者亦然。天子不仁，不保四海；诸侯不仁，不保社稷①；卿大夫不仁，不保宗庙②；士庶人不仁，不保四体。今恶死亡而乐不仁，是犹恶醉而强③酒。"

【注释】

①社稷：土地神和农业神，古代在国都立社和稷的神庙，故亦用来代称统治或政权。

②宗庙：卿大夫有采邑然后有宗庙，所以这宗庙实指采邑而言。

③强：勉强，读上声。

【译文】

孟子说："夏、商、周三代能够得到天下是因为仁，最后失去天下是因为不仁。诸侯各国的兴衰和存亡的原因也是如此。天子不仁，就不能保住天下；诸侯不仁，就不能保住国家；公卿大夫等官员不仁，就不能保住宗庙；士人和百姓不仁，就不能保住性命。现在有些人憎恶死亡但乐于干坏事，这就像害怕醉酒却拼命要去喝酒一样。"

【评论】

道理就是这么简单。孟子将爱民作为一个标准，作为一条道路，爱民的一切都好，不爱民的不仅保不住国家，连自身也保不住。既然怕死，怕保不住名誉地位，就应该爱民，才能得到人民的拥护。但是许多人一旦拥有了名誉地位，拥有了一定的权力，就忘乎所以，只想着自己的私有利益，自己的享乐，而忘记了爱护人民百姓。因此孟子说，这就像厌恶喝醉酒却强要去喝酒一样，既然怕醉酒，就少喝或不喝，然而却非要去喝，因为喝酒确实是愉快的。这就是只为了眼前的一点享受而导致最后失败的"近视症"。

现代患这种"近视症"的人仍然很多，身居高官，薪金比别人拿得多，住房比别人宽阔得多，一切待遇都比别人好得多，却还想贪，为了几十万、几百万元而弄得身败名裂、家破人亡、妻离子散。有些官员虽然不贪财，但为了自己的名誉、政绩，根本没有把人民放在心里，只想干出政绩，只想受到表彰，然后步步高升。这些官员，爱的只是自己，爱的只是名誉地位以及钱财和钱财所能带来的享受。

7.4【原文】

孟子曰："爱人不亲，反其仁；治人不治，反其智；礼人不答，反其敬——行有不得者皆反求诸己，其身正而天下归之。《诗》云：'永言配命，自求多福。'"

【译文】

孟子说："我爱别人却得不到别人的亲近，就应该检讨自己的仁爱程度够不够；治理百姓却没有治理好，就应该回过头来检讨自己的智慧够不够；以礼待人却得不到人家礼的回应，就应该检讨自己的敬意够不够。——任何行为如果没有得到预期效果，都应该反躬自问；自身做得端正，天下的人自会归向他。《诗经》上说：'永合天理而行，就能自己求得多福多寿。'"

【评论】

有人说，人际关系真是太复杂了，其实不然。只要我们时刻存有"爱人敬人"之心，时刻"反求诸己"，就一定会赢得大家的尊重。"爱人者，人恒爱之；敬人者，人恒敬之。""人必自侮，而后人侮之；家必自毁，而后人毁之。"当别人对我们不尊重了，就要自我反省，一定是我对别人没有至诚的恭敬心，一定是我自己做得不够好。

做学生的，如果成绩不好，被老师判了不及格，就要自我反省，是我平时学习不够努力，日后一定要加倍努力学习，而不应该埋怨老师。做老师的，学生上课不认真听课，甚至打瞌睡，就要自我反省，一定是我的课讲得不好，学养不够，不能提起学生的兴趣，然后就要努力提升水平，认真备课，而不是气得火冒三丈。

我们在《公孙丑上》里已听孟子说过："仁者如射：射者正己而后发；发而不中，不怨胜己者，反求诸己而已矣。"意思都是一样的。从个人品质说，是严以律己，宽以待人，凡事多作自我批评。从治理国家政治说，是正己以正人。儒家政治，强调从自身做起，从身边事做起，多与个人品质紧紧连在一起。而自我批评则是其手段之一，其相关论述，在《论语》和《孟子》中可以说是不胜枚举。当然，古往今来，真正能够做到的人又的确是太少了，所以仍然有强调的必要。

爱民，不是简简单单地说一说就行的。爱，一般来说是有回应的，不论什么样的爱，如果没有回应，也就说明自己做得还不够。孟子在这一段话中就强调了要从自身找原因，才能真正地解决问题。

7.5【原文】

孟子曰："人有恒言，皆曰'天下国家'。天下之本在国，国之本在家，家之本在身。"

【译文】

孟子说："人们常说'天下国家'。可见天下的根本在于国，国的根本在于家，家的根本在于个人。"

【评论】

治理天下、国家、家庭，最根本的因素就在于提高个人的素质。而提高个人的素质，则需要每一个人都能选择好自己的人生道路，都能遵守一定的社会行为规范和准则。

这是孟子继承曾子、子思学说的又一发挥。其实他们论述的"修、齐、治、平"，就是怎样成为一个君子的规律，怎样成为一个统治者、领导人的规律。同样都是强调首先要做好个人的修养，如果个人心性修养得不好，就不能担当统治和管理人民的责任；如果依靠暴力、阴谋得到了或继承了统治者的位置，因其不

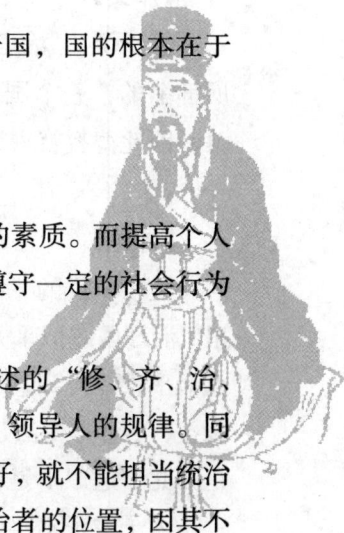

能以人民为重，不能与人为善，结果也是做不好的。所以，从天子开始一直到下面的老百姓，人人都要以修养自身为根本。如果这个根本混乱了，但枝末却是治理得很好，这是不可能的。

我们今天常说："没有国哪有家？没有家哪有我？"似乎与孟子所说的路数恰恰相反。关键是出发点不同。我们今天面对利益，要求奉献，所以强调公而忘私，先人后己；先国家，后集体，再个人。儒者则是强调道德的自我完善，要求修身为本，所以是先己后人，推己及人。"身修而后家齐，家齐而后国治，国治而后天下平。"可见，路数虽相反，道理却是相通的：都是要求为他人，为集体，为国家，为人类作出贡献，这才是最根本的。

7.6【原文】

孟子曰："为政不难，不得罪于巨室①。巨室之所慕，一国慕之；一国之所慕，天下慕之；故沛然德教溢乎四海。"

【注释】

①巨室：赵岐《注》："巨室，大家也，谓贤卿大夫之家。"

【译文】

孟子说："治理国家并不难，只要不得罪那些世家大族就可以了。世家大族所仰慕的，一个国家的人都会仰慕；一个国家的人所仰慕的，天下的人都会仰慕；因此德教就得以弘扬并充满天下。"

【评论】

孟子所说的"巨室"，是指被当时人所敬重和仿效的卿大夫之家。在孟子眼里，治理国政似乎并不很难，关键在于不得罪那些有影响的卿大夫家族。这种观点似乎很能得到赞同，历代许多变法都有惊人的相似，只要是侵犯了"巨室"之利益，不管是变法还是变法者的下场都令人侧目，从商鞅到王安石到戊戌变法都是如此。这似乎是中国官场的存在原则，想长远混下去，就不能得罪"巨室"。

孟子主张不得罪巨室，是因为卿大夫家族所向慕的一国会向慕，进而天下都会向慕，因此德教便会声势浩大、充溢于天下。所以，孟子说"不得罪巨室"并不是现在所说的含有"讨好"成分，孟子只是借有德人来进行德育仁育的宣传，感化国民。

孟子在这里并不是要吹捧世家大族，也不是害怕世家大族。孟子这么说体现了他在政治上现实的一面和妥协的智慧。显然，这个观点是把世家大族看成是国家的支柱，认为世家大族不仅都受到良好的教育，有良好的道德修养，有一定的对事物的认识水平，而且家产万贯，是国家的经济命脉，他们代表国家的方向，国家的意志，他们所仰慕的，一国都会仰慕；他们所追求的，一国都会追求。

所谓的世家大族并不全是靠侵略和剥削压迫人民而得来的，有很多是在建立和治理国家的过程中逐步形成的。也就是说，他们是在拥有一定的权力和地位后，使国家得到治理和发展，也使自己的家族得到治理和发展，因而代代相传，成为一个世家大族。

7.7【原文】

孟子曰："天下有道，小德役大德①，小贤役大贤；天下无道，小役大，弱役强。斯二者，天也。顺天者存，逆天者亡。齐景公曰：'既不能令，又不受命，是绝物也②。'涕出而女于吴③。今也小国师大国而耻受命焉，是犹弟子而耻受命于先师也。如耻之，莫若师文王。师文王，大国五年，小国七年，必为政于天下矣。《诗》云④：'商之孙子，其丽不亿⑤。上帝既命，侯于周服⑥。侯服于周，天命靡常。殷士肤敏⑦，祼（guàn）将于京⑧。'孔子曰：'仁不可为众也。夫国君好仁，天下无敌。'今也欲无敌于天下而不以仁，是犹执热而不以濯也。《诗》云：'谁能执热，逝不以濯⑨？'"

【注释】

①小德役大德：即"小德役于大德"之意，"于"字省略。下三句同。

②绝物：赵岐《注》："物，事也，大国不与之通朝聘之事也。"不通朝聘，即没有国家与之来往，犹现在说的走投无路。

③涕出而女于吴：女，去声，嫁的意思。吴是当时的强国，齐景公因抵御不

了吴的进攻，只好把自己的女儿嫁到吴国去"和亲"。

④《诗》云：此处诗句引自《诗·大雅·文王》。

⑤丽：朱熹《集注》云："数也。"不亿：犹言不下亿万（古人以十万为亿）。

⑥候：发语词，无义。

⑦肤敏：赵岐《注》："肤，大。敏，达。"这是称赞向周臣服的"殷士"通达时变。

⑧裸：亦作"灌"，古代祭祀中的一种仪节，把鬱鬯（chàng，古代祭祀用的酒，用郁金草酿黑黍而成）之酒倒在地上以迎接鬼神。将：朱熹《集注》云："助也。"京：周的京都，今陕西西安。

⑨《诗》云：此处诗句引自《诗·大雅·桑柔》，旧说这是首讽刺周厉王的诗。逝：发语词，无义。

【译文】

孟子说："天下有道义的时代，小德之士敬服大德之士，小贤之人敬服大贤之人；天下无道义的时代，力量小的人就不得不服从于力量大的人，势力弱的人就不得不服从于势力强的人。这两种情况，都是由天决定的。顺从天意的就能生存，违背天意的就要灭亡。齐景公说：'既不能指使别人，又不能接受别人的命令，只能是死路一条。'于是流着泪将女儿嫁给吴国。现今小国效法大国，但却耻于接受大国的指令，这就好比学生耻于听命于老师一样。如果以此为耻，就不如效法周文王。效法周文王，大国五年，小国七年，一定能够掌控天下。《诗经》上说：'殷商的子孙，数量众多。上天既然授命于周，只有对周臣服。臣服于周，说明天命无常。殷朝的臣子个个聪慧，都要到周京城行降周之礼。'孔子说：'仁的力量是不能用数量来衡量的，如果君主喜好仁爱，那就天下无敌。'如今想要无敌于天下者却又不以仁爱为本，就好比是忍受酷热而不用凉水冲洗。《诗经》上说得好：'谁能经受热的煎熬，却不用凉水冲洗呢？'"

【评论】

孟子在这里论述了"以德服人"的治国方略，"以力服人者，非心服也，力不赡也；以德服人者，中心悦而诚服也"。此种治国的方略直接衍生出"仁政"

的人治理论，天下之道不在"法"，而在"德""贤"。

君主作为至高无上的统治者，必以大德居之。而据此理论，能居天子之位者，只能是圣人。臣民只能接受圣人的统治：首先，作为天子，便是圣人，道德高尚无边。其次，只有天子才能给予臣民以无私的爱，并为之带来财富。臣民只能拥护天子，学习圣人为善。孔子说"为政以德"，"道之以政，齐之以刑，民免而无耻。道之以德，齐之以礼，有耻且格。"这种理论直接支持了这样一个观点，即人在这个社会上的贵贱和在家族中的亲疏、尊卑、长幼的差异是天生的，每个人的生活方式和行为必须符合他们的身份和政治、社会地位。不同的身份有着不同的规范。人人只要遵守固有的行为规范，便可以维持理想的社会秩序，国家便可以长治久安。概言之，一个社会的人心善恶取决于德治，而德治又取决于统治者的个人魅力——统治者具有绝对的感召力——这直接导致了仁政实践都衍变为了"人治"。

历代政统有乱世用法、治世用儒的现象，然而不管怎么用，千年道统最后总会把国家拉回德治的轨道。法治不是目的，而德治也不是目的，德治让人知耻是为了教化，其本身也不是目的。人有了羞恶之心，道德才能发生作用，"天下有道，小德役大德，小贤役大贤。天下无道，小役大，弱役强"，所以德治的终极目的是"人之为人"的教化。

让德才素质高的人影响带动素质相对较低的人，从今天的视角看，这体现了发挥人才示范引领作用的思想，对于我们放大人才效应不无启发。

7.8【原文】

孟子曰："不仁者可与言哉？安其危而利其菑①(zāi)，乐其所以亡者②。不仁而可与言，则何亡国败家之有？有孺子歌曰：'沧浪之水清兮③，可以濯我缨④；沧浪之水浊兮，可以濯我足。'孔子曰：'小子听之！清斯濯缨，浊斯濯足矣，自取之也。'夫人必自侮，然后人侮之；家必自毁，而后人毁之；国必自伐，而后人伐之。《太甲》曰：'天作孽，犹可违；自作孽，不可活。'此之谓也。"

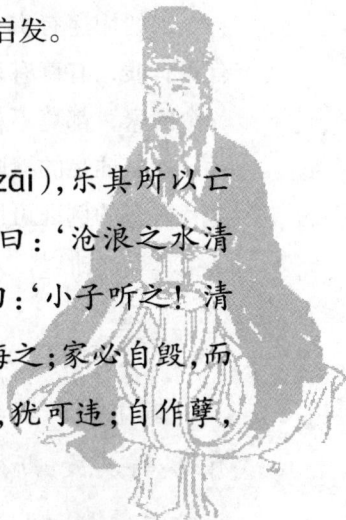

【注释】

①菑：多音字。此处念 zāi，古同"灾"。

②乐：耽乐、沉湎。

③沧浪：卢文弨《钟山札记》云："仓浪，青色；在竹曰苍筤，在水曰沧浪。"

④缨：系帽的丝带。

【译文】

　　孟子说："不仁者难道可以与之讨论问题吗？他们以危为安，以灾为利，把导致国破家亡的事当成乐趣；不仁的人如果可以与之讨论问题，那还会有什么亡国败家的事发生呢？曾经有个儿歌唱道：'清澈的沧浪水啊，可用来洗我的帽缨；浑浊的沧浪水啊，能用来洗我的双脚。'孔子在一旁听了说：'弟子们听着，清澈的水可以用来洗帽缨，浑浊的水只能用来洗双脚，这是由水本身决定的。'所以人一定是先有侮辱自己的行为，然后别人才侮辱他。一个家必然是自己先败坏，别人才来毁坏它。一个国家必然是先自己内乱，别人才来讨伐它。《尚书·太甲》上说：'天降灾祸，还可以躲避；自己酿造灾祸，就逃脱不了灭亡。'说的就是这个意思。"

【评论】

　　水的用途有贵有贱（"濯缨"与"濯足"），是因为水有清有浊造成的，人亦有贵有贱，有尊有卑，又何尝不是由自己造成的呢？不仅个人如此，一个家庭，一个国家，都莫不如此。人因为不自尊，他人才敢轻视；家由于不和睦，"第三者"才有插足的缝隙；国家动乱，祸起萧墙之内，敌国才趁机入侵。所有这些，都有太多的例证可以证实。我们今天说"堡垒最容易从内部攻破"，其实也正是这个意思。所以，人应自尊，家应自睦，国应自强。福祸贵贱都由自取。

7.9 **【原文】**

　　孟子曰："桀纣之失天下也，失其民也；失其民者，失其心也。得天下有道：得其民，斯得天下矣；得其民有道：得其心，斯得民矣；得其心有道：所欲与之聚之①，所恶勿施，尔也②。民之归仁也，犹水之就下、兽之走圹③(kuàng)也。故为渊殴④鱼者,獭也;为丛殴爵⑤者,鹯⑥(zhān)也;为汤武殴民者,桀与纣也。今天下之君有好仁者,则诸侯皆为之殴矣。虽欲无王,不可得已。今之欲王者,犹七年之病求三年之艾⑦也。苟为不畜,终身不得。苟不志于仁,终身忧辱,以陷于死亡。《诗》云:'其何能淑,载胥及溺⑧。'此之谓也。"

【注释】

①与之聚之:王引之《经传释词》训此处"与"为"为"。或训"与"为"给予",即让民众积聚起来,亦通。

②尔也:尔,如此。也,用法同"耳"。

③走圹:走,旧读去声。圹同"旷",旷野也。

④殴:同"驱"。

⑤爵:同"雀"。

⑥鹯:基本字义是古书中说的一种猛禽,似鹞鹰,鹞类猛禽。亦称"晨风"。

⑦三年之艾:赵岐《注》:"艾可以为灸人病,干久益善,故以为喻。"

⑧《诗》云:此处诗句引自《诗·大雅·桑柔》。淑:郑《笺》训为"善"。载胥及溺:朱熹《集注》云:"载,则也。胥,相也。言今之所为其何能善,则相引以陷于乱亡而已。"

【译文】

孟子说:"夏桀、商纣失天下的原因,是因为失去了百姓的支持;他们之所以失去百姓的支持,是因为失去了民心。获取天下是有一定方法的,得到百姓,就会得到天下;得到百姓也是有一定方法的,得民心就会得到百姓的拥护。得民心也是有一定方法的,人民所想要的就给他们,并替他们聚集起来,人民所厌恶的就不要强加给他们,不过如此罢了。人民归向于仁,就像水向低处流,野兽喜欢跑在旷野里一样。所以,替深渊把鱼驱赶来的是水獭;替森林把鸟儿驱赶来的是鹞鹰;替汤王和武王把百姓驱赶来的是夏桀和商纣。现今天下若有施行仁政的国君,那么凶暴的诸侯们就会替他驱赶百姓。即使他不想称王天下,也会身不由己。而当今一些想统一天下的人，就好像生了七年的病企图用三年的陈艾来医治一样。假如不积蓄民心，一辈子也得不到天下。如果不立志于仁爱，就会一辈子忧患受辱，以至陷入死亡的境地。《诗经》上说：'他怎么能好？相互沉陷于灭亡。'讲的就是这类问题。"

【评论】

本章涉及两个问题：一个是民心问题，一个是仁政问题。二者密切相关，相辅相成。

失去天下，首先是失去了民心。违背了社会行为规范，违背了社会公理，人民就不承认你这个统治者。而人民不承认你这个统治者，就会跑到他们认为好的地方、好的国家去。因此，统治者想要得到民心，首先自己要遵守社会行为规范，遵守社会公理。而遵守社会行为规范，遵守社会公理，就是施行爱民政策，仁爱对待人民，平等对待人民，不搞特权，即使在生活方式上也要有所节制，才能得到人民的拥护。

民心问题反映的是民本主义思想，得民心者得天下，失民心者失天下。仁政得民心，不仁则失民心。为渊驱鱼，为丛驱雀。坏人在无意中帮助了好人，恶成了促进历史前进的动力。这里面所蕴含的，正是善与恶的历史辩证法。

地区与地区之间，单位与单位之间，商家与商家之间，也同样存在着这种"为渊驱鱼，为丛驱雀"现象。比如说人才"跳槽"，往往是由于原单位的领导人失去了人才的信赖之心而发生，这等于是这个单位的领导人主动把自己的人才驱赶到另外的单位去。又比如说商家竞争，如果哪一个商家销售假冒伪劣品，抬高物价，服务态度又恶劣的话，等于是把顾客驱赶到别的商家去，无意之中帮了自己竞争对手的忙。

这里的道理是非常简单的。只不过在实际生活与工作中，我们往往不知不觉地做了这种"为渊驱鱼，为丛驱雀"的蠢事还没有意识到罢了。如此说来，倒是有必要反省反省，看看我们自己是否做了那"为渊驱鱼"的水獭或是"为丛驱雀"的鹯鹰。

7.10【原文】

孟子曰："自暴①者，不可与有言也；自弃者，不可与有为也。言非②礼义，谓之自暴也；吾身不能居仁由义，谓之自弃也。仁，人之安宅也；义，人之正路也。旷安宅而弗居，舍正路而不由③，哀哉！"

【注释】

①暴：朱熹《集注》云："犹害也。"

②非：朱熹《集注》云："犹毁也。"

③由：遵循，行走。

【译文】

孟子说："自己损害自己形象的人，是不能和他探讨出有意义的见解的；自己放弃追求的人，是不能指望他有什么作为的。讲话违背礼义的人，就是自己损害自己的形象；行为处事不符合仁义，就是自己放弃一切追求。仁是人最安适的居所；义是人最正确的道路。将安适的居所空着不去住，舍弃正确道路而不走，真是可悲啊！"

【评论】

孟子是非常反对自暴自弃的。孟子认为每个人天生就有善心，那么恶又是从何而来的呢？对此，孟子认为：一个人本身的原因和外界环境的影响对恶性的滋长、善性的失去都有重要的影响。在人自身，人不能向善是因为人"不能尽其才者也"，也就是因为人摒弃了自己与生俱来的"善端"。

在孟子这里，自暴自弃指自己不愿意居仁心，行正义，而且还出言诋毁礼义的行为。稍加引申，也就是自己不愿意学好人做好事而自卑自贱，自甘落后，甚至自甘堕落。这也是现代成语"自暴自弃"的来历，只不过我们今天使用这个成语时，多半指那些遭受挫折后不能重新振作的人罢了。

从孟子宣传推广仁义道德的本意来看，他的这一段文字是非常优美而具有吸引力的。我们今天动辄就说寻找"精神家园"，而孟子早已明明白白地告诉我们：

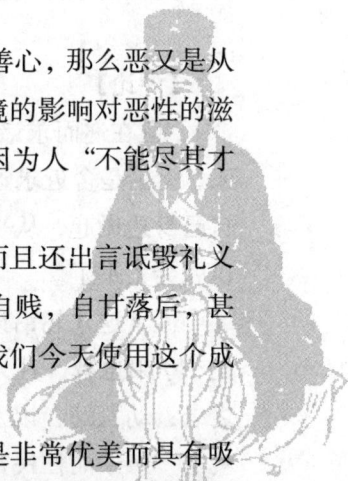

"仁，人之安宅也。"仁，是人类最安适的精神住宅、精神家园，你还到哪里去寻找呢？我们今天动辄就劝人走光明大道，而孟子早已明明白白地告诉你："义，人之正路也。"义，是人类最正确的光明大道，你为什么还不去走呢？所以，孟子非常动感情地说："旷安居而弗居，舍正路而不由，哀哉。"

所谓"苦海无边，回头是岸"，孟子这一段劝人不要自暴自弃的文字，真是最为形象妥帖。

7.11【原文】

孟子曰："道在迩①而求诸远，事在易而求之②难：人人亲其亲，长其长，而天下平。"

【注释】

①迩：近也。

②之：朱熹《集注》等版本写作"之"。焦循《孟子正义》等版本写作"诸"。

【译文】

孟子说："道路在近旁而偏要向远处去求，事情本来很容易而偏要向难处做。每个人只要亲爱自己的亲人，敬重自己的长辈，天下就太平了。"

【评论】

"道在迩而求诸远"是舍近求远，"事在易而求诸难"是舍易求难。在孟子看来，无论是舍近求远还是舍易求难都没有必要，都是糊涂。相反，只要人人都从自己身边做起，从平易事努力，比如说亲爱自己的亲人，尊敬自己的长辈，天下也就会太平了。

孟子这几句话说得平易朴实，但其中却蕴含着儒家学说的核心思想：一方面是"孝弟也者，其为仁之本与"（《论语·学而》），另一方面是"老吾老，以及人之老；幼吾幼，以及人之幼，天下可运于掌"（《孟子·梁惠王上》）。归结起来，就是"亲亲而仁民"，再进一步说，也就是《大学》所展开的"修身，齐家，治国，平天下"了。

人人从自己身边做起，从平凡小事做起，正是我们所应提倡的精神。一举手，一抬足，一句话，一个眼神，都可以助人。你不助人，人不助你；你若助人，人人助你！比如说遵守交通规则，比如说爱护清洁卫生等诸如此类的事情，不是都应该从我们自己做起，从身边做起吗？

7.12【原文】

孟子曰："居下位而不获于上，民不可得而治也。获于上有道，不信于友，弗获于上矣；信于友有道，事亲弗悦，弗信于友矣。悦亲有道，反身不诚①，不悦于亲矣。诚身有道，不明乎善，不诚其身矣。是故诚者，天之道也；思诚者②，人之道也。至诚而不动者，未之有也；不诚，未有能动者也。"

【注释】

①反身不诚：朱熹《集注》云："反求诸身而其所以为善之心有不实也。"
②思诚：赵岐《注》："思行其诚。"

【译文】

孟子说："职位低下而得不到上司的信任，是不能治理好百姓的。要获得上司的信任也有一定的方法，如果不能得到朋友的信任，也就不能获得上司的信任。取信于朋友也有一定的方法，如果侍奉父母而不能博得父母的欢心，也就不能得到朋友的信任。博得父母的欢心也有一定的方法，如果反躬自问而不诚心诚意，也就不能博得父母的欢心。要想诚心诚意也有一定的方法，如果不明白什么是善，也就不能做到真心诚意。所以，诚是天道；追求诚是人道。有了至诚的心意而没有感动别人，是没有的。不真心诚意，要想感动别人也是不可能。"

【评论】

这一章除了最后两句外，几乎与《中庸》第二十章里面的一段文字完全相同。这说明《中庸》与"思孟学派"之间存在密切关系。朱熹认为，子思受教于孔子的学生曾子，孟子又受教于子思，所以，是孟子"述《中庸》孔子之言"。

但现代学者一般认为，应该是《中庸》取于《孟子》，而不是相反。

《中庸》里有若干章都反复强调了这个问题，而《大学》所提出的人生进修阶梯，里面非常重要的一级也是"诚意"的问题。由此可见，"诚"的确是儒学的核心观念之一。从天子开始一直到下面的老百姓，人人都要以修养自身为根本。如果这个根本混乱了，还能治理得很好，这是不可能的。就如商纣王，心性残暴荒淫，很难想象殷商王朝被他治理得很好。一个领导人，一个统治者，如果不以人民为重，人民也就不会以他为重。这也是人际关系间的对等原则，也是作为一个君子的人生规律。

以这里与《中庸》相同的文字来看，由"明善"到"诚身"，由"诚身"到"悦亲"，由"悦亲"到"信于友"，由"信于友"到"获于上"，直到"民不可得而治也"的反面，那就应该是"民可得而治矣"。实际上也就是《大学》所谓"修、齐、治、平"的序列，所以朱熹说这段文字"亦与《大学》相表里，学者宜潜心焉"（《孟子集注》卷七）。

一句话归结起来，在儒家的学说里，真诚的确是立身处世的根本所在，一个人如果没有真诚，一切都无从谈起。所以，孟子最后说："至诚而不动者，未之有也；不诚，未有能动者也。"

7.13【原文】

孟子曰："伯夷辟纣，居北海之滨，闻文王作①，兴曰：'盍归乎来②！吾闻西伯③善养老者。'太公辟纣，居东海之滨，闻文王作，兴曰：'盍归乎来！吾闻西伯善养老者。'二老者，天下之大老也，而归之，是天下之父归之也。天下之父归之，其子焉往？诸侯有行文王之政者，七年之内，必为政于天下矣。"

【注释】

①作：赵《注》以"作兴"为一辞，朱熹以"作"属上读，"兴"属下读，云："作、兴，皆起也。"此处从朱说。

②来：据王引之《经传释词》，"来"是句末助词。

③西伯：即周文王。

【译文】

孟子说："伯夷躲避商纣王，住到北海边，听说周文王兴起，便说：'何不到他那里去呢？我听说他善于赡养老人。'姜太公躲避商纣王，住到了北海边，听说周文王兴起，便说：'何不到他那儿去呢？我听说他善于赡养老人。'这两个老人，是天下声望很高的老人，他们归服周文王，就等于是天下的父老都归向周文王了。天下的父老都归向周文王，他们的子女还能往哪里去呢？诸侯中如有施行周文王之仁政的，在七年之内，就能施行自己的仁政于天下了。"

【评论】

孟子特地举了周文王爱民而供养老人的事迹，说明周朝之取代商朝而得到天下，并不是完全靠武力征服来的，而是周文王在前期所推行的爱民政策已经赢得了民心，所以周武王才一战而胜。

孟子将伯夷、太公比拟成天下老人，老人们认为文王养老人做得很好，因而奔归文王。既然天下的老人奔归文王，天下的儿子自然也就随同父母一道奔归文王。有天下人的归附，文王焉得不兴，大事焉得不成。

孟子这种以是否老有所养作为评价政治准则的思想也为现代很多国家印证。现代社会，很多管理得好的国家，养老问题都解决得很合理。这些养老问题解决得好的国家通过建立养老制度来保障老年人的生活，解除个人对父母的沉重养老义务，从而让人得以不必通过生养儿子来养老。

依孟子的这一思想，从看一个国家的养老来看一个国家的政治。一个国家的养老做得好，这个国家的政治也就好，反之亦然。

7.14 **【原文】**

孟子曰："求也为季氏宰①，无能改于其德，而赋粟②倍他日。孔子曰：'求非我徒也，小子鸣鼓而攻之可也③。'由此观之，君不行仁政而富之，皆弃于孔子者也，况于为之强战？争地以战，杀人盈野；争城以战，杀人盈城。此所谓率土地而食人肉，罪不容于死。故善战者服上刑④，连诸侯者⑤次之，辟草莱、任土地⑥者次之。"

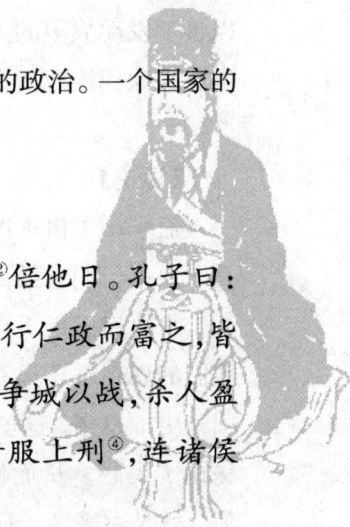

【注释】

①求：孔子的弟子冉求，字子有。季氏：指当时执掌鲁国大权的季孙氏。宰：大夫的家臣。

②赋粟：朱熹《集注》云："赋，犹取也，取民之粟倍于他日也。"

③这段话亦见于《论语·先进》篇。

④服上刑：《尚书·吕刑》"五罚不服"传云："不服，不应罚也。"则"服"为"应罚"之义。赵岐《注》："上刑，重刑也。"

⑤连诸侯：朱熹《集注》云："连接诸侯，如苏秦、张仪之类。"

⑥辟草莱、任土地：朱熹《集注》云："辟，开垦也。任土地，谓分土授民，使任耕稼之责，如李悝尽地力、商鞅开阡陌之类也。"

【译文】

孟子说："冉求做了季康子的总管，没有能力改变季氏的不仁德，而征收的赋税比过去增加了一倍。孔子说：'冉求不是我的弟子了，学生们可以大张旗鼓地批评他。'由此看来，国君不施行仁政而聚敛财富，都是被孔子所唾弃的，更何况是替不仁君主卖力打仗的人呢？为争夺地盘而战，往往杀人遍野；为掠夺城镇而战，往往杀人满城；这就是所谓的为了土地而吃人肉，这些人死有余辜。所以善于发动战争的人应受重刑，勾结诸侯互相攻打的要受次一等刑罚，破坏自然生态、砍伐烧荒而扩大自己土地的人也要受到惩罚。"

【评论】

孟子举了冉求的例子，冉求为季氏掠夺财富，肯定不是最佳行为方式，所以孔子要弟子们鸣鼓而攻之。此段记载亦见于《论语·先进》。

自夏启王天下以后，历朝历代的统治者莫不想使自己的国家民富国强，然而他们的思想观念只有一个，即依靠自身强大的武力来使自己更加富裕，使自己的国家更加富裕，这就使人类之间的战争愈演愈烈。只有周文王是依靠爱民政策而赢得了民心，从而使周武王能轻易地取得天下。周文王的这些思想以及所作所为，就是后来老子所说的："善为士者，不武；善战者，不怒；善胜敌者，不与；

善用人者，为之下。是谓不争之德，是谓用人之力，是谓配天古之极。"（《道德经·六十八章》）既然以慈爱来对待人，那么，即使是善于做将帅的人也不轻易动武；因为战争的目的一是侵略，一是抵抗侵略。侵略不是慈爱，抵抗侵略也要怀着慈爱的态度，不以杀人为目的。如果在抵抗侵略的战争中也失去了慈爱之心，那就与侵略战争一样了。而且，善于战斗的人不轻易发怒；这是因为人一发怒就容易冲动，就容易失去理智，而失去理智就可能失去慈爱，也就不可能取得胜利。

孙子在《孙子兵法·谋攻》中也表达出这种思想："是故百战百胜，非善之善也；不战而屈人之兵，善之善者也。故上兵伐谋，其次伐交，其次伐兵，其下攻城。攻城之法，为不得已。"也就是说，不进行战争而使天下归服，才是治理人民的最上等典范。

7.15【原文】

孟子曰："存①乎人者，莫良于眸子②。眸子不能掩其恶。胸中正，则眸子瞭③（liǎo）焉；胸中不正，则眸子眊④（mào）焉。听其言也，观其眸子，人焉廋⑤（sōu）哉？"

【注释】

①存：《尔雅·释诂》云："存，察也。"

②眸子：朱熹《集注》云："目瞳子也。"

③瞭：眼珠明亮。

④眊：眼睛失神，看不清楚，引申为糊涂。

⑤廋：赵岐《注》："匿也。"

【译文】

孟子说："观察一个人，没有比观察他的眼睛更好的了。因为眼睛无法掩盖一个人的罪恶。心正，眼睛就会明亮；心不正，眼睛就会昏暗。听一个人说话，观察他的眼睛，善恶都无法隐藏。"

【评论】

怎么样辨别、判断一个人是否采取最佳行为方式呢？孟子认为，要看一个人的眼睛、眼神，因为眼睛是心灵的窗户，心中所思所想，都会在眼睛中表现出来。

"眼睛是心灵的窗户"，这句名言是意大利文艺复兴时期画家达·芬奇从人物画的角度来说的。而我们看到，早于他一千多年，中国的孟子就已经从识人的角度把这个道理说得非常清楚了。日莲宗的《妙法尼》也说过："巨人也好，侏儒也罢，其志气乃表现在一尺的脸上；一尺脸上的志气，则尽收在一寸的眼睛中。"

所以，与其察言观色，不如观察他的眼睛。现代美容术已经使人的眼眶、眼角、眼梢、眼皮甚至眼睫毛都成了它的试验场地，但是，仍有一点是它无能为力的，那就是眼神。眼神是无法加以化妆或掩饰的，任你是如何高明的一位超级美容大师。观察眼神，洞若观火。判断一个人，别听他说得口若悬河，天花乱坠，你要看着他的眼睛。

7.16【原文】

孟子曰："恭者不侮人，俭者不夺人。侮夺人之君，惟恐不顺焉，恶得为恭俭？恭俭岂可以声音笑貌为哉？"

【译文】

孟子说："为人谦恭的人不会欺侮他人，善于自我约束的人不会掠夺别人。欺侮而且掠夺别人的君王，生怕别人不顺从，怎么能够做得到谦恭而且自我约束呢？谦恭、自我约束难道可以只凭悦耳的声音、献媚的笑容表现出来吗？"

【评论】

谦恭是发自内心地对别人的尊敬，其中又包括有人人平等的思想，不耻下问的谦虚和恭敬。这里面最重要的是人人平等，假如首先认为自己高人一等，恃才傲物，自己优秀，有特权，也就不会对别人谦恭了。而真正能做到谦恭，思想观念中时时刻刻是人人平等，当然也就不会欺侮别人了。

老子讲三宝：慈、俭、不为天下先。孔子也讲"温、良、恭、俭、让"。孟子讲"恭、俭"。这里的"俭"应该不仅是物质上的不奢华靡费，而且是讲精神上的谦卑克己、为政上的爱惜民财民力、做人上的内敛含蓄。

因此，依靠着武力和权力而进行统治的统治者，就会时时刻刻害怕人民不顺从自己；如果是实行爱民政策的统治者，因为他思想观念中时时刻刻都是人人平等的，他待人也就是谦恭的；按照对等原则，人民也就会谦恭地对待他，顺从、服从他。

而社会行为规范光靠讲是不行的，靠的是每个人的自觉自愿，自我约束。有许多约定俗成的风俗习惯以及一些社会行为规范不是法律法规，别人管不着，国家法律也管不着，因此就要靠自我约束以及自省自悟，自觉遵守。也就是说，只有在行为上做到谦恭而且能自我约束才行，仅仅是巧言令色地在音容笑貌上表现出来，那就不能叫谦恭和自我约束，只能叫作伪善。

7.17【原文】

淳于髡^①曰："男女授受不亲，礼与^②？"

孟子曰："礼也。"

曰："嫂溺，则援之以手乎？"

曰："嫂溺不援，是豺狼也。男女授受不亲，礼也；嫂溺，援之以手者，权也^③。"

曰："今天下溺矣，夫子之不援，何也？"

曰："天下溺，援之以道；嫂溺，援之以手——子欲手援天下乎？"

【注释】

①淳于髡（kūn）：姓淳于，名髡，齐国人，《史记·孟子荀卿列传》说他"博闻强识，学无所主"。

②授受不亲：朱熹《集注》云："授，与也；受，取也。古礼，男女不亲授受，以远别也。"

③权：变通。

【译文】

淳于髡问孟子："男女之间不能亲手递接东西，这是礼吗？"

孟子说："是礼制。"

淳于髡说："如果嫂子落水，能用手去拉她吗？"

孟子说："嫂子落水不伸手拉她，那就是豺狼。所谓男女不能直接亲手递接，是礼制；嫂子落入水中，伸手去拉，是一种权宜变通之计。"

淳于髡说："如今天下百姓都落入水中，先生却不伸手去救援，这是为什么呢？"

孟子说："天下百姓都落入水中，要用'道'去救援。嫂子入水中，只需伸手去拉。你难道想让我用手去拉天下百姓吗？"

【评论】

据记载，太史公在《史记》里描述淳于髡人虽矮小，其貌不扬，但称他"滑稽多群，数使诸侯，未尝屈辱"，是当时齐国准外交部长级的人物，幽默诙谐的名士。且看他问孟子的问题，出语不凡，神出鬼没而又直奔本质。但孟子毕竟是圣人级的高手，群才无碍。只需略施机锋，以"权"释"礼"，便出人意表又合于情理地回答了对手的诘难，令人不得不服。

男女授受不亲是中国古代礼制中一条微妙的牵涉性心理问题的规定。由于有这一条规定，当"嫂溺"的时候是否"援之以手"就是一个令人尴尬的问题了。

同是救人，但却有方式问题，救一个淹入水中的人，可以用一只手，但想要救天下的人，孟子强调，却只能用一条道路，即走爱民、为民、裕民的道路，否则，无路可走。要想依靠权力和武力来统治天下人民，那只是痴心妄想。

人心思善，万物随变。人心向恶，天下溺苦。社会，只有授之以道，人人都从内心改变自己，注重自己的道德修为，溺苦的人自然就能有救。

"整个天下掉在水里了"，一个一个地去救助溺苦的人不仅是救不过来的，而且会有越来越多的溺苦。"援救天下人要用道"，要用正确的方式方法，与援救掉到水里的嫂子是性质不同的。对于淳于髡刁钻的诘问，孟子回答堪称准确完美，条理清晰，滴水不漏，表现出了通权达变，智者风范。而我们在前面的若干篇章中已经知道，孟子非常重视这种原则性和灵活性相统一的通权达变方法。

7.18【原文】

公孙丑曰：“君子之不教子，何也？”

孟子曰：“势不行也。教者必以正；以正不行，继之以怒；继之以怒，则反夷^①矣。'夫子教我以正，夫子未出于正也。'则是父子相夷也。父子相夷，则恶矣。古者易子而教之，父子之间不责善^②。责善则离，离则不祥莫大焉。”

【注释】

①夷：赵岐《注》：“伤也。”

②责善：以善相责备，朱熹《集注》云：“责善，朋友之道也。”

【译文】

公孙丑问孟子：“君子不亲自教育儿子，为什么呢？”

孟子说：“这在情势上行不通。教育必须要用正理正道，用正理正道而无效，执教者就会发怒。怒气一产生，反而伤了父子之情。儿子会说：'您用正理正道教育我，可您的行为却不出于正理正道。'这样父子之间就相互伤感情了。父子之间相互伤感情，关系就会恶化。古时候的人们交换儿子来教育，父子之间不因求善而互相责备。因求善而互相责备就会使父子隔阂而互相分离，父子之间有了隔阂，这是最不好的事了。”

【评论】

此章所讲的是教育方法问题。古人之所以不主张亲自教育自己的儿子，是为了避免教育中产生的副作用。朱熹《集注》说：“易子而教，所以全父子之思，而亦不失其为教。”

孟子不支持亲自教育自己的儿子，是因为孟子看到了当时家庭教育的过程中都有这样的通病：教者以正、继之以怒、反夷。

子女如果不正，就生气责罚他们，子女心里已经不满了。子女再看看父母所做的，正与他们教自己的相反，于是就更愤愤不平了。因此，父子之间的代沟，相互的不满，早在子女幼儿时期，就已经播下了种子。因此，父母子女之间，就

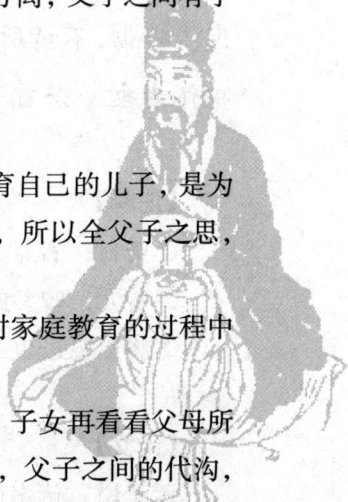

产生了芥蒂、嫌隙，所以言传不如身教啊！

"父子之间不责善"，孟子所说的这句话，非常重要，点出了父子关系不睦的根源。父子之间不可要求过多。这个"责善"的"责"，就是责备求全的意思，也就是不要过分求好。没有一个孩子喜欢家里住着一个"大法官"，对他的各种行为做出各种批判。父子之间如果责善，就会破坏感情，就会有嫌隙。孝道要建立在真感情上，才会稳固。清代彭兆荪在《忏摩录》中说："家庭骨肉间，只当论恩义，不当论是非；一校是非，则有彼我之见，而争心生矣。"在家庭父子、夫妇、兄弟之间，只能够讲感情，如果一谈到谁是谁非，问题就来了。这也就诠释了孟子所说父子之间不责善的道理。

关系比教育更重要。如果父母能够警惕亲子关系中滔滔不绝的说教、因求全责备心态而来的怒火，而代之用自己的实际行动来影响孩子，那亲自教子又何妨呢？

7.19【原文】

孟子曰："事，孰为大？事亲为大；守，孰为大？守身为大。不失其身而能事其亲者，吾闻之矣；失其身而能事其亲者，吾未之闻也。孰不为事？事亲，事之本也；孰不为守？守身，守之本也。曾子养曾晳①，必有酒肉。将彻，必请所与。问有余，必曰'有'。曾晳死，曾元②养曾子，必有酒肉。将彻，不请所与。问有余，曰'亡矣'。——将以复进也③。此所谓养口体者也。若曾子，则可谓养志也。事亲若曾子者，可也。"

【注释】

①曾晳：名点，曾参的父亲，也是孔子的弟子。

②曾元：曾参的儿子，《礼记·檀弓》曾载其人。

③将以复进也：赵岐《注》："曾元曰无，欲以复进曾子也。"

【译文】

孟子说："侍奉谁是最大的事？侍奉父母是最大的事。守护什么是最大的事？

守护自身善性是最大的事。不丧失善性又能很好地侍奉父母的人，我听说过。丧失善性，却能很好地侍奉父母亲的人，我没有听说过。侍奉的事谁都应该做，但是侍奉父母是最根本的；守护的事谁都会做，但是守护自身善性是最根本的。曾子奉养他的父亲曾皙，每餐必定有酒和肉，饭后把饭菜撤走时，一定请示'把剩下的饭菜给谁？'如果问'还有没有剩余？'必然回答说'有。'曾皙去世以后，曾元奉养曾子，每餐也必定有酒和肉，但饭后把饭菜撤走时，不请示'把剩下的饭菜送给谁？'如果问'还有没有剩余？'必然回答说'没有了。'其实他是想把剩下的饭菜下次再给曾子吃。这就是人们所说的仅仅是供养父母口体的做法。像曾子那样做，才可称为守护自身善性。侍奉双亲要像曾子那样，才算可以。"

【评论】

俗语说"百善孝为先"，告诉我们"孝"属于"善"的最重要一种。但是孝顺并不代表善性就得到了守护，善性其他的方面也要做好，否则孝顺也做不到。曾子曰："孝有三，大孝尊亲，其次弗辱，其下能养。"第一件是对父母双亲的尊敬与恭敬。第二件就是不要让父母双亲因为儿女的为人不检点，道德低下，受人指责侮辱。如果儿女受到法律制裁，父母就更会感到无颜面对亲戚朋友和街坊同事。最后是能够赡养父母双亲。反之就是不孝。

曾经有媒体报道，某贪官犯法，在讲述该贪官成长过程时，说这个贪官从小到大对其父母很孝顺之类的。真是可笑！贪官自己身陷囹圄，甚至连命都丢了，让父母的辛苦和期望付诸东流，让父母妻儿处于哀伤、屈辱、无人照顾的境地，怎能说是孝顺？

每个人从一出生就有一个终生不变的身份，那就是父母亲的儿子或女儿。一个从先天带来的责任，事亲；一个后天得到的责任，守身。做人当做好人，为人当本分。善性是我们守护的根本，我们无论什么时候也不能丢掉。

7.20【原文】

　　孟子曰："人不足与适①(zhé)也，政不足闲②也；唯大人为能格君心之非③。君仁，莫不仁；君义，莫不义；君正，莫不正。一正君而国定矣。"

【注释】

①人不足与适：适（適）同谪，谴责。

②闲：非也。

③格：纠正。或谓此处之"格"与《大学》"格物"之"格"同义，是穷究的意思，亦通。

【译文】

孟子说："那些当政的小人不值得谴责，他们的政治也不值得非议。唯有大人才能纠正君子的不正确思想。君行仁，人民莫不行仁；君行义，人民莫不行义；君正直，人民莫不正直。只要有一个正直的国君，那么国家就能安定了。"

【评论】

孟子在这里指出，君主是君臣关系的主要方面，其行为具有引导、统率作用。孟子强调，为官从政者要做大人，敢于发表不同意见，纠正君主的错误。尊贤还蕴含着一个重要思想，即人的尊卑高下，不仅决定于等级地位和年龄大小，而且决定于人的智慧知识和品德境界，尊贤就是要尊敬那些有学问、有道德的贤人。无怪乎朱熹注释道："贵贵、尊贤，皆事之宜者。然当时但知贵贵，而不知尊贤，故孟子曰其义一也。"

7.21 **【原文】**

孟子曰："有不虞①之誉，有求全之毁。"

【注释】

①不虞：意想之外。

【译文】

孟子说："有料想不到的赞誉，也有过于苛求的诋毁。"

【评论】

孟子在这里认为，凡事要靠度量、衡量，才能选择到最佳行为方式，但即使如此，也有很多事情出乎人们的意料之外，所以凡事不能不谨慎，但也不能太过谨慎。

比如赞誉、表扬，你做了一件普普通通的事，你认为很平常，可是赞誉、表扬突然而来，就会使你面红耳赤。还有一种情况就是求全，要求全面，要求完美，殊不知，过犹不及，一不小心，全盘皆毁。所以，在选择最佳行为方式时，既不能太过，也不能不及。然而要做到中规中矩，却又很难，所以我们每一个言谈举止都要谨慎小心，按照既定的社会行为规范做事，才会少犯错误。

之所以要"宠辱不惊，闲看庭前花开花落"（《菜根谭》），因为毁誉本身就不一定客观准确，有时甚至还是黑白混淆，是非颠倒。何必因他人对自己赞誉或诋毁而乱了自己的心性呢？

当然，说是这么说，能够完全无动于衷，超脱于毁誉之外，真正"闲看庭前花开花落"的人毕竟是很少的。一般人总是听到别人的赞誉就高兴，听到别人的诋毁就生气，这是人之常情，但至少不必太在意。

7.22**【原文】**

孟子曰："人之易①其言也，无责耳矣②。"

【注释】

①易：赵注、朱熹均训为"轻易"。

②无责：没有责任心。

【译文】

孟子说："轻易发表意见的人，就是没有责任心的人。"

【评论】

此句在文中单列一段，无上下文背景，解说起来也无所依傍。杨伯峻先生翻译此句说："人把什么话都轻易地说出口，那便不足责备了。"暂且不论这句话意

思通不通，只从语感上看，把"无责"翻译成"不足责备"，很容易产生歧义。

歧义之一是：对于轻率发言论的人，不要去责备他，因为他们不足责备。

歧义之二是：轻率发表意见的人太无聊无耻了，不值得我们浪费力气去责备。

孔子和孟子，都主张好善恶恶，对于不好的现象，是要鸣鼓而攻之的，"人而无信，不知其可"，不是在责备轻率无信的人吗？"攻乎异端，斯害也已"，对于研究异端邪说并到处宣扬的人，孔子认为他们于人于己都有害，这不也是在批评吗？孟子的批评锋芒，上指独夫，下至谗佞，如果说对于轻率不负责任的人，孟子却用宽容的态度，只是笑笑说他们不值得责备，这恐怕不是孟子的性格吧。

所以，我们采取更直接的翻译：轻率发表意见的人，是没有责任心、不负责任的人，因而是不可信任的。

儒家在个人品德修养方面，一贯主张要慎于言辞，在《论语》中孔子曾多次以这一条告诫自己的门徒。朱熹说："人之所以轻易其言者，以其未遭失言之责故耳。盖常人之情，无所惩于前，则无所警于后。非以为君子之学，必俟有责而后不敢易其言也。"《集注》

7.23【原文】

孟子曰："人之患在好为人师。"

【译文】

孟子说："人的毛病在于喜欢做别人的老师。"

【评论】

孟子的真正意思是说："人之患在于想改变别人，并且相信自己是可以改变别人的人！"如果有人相信自己可以改变别人，并且去做改变别人的事，那就是最大的祸患！

喜欢做别人的老师有什么不好呢？症结在于"好"为人师而"不能"。

"满罐水不响，半罐水响叮当。"真正胸有雄兵百万的人并不急于露才扬己，倒是那些半瓶子醋的人自以为了不起，动辄喜欢做别人的老师，出言就是教训别人，其结果是误人子弟，令人啼笑皆非。不仅如此，好为人师的人还往往自满自足，不思深造精进，结果是不但害人，也害自己。

时过两千余年，现在很多人仍是喜欢充当别人的老师，对别人的一举一动，一言一行，动辄表扬或批评，甚至责骂。殊不知，别人在他的一举一动、一言一行上，都是经过了考虑才有所行动的，站在他的立场上，他认为是对的，正确的。这个是非对错问题要看各人的立场，各人的出发点，所以不能动不动就指责、教导别人。

如果真想帮助他，就只能建议他，帮他分析问题，找到解决问题的方法。

7.24【原文】

乐正子从于子敖①之齐。

乐正子见孟子。孟子曰："子亦来见我乎？"

曰："先生何为出此言也？"

曰："子来几日矣？"

曰："昔者。"

曰："昔者，则我出此言也，不亦宜乎？"

曰："舍馆②未定。"

曰："子闻之也，舍馆定，然后求见长者乎？"

曰："克有罪。"

【注释】

①子敖：为王骥之字。

②舍馆：《说文》："馆，客舍也。"

【译文】

乐正子随同王子敖到了齐国。

乐正子拜见孟子。孟子说："你也会来看我吗？"

乐正子说："您为什么说这样的话呢？"

孟子说："你来了几天了？"

乐正子说："昨天来的。"

孟子说："昨天？那么我说这样的话不合适吗？"

乐正子说："我是因为住的客舍还没有找好。"

孟子说："你曾听说过，要等客舍找好后，才来求见长辈的吗？"

乐正子说："我有罪过。"

【评论】

这是孟子在最佳行为方式上举的一个例子。乐正子显然没有选择最佳行为方式，他长途旅行来到齐国，便首先忙起了自己的事情，等事情办得差不多了，才去看老师。他的这种作为，在现代人看来并不为过，但实际上却很不好。尊敬老师，就要如尊敬父母一样。如果离别家乡好几年而有一天回家，但却在别处住了几天才进家看望父母，这叫什么呢？

7.25【原文】

孟子谓乐正子曰："子之从于子敖来，徒哺啜①（chuò）也。我不意子学古之道而以哺啜也。"

【注释】

①哺啜：朱熹《集注》云："哺，食也。啜，饮也。"

【译文】

孟子对乐正子说："你追随王子敖来，只图吃喝而已。我没有想到你学了先圣之道，竟然是为了吃喝。"

【评论】

孟子在这里进一步讨论了乐正子来齐国的行为方式，如果说乐正子来齐国是为了看望老师，那么他一到齐国，就应该首先来拜望老师，然而他没有来，而是随着王子敖游山玩水，吃吃喝喝，显然他也没有做什么正事，所以孟子批评他。

7.26【原文】

孟子曰："不孝有三①，无后为大。舜不告而娶，为无后也，君子以为犹告也。"

【注释】

①不孝有三：赵岐《注》："于礼有不孝者三事，谓阿意曲从，陷亲不义，一不孝也；家贫亲老，不为仕禄，二不孝也；不娶无子，绝先祖祀，三不孝也。"

【译文】

孟子说："不孝顺父母的事有三种，其中以没有后代的罪过为最大。舜没有禀告父母就娶妻，为的就是怕没有后代。所以，君子认为他虽然没有禀告，但实际上和禀告了一样。"

【评论】

在孟子的原话中，并没有讲明其他的两种不孝是什么。到了东汉，赵岐阐述了他个人对于孟子这段话的理解："于礼有不孝者三事，谓阿意曲从，陷亲不义，一不孝也；家贫亲老，不为禄仕，二不孝也；不娶无子，绝先祖祀，三不孝也。三者之中，无后为大。"

第一种不孝，是"阿意曲从，陷亲不义"。子女用各种委屈顺从的方式来讨好父母，结果让父母陷于不义。什么意思呢？父母有可能做坏事、做错事，子女却说您做的都对，这就容易出问题。所以真正的儒家讲孝顺，做子女的一定要知道什么叫是非善恶。孔子说过，发现父母犯错，要委婉地劝阻，如果父母不接受建议，子女不能生气，更不能和父母吵架，还是要尊敬父母，内心忧愁，但是不要抱怨。做子女的只能逆来顺受，设法多积功德，为父母补救一些过失。

第二种不孝，是"家贫亲老，不为禄仕"。家里很穷，父母老了，孩子不出去做官做事，以赚钱奉养父母。

第三种不孝，是"不娶无子，绝先祖祀"。孩子成年了，不结婚，没有儿子，以至于祖先的祭祀停下来了。这本来排在第三位，孟子却说"无后为大"，为什么？"不孝有三，无后为大"是孟子在评价舜结婚的事情时说的，完整的原话是："不孝有三，无后为大，舜不告而娶，为无后也，君子以为犹告也"。在"忠孝"为主题的封建时代，这句话就有了无上的魔力。为了孝、为了不断后，无论世家还是贫民，都无所不用其极，随之产生了一系列社会怪象。

7.27【原文】

孟子曰："仁之实，事亲是也；义之实，从兄是也；智之实，知斯二者弗去是也；礼之实，节文斯二者是也；乐之实，乐斯二者，乐则生矣；生则恶可已也，恶可已，则不知足之蹈之手之舞之。"

【译文】

孟子说："仁的主要内容是侍奉父母；义的主要内容是顺从兄长；智的主要内容是懂得这两者而坚持下去；礼的主要内容是对这两者关系的调节和修饰。乐的主要内容是从这两者中得到快乐，快乐就会产生。快乐一发生就无法休止，无法休止就会不知不觉地手舞足蹈起来。"

【评论】

孟子在本章总结说：建立人与人相互亲爱的关系的实质内容，是侍奉亲人。也就是说，从侍奉亲人开始做起，才能侍奉上级，才能侍奉外面的长辈和老师。如果连自己的亲人都不愿意侍奉，都搞不好相互亲爱的关系，怎么能指望这个人能侍奉外面的师长和上级呢？又怎么能指望这个人能与外人搞好相互间的关系呢？难道外人会比自己的亲人还亲吗？会比自己的亲人更关心自己吗？人类一直都在说，只有母爱是最伟大的，因为母爱、父爱、亲人的爱是不求回报的，所以伟大。而夫妻之爱、朋友之爱以及其它各种各样的爱，都是要求有回报的，没有回报的爱实际上不可能存在。所以孟子的这个分析是很有道理的。

选择最佳行为方式的实质内容，是跟从兄长。这个意思是说，跟从兄长是学习兄长的为人处世的经验教训，因为兄长是自己熟悉的人。如果贸然跟随一个陌生人，又怎么能学到好的东西呢？当然，这只是就一般情况而言，并不是绝对的，因为自己的兄长也有可能是不好的人。

所以孟子紧接着说，用智慧行事的实质内容，是懂得这两点而不违背它。也就是说，在侍奉亲人上，在跟从兄长上，也必须动脑筋，用智慧。如果傻乎乎的只知道侍奉亲人、跟从兄长而不动脑筋用智慧，也就不可能获得快乐。

在动脑筋用智慧上，也要遵守一定的社会行为规范，因为社会行为规范的实质内容，是节制文化中的这两点。如果没有这两点，这个社会行为规范也就不是大家所承认的社会行为规范。所以，动脑筋用智慧的实质，其实就是节制，不要太过，亦不能不及。

人生快乐的实质内容，是喜欢这两点，快乐就会产生。快乐产生了，丑恶的就可以停止了，丑恶的可以停止，人们就会在不知不觉间高兴得手舞足蹈。

7.28【原文】

孟子曰："天下大悦而将归己，视天下悦而归己，犹草芥也，惟舜为然。不得乎亲，不可以为人；不顺乎亲，不可以为子。舜尽事亲之道而瞽瞍（gǔ sǒu）厎（zhǐ）豫①，瞽瞍厎豫而天下化，瞽瞍厎豫而天下之为父子者定，此之谓大孝。"

【注释】

①瞽瞍厎豫：瞽瞍，舜的父亲。赵岐《注》："厎，致也；豫，乐也。"厎，水去后其地已致平复。

【译文】

孟子说："整个天下都很喜悦地要来归附自己，把整个天下都很喜悦地归附自己看成如同草芥一样的，只有舜是如此。不得到父母的欢心，不可以做人；不顺从父母的旨意，不能做儿子。舜竭力侍奉父母，结果他父亲瞽瞍高兴起来，瞽瞍高兴了，天下的风俗因此转移；瞽瞍高兴了，天下父子间的伦常也就确定了，这就叫作大孝。"

【评论】

舜把天下人民的归附问题看得很轻，如同看待草芥一样，这与老子的"天地不仁，以万物为刍狗；圣人不仁，以百姓为刍狗"（《道德经·五章》）是一个意思。

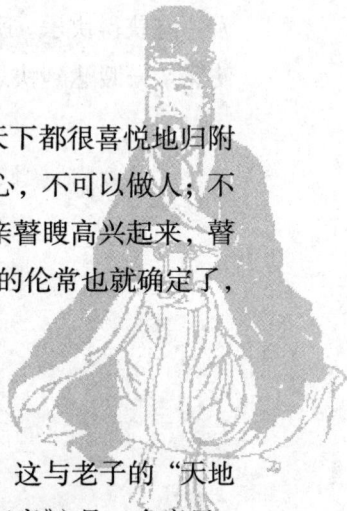

这并不是瞧不起人民大众，是因为天和地没有刻意地想创造什么，生育什么万物出来。条件成熟了（光、温度、土壤、水、空气等环境），万物就自然而然地依托着这些条件而生长出来，而生存下来。天和地没有要求万物，也没有干预万物的生长、成熟与毁灭。万物在这个世界里出生、成长，完全是自由的，只不过要遵循这个宇宙最根本的原理和法则，即生、老、病、死。因此，天和地对万物对人类没有什么仁爱不仁爱的思想，它们对待万物就像人们祭祀时对待刍狗一样。

圣人亦是如此，圣人的仁爱不会表现在对某人的出生和死亡上，因为他知道这个宇宙的这一切，洞察并能理解这一切，知道万物生命的全过程，所以他不会对某个具体的人表示出仁爱。此生彼死，彼生此死，生生死死，生死流转，皆是人类的必然，因而圣人只会对全人类、对万物的存在表示出他的仁爱。

后来的帝王将相就不同了，因为有越多的人民来归附自己，自己的势力就越强大，越强大就会越富裕，怎能不高兴呢？舜之所以"视天下悦而归己，犹草芥也"，是因为舜知道天下人民只要是幸福而快乐的，归附于谁都是一样，舜之着重使父亲瞽瞍达到了高兴、愉快的心情，是因为他必须树立起一个榜样，使来归附他或者归附别人的人从中学习到人与人之间的伦理关系。

本章是全篇的结尾，全篇紧扣的主题是道路、准则和最佳行为方式的问题。因为只有走上正确的道路，遵守一定的社会行为规范，选择最佳行为方式，一个人才能获得快乐。所以孟子在本章总结中，举了舜视天下都归附为草芥，而竭力使父亲瞽瞍达到快乐的例子来说明，不论任何事情，都要选择最佳的行为方式。

离娄下

8.1【原文】

孟子曰:"舜生于诸冯①,迁于负夏②,卒于鸣条③,东夷之人也。文王生于岐周④,卒于毕郢⑤,西夷之人也。地之相去也,千有余里;世之相后也,千有余岁。得志行乎中国,若合符节⑥。先圣后圣,其揆一也⑦。"

【注释】

①诸冯:zhū féng,古音读为 zhū píng,古地名。相传为帝舜的出生地,,汉代及以后对《孟子》的注解大多笼统地说"诸冯"是在东夷之地,没有具体地说在什么地方。此后的一些地理方志中有很多不同的说法,主要有以下三处:1. 在今山东省诸城市北部的舜王街道诸冯村,其地有舜庙。2. 在今山东省菏泽市(古称曹县)。一说在菏泽西北五十里,其地原有诸冯村。3. 在今山西省垣曲县诸冯山下,该县被称为"舜乡"或"帝舜故里"。

②负夏:《史记·五帝本纪》谓舜"就时于负夏",约在今山东滋阳以西。也有学者认为在山西省垣曲县历山镇(即"古负夏"),就是孟子笔下虞舜"迁于负夏"的负夏,而其它的地方也没有准确的记载有"负夏"的地名。

③鸣条:今地不详。可能在今山西运城盐湖区北冯村乡新杜村,相传商汤伐夏桀战于此地。又名高侯原。

④岐周:周为周代国名,岐即今之岐山,在陕西岐山县东北。

⑤毕郢:朱熹《集注》云:"近丰、镐,今有文王墓。"

⑥符节:符和节都是古代表示印信之物,原料有玉、角、铜、竹之不同,形状也有虎、龙、人之别,随用途而异。一般是可剖为两半,各执其一,相合无差,以代印信。

⑦其揆一也:朱熹《集注》云:"揆,度也。其揆一者,言度之而其道无不

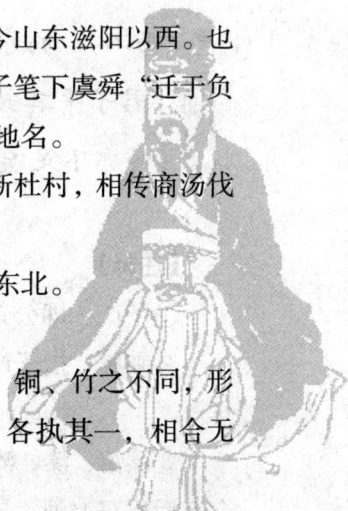

同也。"

【译文】

孟子说："舜出生在诸冯，迁居到负夏，去世在鸣条，则是东夷人。周文王出生在岐周，去世在毕郢，则是西夷人。这两个地方相距一千多里，时代相隔一千多年。而在中国实现他们志向的行为，却是一模一样。先代的圣人和后代的圣人，他们所估量的情形却是一致的。"

【评论】

本篇一开始，孟子首先就举了两个地区和年代相距都甚远的帝王，用以说明统治、管理和服务人民，其道理是一样的。圣人虽有时代、出身地的不同，但他们的作为和准则是一致的、没有差别的。

从舜到孟子所在的时代，已有近两千年，留传下来的无数古籍、传说都说明残暴是得不到人民拥护的，只有真切地爱民，以仁爱为本，以爱人为本，以保民为本，才会得到人民的拥护。而只有得到人民的拥护，国家社稷才能长治久安。

8.2【原文】

子产①听郑国之政，以其乘舆②济人于溱洧③（zhēn wěi）。孟子曰："惠④而不知为政。岁十一月，徒杠（gāng）成⑤；十二月，舆梁成⑥，民未病涉也。君子平其政⑦，行辟⑧人可也，焉得人人而济之？故为政者，每人而悦之，日亦不足矣。"

【注释】

①子产：即公孙侨，子产是他的字，春秋时郑国贤相。

②乘舆：指子产自己所乘坐的马车。乘，仍读平声，舆本是车箱，此处代指车子。

③溱洧：溱，溱水，古水名，源于河南省新密市白寨镇，与洧水在交流寨村会流后称双泊河，最后注入贾鲁河。洧，洧水，中国最古老的河流之一。源出今

河南省登封县阳城山，自长葛县以下故道原经鄢陵、扶沟两县南至西华县西入颍水。

④惠：恩惠也。

⑤岁十一月：孟子所称的月份大多是周历，周历建子，故其十一月相当农历的九月。徒杠：简陋的独木便桥。

⑥舆梁：孙奭（shì）《孟子注疏》云："舆梁者，盖桥上横架之板若车舆者。"

⑦平其政：赵岐《注》："平治政事刑法。"

⑧辟：同"避"。古代上层人物外出，前有执鞭者开道，犹如后代的鸣锣开道。

【译文】

子产主持郑国的国政，用自己坐的大马车帮助别人渡过溱水和洧水。

孟子说："子产这只是小恩惠而不懂得政治。在十一月份，搭好徒步行走的独木桥；在十二月份，搭好可通行马车的大桥，百姓就不会忧虑徒步涉水了。君子整治好自己的政务，外出时使行人避开道路也是可以的，又怎么能去帮行人一个个渡过河呢？所以，治理国家政事的人，要讨每个人的欢心，时间也不够用啊。"

【评论】

舜爱民，周文王爱民，那么郑国的执政者子产是否也爱民呢？

据传说，子产治国特别注意策略，他一方面照顾大贵族的利益，团结依靠多数；一方面对个别贪暴过度的贵族断然给以惩处，以维护政府威信。他不毁乡校，允许国人议论政事，并愿从中吸取有益建议。而对自认为有利于国家的改革，却不顾舆论反对，强制推行。对于晋、楚两霸，他既遵照传统礼制谨慎侍奉，不给对方寻衅的借口，又在有条件时大胆抗争，驳斥其无理苛求。他虽然力图维护传统的旧制，却不能不适应形势的变化而从事必要的改革。子产曾指出："众怒难犯，专欲难成"，"求逞于人不可，与人同欲尽济"。就是说，治国必须照顾多数人的愿望和要求，一意孤行则不能成功。他又说："政如农功，日夜思之，思其始而成其终。朝夕而行之，行无越思，如农之有畔，其过鲜矣。"即遇事应胸有成竹，执行中要坚持既定规划而不轻易越轨。他还注意搜罗人才，用其所长，并能广泛听取建议，择善而从。子产执政之初，改革措施也曾遭到广泛斥责，但他不为所动，坚决推行。其后改革成效显著，人们又普遍歌颂他的政绩，甚至担心后继乏人。

子产是一个很矛盾的人物，也是一个很会使用权谋的人物，所以孟子评价他之爱民，是假惺惺的爱民，是伪君子似的爱民。子产用自己乘坐的车子去帮助老百姓过河，这事在一般人看来是属于爱人民的美德，因此传为美谈。但孟子从政治家的角度来要求子产，认为这是小恩小惠的行为，治末而没有能够治本，于事无补。与其这样一个一个地去帮助老百姓过河，倒不如利用手中的权力为他们把桥修好，一劳永逸地解决问题，使他们再也没有过河的烦恼。

诸葛亮说："治世以大德，不以小惠。"（《三国志》裴注引《华阳国志》）说的正是孟子的意思。也就是说，政治家治国平天下，当以大局为重，而不应以小恩小惠去取悦于人，更不应以此来沽名钓誉。

8.3【原文】

孟子告齐宣王曰："君之视臣如手足，则臣视君如腹心；君之视臣如犬马，则臣视君如国人①；君之视臣如土芥，则臣视君如寇雠。"

王曰："礼，为旧君有服②，何如斯可为服矣？"

曰："谏行言听，膏泽③下于民；有故而去，则君使人导之出疆，又先于其所往；去三年不反，然后收其田里④。此之谓三有礼焉。如此，则为之服矣。今也为臣，谏则不行，言则不听；膏泽不下于民；有故而去，则君搏执之，又极⑤之于其所往；去之日，遂收其田里。此之谓寇雠。寇雠，何服之有？"

【注释】

①国人：朱熹《集注》引孔氏说云："国人，犹言路人，言无怨无德也。"

②服：指丧服。

③膏泽：即恩惠。

④田里：指禄田和居宅。

⑤极：赵岐《注》："恶而困之也。"

【译文】

孟子告诉齐宣王说："君主把臣子当作手足，臣子就会把君主当作心腹；君主把臣子当作犬马，臣子就会把君主视为常人；君主把臣子当作尘土草芥，臣子就会把君主视为强盗仇敌。"

齐宣王说："按礼制，臣要为自己过去的君主服丧，君主怎样做才能让臣子为之服丧呢？"

孟子说："君主对臣子的劝告能够接受，建议能够听取，政见恩泽能够施予百姓；臣子因故要离去，君主能派人引导其出国境，并派人事先前往其要去的地方进行妥善安排；其离去三年后不回来，才收回他的土地房产；这样做叫三有礼。做到这些，臣子就会为他服丧。现在做臣子，劝谏不被接受，建议不被听取，政见恩泽不能施予百姓；臣子因故要离开，君主就派人拘捕他的亲族，并故意到他要去的地方为难他，离开的当天就没收他的土地房产，这就叫作强盗仇敌。对于强盗仇敌来讲，他们为什么还要为君主服丧呢？"

【评论】

本章的主旨是君臣关系问题：君以君道，臣以臣道。君礼臣忠的关系，孟子在这里谈得十分形象而又具体。从正面看，君王待臣如手足，那么臣属待君王则如心腹，内外相依，上下相随，联系紧密，浑然一体。从反面看，君王待臣如犬马，那么臣属视君则如同路人，冷眼相对，君臣分离，背道而行。更有甚者，君王视臣如草芥，任意践踏，随意抛弃，那么臣属视君王则如仇敌，拔刀相向，怒目相对，如此，则民无宁日，国无宁日，天下无宁日，灾难兵祸由此而生。

孟子强调，君主的这三种不同的行为方式，就有三种不同的回报。这也是孔子所说的"对等原则"。人与人之间是对等的，并不因为地位的高低不同而不对等，人与动物，人与自然也是对等的，采用了什么样的行为方式，就会得到什么样的回报。

投桃报李，士为知己者死。滴水之恩，当涌泉相报。贤明的君主总是懂得这个道理，所以待臣下如手足，臣下必把君主当腹心，以死相报。其实，何止君王用臣下如此，现代的用人之道，又何尝不是如此呢？说得通俗一点，也就是互相尊重，你敬我一寸，我敬你一尺。

8.4【原文】

孟子曰:"无罪而杀士,则大夫可以去;无罪而戮民,则士可以徙。"

【译文】

孟子说:"无罪而杀有作为的人,大夫就应该离开;无罪而杀百姓,那么有作为的人就应该换个地方了。"

【评论】

在这里,孟子提出的是,在不行仁政的情况下,臣子没有任何的妥协,只有脱离无道的统治,不与合作一条路。

读书人之所以读书,下一步便是做大夫级的官员;因此,做大夫的官员眼看着读书人被无罪杀害,不免有惺惺相惜的感受,并且国君为了有继承人来办理国家事务,有责任爱护读书人。

孟子认为,只有当政者实行"仁"道,推行"仁"道,并且自己内心真正地有"仁"心,那么天下也就没有不"仁"的了。如果朝廷不讲仁道,没有罪杀害知识分子,没有罪而杀害平民百姓,那么作为大夫身份的官员可以离开朝廷,作为士身份的知识分子可以远离朝廷。

孟子能够大胆地提出担当"道义"、实行"仁义"的第一责任人是"国君"。无论怎么说,这都是一种大胆的思想,一种人类进步的观点和学说。

8.5【原文】

孟子曰:"君仁,莫不仁;君义,莫不义。"

【译文】

孟子说:"君主行仁,就没有人不行仁;君主行义,就没有人不行义。"

【评论】

此章与《滕文公上》意思一样,也是讲"上行下效"的问题。上行下效是孔子反复申说的一个话题,孟子也同样继承了孔子的思想。

领导人需要以身作则，上梁正，下梁就不会歪；上梁不正，下梁跟着也会歪，这是一个很简单的道理。作为统治者、领导人，也要像教师一样，为人师表，谨言慎行，给下面的人作一个好的榜样、表率。

8.6【原文】

孟子曰："非礼之礼[1]，非义之义，大人弗为。"

【注释】

[1]非礼之礼：赵岐《注》："若礼而非礼。"下句"非义之义"之意与此类似。

【译文】

孟子说："似是而非的礼，似是而非的义，有德行的人是不干的。"

【评论】

对"礼"和"义"，不同的人有不同的理解。是与非，对与错，好与坏，礼与义，在正常情况下，很容易辨别，但在特殊情况下，蒙上一层薄纱，让人难以区分辨别。

什么叫作"非礼之礼"？就是表面上看着合理，实际上不合理的礼。什么叫作"非义之义"？就是披着道德面纱的不义之行。像这样的事情，具有大智慧、大仁慈的大人君子是绝不会干的。不但是政治方面，天下很多事，即使是普通人所做的，看来是在做好事，实际上并不是好事。表面上做了善事，再深入地分析，正是一件坏事，而且影响很大。所以儒家主张智、仁、勇三者并重，做事情之前，学会辨别，千万不要做似是而非的事，不要以善因而得恶果。

8.7【原文】

孟子曰："中也养不中，才也养不才[1]，故人乐有贤父兄也。如中也弃不中，才也弃不才，则贤不肖之相去，其间不能以寸。"

【注释】

①中也养不中，才也养不才：朱熹《集注》云："无过不及之谓中，足以有为之谓才；养，谓涵育熏陶，俟其自化也。"

【译文】

孟子说："道德品质好的人教导道德品质不好的人，有本事的教导没本事的人；因此人们乐意自己有贤能的父兄长辈。要是道德品质好的人不去教导道德品质不好的人，有本事的不去教导没本事的人，那么好与不好的人之间的距离，就不能用分寸来计量了。"

【评论】

为政之要，唯在得人。身处诸侯纷争、硝烟四起、百家争鸣的战国时代，孟子已经认识到尚贤重才的重要性。选贤任能、广聚英才是篇大文章，需要有大智慧、高境界。

人才怎么选？在《生于忧患死于安乐》一章中，孟子一连列举了六位圣贤在困难忧患中崛起的事例，为世人增添了在逆境中奋起的动力。从另外的角度讲，也启示领导者选人用人要拓宽视野，"英雄不问出处"。对于一个人贤能与否的考察，孟子给出了有效方法："左右皆曰贤，未可也；诸大夫皆曰贤，未可也；国人皆曰贤，然后察之；见贤焉，然后用之"。用今天的话来说，就是"走群众路线"、注重群众公认。孟子也注重"德"的考察，关于后羿被自己的学生逢蒙所杀一事，他认为后羿对于逢蒙的人品失察失教，结果招致杀身之祸，这与我们今天强调加强对干部德的考察和道德品行教育是相通的。

人才怎么用？孟子主张依据社会分工量才适用、各尽其能，"有大人之事，有小人之事。且一人之身，而百工之所为备，如必自为而后用之，是率天下而路也"，每个人不可能也没必要亲自制作所需的物品，再优秀的人才也不会事事精通，使用人才应该用其所长、用当其时，力求人尽其才、才尽其用。

此章中，孟子提出，"中也养不中，才也养不才，故人乐有贤父兄也"，"天下有道，小德役大德，小贤役大贤"，贤能者要帮助没有才能的人，如果做不到这一点，那么这个所谓的贤能就应该打个折扣了。让德才素质高的人影响带动素质相对较低的人，从今天的视角看，这体现了发挥人才示范引领作用的思想，对于我们放大人才效应不无启发。

8.8【原文】

孟子曰："人有不为也，而后可以有为。"

【译文】

孟子说："人要懂得有所不为，然后才能有所作为。"

【评论】

人要审时度势，决定取舍，选择重要的事情去做，而不做或暂时不做某些事情。人的精力是有限的，只有放弃一些事情不做，才能在别的一些事情上做出成绩。

人生苦短，世事茫茫。能成大事者，贵在目标与行为的选择。如果事无巨细，事必躬亲，必然陷入忙忙碌碌之中，成为碌碌无为的人。所以，一定要舍弃一些事不做，然后才能成就大事，有所作为。子夏说："虽小道，必有可观者焉；致远恐泥，是以君子不为也。"（《论语·子张》）这也正是孟子这里的意思。总起来说，儒家所说的"不为"是为了"有为"，只不过是要有所选择而为，与老庄清静"无为"的思想不是同一个道理。

8.9【原文】

孟子曰："言人之不善，当如后患何？"

【译文】

孟子说："议论别人的不好，由此引起的后患该怎么办呢？"

【评论】

这句话讲的是为人处事的道理，告诫我们不要背后议论他人，传播是非。很简单，讥人者人恒讥之，谤人者人恒谤之，助人者人恒助之，爱人者人恒爱之。

偏偏有人以挑拨、离间、诽谤、诬告为一生的专业或业余爱好。越是无才并且无用的无耻之徒，越是将上述这些变成自己的人生方式。

孔子曾经说过："道听而途说，德之弃也。"（《论语·阳货》）人性的弱点，就是喜欢讲别人坏话。反过来，谁也受不了别人说自己坏话。虽然"谁人背后无人说，哪个人前不说人"的现象普遍地存在着，但君子的修为，应该是尽量不要讲别人坏话，而听到别人讲自己坏话呢，就当没听见。

8.10【原文】

孟子曰："仲尼不为已甚者。"

【译文】

孟子说："孔夫子是做什么事情都不过火的人。"

【评论】

孟子评价说，孔子做什么事都能恰到好处，因为他懂得判断，修养不凡。从中，我们也可以看出儒家是提倡"中庸"的，不管为人还是处事，"执中"很重要。

人在年轻的时候，个性往往比较冲动，喜欢把事情做到底，好事做到底，坏事也做到底，到最后恐怕都过头了。孔子说"过犹不及"，过度和不及都不好。

希腊戴尔菲神殿上面刻着两句话，第一句是"认识你自己"，第二句是"凡事皆勿过度"。第一句话跟"知"有关，认识你自己远比认识别人更重要，你对自己不了解，对自己的人生目标是什么都没有搞清楚，光去知道别人的许多事情，有什么用呢？第二句话和"行"有关，你要有分寸，要能够自我约束。所谓"以约失之者鲜矣"，因为自我约束而在做人处事上有什么失误，那是很少有的。

颜渊请教孔子什么叫仁，孔子说了四个勿：非礼勿视、非礼勿听、非礼勿言、非礼勿动。违背礼仪规范法律的事情不要看，不要听，不要说，不要做。因为礼的作用之一即是行为规范，使之恰到好处。孔子终身以此为念，到了七十岁，自谓"从心所欲，不逾矩"，"从心所欲"每一个人都会，但是"不逾矩"就不容易了。这个"矩"字正是孔子严格自我约束的明证。

8.11【原文】

孟子曰："大人者，言不必信，行不必果，惟义所在。"

【译文】

孟子说："有德行的人，说话不一定都讲信用，做事不一定都有理想的结果，只要合乎道义即可。"

【评论】

关于"大信"与"小信"的问题，亦即"信"的通权达变问题，一方面，"信"是儒学的核心观念之一，最典型的就是孔子所说"人而无信，不知其可也"（《论语·为政》）。但另一方面，又不能拘泥固执于"信"而不知变通。用我们所说的最为极端的情况就是，难道对你的敌人也要讲"信用"吗？所以，要根据具体情况而通权达变。通权达变的标准就是孟子这里所说的"惟义所在"。

作为一个成年人，即使是很有学问的人，即使是很有智慧的人，不可能不说一点错话，不可能不犯一点错误。如果偶然说错一句话，做错一件事，违背了一定的社会行为规范，还要坚持守信，那就不对了，就等于是错上加错。如果偶然说错一句话，做错一件事，违背了一定的社会行为规范，即使是违背信诺，也要改正过来。

在《论语·子路》里，孔子与子贡讨论士的标准时已经说过："言必信，行必果，硁硁然小人哉。"这是从反面来否定"言必信，行必果"的行为。孟子这里则是从正面来告诉我们"言不必信，行不必果"。可见，孟子的学说在很多方面都的确是与孔子一脉相承的。

我们最常接触到的话是"言必信，行必果"。但是如果说错了，做错了，中途我们发觉了，难道我们还要坚持错误的东西吗？这种情况下就要求我们审时度势，即使当初环境下的出发点是对的，但是随着环境的变化，原来的基础可能由合理变得不合理。我们就要调整思路，找到补救措施，把损失降低到一个较低的水平。总之，不墨守成规，不拘泥于条条框框，只要符合"义"，我们就可以大胆地去实践。

8.12【原文】

孟子曰:"大人者,不失其赤子之心者也。"

【译文】

孟子说:"有德行的人,便是能保持天真无邪童心的人。"

【评论】

伟大的人胸怀宽广,"宰相肚里能撑船"。而童心纯真不伪,本色自然。

宰相肚里之所以能撑船,是因为他不斤斤计较于一得之利,一孔之见,而能够保全自然无伪的本色,永远以一种童心般的新奇和纯真面对这个世界。这里面的关键其实就是两点:一是纯真,二是大度。正是在这两点上,我们可以找到真正伟大的人物与童心的相通之处。

老子说:"常德不离,复归于婴儿。"(《老子》第二十章)又说:"众人熙熙,如享太牢,如春登台,我独泊兮其未兆,如婴儿之未孩。"(《老子》第二章》)你看那众人应对攘往,好像赶赴丰盛的筵席,又像春天去登台眺望。只有我淡泊而无动于衷,就像那不知笑的婴儿一样。老子的本意是宣扬归朴返真,淡泊宁静。不过,淡泊以明志,宁静以致远,与孟子这里的思想倒有异曲同工之妙。

"含德之厚,比于赤子。"(《道德经》五十五章)孟子和老子为什么要用儿童来作比喻呢?因为儿童的私心私欲还没有发展起来,儿童们虽然亦有欲望,但不是很自私,不会损人来利己。既然不损别人别物,那么别人别物也就不会来损他。归结起来说,真正伟大的人,倒不像我们一般小肚鸡肠的人那样想得复杂,患得患失,所以,反而能够保持一份童心,有时候表现出来,就像是一个童心未泯的人。

8.13【原文】

孟子曰:"养生者不足以当大事,惟送死可以当大事。"

【译文】

孟子说:"平常奉养父母不能够算最大的事,只有给父母送终才是最大的事。"

【评论】

中国古代一向有"慎终追远"的传统，就是"慎重地对待父母的丧事，追念远代祖先"。《论语·学而》说："曾子曰：'慎终追远，民德归厚矣。'"所谓"慎终"，也就是"当大事"。

一个成年人上要养老，下要育儿女，这是人之常情，所以孟子认为这算不上是大事，而是每一个成年人必为之事。然而，父母亲的去世，则是人情的大变。人们遭遇到这种大变，往往会过分隆重或是过分草率，所以孟子认为这是大事。如果亲人死了，我们在埋葬他时要按照既定的社会行为规范，在举行祭奠的仪式时也要遵照祭祀仪式。这并不是在维护贵族利益，而是就社会行为规范而言的，因为任何一个社会，不论是君主制帝国、君主立宪制国家、共和制国家，都有一定的社会行为规范，没有任何一个社会会放纵人们各自的所作所为，总会制定某些对人有约束力的规则。

对"养生"和"送死"，通常是从对父母所尽的孝道这个角度去理解，即"养生"是赡养父母，"送死"是按照礼节为父母操办丧事。至于为什么"养生"不能当大事，而"送死"可以当大事？朱子是这样解释的："事生固当爱敬，然也人道之常耳；至于送死，则人道之大变。孝子之事亲，舍是无以用其力矣"。

孔子认为对父母尽孝关键在一个"敬"字："今之孝者，是谓能养。至于犬马，皆能有养，不敬，何以别乎？"又说："生，事之以礼；死，葬之以礼，祭之以礼。"但在父母生前尽孝并不比父母去世时操办丧事（即使包括守三年之孝）容易，甚至更难以做到，因为"久病床前无孝子"。而孟子却说前者不足以当大事，而后者足以当大事，所以这里的"养生"和"送死"应该是针对修道者自己而言，它们是一种修养的境界。

8.14【原文】

孟子曰："君子深造之以道，欲其自得之也。自得之，则居之安；居之安，则资①之深；资之深，则取之左右逢其原②，故君子欲其自得之也。"

【注释】

①资：朱熹《集注》云："犹藉也。"

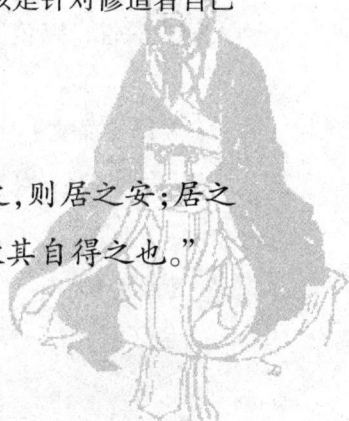

②原：同"源"。

【译文】

孟子说："君子想求很深的造诣就要依循正确的方法，就是要靠自己的努力才能有所得；自己得到了，才能在辨别事物时处之安然；在辨别事物时处之安然，才能积蓄得深；积蓄得深，用起来才能取之不尽，左右逢源；所以君子要强调自己有所得。"

【评论】

深造的目的在于自得。自得就是自己真正有所收获，而不是为了炫耀给别人看。简言之，自得是内功，而不是招式。南郭先生滥竽充数，招式是做够了的，但内功却一点也没有，所以，一旦过硬检验起来，就只有溜之大吉。这是非常典型的例子。

现代学者莫不以南郭先生为耻，而其行为类似南郭先生的却不在少数。他们或是"墙上芦苇，头重脚轻根底浅；山间竹笋，嘴尖皮厚腹中空"，或是"拉大旗作虎皮"，以"名人"装点门面。其招式花样翻新，不一而足。要害都在于不求自得而求得之于人，生怕别人不知道自己，不怕自己没有才能，与孔子所说"不患人之不己知，患其不能也"（《论语·宪问》）的精神恰恰相反。

总而言之，还是"古之学者为己，今之学者为人"（《论语·宪问》），"欲其自得之"，就是为己，反之则是为人。孔、孟论学问之道，用心良苦。你我读书人理应深省，以免误入歧途。

8.15 **【原文】**

孟子曰："博学而详说之，将以反说约也。"

【译文】

孟子说："只有广博学习、详细探讨，才能简略阐述大义。"

【评论】

真理原本是至简至约的，一半是因为我们理解的需要，一半是因为所谓"饱学之士"的炫耀门楣，使它们变得越来越复杂，越来越深奥了。"你不说我倒还明白，你越说我越糊涂了！"这是我们时常可以听到的抱怨，或者说幽默。如果这抱怨发自一位勤勉的学生之口，那老师恐怕真要恨无地洞可钻了。

其实，在很多问题上，我们都是要恨无地洞可钻的。比方说，"人是什么？""文化是什么？"不说人人都明白，一说人人都糊涂。所以，博学详说不是为了炫耀渊博，故作深刻，而是为了深入浅出，出博返约。

教学如此，演说如此，舞文弄墨也莫不如此。所谓"绚烂之极归于平淡"，博学详说归于简约。博学评说是手段，归于简约才是目的。

8.16【原文】

孟子曰："以善服人者①，未有能服人者也；以善养人②，然后能服天下。天下不心服而王者，未之有也。"

【注释】

①以善服人者：善，孟子本意自然是指仁、义、礼、智诸端而言。以善服人：朱熹《集注》云："服人者，欲以取胜于人。"

②以善养人：赵岐《注》："养之以仁恩，然后心服矣。"

【译文】

孟子说："用好的方法让人服输，不可能真的使人服输。用好的内容（仁义）来教导人们，可使天下的人们都服从。天下的人们不心悦诚服而能统一天下，这是从来没有的事。"

【评论】

此章的关键是"养人"。服人服心，教育的潜移默化功能是不可估量的。孟子在这里所强调的是，仅仅是一个人自己行善，用自己的善良行为去感化别人，那是行不通的。但如果用善良的社会行为规范来普及教育，使人人都懂得遵守一

定的社会行为规范，那才能征服天下。

作为教育家，无论是孔子还是孟子，对于教育的作用都非常重视而身体力行。其实，我们每一个人都不要埋头于自己去行善，认为自己能行善就不错了，管得了别人吗？自己行善固然不错，但想要用自己的善行去感动和感化别人，那就太难了。因为每个人有每个人独特的个性与社会环境，独特的学识与为人处世经验，你个人的善行只能是你在为人处世中所采取的一种最佳行为方式，而不能代表其他人都必须这样做。所以，要善于用教育来普及来推广善良的行为，进而建立起善良的社会行为规范。

8.17【原文】

孟子曰："言无实不祥①。不祥之实，蔽贤者当之。"

【注释】

①祥：赵岐《注》："善。"

【译文】

孟子说："言谈没有实际内容是不会有好结果的。这种不好的后果，应由那些埋没贤才的人承担。"

【评论】

这里所说的言谈，就是紧接上文的教育问题而言的。用善行去感化别人不行，那么就要用善良的社会行为规范去教育别人。那么，在教育中，就不能只有空洞的说教，也就是说，光喊口号"要善良！要善良！"是不行的。要有实际的例子、典范，再加以理论的评价，也就是"说理"，才能使人心悦诚服。

我们现代社会也在拼命提倡道德、精神文明等等，可是光喊道德、精神文明有什么用？只会让学生们产生逆反心理，空洞而抽象的道德教育是不行的，要说理，要让人们懂得社会行为规范和最佳行为方式，才能增加与巩固人们心中的道德观念。

8.18【原文】

徐子①曰:"仲尼亟称于水,曰:'水哉,水哉②!'何取于水也?"

孟子曰:"源泉混混③,不舍昼夜。盈科④而后进,放⑤乎四海。有本者如是,是之取尔⑥。苟为无本,七八月之间雨集⑦,沟浍⑧皆盈;其涸也,可立而待也。故声闻过情⑨,君子耻之。"

【注释】

②徐子:赵岐《注》:"徐辟也。"

②仲尼亟称于水等句:亟,去声,数也。徐子说孔子屡次称赞水,且引"水哉,水哉"之文,现已于文籍无征。《论语》唯《子罕》篇载有这样一段:"子在川上曰:'逝者如斯夫!不舍昼夜。'"

③混混:朱熹《集注》云:"涌出之貌。"

④科:赵《注》、朱熹均训为"坎",即洼地。

⑤放:赵岐《注》:"至也。至于四海者,有原本也。"

⑥是之取尔:即"取是尔"之倒装句,"尔"同"耳"。

⑦七八月之间雨集:周历的七八月,相当于农历的五六月,正是北方的多雨季节。

⑧浍:朱熹《集注》云:"田间水道也。"

⑨情:赵《注》训作"实",即实际。

【译文】

徐辟说:"孔子多次对水加以赞美说:'水啊,水啊!'请问他所取于水的是什么呢?"

孟子说:"有源的泉水滚滚奔涌,不分昼夜,注满了低洼之处又继续前进,一直流向四海。有本源的都是这样,孔子取的就是这一点罢。如果没有本源,到七八月间雨水滂沱,大沟小渠都满了,但它们干涸也是很快的。所以名声超过实际,君子认为是耻辱的事。"

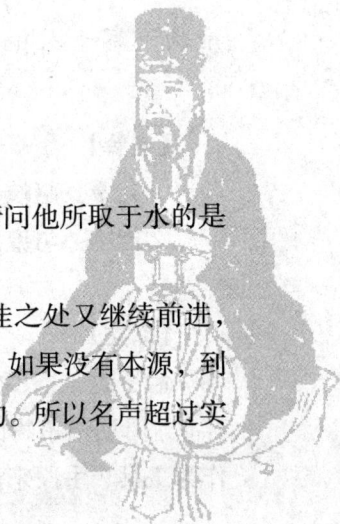

【评论】

孟子一方面祖述仲尼之意，阐发水的特性；另一方面用水比拟人的道德品质，强调务本求实，反对一个人的名誉声望与自己的实际情况不符。要求大家像水一样，有永不枯竭的安身立命之本，不断进取，自强不息。

其实，我们在《韩诗外传》里发现了孔子自己对于为什么要"亟称于水"这个问题的详细回答。问题是由子贡提出的，子贡说："君子看见大水总是要观察，这是为什么呢？"孔子回答说："君子是用水来比拟人的道德啊！水到处给予而无私，这不是像很有德行吗？所到之处万物生长，这不是像很有仁爱吗？流向总是循着一定的道理，这不是像很有正义吗？浅处流淌，深处莫测高深，这不是像很有智慧吗？奔赴深渊大谷而毫无疑惧，这不是像很有勇气吗？任何细微之处也不放过，这不是像很明察吗？遇到险恶地势也不避让，这不是像很容忍大度吗？脏东西进去，干干净净出来，这不是像很善于化育吗？水面永远是平的，这不是像很公正吗？不求一概满盈，这不是像很有节度吗？无论经过多少曲折，始终向东流，这不是像意志很坚毅吗？正因为水有这些特性，所以君子看见大水就一定要观察。"

8.19 **【原文】**

孟子曰："人之所以异于禽兽者几希①，庶民去之，君子存之。舜明于庶物②，察于人伦，由仁义行，非行仁义也。"

【注释】

①几希：赵岐《注》："无几也。"
②庶物：与庶民的含义相近，指万物，庶在此是众的意思。

【译文】

孟子说："人之所以区别于禽兽只是一点点，一般老百姓抛弃它，君子却保存它。舜明白事物的道理，又懂得人之常情；他做事依仁义而行，而不是把仁义作为工具、手段来使用。"

【评论】

人与动物的差别何在？在今天，这已是一个人类学的命题了。可孟子却早在两千多年前就提出了这个问题。孟子说，人与禽兽的差异就那么一点儿，至于那一点儿到底是什么，他在这里没有说。不过，我们在《滕文公上》里曾听他说过人之所以为人，吃饱了，穿暖了，住得安逸了，如果没有教养，那就和禽兽差不多。可见，在孟子看来，人和禽兽的差别就在于有没有教养，用我们今天的话来说，就是有没有精神方面的东西。这和我们现在一般的看法是基本吻合的，即人的动物本能方面，亦即其自然属性是动物性的，但其精神文化方面，亦即其社会属性是非动物性的，而人与动物的根本区别就在于后一方面。既然如此，高尚的人当然就应该发展人与动物相区别的一方面。所以，孟子说："庶民去之，君子存之。"一般人往往容易忽视这一点，只有品质高尚的人才注意保存和发展这一点。比如说有的人认为"人生在世，吃穿二字"，那就是标榜"饱食，暖衣，逸居而无教"，自然是"近于禽兽"了。当然，孟子也并不是要完全否定"饱食，暖衣，逸居"，要求人们不食人间烟火，苦行禁欲。而是认为应该像舜帝那样，"明于庶物，察于人伦，由仁义行"，从一般事物的道理和人类的常情出发行仁义之道，而不是为行仁义而行仁义，不顾人之常情。

从各方面的情况来看，孟子的主张，应该是"饱食，暖衣，逸居而有教"，既不排除人之常情，又强调教育的重要性。物质生存与精神追求都不可废弃。这一点，当然也是符合我们今天的基本观点的。

8.20【原文】

孟子曰："禹恶旨酒而好善言[1]。汤执中，立贤无方[2]。文王视民如伤，望道而未之见[3]。武王不泄迩，不忘远[4]。周公思兼三王[5]，以施四事[6]；其有不合者，仰而思之，夜以继日；幸而得之，坐以待旦。"

【注释】

①恶旨酒：《战国策·魏策二》云："昔者帝女令仪狄作酒而美，进之禹。禹饮而甘之，遂疏仪狄，绝旨酒，曰：'后世必有以酒亡国者。'"

②无方：《礼记·檀弓》"左右就养无方"，内则"博学无方"，郑玄《注》并

云："方，常也。"焦循《正义》云："惟贤则立，而无常法，乃申上'执中'之有权。"

③望道而未之见：朱熹《集注》云："道已至矣，而望之犹若未见。"

④不泄迩，不忘远：赵岐《注》："泄，狎；迩，近也。不泄狎近贤，不遗忘远善；近谓朝臣，远谓诸侯也。"

⑤三王：赵岐《注》："三代之王也。"朱熹《集注》云："禹也，汤也，文、武也。"

⑥四事：指以上四位君主的行事。

【译文】

孟子说："大禹讨厌美酒而喜欢仁善的言论。商汤处事多走中正之道，举贤不拘泥于固定模式。周文王总认为百姓需要抚恤，总以善道待民，又总觉得自己未能完全践行善道。周武王不轻慢懈怠身边的人，也不会忘记远方的人。周公想兼修夏、商、周三代君主之德，而践行禹、汤、文、武之政；自己行有不足之处，就仰头思考，夜以继日，一旦想通了，就坐着等待天亮立即践行。"

【评论】

大禹讨厌美酒而喜欢善良的言论，因为美酒虽美但却能伤害人；也就是说，眼前是舒服了，但却留下了后患。善良的言论有时候听起来不大顺耳，但做下去的后果却是很好的。

商汤处事多走中间道路，因为中间道路就是不走极端，从而也就没有大悲大喜。他树立贤才不论其是何地之人，因为如果有地方、地域性的偏见，就会寻求不到真正贤能的人。由孟子此言可知"中庸"不是走中间道路，如是，孟子何不言"汤中庸"而言"执中"？

周文王看待人民很悲伤，这个"悲伤"，就如佛家的"大慈悲心"，意指同情天下所有的人。这也是老子说的"天地不仁，以万物为刍狗；圣人不仁，以百姓为刍狗"之意。他寻求着大道目标而好像未曾见到一样，这是指周文王不自满，不骄傲，追求到一个目标后，紧接着又追求下一个目标，并不停留在成绩上自夸，而是孜孜不倦地继续追求新的目标和成绩。

周武王不轻慢懈怠身边的人，也不会忘记远方的人。这是指周武王选拔人才不分远近，不分亲疏，不像后来乃至现在的某些人，只知道"远方的和尚会念经"。当然，外面有新的好的是应该学习，但无论任何事、任何人都会有地域的不同、民俗风情的不同，这就是现代的"多元化"管理。

周公想具备夏商周三代君主之长，以施行四种政事；这是孟子称赞周公完全忘我的领导精神和工作作风，也是在称赞其最佳的行为方式。

8.21【原文】

孟子曰："王者之迹熄①而《诗》亡，《诗》亡然后《春秋》作。晋之《乘》，楚之《梼杌（táo wù）》，鲁之《春秋》②，一也。其事则齐桓、晋文，其文则史。孔子曰：'其义则丘窃取之矣。'"

【注释】

①王者之迹熄：前人多释为王者之道失坠。

②晋之《乘》，楚之《梼杌》，鲁之《春秋》：朱熹《集注》云："古者列国皆有史官，掌记时事，此三者皆其所记册书之名也。"梼杌，在上古时期汉族神话中是四凶之一的怪物。

【译文】

孟子说："圣王采诗的事情废止了，《诗》也就没有了；《诗》没有了，《春秋》一书就出现了。晋国的《乘》书，楚国的《梼杌》书，鲁国的《春秋》书，都是一样的。它们的记事不外是齐桓公、晋文公之事，所用的笔法不过一般史书的笔法。孔子说：'我在《春秋》里借用了《诗》褒善贬恶的大义。'"

【评论】

由于书写的原因，周朝以前的事迹很少留传下来；自周朝立国后，各种竹简、钟鼎文也就多了，因此记载各诸侯国的史书也多了。但是，什么样的史书才真正符合历史事实呢？所以孔子作《春秋》，认为自己私自决定了历史事实的褒贬之义，以尊重历史事实为本，为的是统一各诸侯国史书的写作。因此孟子在此举此例，也就是说明在史书的写作上，孔子采取的是最佳行为方式。

中国古代有《诗》《书》两种书，孔子教人也常《诗》《书》并举。孟子却说："王者之迹熄而《诗》亡，《诗》亡然后《春秋》作。"把《诗》和《春秋》合在一块讲，这是什么意思呢？其实古人之史也不完全在《书》里，而有在《诗》里的。古诗三百首，其中历史事迹特别多。远溯周代的先祖，后稷、公刘一路到文王，在《诗经》的《大雅》里整整十篇地详细描述，反复歌颂，这些都是历史。从另一个角度看，这些历史，或许比《周书》里的更重要。《周书》里仅是几批档案与文件，而《诗经·大雅》把西周开国前后历史原原本本从头诉说。

周王室是天下之共主，周王是一位天子，每到冬天，他所封出的四方诸侯都得跑到中央来共朝周天子，而周天子在那时祭其祖先，许多诸侯一同助祭，就在这庙里举行祭礼时唱诗、舞蹈，唱的便是周文王一生的历史功绩，所谓雅颂，便是如此般的用来作政治表扬。又如周天子有事派军出征，在临出以前有宴享，宴享时有歌舞，打了胜仗回来，欢迎凯旋，同样要有宴享歌舞，此等歌词或是策励，或是慰劳，皆收在《诗经》里。那时遇礼必有乐，而礼乐中亦必寓有史，这些都是周公制礼作乐精意所在。所以我们读《诗经》，固然可说它是一部文学书，但同时也可说它是一部历史记载，不仅"雅颂"是史，即便讽刺亦何尝不是史。到后来，王者之迹熄了，诸侯不常到朝廷来，朝廷也没有许多新的功德可以歌唱，专是些讽刺，那就不可为训，所以说王者之迹熄而《诗》亡。但究竟亡在什么时候呢？照一般说法，这应在宣王以后至平王东迁的一段时期中。

单说"《诗》亡而后《春秋》作"，此语又该有一交代。《春秋》是正式的历史记载。那时四方诸侯来中央朝王的是少了，而周王室却分派很多史官到诸侯各国去，这些证据，在先秦古籍里尚可找到。即如太史公《史记》，记他祖先也是由周王室转到外面的。那时周王室派出的很多史官，他们虽在各国，而其身份则仍属王室，不属诸侯。大概在宣王时，或许周王室便开始正式分派史官到各国去，其时周之王政一时中兴，尚未到崩溃阶段，此后王者之迹熄而《诗》亡，而以前那些分派出外的史官却大见功效，即是所谓"《诗》亡而后《春秋》作"了。

其时各地史官，各以其所在地发生事变呈报中央王室，并亦分别报之各地史官，此之谓赴告。大概鲁国守此制度未坏，各地史官赴告材料均尚保持完整，因此韩起见了鲁《春秋》而说周礼在鲁。孔子则是根据此项材料来作《春秋》。当然并不是全部抄撮，在孔子自有一个编纂的体例和取舍的标准，及其特殊的写法，所以说"笔则笔，削则削，子夏之徒不能赞一辞"。当知史官分布，乃是周代一制度，而孔子作《春秋》，则是私家一著述。由政治转归了学术，遂开此下中国之史学。所以孟子说：其文则史，其事则齐桓、晋文，其义则丘窃取之矣。这是说《春秋》一书的底材，还是鲁史旧文。但从孔子笔削以后，则此《春秋》既不是一部鲁国史，也不是一部东周王室史，而成为一部诸夏的国际史，亦可称为那时的一部天下史或称世界史。用那时的话来说，主要则是一部诸夏霸政兴衰史。孔子为何要如此般来编写此《春秋》，在孔子自有其中道理，故曰："其义则丘窃取之矣。"由此一转手，政府的官史，遂变成了民间的私史。所以孔子又说："《春秋》，天子之事也，知我者，其惟《春秋》乎！罪我者，其惟《春秋》乎！"在当时，周王室分派史官到各国，随时报告所在各国之事变，此项制度，自有其意义与作用。但到平王东迁，此项制度作用已失，意义全非。孔子把其脱胎换骨，化臭腐为神奇，他的《春秋》所载遂成为整个全中国，整个全天下的历史。时代尽管杂乱，他所写出的历史，则是一个统一体。而且在此历史之内，更寓有一番特殊精神之存在。所以孟子又说："孔子作《春秋》而乱臣贼子惧"。乱臣贼子则只是时代性的，而孔子《春秋》则成为历史性的。春秋时代转瞬即过，而中国历史则屹然到今。时代的杂乱，一经历史严肃之裁判，试问又哪得不惧？孔子以前的乱臣贼子早已死了，哪会有惧？但《春秋》已成，孔子以下历史上的乱臣贼子，则自将由孔子之作《春秋》而知惧。

《春秋》在当时，已成为一新史。既不是王朝之官史，也不是诸侯间各自的国别史，而成为一部当时的大"通史"，亦可说是"当时的世界史"。有此人类，有此世界，即逃不掉历史批判。所谓历史批判，一部分是自然的，如此则得，如此则失，如此则是，如此则非，谁也逃不出历史大自然之批判。而另一部分则是道义的，由自然中产生道义。自然势力在外，道义觉醒则在内。孔子《春秋》则建立出此一大道义，明白教人如此则得，如此则失，如此则是，如此则非。此项道义，论其极致，乃与历史自然合一，此亦可谓是天人合一。孔子《春秋》大义，应该着眼在此一点上去认识。

8.22【原文】

孟子曰："君子之泽五世而斩①，小人之泽五世而斩。予未得为孔子徒也，予私淑诸人也②。"

【注释】

①泽：朱熹《集注》云："犹言流风余韵也。"世：《集注》又云："父子相继为一世，三十年亦为一世。"斩：断绝之意。

②私淑诸人：赵《注》训为"私善之于贤人"，朱熹《集注》云："人，谓子思之徒也。"

【译文】

孟子说："君子的流风余韵五世后便会消失，小人的影响五世后也就断绝了。我没能成为孔子的学生，我是私下从别人那里学到孔子的学说的。"

【评论】

中国人有句老话叫作"富不过三代"，尽管大部分人都知道这句话的意思，却并不知道它背后所蕴藏的历史规律。在《孟子·离娄下》中有"君子之泽五世而斩"，意思是指君子辛苦打拼的事业，他所带来的好处与福泽，最多延续五代之后，就要消退。可是孟子为什么如此肯定是五代，而不是六代、七代甚至千秋万代呢？

这就要考虑到孟子当时所处的社会环境了。孟子是战国中期的人，当时名义上的周天子早已经衰微，而当初西周灭商，分封诸侯的气魄也早已经消失，只能是蜷缩在洛阳城中被强国呼来喝去。随着周天子权势的衰微，周朝所实行的分封制与井田制也逐渐崩坏，而儒家所强调的礼法在这个时代更是一文不名。

儒家思想宣扬的最高道德标准就是君子，而不是像道家一样追求圣人之道。对于孔孟来说，周朝的文王、武王在他们心目中就是最崇高的君子形象，君子此后也就成了历代帝王自我标榜的美称，而西周赖以维系的根本就是以嫡长子继承为基础的分封制。按照当时的社会地位划分，从周天子到自由的平民恰好是五个等级，而这五个等级就是嫡长子继承制流传五世后所出现的局面。

天子的嫡长子继承王位，而其他儿子则被分封为诸侯，诸侯的嫡长子可以继承诸侯的位置，其他的小宗则被封为卿大夫。以此类推，按照天子、诸侯、卿大夫、士、庶人的等级分封，到最后的结果就是，即使祖宗贵为天子，五代之后小宗子孙就会变成平民，再也享受不到任何社会特权，而庶人再往下一级就是奴隶，是整个社会最底层的群体，也就变成了被压迫的对象。所以孟子五世而斩的定律就是结合当时的政治社会环境而得出的论断。

在孟子死后，"君子之泽五世而斩"这句话又被引申成为强加在历代王朝身上的魔咒。除了二世而亡的秦朝，此后的汉朝也是从刘邦、吕后（实际的掌权人）、文帝、景帝一直到汉武帝，而逐渐走向衰败的。虽然汉武帝的时候击败了匈奴，开拓了西域，但也正是因为他的穷兵黩武，将前辈积攒的家业全部败尽，再加上他晚年的"巫蛊之乱"，更是伤了王朝的元气，并且《罪己诏》的颁发，也让大汉颜面无存。

而唐朝从高祖、太宗、高宗、武则天到玄宗晚年，安史之乱也成为大唐衰败的转折点，虽然其中有李显、李旦做过皇帝，但他们也不过都是武则天的傀儡而已，严格意义上大唐也是五世繁盛，毁于一代。连汉唐都逃不脱的怪圈，对于后世来说更是胆战心惊。

在中国最后一个王朝，大清的身上更是将五世而斩的规律体现得淋漓尽致。从顺治入关，清朝统一中原成为一个真正意义的王朝开始算起，历经康熙、雍正、乾隆、嘉庆五代之后，在道光年间就爆发了鸦片战争，此后的英法联军与八国联军更是让王朝饱经磨难。而清朝入关之后，一直封锁关东不让汉人进入，虽然用的是保护"祖宗肇迹兴王之所"、维护"参山珠河之利"的名义，但不难看出，他们是吸取了元朝的教训，在为清朝留下最后的存生之地。

为什么在中国古代会有这么奇怪的规律呢？归根结底还是孟子把握住了中国古代社会最根本的发展脉络，那就是家天下的形成与延续。一旦王朝落入某个族姓的手中，后代子弟几乎就可以躺在功劳簿上吃老本了，所以不思进取之下，自然国家也缺少了前进的动力。再加上创业之初的皇帝知道功业得来之不易，一般都是努力维持，而到了后代子孙，大多是生于深宫之内，所有开国祖宗留下的锐气也几乎消磨殆尽，自然也容易沉湎于享乐之中。

无论是汉代的"昭宣中兴"，还是唐朝的"元和中兴"，甚至是清代的"同光中兴"，也都没有将国家真正的带出颓废的环境，并且从秦朝完成大一统之后，也没有任何一个王朝能够平稳的延续三百年以上。而对于如何避免"君子之泽五世而斩"的规律，古人给出的答案则是："道德传家，十代以上，耕读传家次之，诗书传家又次之，富贵传家，不过三代"。

8.23【原文】

孟子曰："可以取，可以无取，取伤廉；可以与，可以无与，与伤惠；可以死，可以无死，死伤勇。"

【译文】

孟子说："可以要，可以不要，要了就会损害廉洁。可以给，可以不给，给了就会损害恩惠。可以死，可以不死，死了就会损害勇敢。"

【评论】

与著名的"鱼与熊掌"二者必居其一选择不同，孟子在这里摆给我们的，是一种两可之间的选择，而且要为难得多。比如说，杀人越货还是遵纪守法？这对绝大多数人来说不是难题，可是，吃回扣还是不吃？收红包还是不收？这对很多人来说，却是相当考人的难题了。

就孟子所举的情况来看，"取伤廉"是比较好理解的，可"与伤惠"和"死伤勇"却有些令人费解。揣摩起来，所谓"与伤惠"，大概是说，在可以给予，也可以不给予的情况下，还是不给与的好。因为，"济人须济急时无"，也就是孔子所说的"君子周急不济富"（《论语·雍也》）的意思。不然的话，给予了反而有滥施恩惠的嫌疑，反而于真正的恩惠有所损伤。至于说"死伤勇"，则是指我们在面临生死抉择的时候，有时候活下来比死去需要有更大的勇气和更强的战胜困难和耻辱的毅力。在这种情况下，如果选择了死，很可能给人以轻生的感觉，当然就是于勇气有所损伤的了。

有人认为，孟子之所以举出"与伤惠"和"死伤勇"，是因为战国时代豪侠风气盛行，四豪滥施恩惠，荆（轲）聂（政）刺客轻生，所以孟子针砭时弊，引以为戒。

对我们来说，孟子所说仍然具有时代意义的是什么呢？可以拿取，可以不拿取，这是指什么呢？是指钱财和名誉地位。每个人其实都会遇到这个问题，在取与不取之间，有时候很难把握。所以，孟子强调，"取伤廉"者，不取也。也就是说，如果拿取了但是伤害了廉洁的操行，还是不取的好。这就是对最佳行为方式的说明。

8.24【原文】

逢（péng）蒙学射于羿①，尽羿之道，思天下惟羿为愈②己，于是杀羿。孟子曰："是亦羿有罪焉。"

公明仪曰："宜若无罪焉。"

曰："薄乎云尔，恶得无罪？郑人使子濯孺子③侵卫，卫使庾公之斯④追之。子濯孺子曰：'今日我疾作，不可以执弓，吾死矣夫！'问其仆⑤曰：'追我者谁也？'其仆曰：'庾公之斯也。'曰：'吾生矣。'其仆曰：'庾公之斯，卫之善射者也；夫子曰吾生，何谓也？'曰：'庾公之斯学射于尹公之他⑥，尹公之他学射于我。夫尹公之他，端人⑦也，其取友必端矣。'庾公之斯至，曰：'夫子何为不执弓？'曰：'今日我疾作，不可以执弓。'曰：'小人学射于尹公之他，尹公之他学射于夫子。我不忍以夫子之道反害夫子。虽然，今日之事，君事也，我不敢废。'抽矢，扣轮，去其金⑧，发乘矢⑨而后反。"

【注释】

①逢蒙：传说中羿的弟子，《世本》称"逢蒙作射"，誉其射技高超。羿：神话中射日的英雄。

②愈：同"逾"，胜过。

③子濯孺子：赵岐《注》："郑夫。"

④庾公之斯：赵岐《注》："卫大夫。"庾公之斯、尹公之他等姓名中的"之"是称呼时所加的虚词，并非是固定的成分。

⑤仆：指驾车的车手。

⑥尹公之他：朱熹《集注》云："尹公他亦卫人也。"

⑦端人：犹言正派人。

⑧金：指箭头。

⑨乘矢：古称四马所拉的车为一乘，故乘矢当谓四箭。

【译文】

逢蒙向羿学习箭法，把羿的射箭术都学到了，寻思天下只有羿的箭术超过自己，就杀害了羿。孟子说："这事羿自己也有过错。"

公明仪说："好像羿没有什么过错吧！"

孟子说："过错不大就是了，怎么没有过错呢？郑国曾经派子濯孺子去侵犯卫国，卫国派庾公之斯去追击他。子濯孺子说：'我今天疾病发作，不能开弓放箭，我要死在此地了。'问他的驾车人：'追赶我们的是谁？'他的驾车人说：'是庾公之斯。'子濯孺子说：'我又能活了。'驾车人说：'庾公之斯，是卫国著名的神箭手，您说又能活了，是为什么呢？'子濯孺子说：'庾公之斯是向尹公之他学习射箭的，尹公之他是向我学习射箭的。尹公之他这个人，是个正直的人。他所选择交往的朋友必然也是正直的人。'说着，庾公之斯追到，问子濯孺子：'您为什么不执弓？'子濯孺子说：'我今天疾病发作，不能开弓放箭。'庾公之斯说：'我向尹公之他学习射箭，尹公之他向您学习射箭，我不忍心用您的箭法反过来伤害您。然而，今天的事情，是奉君主之命，我不敢不做。'便取出箭敲击车轮，去掉箭头，射出四箭，然后就回去了。"

【评论】

孟子没有把后面的话说完，那意思却是非常明确的了：子濯孺子善于选择和教育学生，注重学生的人品正直，相信学生尹公之他也会像他一样选择和教育学生，所以知道庾公之斯不会杀他。可羿却不善于选择和教育学生，对于逢蒙的人品失察失教，结果招致杀身之祸，所以，并对自己的被害也负有一定责任。

逢蒙艺成害师，历来为人所不齿，这本已是大家的共识，孟子却提出了自己独特的见解，认为羿有自取其祸的责任在内。乍一听来，我们会和他的学生公明仪一样认为没有什么道理，但仔细想想，也就觉得并非没有道理了。比如说我们今天有些人"引狼入室",引小偷进家门,往往是由于房主人自己平时不谨慎,把一些不三不四的人带进屋,使之见财起意,产生歹心,结果发生失窃甚至谋财害命的惨案。这能说房主人自己一点责任也没有吗?这还只包含了交往中要注意识人察人的一方面,没有包含对学生进行品德教育方面的问题。如果羿不只是教逢蒙箭术,而且也教他做人的道理,简言之,既传艺,也传德,那也许就不会发生羿遭害的悲剧了吧。

所以,从逢蒙杀羿这件事上,我们至少可以得出两个方面的教训:一方面,不仅选拔干部,交往朋友需要考察、认识人,就是收学徒,招学生也同样需要慎重选择。另一方面,无论是教学徒,教学生还是培养其他什么人,都一定要从德与才两个方面着眼进行教育与培养,使之全面发展,成为德才兼备的人。只有做到了这两个方面,才不会酿成祸端,使自己反遭其殃,后悔莫及。当然,无论从我们今天的教育方针还是从我们的干部制度来看,都是非常注意这两个方面的。只不过,实际操作中做得如何,还有待调查研究。那就把孟子这段话,把逢蒙杀羿这件事作为提醒我们注意的一份材料,一个经验教训吧。

8.25【原文】

孟子曰:"西子①蒙不洁,则人皆掩鼻而过之;虽有恶人②,齐戒③沐浴,则可以祀上帝。"

【注释】

①西子:即春秋末年的西施,旧注亦有称西施为"夏姬"者。

②恶人:此指面貌丑陋之人。《吕氏春秋·去尤》篇高诱《注》云:"恶,丑也。"

③齐戒:即斋戒,"齐"同"斋"。

【译文】

孟子说:"西施如果沾染了污浊之物,那么人们路过她身旁时都会掩鼻而过。即使是很丑的人,但他斋戒沐浴后,也是可以参加祭祀上天仪式的。"

【评论】

孟子说："如果西施身上沾染了污垢，人们也会掩着鼻子走过她身边；即使是面貌丑陋的人，只要斋戒沐浴，也可以祭祀上帝。"孟子认为，美丑是天生的，但是干净与污秽将影响人们的好恶。同时，如果内心纯净，连上帝都会欣赏。这里体现出孟子"人皆可为尧舜"的理想，说明孟子更看重人们后天的努力与修养。

掩鼻而过不洁，是人们正常的行为方式，所以，只要洁身自好，相貌丑恶的人也可以参加祭祀上天的仪式。这就说明，人们相貌的美丑并不是问题，只要选择了最佳行为方式，即斋戒沐浴（洁身自好），那就一切都不成问题了。再美的人，如果身上脏兮兮的，也没有人会喜欢。所以，有美有善不足恃，贵在保持勿失；有丑有恶不足惧，贵在自新。这就是美丑善恶相互转化的辩证法，自我把握尤其重要。

8.26【原文】

孟子曰："天下之言性也，则故①而已矣。故者以利②为本。所恶于智者，为其凿也。如智者若禹之行水也，则无恶于智矣。禹之行水也，行其所无事也。如智者亦行其所无事，则智亦大矣。天之高也，星辰之远也，苟求其故，千岁之日至③，可坐而致也。"

【注释】

①故：赵《注》训为本原。

②利：朱熹《集注》云："犹顺也，语其自然之势也。"

③日至：冬至，周正以冬至之月为元月。

【译文】

孟子说："天下人讨论人性，只要能推究其所以然就行了；推究其所以然，基础在于顺其自然之理。人们之所以厌恶有智谋的人，是因为其往往过于穿凿附会。如果有智谋的人能像大禹治水那样，那么人们就不会厌恶有智谋的人了。大禹之治水，是顺其水性的自然而因势利导。如果有智谋的人也是顺其人性的自然因势利导，那这个智也就是大智。天那么高，星辰那么遥远，如果寻求到它们过去的状态，千年以后的冬至，也是可以坐着推算出来的。"

【评论】

此章涉及孟子的哲学观、历史观、人才观、科学观。

孟子的哲学观：人性物性，顺其自然"性"。

孟子的历史观：历史经验主义，现在的现象都可以在历史上找到它曾经的历史依据。

孟子的人才观：小聪明的好穿凿附会式的自我标榜和创新；大智慧的人讲顺应自然规律。大智是顺应事物的规律办事，而不是卖弄小聪明。朱熹说："事物之理莫非自然，顺而循之则为大智，若用小智而凿以自私，则害于性而反为不智。"

孟子的科学观：天高星远，日夜运转，顺其自然，研究清楚他们运行的本质（规律），千年后的冬至都能够坐着得知。

最惊觉的是最后一条：大胆预言提出研究科学（规律）的神奇力量。

8.27【原文】

公行子有子之丧[1]，右师往吊[2]。入门，有进而与右师言者，有就右师之位而与右师言者。孟子不与右师言，右师不悦曰："诸君子皆与驩言，孟子独不与驩言，是简驩也。"

孟子闻之，曰："礼，朝廷不历位而相与言[3]，不逾阶而相揖也。我欲行礼，子教以我为简，不亦异乎？"

【注释】

①公行子有子之丧：公行子，赵岐《注》："齐大夫也。"根据《仪礼》，父为长子斩衰三年。公行子死了儿子，齐国诸大臣都去作吊，所以有很多人便说这是他的长子死了。

②右师：官名，其人即"盖大夫王驩"。

③朝廷句：孟子的意思，既以君命来吊丧，那就如同上朝一样，应该遵循朝

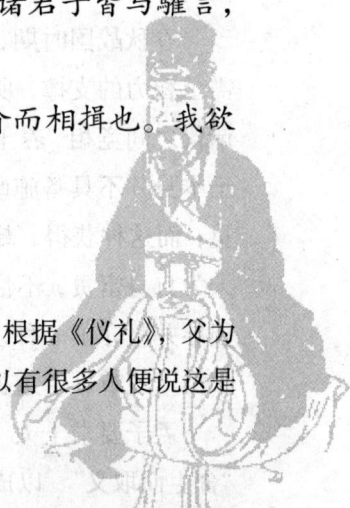

廷上的礼仪。历：跨越。历位，指越过位次。

【译文】

齐国大夫公行子的儿子死了，右师前去吊丧。进了门，有上前与交谈的，也有到右师座位旁跟他说话的，唯有孟子不和右师说话。右师很不高兴，说："各位大人都与我打招呼，孟子偏偏不与我说话，这是怠慢我。"

孟子听到这话，说："按礼制，在朝廷上不能越过自己的位子互相交谈，也不在不同的台阶上作揖。我想按礼制行事，右师认为我怠慢他，不是太奇怪了么？"

【评论】

在君王、权贵面前，孟子很讲究自己的身份，不肯屈身俯就，趋炎附势。对于王驩的怪罪，孟子表示自己是依礼而行。也是在齐国，齐王馈赠百镒上好的黄金，孟子拒绝接受。弟子陈臻不解，他答曰：这笔钱送得没有理由，没有理由送钱，等于贿赂，哪里有君子可以拿钱收买的呢？

孟子这样做，不只是维护一己的身份与尊严，而是代表着"士"这一阶层的群体自觉。牟钟鉴认为，孟子最大的贡献，是确立士人的独立性格，提升了他们的社会地位，也升华了士人的精神境界，为中国知识分子立身处世确立了一种较高的标准。

春秋战国时期，群雄竞起，为实现富强，完成霸业，不仅凭恃武力，还迫切需求智力的支撑，所谓"三寸之舌，强于百万之师；一人之辩，重于九鼎之宝"。诸侯之间竞相"养士"，为士人的活跃与发展提供了强大推动力，士人趋之若鹜。士本身并不具备施政的权势，若要推行一己之主张，就必须取得君王的信任和倚重；而这种获得，却往往是以思想独立性、心灵自由度的丧失为代价的。许多士人为自身富贵，不惜出卖人格，"无礼义而唯权势之嗜"。孟子适时而有针对性地倡导并坚守了一种以仁义为旨归的士君子文化——所谓士君子，也就是士阶层中那类重气节、讲道德、有志向的人。

孟子要求士人"穷不失义，达不离道"；当生命与道义不可兼得的时候，要"舍生而取义"，以成就自己完美的人格。在中国几千年的文明史上，为了社会进步、民族振兴而"成仁取义"的志士仁人，灿若群星，他们的思想都不同程度地受到了孟子的影响。

8.28【原文】

孟子曰："君子所以异于人者,以其存心也。君子以仁存心,以礼存心。仁者爱人,有礼者敬人。爱人者,人恒爱之;敬人者,人恒敬之。有人于此,其待我以横逆^①,则君子必自反也:我必不仁也,必无礼也,此物奚宜至哉?其自反而仁矣,自反而有礼矣,其横逆由是也,君子必自反也,我必不忠。自反而忠矣,其横逆由是^②也,君子曰:'此亦妄人也已矣。如此,则与禽兽奚择^③哉?于禽兽又何难^④焉?'是故君子有终身之忧,无一朝之患也。乃若所忧则有之:舜,人也;我,亦人也。舜为法于天下,可传于后世,我由未免为乡人也,是则可忧也。忧之如何?如舜而已矣。若夫君子所患则亡矣。非仁无为也,非礼无行也。如有一朝之患,则君子不患矣。"

【注释】

①横逆:朱熹《集注》云:"谓强暴而不顺礼也。"

②由是:犹言依然如此。

③奚择:朱熹《集注》云:"何异也。"

④难:责难。

【译文】

孟子说:"君子之所以不同于一般人,就因为君子能存心养性。君子用仁德、用礼修养心性。具有仁德的人就爱别人,具有礼仪的人就尊敬别人;爱别人的人,人们总是爱戴他;尊敬别人的人,人们总是尊敬他。假如这里有个人,他对我蛮横而不讲理,如果是君子就会自我反省:'我必然有爱心不够的地方,必然有尊敬不够的地方,不然这种情况怎么能够出现呢?'他自我反省而达到仁爱,自我反省而达到敬人的程度,如果那人仍然是蛮横而不讲理,君子又会自我反

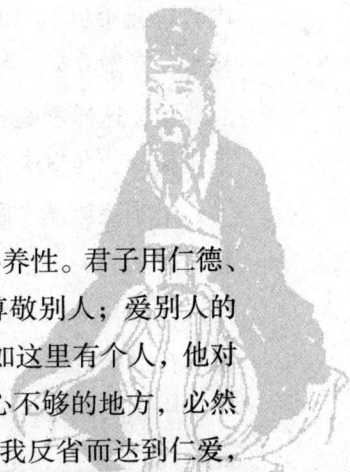

省：'我必然有不诚挚的地方。'自我反省而达到忠诚，那人蛮横而不讲理的情况仍然如是，君子就会说：'这无非是个狂妄之徒而已，这样的人，跟禽兽有什么区别呢？对禽兽又有什么可责难的呢？'因此，君子有长期的忧虑，但却没有短时的后患。这样的忧虑是有的：大舜是人，我也是人。大舜为天下做了榜样，名传后代，而我还不免是个普通人，这才值得忧虑。忧虑又怎么办呢？像舜一样就是了。至于君子所忧虑的，就会消亡。不是爱人的事不做，不是敬人的话不说。如果有意外发生，那么君子也不用为之痛苦了。"

【评论】

此处，孟子说的是君子胸怀仁义，心存善念。仁爱的人爱他人，礼让的人敬重他人。爱他人的人，他人也会爱他；尊重他人的人，他人同样会尊重他。中国素来都是以德立国，尚礼安邦。仁爱敬孝之道根深蒂固，源远流长。

敬人、爱人是传统儒家思想的核心，是中国礼仪之邦的具体体现，同时也是立身的根基。从《孝经》的"礼者，敬而已矣"、《礼记》开篇的"毋不敬"到唐代著名学者孔颖达所云："行五礼，皆须敬也"，由此可见古人崇尚"礼"的核心即为"敬"字。对人、对己、对家庭、对社会、对国家，都应怀有一颗恭敬、仁爱之心。然而也只有自己先做到敬重、仁爱他人，他人才会来尊重于你。

互相尊重、相互帮助即为"敬"，"君子敬而无失，与人恭而有礼，四海之内，皆兄弟也"，说的正是互敬互爱之礼。从古至今关于互敬互爱的先例也不胜枚举，互敬互爱、相敬如宾、兄友弟恭等成语表达的皆为此意。夫妻之间需要相互尊重，这样家庭才能和谐、幸福；父母、兄弟之间也需要相互尊重，这样才能手足情深，共享天伦；朋友之间更是需要尊重，这样才能友谊长久，患难与共。

中华民族的"敬"字不仅仅体现于此，更是指"普遍之爱"，强调以礼待人，雅量尊人。《礼记》有云："夫礼者，自卑而尊人。虽负贩者，必有尊也。"尊重他人，谦卑为人，哪怕是地位、学历等都不如自己的人，甚至是社会底层之人，也有自己的尊严，同样应该得到他人的尊重。

中国人所说的爱，是排除身份等级的普遍之爱，世世代代的中国人都遵行于此。"敬"是德，更是做人之道的根本。

8.29【原文】

禹、稷当平世①，三过其门而不入②，孔子贤之。颜子当乱世，居于陋巷，一箪食，一瓢饮；人不堪其忧，颜子不改其乐，孔子贤之③。

孟子曰："禹、稷、颜回同道。禹思天下有溺者，由己溺之也；稷思天下有饥者，由己饥之也，是以如是其急也。禹、稷、颜子易地则皆然。今有同室之人斗者，救之，虽被发缨冠④而救之，可也。乡邻有斗者，被发缨冠而往救之，则惑也，虽闭户可也⑤。"

【注释】

①平世：太平的世道。

②三过其门而不入：这是禹的事迹，称稷是连类并及。

③颜子当乱世等句：《论语·雍也》篇："子曰：贤哉，回也！一箪食，一瓢饮，在陋巷，人不堪其忧，回也不改其乐，贤哉，回也！"

④被发缨冠：朱熹《集注》云："不暇束发，而结缨往救，言急也，以喻禹、稷。"被同"披"。

⑤闭户可也：朱熹《集注》云："喻颜子也。"

【译文】

大禹、后稷生活在太平年代，多次经过自己的家门都没有进去，孔子称赞他们。颜子生活在乱世，居住在狭窄的巷子里，一筐饭，一瓢水，一般人都不能忍受那种苦生活，而颜子却自得其乐，孔子称赞他。

孟子说："禹、稷、颜子所持之道是一样的。大禹想到天下有遭水淹没的人，就像自己被水淹了一样。后稷想到天下有挨饿的人，就像自己挨饿一样，所以才那样急人之急。禹、稷、颜子如果互相交换一下位置处境，也都会有同样的表现。假如有同屋的人互相打斗，要去救他们，即使衣冠不整就去救人，也是可以的。但如果是乡邻打斗，也是衣冠不整去救人，那就是糊涂，即使关门闭户也是可以的。"

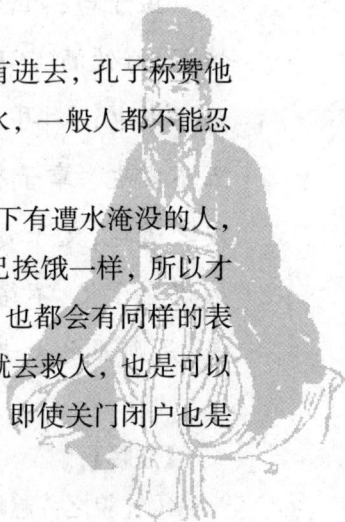

【评论】

大禹、后稷、颜渊正因为把建立人与人之间相互亲爱的关系存于心中，把社会行为规范存于心中，选择了最佳行为方式，才博得了后人的尊敬和称赞。

如果同室操戈，即使是披头散发，帽缨紊乱去救急也是可以做到的，因为此时救急是一种最佳行为方式。如果不闻不问，不去劝解，那就不是最佳行为方式了。相反，乡间邻里有人打斗，如果是披头散发，帽缨紊乱去救急则是不可以的，因为要出自家大门，就得注意仪表，衣冠不整而去劝解，就会徒惹人笑；因此，关门闭户不闻不问也就可以理解了。

其实，孟子所说的这个是表面现象，其言下之意是，心中有了建立人与人之间相互亲爱的关系的思想，有了遵守一定的社会行为规范的思想，在行动上随时都会表现出来，因此在"救急"时，就会自自然然地涌现出来，而不会"披头散发，帽缨紊乱"了。也就是说，最佳行为方式不是假装出来的，不是靠选择才选择出来的，而是依着平常的努力学习和积累，是依着本性而自然地涌现出来的。

8.30 【原文】

公都子曰："匡章，通国皆称不孝焉，夫子与之游，又从而礼貌之①，敢问何也？"

孟子曰："世俗所谓不孝者五：惰其四支，不顾父母之养，一不孝也；博弈②好饮酒，不顾父母之养，二不孝也；好货财，私妻子，不顾父母之养，三不孝也；从③耳目之欲，以为父母戮④，四不孝也；好勇斗很⑤，以危父母，五不孝也。章子有一于是乎？夫章子，子父责善而不相遇也⑥。责善，朋友之道也；父子责善，贼恩之大者。夫章子，岂不欲有夫妻子母之属哉？为得罪于父，不得近。出妻屏⑦（bǐng）子，终身不养焉。其设心以为不若是，是则罪之大者，是则章子而已矣。"

【注释】

①礼貌之：赵岐《注》："礼之以颜色喜悦之貌也。"

②博弈：六博与围棋，这是当时流行的棋类游戏。

③从：同"纵"。

④戮：朱熹《集注》云："羞辱也。"

⑤很：同"狠"。

⑥责善而不相遇也：朱熹《集注》云："遇，合也。相责以善而不相合，故为父所逐。"

⑦屏：《礼记·曲礼》郑《注》云："退也。"又《王制》郑《注》云："犹放去也。"

【译文】

公都子问孟子："匡章，全国人都说他不孝。您却同他来往，又很礼貌待他，请问这是为什么？"

孟子说："社会上所说的不孝有五种情况：四肢懒惰，不赡养父母，是一不孝。赌博又酗酒，不赡养父母，是二不孝。喜欢聚货敛财，偏爱妻子，不赡养父母，是三不孝。放纵耳目之乐，给父母带来羞辱，是四不孝。逞勇好斗，以至危及父母，是五不孝。在此五项中匡章有哪一种情况？匡章，是因为父子之间相互以善相责而导致关系恶化。以善相责，本是交友之道；父子间以善相责，最伤害感情。匡章，难道不想有夫妻母子之间的感情吗？只因得罪了父亲，被疏远而不能亲近；才抛弃妻子儿女，终身得不到奉养。他在心里这样设想，如果不这样做，那不孝之罪就会更大，这就是匡章的为人吧。"

【评论】

孟子在齐国和一位叫匡章的将军有交往，关系还不错。而这位匡章将军还是位有争议有故事的人物。从本篇开头公都子的语气和言辞看，匡章的罪名还不轻，影响也很恶劣。"通国"都说他不孝，这可不是小问题。但孟子不但与其有交往，而且还很尊敬和有礼貌，这到底是怎么回事？是孟子看走了眼，还是另有隐情？孟子正是在仗义执言为匡章辩解的文字中提出"不孝有五"的这一话题，我们先看这一点，再说匡章到底是怎么回事。

匡章不幸，没有遇到通情达理的父亲；匡章有幸，遇到敢于仗义执言的孟子。匡章和父亲到底发生了什么我们不得而知，但他遇到全天下舆论谴责的压力是可以肯定的。在任何时代，如果一旦担负不孝的恶名便很难在社会上混了，而匡章遇到的恰恰是如此尴尬的情形。现在动不动就人肉搜索，被搜索的人舆论压力极大。那个年月没有现代的信息技术，如果全国都说不孝，那出名该到何种程度。而且和父亲的矛盾又没有办法解释说明，故匡章的处境和心理压力是可以想象的。

匡章有幸，当有人问及孟子为何与全国的人都认为不孝的匡章交往而且还给以足够的尊敬时，孟子敢于针对全国的舆论，为匡章仗义执言，为其辨别冤屈。孟子后面说："那位匡章，不过是父子之间以善相责而把关系搞僵化了而已。相互责善，是朋友之间的相处之道。父子之间相互责善，是最伤感情的。那位匡章，难道不想有夫妻母子这种关系吗？就因为得罪了父亲，而不能和父亲亲近，所以赶出妻子，不见孩子，终身不要他们的赡养。他认为如果不这样做，这种罪过就更大了。哎，这就是匡章啊！"

从语气体会，孟子对匡章充满同情，看来匡章遇到的问题可能很复杂。《战国策·齐策一》有关于匡章的记载。当时秦国军队欲攻打齐国，齐威王派匡章为统帅率领军队前去迎战。两军对垒，互相派使者来往。匡章就命部分士兵换上秦军服装，打着秦军旗帜而混入秦军营中。有人秘密报告齐王，说匡章的军队有投降的。匡章连续派，密探连续报告，齐王根本不听，坚决信任匡章。后来齐军大胜，齐威王才解释说："我之所以坚信匡章将军，因为匡章的母亲得罪他父亲，被他父亲杀死埋在马槽子下面。我答应匡将军全胜归来我为他改葬母亲。他说他母亲是得罪父亲被杀后埋在马槽子下面的。他本人也有能力改葬，但父亲死前没有让他改葬母亲，如今改葬就等于欺骗父亲了。所以就不必了。他连死去的父亲都不欺骗，怎么可能欺骗活着的国君？因此我坚信匡将军。"

这个故事对于理解孟子的话很有帮助。看来匡章在当时和孟子关系不错。匡章的母亲和父亲到底怎么回事不清楚，也无法评价是非对错，但作为儿子的匡章确实没有可以指责不孝的地方。故国人的评价便有失偏颇。孟子挺身而出，敢于和天下舆论唱反调，为匡章辩解正名，有勇气有胆识，伟哉，孟子！

8.31【原文】

曾子居武城①,有越寇②。或曰:"寇至,盍去诸?"曰:"无寓人于我室③,毁伤其薪木。"寇退,则曰:"修我墙屋,我将反。"寇退,曾子反。左右曰:"待先生如此其忠且敬也,寇至,则先去以为民望④;寇退,则反,殆于⑤不可。"沈犹行⑥曰:"是非汝所知也。昔沈犹有负刍之祸⑦,从先生者七十人,未有与焉。"

子思⑧居于卫,有齐寇。或曰:"寇至,盍去诸?"子思曰:"如伋去,君谁与守?"

孟子曰:"曾子、子思同道。曾子,师也,父兄也;子思,臣也,微也。曾子、子思易地则皆然。"

【注释】

①武城:鲁国的城邑名,在今山东费县西南。

②越寇:越灭吴以后,其疆土与鲁相邻接,故能直接入侵鲁国。

③寓:赵岐《注》:"寄也。曾子欲去,戒其守人曰:'无寄人于我室,恐其伤我薪草树木也。'"

④民望:朱熹《集注》云:"言使民望而效之。"

⑤殆于:恐怕。

⑥沈犹行:赵岐《注》:"曾子弟子也。"

⑦犹有负刍之祸:赵岐《注》:"时有作乱者曰负刍,来攻沈犹氏。"

⑧子思:《史记·孔子世家》云:"孔子生鲤,字伯鱼。伯鱼年五十,先孔子死。伯鱼生伋,字子思,年六十二,尝困于宋。子思作《中庸》。"

【译文】

曾子住在武城时,遇越国人侵犯。有人说:"强盗来了,何不快离开?"曾子说:"不要让外人住我的房子,防止毁伤了树木。"强盗退走了,曾子就说:"把我的房屋修一修,我要回去。"敌人退走了,曾子就回来了。他身旁的人说:"武

城人平日对您是何等忠诚和恭敬啊，敌人来了，您却先行离开以至于为百姓做了坏榜样；敌人退了，你就回来，好像不妥吧？"沈犹行说："这不是你们所了解的。从前我曾遭遇过负刍之祸，跟随老师的七十个人全都躲避开了。"

子思居住在卫国，有敌人来侵犯。有人说："强盗来了，何不快离开？"子思说："如果我孔伋走了，谁和卫君一起守城呢？"

孟子说："曾子、子思所走的道路是一致的。曾子，当时是老师，像父兄；子思，当时是卫君的臣，是小官。曾子、子思互换位置也都会这样做。"

【评论】

这个讨论举了两个例子，一是曾子遇寇而退，一是子思遇寇而守。谁对谁错？这就是地位问题。人处在不同的地位，就有不同的行为方式，所以最佳行为方式不是一成不变的，不是可以照本宣科的。曾子当时是老师，做老师者，形同父兄、长辈，遇有寇来，青壮子弟怎么能叫老师冲锋陷阵去拒敌呢？曾子选择离去，是为了使青壮子弟奋勇拒敌而不分心。所以曾子的选择乃是最佳行为方式。

子思所处的位置不一样，他是卫国的一个官员，官员则有守土之责，所以他不能选择离去，只能守土御敌。所以子思的不离去，乃是最佳行为方式。如果曾子是地方官员，那他决不会选择离去，而是要守土御敌。如果子思是老师，那么他也会选择离去，不去影响青壮子弟御敌。这就是孟子所想表达的，最佳行为方式不是一成不变的，不是可以照本宣科的。

8.32 **【原文】**

储子①曰："王使人瞯②（jiàn）夫子，果有以异于人乎？"

孟子曰："何以异于人哉？尧舜与人同耳。"

【注释】

①储子：赵岐《注》："齐人也。"
②瞯：或本作"瞰"，窥视。

【译文】

储子问孟子："君王派人窥探您，您真有与人不同的地方吗？"

孟子说："我有什么与别人不同的地方呢？尧、舜也与平常人一样啊。"

【评论】

圣贤的外貌与常人并无两样，圣贤所异于常人之处，就是心存仁义之道。

孟子认为，人只要立志进取，都可以成为尧、舜那样的人。尧、舜是上古社会的传说人物，被后世道德学家尊为圣人。孟子认为凡人和圣人在先天本性上并无差别，都具有恻隐之心、羞恶之心、辞让之心、是非之心。只要扩充先天善性，无论什么人均可以成为圣人。孟子认为"圣人与我同类者"（《告子上》），"尧、舜与人同耳"（《离娄下》），还讲"舜人也，我亦人也"（《离娄下》），并引用颜回的话讲："舜何人也，予何人也，有为者亦若是"（《滕文公上》）。孟子肯定并论证了人们在道德修养上的平等，肯定人的后天努力对道德修养的决定作用，这些思想很有价值，它激励着历代人们积极向善。

8.33【原文】

齐人有一妻一妾而处室者，其良人①出，则必餍酒肉而后反。其妻问所与饮食者，则尽富贵也。其妻告其妾曰："良人出，则必餍酒肉而后反；问其与饮食者，尽富贵也，而未尝有显者来，吾将瞷良人之所之也。"

蚤起，施②(yǐ)从良人之所之，遍国③中无与立谈者。卒之东郭墦(fán)间④，之祭者，乞其余；不足，又顾而之他——此其为餍足之道也。

其妻归，告其妾曰："良人者，所仰望⑤而终身也，今若此——"与其妾讪⑥其良人，而相泣于中庭⑦，而良人未之知也，施施⑧从外来，骄其妻妾。

由君子观之，则人之所以求富贵利达者，其妻妾不羞也，而不相泣者，几希矣。

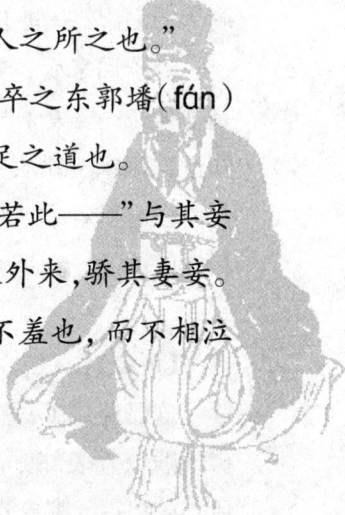

【注释】

①良人：赵岐《注》："夫也。"

②施：赵岐《注》："施者，邪施而行，不欲使良人觉也。"通"迤"，逶迤斜行。这里指暗中跟踪。

③国：此指城。

④墦间：赵岐《注》："郭外冢间也。"

⑤仰望：仰赖、指望。

⑥讪：朱熹《集注》云："怨詈也。"

⑦中庭：犹言庭中，即堂阶前。

⑧施施：赵岐《注》："犹扁扁，喜悦之貌。"

【译文】

齐国有一个人家中有一妻一妾。那丈夫外出，一定是酒足饭饱才回来。他妻子问他跟谁在一起吃喝，他说全是富贵人物。他的妻子告诉妾说："丈夫每次外出，都是酒足饭饱才回家，问他跟谁在一起吃喝，他说全是富贵人物，但家里从来没有显赫的人来过，我准备偷偷跟着他，看他到底去了哪些地方。"

第二天清晨起床，妻偷偷地跟着丈夫到他所到的地方，走遍城中，没有一个人站立着跟她丈夫交谈。后来到了东郊的坟里，丈夫便走到祭扫坟墓者那里乞讨剩下的酒肉；一处不够饱，又四处张望转向别家乞讨。这就是他酒足饭饱的办法。

妻子回来后，告诉妾说："丈夫本来是我们仰望而终身依靠的人，如今竟然是这样……"妻子与妾一起咒骂丈夫，并在庭院中相对哭泣，而她们的丈夫还不知道，飘飘然地从外面回来，还向妻妾摆威风。

在君子看来，人们追求富贵腾达的途径和手段，能不使他们妻妾引以为耻并相对而泣的，真是太少了。

【评论】

这已经成了一则很著名的寓言故事。孟子为我们勾画的，是一个内心极其卑劣下贱，外表却趾高气扬，不可一世的形象。他为了在妻妾面前摆阔气，抖威风，自吹每天都有达官贵人请他吃喝，实际上却每天都在坟地里乞讨。妻妾发现了他的秘密后痛苦不堪，而他却并不知道事情已经败露，还在妻妾面前得意洋洋。

读完这一段故事，令人感到既好笑，又有几分恶心。孟子的讽刺是辛辣而深刻的。孟子的原意是讽刺他那个时代不择手段去奔走于诸侯之门，求升官发财的人，他们在光天化日下冠冕堂皇，自我炫耀，暗地里却行径卑劣，干着见不得人的勾当。

在我们今天读来，也仍然可以感到生活中有这位齐国"良人"的影子。他们当然已不可能像这位齐国"良人"那样"有一妻一妾而处室"，无"妻妾"可"骄"了。但是可以"骄"同事，"骄"朋友嘛。今天我与某书记钓鱼，明天我与某局长喝酒，后天又是某大款请我上茶楼，如此等等，不一而足。某小品讽刺的用名片打扑克，鞭挞的不就是这位齐国"良人"似的人物吗？

万章上

9.1【原文】

万章问曰："舜往于田①，号泣于旻（mín）天②，何为其号泣也？"

孟子曰："怨慕也③。"

万章曰："父母爱之，喜而不忘；父母恶之，劳而不怨④。然则舜怨乎？"

曰："长息问于公明高⑤曰：'舜往于田，则吾既得闻命矣；号泣于旻天，于父母，则吾不知也。'公明高曰：'是非尔所知也。'夫公明高以孝子之心，为不若是恝⑥（jiá），我竭力耕田，共⑦为子职而已矣，父母之不我爱，于我何哉⑧？帝使其子九男二女⑨，百官⑩牛羊仓廪备，以事舜于畎（quǎn）亩之中，天下之士多就之者，帝将胥天下而迁之焉⑪。为不顺⑫于父母，如穷人无所归。天下之士悦之，人之所欲也，而不足以解忧；好色，人之所欲，妻帝之二女，而不足以解忧；富，人之所欲，富有天下，而不足以解忧；贵，人之所欲，贵为天子，而不足以解忧。人悦之、好色、富贵，无足以解忧者，惟顺于父母可以解忧。人少，则慕父母；知好色，则慕少艾⑬；有妻子，则慕妻子；仕则慕君，不得于君则热中⑭。大孝终身慕父母。五十⑮而慕者，予于大舜见之矣。"

【注释】

①舜往于田：相传舜曾耕于历山，"往于田"就是去做庄稼活。

②号泣于旻天：焦循《正义》云："《颜氏家训·风操篇》云：'礼以哭，有言者为号。'此云号泣，则是且言且泣。"旻，《说文·日部》："旻，秋天也。《虞书》说，仁覆闵下则称旻天。"

③怨慕：朱熹《集注》云："怨己之不得其亲而思慕也。"

④父母爱之等句：《礼记·祭义》云："曾子曰：'父母爱之，喜而弗忘；父母恶之，惧而无怨，'"《大戴礼记·曾子大孝》篇也有此语，可见万章这话系引用自曾子。

⑤长息、公明高：赵岐《注》："长息，公明高弟子；公明高，曾子弟子。"

⑥㤉：淡然。赵岐《注》："无愁之貌。"

⑦共：同"供"，与今言供职之"供"义同。

⑧于我何哉：与我有什么关系。

⑨子：古代对子女的统称。九男二女：尧将二女嫁给舜之事见于《尚书·尧典》；使九男事舜之事不详，赵《注》认为当见于《尚书》逸篇。《史记·五帝本纪》云："尧乃以二女妻舜以观其内，使九男与处以观其外。"当有所本。

⑩百官：或云与《论语·子张》篇"百官之富"的"百官"意义同，指宫室而言，不是官吏之意。"官"的本义指宫室屋宇。

⑪胥：《尔雅·释诂》云："胥，皆也。"胥天下即整个天下。迁之：移交给舜。

⑫顺：日本竹添进一郎《左传会笺》释襄公八年"唯子产不顺"云："顺亦悦也。孟子不顺于父母即不悦于父母也。"

⑬少艾：亦作"幼艾"，年轻美貌之人。

⑭热中：即"热衷"，朱熹《集注》云："躁急心热也。"

⑮五十：赵岐《注》："《书》曰：舜生三十征庸，二十在位。在位时尚慕，故言五十。"朱熹《集注》云："舜摄政时年五十也。"

【译文】

万章问孟子："舜到田野里，向着天空哭诉，他为什么哭泣呢？"

孟子说："这是因为他对父母又怨恨又思念。"

万章说："常言道：'得父母宠爱，高兴而难忘；被父母厌恶，忧愁而不怨恨。'那么，舜怨恨父母吗？"

孟子说："长息曾经问公明高：'舜到田野里，我已经听你讲解过了；望着天哭诉，是为了父母，那我就不懂了。'公明高说：'这就不是你能懂的。'公明高认为孝子的心理不应该若无其事，淡然处之：我尽力地耕田，恭敬地完成做儿子

的职责而已，至于父母不宠爱我，我有什么办法呢？尧派他的九个儿子两个女儿与百官带着牛羊、粮食，到农田里去为舜服务，天下有识之士很多都去归附舜，尧把天下让给了舜。舜却因为不被父母喜欢，就如同穷人找不到归宿一样。被天下有识之士所拥戴，是每个人的欲望，而不能解开舜的忧愁；喜欢美貌的女子，也是每个人的欲望，娶了尧的两个女儿，还是不能解开舜的忧愁；富裕，也是每个人的欲望，拥有了整个天下，也还是不能解开舜的忧愁；尊贵，也是每个人的欲望，身为天子那样的尊贵，也还不能解开舜的忧愁。被人拥戴、美色、富裕且尊贵，没有一样能解除舜的忧愁，唯有让父母顺心才能解忧。人在少年时，仰慕父母；懂美色了就爱慕美少女；有了妻子就思念家室；入仕做官就思念君主，得不到君主赏识就会内心焦躁。只有最孝顺的人终身思念父母。到了五十岁还思念父母，我在舜身上见到了。"

【评论】

本篇的九章内容均为长文，内容几乎全是有关尧、舜、禹、汤、孔子、百里奚等三代贤王和春秋贤人的事迹，具有重要的史料价值。

人在少年时，仰慕父母；知道爱好美色了，则思念年轻漂亮的了；有了妻子，就会思念家室；入仕做官就会思念君主，得不到君主赏识就会内心焦躁。这些都是人生的各种欲望，但如果只是孜孜不倦地追求这些，而忘了父母的养育之恩，也就是背离了人生正确的道路。本篇就围绕着"孝"这个行为方式进行探讨。

在殷商甲骨文中已有"孝"字。"孝"字，本意是继承先辈之志的意思，《尚书·文侯之命》："追孝于前文人。"《论语·学而》：有子曰"其为人也孝弟，而好犯上者，鲜矣；不好犯上，而好作乱者，未之有也。君子务本，本立而道生。孝弟也者，其为仁之本与！"孔子曰："弟子，入则孝，出则弟，谨而信，泛爱众，而亲仁。"《礼记·中庸》："夫孝者，善继人之志，善述人之事者也。"西周时，周公告诫其弟康叔说："元凶大憝，矧惟不孝不友"（《尚书·康诰》），"友"即悌的意思。《诗经》里也有不少有关孝、悌方面的内容。但自从春秋战国以后，"孝"字逐渐就演变成为一般民众形容"孝顺父母"之意了。当然，"孝"本身也包含有"孝顺父母"的意思，所以孟子在此特别提出"孝顺父母"之意。

9.2【原文】

万章问曰:"《诗》云:'娶妻如之何? 必告父母①。'信斯言也,宜莫如舜。舜之不告而娶,何也?"

孟子曰:"告则不得娶。男女居室,人之大伦也。如告,则废人之大伦,以怼(duì)父母,是以不告也。"

万章曰:"舜之不告而娶,则吾既得闻命矣;帝之妻舜而不告,何也?"

曰:"帝亦知告焉则不得妻也。"

万章曰:"父母使舜完廪②,捐阶③,瞽瞍焚廪。使浚井,出④,从而揜⑤(yǎn)之。象⑥曰:'谟盖都君咸我绩⑦。牛羊父母,仓廪父母,干戈朕,琴朕,弤(dǐ)朕,二嫂使治朕栖⑧。'象往入舜宫,舜在床琴⑨。象曰:'郁陶⑩思君尔。'忸怩⑪。舜曰:'惟兹臣庶⑫,汝其于予治⑬。'不识舜不知象之将杀己与?"

曰:"奚而⑭不知也? 象忧亦忧,象喜亦喜。"

曰:"然则舜伪喜者与?"

曰:"否。昔者有馈生鱼于郑子产,子产使校人⑮畜之池。校人烹之,反命曰:'始舍之,圉圉⑯(yǔ)焉;少则洋洋⑰焉;攸然⑱而逝。'子产曰:'得其所哉! 得其所哉!'校人出,曰:'孰谓子产智? 予既烹而食之,曰:得其所哉,得其所哉。'故君子可欺以其方⑲,难罔以非其道。彼以爱兄之道来,故诚信而喜之,奚伪焉?"

【注释】

①《诗》云:此处诗句引自《诗·齐风·南山》,相传这是首讥刺齐襄公的诗歌。

②完:赵岐《注》:"治也。"

③捐阶:朱熹《集注》云:"捐,去也;阶,梯也。"

④浚井:淘井。按,井用久了,井底会积存淤泥,所以要定期淘洗。出:赵

岐《注》："使舜浚井，舜入而即出，瞽瞍不知其已出，从而盖其井。"一说，此"出"是指瞽瞍等人出来。

⑤揜：同"掩"，掩盖。但按之《说文》，"揜""掩"是两字，云："揜，覆也。""掩，敛也。"

⑥象：舜同父异母弟。

⑦谟盖都君咸我绩：盖，"害"之假借字。朱熹《集注》云："谟，谋也。盖，井盖。舜所居三年成都，故谓之都君。咸，皆也。绩，功也。"

⑧弤：赵岐《注》："雕弓也。"漆成红色的弓。栖：朱熹《集注》云："床也，象欲使为己妻也。"

⑨床琴：坐在床上弹琴。

⑩郁陶：朱熹《集注》云："思之甚而气不得伸也。"郁陶为思念之貌。

⑪忸怩：《说文·新附》："忸怩，惭也。"

⑫惟：《说文》云："惟，凡思也。"段玉裁《注》云："凡思，谓浮泛之思。"兹，此。

⑬于：王引之《经传释词》云："于，为也；为，助也。"

⑭奚而：犹言如何、怎么。

⑮校人：赵岐《注》："主池沼小吏也。"

⑯圉圉：赵岐《注》："鱼在水羸劣之貌。"意为被外力控制住、不能动弹。

⑰洋洋：赵岐《注》："舒缓摇尾之貌。"

⑱攸然：赵岐《注》："迅走趋水深处也。"

⑲欺以其方：朱熹《集注》云："谓诳之以理之所有。"

【译文】

万章问孟子："《诗经》上说：'娶妻应该怎么办？必须要事先报告父母。'最相信这话的应该是舜。可是舜没有报告父母就娶妻了，这是什么道理呢？"

孟子说："报告就娶不到妻子了。男女结婚，是人生的重大伦常。如果报告了，就要废弃这个伦常，从而就会怨恨父母，所以舜没有报告父母。"

万章问孟子："舜不报告父母就娶妻，我已经听懂其中的缘故了；尧嫁女儿给舜而不禀告舜的父母，这又是什么道理呢？"

孟子说："尧也知道如果告诉了舜的父母，亲事就办不成。"

万章问孟子："父母叫舜去整修谷仓顶，然后撤掉了梯子，父亲瞽瞍放火焚烧谷仓。要舜去淘井，瞽瞍一出井就堵塞盖住了井口。舜的弟弟象说：'谋害舜都是我的功绩，牛羊分给父母，粮仓分给父母，盾和戈归我，琴归我，雕漆的弓归我，两个嫂嫂侍候我睡觉。'象走进舜的屋子，舜却安坐在床上弹琴。象说：'我想你想得好苦啊。'但显得羞愧的样子。舜说：'我心里想的唯有臣子和百姓，你就替我管理他们吧。'不知道舜当时是否知道象要杀他呢？"

孟子说："怎么会不知道呢？象忧愁他也忧愁，象高兴他也高兴。"

万章问孟子："那么，舜是假装高兴吗？"

孟子说："不。从前有人送条活鱼给郑国的子产，子产叫管理池塘的人把鱼养在池塘里，管池塘的人却把鱼煮来吃了，却报告子产说：'刚放它时，还死气沉沉的，过了一会，就欢乐起来，很快就游往水深处而不知去向了。'子产说：'它得到它的去处了，它得到它的去处了。'那人出来后，对人说：'谁说子产很有智慧？我已经把鱼煮熟吃了，他还说它得到它的去处了，它得到它的去处了。'所以对君子可以用合乎人情的方法欺骗他，不能用违反常理的诡计欺骗他。象用敬爱兄长的办法来说事，所以舜真诚地相信而感到高兴，怎么能说是假装的呢？"

【评论】

既然是要孝顺父母，那么在娶妻问题上，做儿子的就应该禀告父母亲。但是舜不禀告父母亲就私自娶妻，这个问题即使是在现代，也是做父母的人们所反对的。但首先我们必须要了解舜当时的处境，舜并不是不孝敬父母，只是因为父母过于宠爱那不成器的弟弟，而这个不成器的弟弟是不能继承舜的王位的。所以舜只好"不告而娶"，而帝尧亦不告而嫁。从另一方面说，在春秋战国时期以前，中国实行的是恋爱自由，婚姻自由，只是在汉朝以后，由于董仲舒等篡改儒家思想，才弄成了父母包办婚姻的封建礼教。所以这个"不告而娶"的行为方式，并不是不孝敬的表现。

另一个问题，舜明知被骗和子产明知被骗是伪善吗？这就是孔子一再张扬的"诚信"和"最佳行为方式"的问题。所谓"诚信"，就是明知被骗但仍诚信对人，并不能因为我被骗了，我就要去骗人，或者把骗我的人杀掉。作为君子，即使是在被骗以后，仍然要采取最佳行为方式，即仍真诚地对待对方。就像舜一样，明知父亲要害他，但他不与父亲为仇，不搞什么以牙还牙，仍是尽到做儿子的责任，这就叫孝顺父母的最佳行为方式。

骗子有术，术也有限。有术就能使人受骗，不仅使普通人受骗，就是有德有才的君子，像郑国贤宰相子产那样的聪明人，也照样受骗。只不过这里有个条件，就是你得把谎话说圆，说得合乎情理，就像那个"校人"那样，把鱼开始怎么样，接着又怎么样，最后又怎么样说得非常生动细致，活灵活现，难怪子产要上当，要相信他了。这里面还有一层微妙的原因，越是君子，其实越容易受骗。因为君子总是以君子之腹度人，凡事不大容易把人往坏处想，结果往往上骗子的当。倒是真正的小人，以小人之心度人，把人往坏处想，往往还不容易被欺瞒过去。所以说，君子也难免受骗，这原本不应该是什么奇怪的问题。当然，还是那句话，要让君子上当受骗，得有合乎情理的说法，否则，还是容易被识破的。这就是骗亦有限的话题了。

明白了这个道理以后，即使你是君子，是不是也应该保持戒心，多一分警惕，以免上当受骗。

9.3【原文】

万章问曰："象日以杀舜为事，立为天子则放①之，何也？"

孟子曰："封之也；或曰，放焉。"

万章曰："舜流共工于幽州②，放驩兜于崇山③，杀三苗于三危④，殛（jí）鲧（gǔn）于羽山⑤，四罪而天下咸服，诛不仁也。象至不仁，封之有庳⑥（bì）。有庳之人奚罪焉？仁人固如是乎？在他人则诛之，在弟则封之？"

曰："仁人之于弟也，不藏怒焉，不宿怨焉，亲爱之而已矣。亲之，欲其贵也；爱之，欲其富也。封之有庳，富贵之也。身为天子，弟为匹夫，可谓亲爱之乎？"

"敢问或曰放者，何谓也？"

曰："象不得有为于其国，天子使吏治其国而纳其贡税焉，故谓之放，岂得暴彼民哉？虽然，欲常常而见之，故源源而来。'不及贡⑦，以政接于有庳'，此之谓也。"

【注释】

②放：放逐，犹如后来的充军。

②流共工于幽州：此处引文见于《尚书·尧典》。共工，《淮南子·本经训》："舜之时，共工振滔洪水，以薄空桑。"旧注谓共工是"水官名"。幽州，此指北方边远的地方。

③放驩兜于崇山：驩兜，尧、舜时大臣。崇山：此指南方的边远之地。

④杀三苗于三危：杀，《尚书》作"窜"，《史记》作"迁"，焦循《正义》云："窜、杀为同音假借。"三苗：一说为古国名，一说是指远古三凶的后裔。三危：此指西方的边远之地。

⑤殛鲧于羽山：殛，朱熹《集注》云："诛也。"焦循《正义》谓"殛"通"极"，亦放逐之意。鲧：禹的父亲。相传他因治水无功而获罪。羽山：此指东方的边远之地。

⑥有庳：地名，旧说在今河南道县之北。

⑦不及贡：这两句疑是《尚书》逸文或其他古书之文，故孟子说"此之谓也"。朱熹《集注》云："谓不待及诸侯朝贡之期而以政事接见有庳之君。"

【译文】

万章问孟子："象每天把杀害舜作为他的大事，舜被拥立为天子后只是将他流放，这是什么道理呢？"

孟子说："其实是封象为诸侯，有人说是流放。"

万章说："舜流放共工到幽州，发配驩兜到崇山，驱赶三苗到三危，诛杀鲧于羽山。惩处这四个罪犯而天下归服，这是惩办不仁者。象是个很不仁的人，然而却封到有庳。有庳的百姓难道有罪吗？对外人严加惩处，对弟弟则封以国土，难道仁人的做法是这样的吗？"

孟子说："仁人对待弟弟，不隐藏心中的愤怒，也不留下怨恨，只是亲爱他罢了。亲他，是想使他贵；爱他，是想使他富。封他到有庳，是想使他既贵又

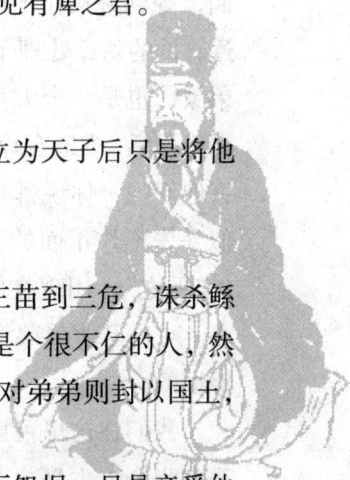

富。舜为天子，弟弟却是平民，能够称之为亲爱弟弟吗？"

万章说："请问，为什么有人说这是流放？"

孟子说："虽然把象封在有庳，但象不能够直接管理国家，舜派官员管理国家而把收的税给象使用，所以称之为流放。怎么能让他残暴地对待老百姓呢？虽然如此，舜还是想经常见到象，所以他们之间常互相往来。'不一定要等到朝贡，平时也以国事需要为名接待象。'说的就是这个意思。"

【评论】

此章是说，舜做了天子之后，不因为象是自己的弟弟而废弃原则，也不因为要坚持原则而废弃了兄弟情义。万章问那个象天天以杀掉哥哥舜为他的"专职"，后来舜当了皇帝，却把象放逐了，这又是什么道理！我们的看法也是如此。如果说因为他是自己的弟弟，这就是私情；前面孟子说了那么多公义和私情的道理，那么，一个圣人就不应该以私情而害公义了。万章这里发问的动机，也就是基于这个观点。

孟子说这个情形不是纯粹的放逐，而是封弟弟。只是一般人把舜的意思弄错了，而说成了舜放逐弟弟，认为他对弟弟还有怨恨。这个孟子的学生万章，对于历史实在怀疑，于是提出来辩论。他又提出共工、驩兜、三苗、鲧四个人来，他们都是尧、舜时期的大坏蛋，是四个团体的领袖。尧在位八十年，没有惩治他们，等到舜接位的时候，下命令说是奉尧之命，把他们充军的充军，放逐的放逐，杀的杀，处理了这四个坏人，全天下的人，没有不表示佩服的。可是舜的弟弟象，也是一个大坏蛋，反而封给他"有庳"，把这一个地方划为特区，让他去那里生活。难道有庳这个地方的人有什么罪吗？为什么让这样一个坏蛋去那里残害他们呢？你说舜是仁慈的人，一个仁慈的人应该这样做吗？孟子对于这一事实似乎先不作正面的答复，而来一套理论说：一个仁慈的人，对于自己弟弟，是"亲爱之"，用现在的话直截了当地说，人不能绝对没有私心，且相当的保留私心。对自己的弟弟气极了，发过一顿脾气，事后也就算了，不会永远放在心里有怨恨的。

我们在这里可以看出，所谓大公无私，是有个限度的。中国文化中的杨朱，是主张个人主义，主张自私的，所谓"拔一毛而利天下，不为也"，拔我一根毫毛去贡献社会，绝对不干。但是，你的毫毛我也不会动一根。假如人人都是这种思想，各为自己的自由，各取自己的权利，也就天下太平了。相反的，墨子主张"摩顶放踵而利天下"，从头发到脚底，只要对天下、国家、社会、他人有利益的，就全部贡献出去。如果人人都能做到这样，天下也就太平了。这是绝对不同的思想，杨朱等于小乘罗汉，墨子等于大乘菩萨，孔、孟的儒家思想，处在大乘与小乘之间，可大亦可小。儒家始终认为，杨、墨两方面都是走不通的，因为没有绝对的大公或大私。

反过来再说自私，私也是有限度的，杨朱说，拔一毛而利天下，不为也，可是假如医生说，如果你这只手不锯掉，就会死亡，那么你还是会赶快让医生把这只手锯掉的；可见另外还有一个我，比身体还更重要。因此，儒家的思想是，人要保持适当程度的自私，然后实行大公，绝对无私是做不到的。

孟子这里对万章所说的话，虽然不是明白说出来的，他的含义是，圣人尽管是圣人，难道圣人连点亲情都没有吗？没有亲情的人，也就不能叫作圣人了。他说，舜自己做了皇帝，而让亲弟弟在那里当一个普通老百姓，甚至吃饭都成问题，这就不叫作亲情吧！人总难免会带一点亲情啰！

孟子这番话，也是合情理的。可是万章又问："'或曰放'者，何谓也"，有的记载说，舜是放逐了他的弟弟象，这又是怎么一个说法呢？古代对于这个"放"字，是很严重看待的。孟子的解释，只能说是孟子的解释，因为除此之外，在别处尚未见到过这样的记载。孟子说：所以会有"放"字的记载，是因为知道他这位弟弟，不够资格做一个小国的领袖，不能作为地方首长，所以另外派了一个人，等于现代的副市长，或秘书长之类的人，去掌握实权，推行地方行政，管理财政税收。所以历史上记载了这个"放"字，因为舜是圣人，虽然是维护弟弟，可也是教育弟弟，绝不能糊弄老百姓。他爱弟弟，也爱老百姓，所以把弟弟放得不太远，便于亲近，要他弟弟每个月亲送贡税来，使兄弟常见面。

9.4【原文】

咸丘蒙①问曰："语云②：'盛德之士，君不得而臣，父不得而子。'舜南面而立，尧帅诸侯北面而朝之，瞽瞍亦北面而朝之。舜见瞽瞍，其容有蹙③。孔子曰：'于斯时也，天下殆哉，岌岌乎④！'不识此语诚然乎哉？"

孟子曰：“否。此非君子之言，齐东野人⑤之语也。尧老而舜摄也。《尧典》曰：‘二十有八载⑥，放勋乃徂（cú）落⑦，百姓如丧考妣⑧，三年，四海遏密八音⑨。’孔子曰：‘天无二日，民无二王⑩。’舜既为天子矣，又帅天下诸侯以为尧三年丧，是二天子矣。”

咸丘蒙曰：“舜之不臣尧，则吾既得闻命矣。《诗》云：‘普天之下，莫非王土；率土之滨，莫非王臣⑪。’而舜既为天子矣，敢问瞽瞍之非臣，如何？”

曰：“是诗也，非是之谓也；劳于王事而不得养父母也。曰：‘此莫非王事，我独贤劳⑫也。’故说诗者，不以文害辞⑬，不以辞害志。以意逆志，是为得之。如以辞而已矣，《云汉》之诗曰：‘周余黎民，靡有孑遗⑭。’信斯言也，是周无遗民也。孝子之至，莫大乎尊亲；尊亲之至，莫大乎以天下养。为天子父，尊之至也；以天下养，养之至也。《诗》曰：‘永言孝思，孝思维则⑮。’此之谓也。《书》曰：‘祗载见瞽瞍，夔（kuí）夔齐栗，瞽瞍亦允若⑯。’是为父不得而子也⑰。”

【注释】

①咸丘蒙：咸丘本是地名（原在鲁国），此以地名为姓氏。赵岐《注》：“咸丘蒙，孟子弟子。”

②语云：语是古代的一种著作体裁，主要用于记述古人的言论行事，如《论语》《国语》《新语》。故此处的“语云”不是俗语，而是指类似的语书。

③蹙：朱熹《集注》云：“颦蹙不自安也。”

④孔子曰：此处所引孔子言论，亦见于《墨子·非儒》《韩非子·忠孝》篇。岌岌：赵岐《注》：“不安貌也。”

⑤齐东野人：朱熹《集注》云：“齐东，齐国之东鄙也。”

⑥《尧典》曰：以下数句实为今《尚书·舜典》文。按今《尧典》《舜典》本是一篇，谓之《尧典》。有，读为又，古人常于十数与零数之间用“有”字。

二十有八载，谓舜摄政之后的二十八年也。

⑦放勋：尧的称号。徂落：《尔雅·释诂》云："徂落，死也。"

⑧百姓：此指各姓的贵族。考妣：《尔雅·释亲》以父死为考、母死为妣。

⑨四海遏密八音：四海，指民间而言。赵岐《注》："遏，止也。密，无声。八音不作，哀思甚也。"

⑩孔子曰：此处引语，亦见于《礼记》之《曾子问》《坊记》篇。

⑩《诗》云：此处诗句引自《诗·小雅·北山》，相传这是首讥刺周幽王的诗歌。率土之滨：犹今言四海之内。赵岐《注》："率，循也，遍天下循土之滨。"

⑫贤劳：赵《注》、朱熹均释为"以贤才而劳苦"。

⑬以文害辞：朱熹《集注》云："文，字也；辞，语也。"

⑭《云汉》：《诗·大雅》篇名，相传这是首赞美周宣王的诗歌。孑：《方言》云："孑，遗也。"

⑮《诗》曰：此处诗句引自《诗·大雅·下武》，这是首赞美周武王的诗歌。永：长。朱熹《集注》云："言人能长言孝思不忘，则可以为天下法则也。"

⑯《书》曰：赵《注》谓此处引文出自《尚书》逸篇。伪《古文尚书》将其辑入《大禹谟》。祗载：赵岐《注》："祗，敬；载，事也。"夔夔齐栗：朱熹《集注》云："敬谨恐惧之貌。"允若：朱熹《集注》云："允，信也；若，顺也。"信，在此是确实之意。

⑰也：同"邪"，此从俞樾《孟子平议》之说。

【译文】

咸丘蒙问孟子："语书说：'道德修养最高的人，君主不能以他为臣，父亲不能以他为子。'舜面南而立当了天子，尧带领诸侯面北朝见他，瞽瞍也面北朝见他。舜见到瞽瞍，神情局促不安。孔子说：'这个时候，天下危险得很啊！'不知道这话是真的吗？"

孟子说："不。这话不是君子所说的，是齐国东鄙的乡野之人的传言。尧衰老时叫舜代理执政。《尧典》上说：'舜代理了二十八年，尧才去世，人们像死了父母一样服丧三年，百姓停止了一切音乐。'孔子说：'天上没有两个太阳，人间没有两个天子。'如果舜此前已经是天子了，又带领天下诸侯为尧守丧三年，这

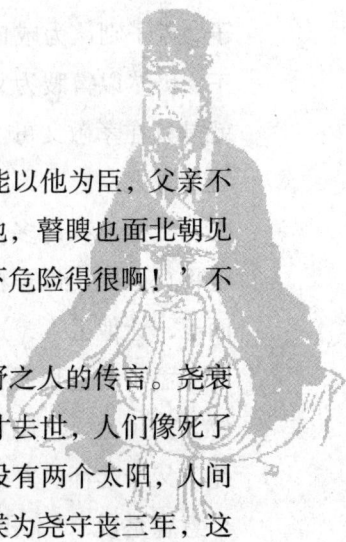

便同时有两个天子了。"

咸丘蒙说："舜没有以尧为臣，这个我已经得到您的教诲了。《诗经》上说："天下所有的土地，没有一处不归天子；所有土地之上的人，没有一个不是天子的臣民。"舜既然做了天子，请问瞽瞍却不称臣，这是为什么？"

孟子说："这首诗，不是你所理解的那样，而是说为王事勤劳不能奉养父母。诗中的意思是说："这些都是天子的事务，为什么独我一个人劳苦呢？"所以解说《诗经》的人，不能拘泥于文字而误解词句，不能拘泥词句而误解作者原意。要用自己的心志去推测作者的本意，才能得到诗的真谛。如果只看辞句，《云汉》诗篇说："周朝剩余的平民，没有一个存活。"相信这个话，就等于说周朝没有一个人存活下来。孝子孝的极致，就是尊敬父母；尊敬父母的最高程度，莫过于率天下人奉养父母。作为天子的父亲，尊贵到了极致；以天下来奉养他，奉养达到了极致。《诗经》上说："永久讲究孝道，孝道便成为天下法则。"讲的就是这个道理。《尚书》说："舜恭敬地来见瞽瞍，以至谨慎战栗，瞽瞍也就相信舜的诚心并顺理而行了。"这怎能说是父亲不能以他为儿子呢？"

【评论】

儿子成为一个很伟大的人后，父母亲还能不能将这个人作为儿子来对待呢？换句话说，一个人成为伟人后，还孝不孝敬父母？咸丘蒙带着疑问举了好几个例子，孟子则认为咸丘蒙误解了这些例子的根本含义。舜成为天子后，仍然以尧为王，仍然以瞽瞍为父亲，并没有因为自己当了天子而以尧为臣，以瞽瞍为臣，这就是舜在孝敬父母上的行为方式。这种行为方式对不对呢？当然对，而且是最佳行为方式。

社会上有许多人，不论古今中外，一旦当上大官，取得较高的地位后，往往就将自己的父母忘在脑后，甚至于认为父母亲太低贱，影响了他的形象，使他没面子，让他丢人，这种人不奉养父母不说，甚至还不承认父母。

孟子的意思是说，一个人无论成为什么样的人，首先要把孝敬父母放在首位。在《论语·阳货》中有一段记载，孔子曰："予之不仁也！子生三年，然后免于父母之怀。夫三年之丧，天下之通丧也；予也有三年之爱于其父母乎？"这个意思是说，"宰我真是不仁爱呀，小孩子生下来三年以后，才能离开父母的怀抱。这为父母守孝三年，是天下通行的守孝的行为规范。他难道没有从父母那里得到过三年的爱抚与关怀吗？"而且有很多人不仅十五岁不能自立，就是到了二三十岁都不能自立，还要依靠父母养育。所以父母养育之恩是不能忘记的，更是不能抛弃的。现代很多人一旦自立了，马上就将父母养育之恩抛在脑后，自以为了不得，自以为不得了，嫌弃父母，嫌贫爱富，这种行为方式将为自己的生存带来恶劣的后患。

此章还涉及文学史上的一个重要命题：孟子是在和学生咸丘蒙讨论有关大舜的事迹时顺便说到读诗的方法问题的。但他的这段话，尤其是关于"以意逆志"的命题，却成为中国古代文学批评中的名言，直到今天，仍然受到现代文学批评专家、学者们的重视。所谓"诗言志"，语言只是载体、媒介。因此，读诗贵在与诗人交流思想感情。刘勰《文心雕龙·知音》说："夫缀文者情动而辞发，观文者披文以入情，沿波讨源，虽幽必显。""情动而辞发"是"诗言志"，"披文以入情"是"以意逆志"。刘勰所发挥的，正是孟子的读诗法。

9.5【原文】

万章曰："尧以天下与舜，有诸？"

孟子曰："否；天子不能以天下与人。"

"然则舜有天下也，孰与之？"

曰："天与之。"

"天与之者，谆谆[1]然命之乎？"

曰："否；天不言，以行与事示之而已矣。"

曰："以行与事示之者，如之何？"

曰："天子能荐人于天，不能使天与之天下；诸侯能荐人于天子，不能使天子与之诸侯；大夫能荐人于诸侯，不能使诸侯与之大夫。昔者，尧荐舜于天，而天受之；暴[2]（pù）之于民，而民受之；故曰：天不言，以行与事示之而已矣。"

曰："敢问荐之于天，而天受之；暴之于民，而民受之，如何？"

曰:"使之主祭,而百神享之,是天受之;使之主事,而事治,百姓安之,是民受之也。天与之,人与之,故曰:天子不能以天下与人。舜相尧二十有八载,非人之所能为也,天也。尧崩,三年之丧毕,舜避尧之子于南河③之南,天下诸侯朝觐者,不之尧之子而之舜;讼狱④者,不之尧之子而之舜;讴歌者,不讴歌尧之子而讴歌舜,故曰:天也。夫然后之中国⑤,践天子位焉。而⑥居尧之宫,逼尧之子,是篡也,非天与也。《太誓》曰:'天视自我民视,天听自我民听⑦',此之谓也。"

【注释】

①谆谆:赵《注》释为"有声音",朱熹云:"详语之貌。"

②暴:音瀑,朱熹《集注》云:"显也。"

③南河:古称黄河自潼关以上北南流向一段为西河,潼关以下西东流向一段为南河。

④讼狱:经传多作"狱讼",赵岐《注》:"讼狱,狱不能决罪,故讼之。"

⑤中国:此指国都,《史记正义》引刘熙说云:"帝王所都为中,故曰中国。"

⑥而:同"如"。

⑦《太誓》:今本《太誓》为伪《古文尚书》。

【译文】

万章问孟子:"尧把天下给了舜,有这回事吗?"

孟子说:"不,天子不能把天下给人。"

万章问:"那么舜得到天下,是谁给的呢?"

孟子说:"是上天给的。"

万章问:"如果是上天给的,天有指令话语吗?"

孟子说:"没有。上天不说话,是用行为和事实来示意而已。"

万章问:"用行为和事实来示意,是怎么回事呢?"

孟子说:"天子能向上天推荐人,却不能叫天把天下交给人;诸侯能向天子推荐人，却不能叫天子让他做诸侯；大夫能向诸侯推荐人，却不能叫诸侯让他做大夫。从前，尧将舜推荐给天，天接受了；又将他公开向老百姓介绍，老百姓接受了；所以说，上天不说话，只是用行为和事实来示意而已。"

万章问："向上天推荐，上天接受了；向老百姓介绍，老百姓也接受了，凭什么这样说？"

孟子说："尧派舜主持祭祀仪式，一切神灵都来享用，这是上天接受了；派舜主持政事，政事治理得井井有条，老百姓都安居乐业，这就是百姓接受了。是上天把天下交给舜，是百姓把天下交给舜，所以说，天子不能把天下交给他人。舜辅佐尧二十八年，这不是单凭人力就能做到的，这有上天的力量。尧去世，三年守丧后，舜为了能让尧的儿子继承天下，一直跑到南河之南。结果天下诸侯朝拜天子，不去见尧的儿子而去拜见舜；打官司的人，不去向尧的儿子诉说而去向舜诉说；作诗的人，不歌颂尧的儿子而歌颂舜，所以说，这是天意。如此舜才回到中原，继承天子之位。如果居住尧的宫殿，逼迫尧的儿子，就是篡夺，而不是上天给的了。《尚书》上说：'上天是通过百姓的眼睛观察天下的，上天是通过百姓的耳朵听取天下人的意见的。'说的就是这个意思。"

【评论】

君权谁授？按照一般传统的理解，在禅让制的时代，这一代的君权是由上一代的天子授予的。这也就是孟子的学生万章的看法。可孟子却作出了与传统看法不一样的回答，认为天子个人并没有权力把天下拿来授予谁，而只有上天和下民（老百姓）才有这个权力。很明显，孟子是脚跨上下两个方面，一只脚跨在上天，有"君权神授"的神秘色彩；另一只脚却跨在民间，有"民约论"的味道。而他的论述，则正好是在这两方面寻求沟通的桥梁，寻找"天意"与"民意"的结合点。

所谓"究天人之际"，研究天与人的关系，这是中国古代哲学家、思想家探讨的核心问题，而孟子在这里的探讨，是从政治、君权的角度来进行的，也算是一个重要的课题罢。事实上，孟子在这里的分析论述，与其说强调"天"的一方面，不如说强调"民"的一方面更为贴切。就以他所分析的舜的情况来看，舜之所以最终"之中国，践天子位"，完全是因为"天下诸侯朝觐者，不之尧之子而之舜；讼狱者，不之尧之子而之舜；讴歌者，不讴歌尧之子而讴歌舜"。所以，与其说是"天授"，不如说是"民授"。他最后所引《太誓》上的两句话："天视自我民视，天听自我民听"，不也一方面说明了"天人之际"的密切联系，另一方面说明了"天意"从根本上说还是来自"民意"吗？

可见，孟子的政治学说里的确怎么也抹不掉"以民为本"的思想。君权谁授？从根本上来回答，是民授而不是神授、天授，当然更不是哪个个人所授，即便你是伟大如尧，也没有那样大的权力。

9.6【原文】

万章问曰："人有言，'至于禹而德衰，不传于贤而传于子。'有诸？"

孟子曰："否，不然也；天与贤，则与贤；天与子，则与子。昔者，舜荐禹于天，十有七年，舜崩，三年之丧毕，禹避舜之子于阳城①，天下之民从之，若尧崩之后不从尧之子而从舜也。禹荐益于天，七年，禹崩，三年之丧毕，益避禹之子于箕山之阴②。朝觐讼狱者不之益而之启③，曰：'吾君之子也。'讴歌者不讴歌益而讴歌启，曰：'吾君之子也。'丹朱④之不肖，舜之子亦不肖。舜之相尧、禹之相舜也，历年多，施泽于民久。启贤，能敬承继禹之道。益之相禹也，历年少，施泽于民未久。舜、禹、益相去久远⑤，其子之贤不肖，皆天也，非人之所能为也。莫之为而为者，天也；莫之致而至者，命也。匹夫而有天下者，德必若舜、禹，而又有天子荐之者，故仲尼不有天下。继世以有天下，天之所废，必若桀、纣者也，故益、伊尹、周公不有天下。伊尹相汤以王于天下，汤崩，太丁未立，外丙二年，仲壬四年⑥，太甲颠覆汤之典刑⑦，伊尹放之于桐⑧，三年，太甲悔过⑨，自怨自艾⑩，于桐处仁迁义，三年，以听伊尹之训己也，复归于亳。周公之不有天下，犹益之于夏、伊尹之于殷也。孔子曰：'唐虞禅，夏后⑪殷周继，其义一也。'"

【注释】

①阳城：山名，在今河南登封市北三十八里，阎若璩《四书释地》以为禹避于此。又邑名，在今河南登封县东南三十五里，今为告成镇，《清一统志》以为禹避于此。

②箕山之阴：《史记·夏本纪》作"箕山之阳"。山北曰阴，箕山在今河南登封市东南。

③启：禹的儿子，古书亦作"开"。启之为人，孟子以为贤，但考之《楚辞》《墨子》《竹书纪年》《山海经》诸书，未必为贤主。

④丹朱：本名朱，后封于丹，故称丹朱。说见阎若璩《四书释地续》。

⑤久远：犹今言长短。

⑥外丙、仲壬：卜辞作"卜丙""中壬"。

⑦颠覆：朱熹《集注》云："坏乱也。"典刑：朱熹《集注》云："常法也。"

⑧桐：在今河南商丘以西，位处当时商国都的西南方。旧说桐是汤的葬地，伊尹将太甲流放于此是要让他对照先王而反省。

⑨太甲悔过：《书序》谓"太甲既立，不明，伊尹放诸桐，三年复归于亳。"

⑩艾：赵岐《注》："治也。"朱熹《集注》云："斩绝自新之意。"

⑪后：古称君王为后，《尔雅·释诂》："后，君也。"

【译文】

万章问孟子："有人说，到了禹的时候道德就衰微了，天下不传给贤人，而传给儿子，有这样的事吗？"

孟子说："没有，不像传说的那样。上天想把天下给贤人，就会给贤人；上天想把天下给儿子，就会给儿子。从前，舜推荐禹给上天，经过十七年，舜去世，守丧三年后，禹为了能让舜的儿子继位而跑到阳城，天下的老百姓都跟随着他，就像尧去世后不跟从尧的儿子而跟从舜一样。禹向上天推荐益，经过七年，禹去世，服丧三年后，益为了能让禹的儿子继位而跑到箕山的北面，朝见和打官司的人不到益的那里去而到启的那里去，他们说：'这是我们天子的儿子。'歌颂的人都不歌颂益而歌颂启，他们说：'这是我们天子的儿子。'尧的儿子丹朱不贤能，舜的儿子也不贤能。舜辅佐尧，禹辅佐舜，经历的岁月多，对百姓的恩惠时间也久。启很贤明，能恭敬地继承禹的道路。益辅佐禹，经历的岁月少，施予百姓恩惠的时间也短。舜、禹、益之间，相去久远，他们的儿子贤明或不贤明，都是天意，不是人的力量所能为的。没有人叫他们这样做，而竟然这样做了，都是天意。不是人力所能招致的却自然来到了的，就是命运。一个百姓而能拥有天下，品德修养必然像舜和禹一样，而且还要有天子的推荐，所以孔子就没能拥有天下。继承祖先而拥有天下的，但被上天所废弃的，必然是像夏桀、商纣一样的人，所以益、伊尹、周公也没能拥有天下。伊尹辅佐商汤统一了天下，商汤去世，太丁也没有做天子，外丙继位两年，仲壬在位四年，太甲破坏了商汤的典章法律，伊尹就把他流放到桐邑。过了三年，太甲悔过认罪，自己埋怨自己，在桐邑学习仁爱和改变行为方式，三年中，他听从伊尹对自己的训导，于是又回到亳都当天子。周公之所以没能拥有天下，就和益在夏代、伊尹在殷朝一样。孔子说：'唐尧、虞舜让贤，夏、商、周三代子孙继位相传，道理都是一样的。'"

【评论】

从孟子的这段叙述中，我们可以看到，与上章所说的尧的儿子不孝顺一样，舜的儿子也不孝顺，然而禹的儿子夏启很贤明，也很孝顺，能"敬承继禹之道"，故而人民称颂他为"吾君之子也"。所以虽然禹传位给益，但人民不认可他，而认可启。这就说明"孝"不仅仅是奉养父母，而是要继承先辈的道路，先辈的思想。

在"孝"的这个行为方式上，只有继承先辈的道路和思想才能得到人民的认可，才能继位而拥有天下。当然，孟子也说了，不是能继承先辈的道路和思想就能拥有天下的，如伊尹、周公、孔子等都是很能继承先辈的道路和思想的，然而他们没能拥有天下，乃是别的原因，如没有天子的推荐等等。所以，不论是禅让还是子孙继位，关键就在于是否"孝"这个行为方式上，也就是说，在是否能继承先辈的道路和思想的行为方式上。

9.7【原文】

万章问曰："人有言'伊尹以割烹要汤①'，有诸？"

孟子曰："否，不然；伊尹耕于有莘②(shēn)之野，而乐尧、舜之道焉。

非其义也,非其道也,禄之以天下,弗顾也;系马千驷,弗视也。非其义也,非其道也,一介③不以与人,一介不以取诸人。汤使人以币④聘之,嚣嚣然⑤曰:'我何以汤之聘币为哉?我岂若处畎亩之中,由是以乐尧、舜之道哉?'汤三使往聘之,既而幡然⑥改曰:'与⑦我处畎亩之中,由是以乐尧、舜之道,吾岂若使是君为尧、舜之君哉?吾岂若使是民为尧、舜之民哉?吾岂若于吾身亲见之哉?天之生此民也,使先知觉后知,使先觉觉后觉也。予,天民之先觉者也;予将以斯道觉斯民也。非予觉之,而谁也?'思天下之民匹夫匹妇有不被尧、舜之泽者,若己推而内⑧之沟中。其自任以天下之重如此,故就汤而说⑨(shuì)之以伐夏救民。吾未闻枉己而正人者也,况辱己以正天下者乎?圣人之行不同也,或远,或近;或去,或不去;归洁其身而已矣。吾闻其以尧、舜之道要汤,未闻以割烹也。《伊训》曰:'天诛造攻自牧宫,朕载自亳⑩。'"

【注释】

①以割烹要汤:谓伊尹因无法接近汤,所以通过烹饪之道来进身,此事在《墨子·尚贤》《吕氏春秋·本味》及《史记·夏本纪》中均有记载。要,是干求、邀结的意思。

②有莘:古称国名常在前加"有",《史记正义》引《括地志》云:"古莘国,在汴州陈留县东五里故莘城是也。"今在河南陈留县东北。

③一介:王引之《经义述闻通说》以为"介"即"个"字,赵岐《注》则以"一介草"释"一介"。按《论衡·知实篇》云:"天下之人有如伯夷之廉,不取一芥于人。"则"一介""一芥"犹言一点点小东西。

④币:《说文》云:"币,帛也。"币本意是缯帛(生丝绸),古以束帛为赠劳宾客及享聘之礼物,故郑玄注《聘礼记》云:"币谓束帛也"。

⑤嚣嚣然:朱熹《集注》云:"无欲自得之貌。"

⑥幡然:幡同"翻",朱熹《集注》云:"变动之貌。"

⑦与:与其。

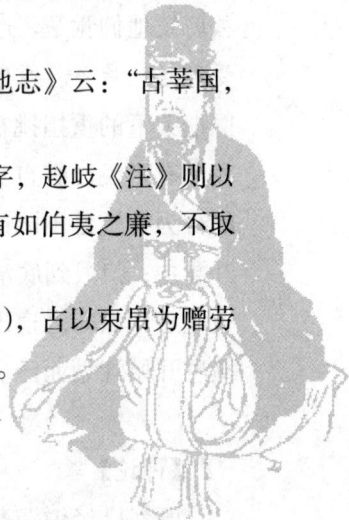

⑧内：同"纳"。

⑨说：游说。

⑩《伊训》：赵岐《注》："《尚书》逸篇名。"今本《尚书·伊训》为伪《古文尚书》。造，始也。牧宫：赵岐《注》："桀宫。"载：亦始也。朕，伊尹自谓，盖《伊训》乃伊尹训太甲之文也。

【译文】

万章问孟子："有人说'伊尹曾以烹调滋味之道来巴结汤'，有这回事吗？"

孟子说："没有，不是这样的。伊尹在莘国的郊野种田，而推崇尧、舜的治国之道。如果不合乎尧、舜之道义，即使把天下的财富都作为俸禄给他，他也不屑一顾。即使给他一千辆马车，他也不看一眼。如果不合乎尧、舜之道义，他不会给别人一点东西，也不会向别人要一点东西。汤派人用皮币帛礼聘请他，他很傲慢地说：'我要汤的财物干什么呢？怎么能比得上我安于田野之中，在此以尧、舜之道为乐趣呢？'汤三次派人去聘请他，他后来改变了想法说：'我身居田野之中，在此推崇尧、舜之道，怎么能使现在的君主成为尧、舜一样的君主呢？怎么能使现在的百姓成为尧、舜治理下的百姓呢？我何不在我有生之年亲眼看到这些呢？上天生育这些民众，使先明理的人启发后明理的人，使先觉悟的人启发后觉悟的人。上天生育我这个先觉悟的人，是要我用尧、舜之道来启发百姓。我不去启发他们觉醒，还靠谁呢？'伊尹觉得天下的百姓，普通男男女女如果有人没受到尧、舜之道恩惠的，就好像是自己将他们推进水沟中一样。伊尹就是这样自愿把天下的重担挑在肩头的人，所以他到汤那里，劝说汤讨伐夏桀以拯救百姓。我没有听说过有自身屈曲而能矫正别人，有屈辱自己而能够匡正天下的人。圣人的行为方式是不同的，有的远避君主，有的亲近君主；有的离开君主，有的不离开君主；归根到底洁身自好而已。我只听说伊尹以尧、舜之道劝说汤，却没有听说凭烹调滋味之道巴结汤。《尚书》说：'上天的惩罚由夏桀自己造成，我只是自亳邑开始计划而已。'"

【评论】

既然已经说清楚了"孝"，也就知道了为什么本章转而谈到伊尹之就商汤了。

伊尹自耕自食，自得自乐，根本瞧不起名誉、财富和地位，然而，仅仅是自耕自食、自得自乐就可以度过这一生吗？这一生就有价值吗？就是遵循了尧、舜之道吗？当然不是！所以伊尹幡然改曰："与我处畎亩之中，……非予觉之，而谁也？"

伊尹的这个思想被后世的孔子所继承，在《论语》若干篇章中，孔子就反对过所谓的"隐士"。隐士只是求得自己的快乐和幸福，就如佛教中的阿罗汉、辟支佛一样，自己得到解脱而不管别人的死活。而尧、舜呢？就如佛教中的菩萨一样，有着无穷的大慈悲心，以拯救天下之民为己任。伊尹之继承尧、舜之道，也就会如尧、舜一样，以拯救天下民众为己任。所以伊尹之"孝"，就是继承前辈的思想和道路。所以孟子称赞他"其自任以天下之重如此！"这种行为方式才是孟子所提倡的最佳行为方式！

9.8【原文】

万章问曰："或谓孔子于卫主痈疽^①（yōng jū），于齐主侍人瘠环^②，有诸乎？"

孟子曰："否，不然也；好事者为之也。于卫主颜雠由^③。弥子^④之妻与子路之妻，兄弟也。弥子谓子路曰：'孔子主我，卫卿可得也。'子路以告。孔子曰：'有命。'孔子进以礼，退以义，得之^⑤不得曰：'有命'。而主痈疽与侍人瘠环，是无义无命也。孔子不悦于鲁卫^⑥，遭宋桓司马将要而杀之^⑦，微服^⑧而过宋。是时孔子当阸，主司城贞子^⑨，为陈侯周^⑩臣。吾闻：观近臣^⑪，以其所为主；观远臣^⑫，以其所主。若孔子主痈疽与侍人瘠环，何以为孔子？"

【注释】

①主：朱熹《集注》云："谓舍于其家，以之为主人也。"痈疽：赵《注》谓指痈疽的医生，是卫君的亲信。

②侍人：即后来所谓的宦官。瘠环：名环，赵《注》谓其亦齐君所亲近之人。

③颜雠由：赵岐《注》："卫之贤大夫。"雠，同"仇"。

④弥子：即卫灵公的宠臣弥子瑕。

⑤之：此"之"字作"与"字用。

⑥不悦于鲁卫："不悦于鲁卫"指"齐人馈女乐，季桓子受之"事；"不悦于卫"指"招摇市过之"事。俱详《孔子世家》。

⑦遭宋桓司马将要而杀之：《史记·孔子世家》云："孔子去曹适宋，与弟子习礼大树下，宋司马桓魋（tuí）欲杀孔子，拔其树，孔子去。"

⑧微服：谓变易平常的服装以避人耳目。此为当日常语，不宜拆开。《说文》："微，隐行也。"

⑨司城贞子：《史记·孔子世家》："孔子遂至陈，主于司城贞子家。"则司城贞子为陈国人。

⑩陈侯周：赵岐《注》："陈怀公子也。为楚所灭，故无谥，但曰陈侯周。"但据《史记·陈杞世家》，陈怀公子为楚所灭者为湣公，名越，不名周。

⑪近臣：朱熹《集注》云："近臣，在朝之臣。"

⑫远臣：朱熹《集注》云："远臣，远方来仕者。"

【译文】

万章问孟子："有人说孔子在卫国依附宦官痈疽，在齐国依附太监瘠环，有这回事吗？"

孟子说："没有，不是这样的，这是好事之徒捏造出来的。孔子在卫国做过颜雠由的家臣。弥子的妻子和子路的妻子是姐妹，弥子告诉子路说：'孔子住在我家，可以得到卫国的卿位。'子路将这话告诉孔子，孔子说：'这有天命安排。'孔子进依礼，退合义，得到或得不到都说是'有天命安排'。而依附痈疽和瘠环既不合礼义也不合天命。孔子在鲁国和卫国都不顺心，又遇上宋国的司马桓魋，要拦截杀害他，于是就改变装束通过宋国。那个时候孔子正走厄运，曾暂避于司城贞子家，做了陈侯周的家臣。我听说，观察在朝的近臣要看他用什么样的人；观察外来的远臣要看他乐于被什么样的人任用。如果孔子依附宦官痈疽和太监瘠环，还怎么算是孔子呢？"

【评论】

伊尹之继承尧、舜之道，以拯救天下民众为己任，孔子亦是继承尧、舜之道，以拯救天下民众为己任。但孔子和伊尹走的不是同样的道路，伊尹是辅佐商汤王平定天下，孔子却选择了普及平民教育的道路。通过《论语》，我们已经弄清楚孔子周游列国不是为了求取功名富贵，而是为了普及平民教育。因此，本章所说的"主"，也就是主持掌管的意思，主持掌管各个诸侯国家以及民间的学校和私塾，以便开展平民教育。

在《论语·子路》中，有一段记载：子适卫，冉有仆。子曰："庶矣哉！"冉有曰："既庶矣，又何加焉？"曰："富之。"曰："既富矣，又何加焉？"曰："教之。"孔子提出的"教之"，就是提倡普及全民教育。为政者的最终目的仅仅是为了人民的繁荣富庶吗？这是一个很严重的问题，从古到今，古今中外，为政者大都是忙于使民安居乐业，但很少有统治者真正能做到使民"安居乐业"的。战争、犯罪迭迭频起，层出不穷，究其根本原因，则是由于民众的文化知识过于贫乏、文化素质低所致。所以孔子要提出"教之"，就是想要普及全民教育，提高全民素质。现在各国政府也在努力普及教育，如果民众的文化知识水平得到普及，那么整个社会的风气也就会逐渐端正了。

孔子接着说："如果有用我来'教之'者，一年的时间就会有起色，三年便会见成效了。"这个"用我者"，不是用我来处理国家政事，而是紧接上面的"教之"。在《为政》第二十一节中，或谓孔子曰："子奚不为政？"子曰："《书》云：'孝乎惟孝，友于兄弟，施于有政。'是亦为政，奚其为为政？"说明孔子不愿意"为政"。在《述而》第十一节中，孔子谓颜渊曰："用之则行，舍之则藏，惟我与尔有是夫。"用我者，即是需要我，不仅是国家用我，学生对学习的需要也是用我，那么，学生要用我即是需要我，需要我我就言说起来，我上课，不需要我、舍弃我，我就将知识收藏起来，不怨天尤人。因此，历来解释孔子周游列国是为了求取一官半职的说法是有明显的错误。孔子之周游列国，也就是其所说的"教之"。孔子继承尧、舜之道，选择了普及教育的道路，就是孔子"孝"的最佳行为方式。

9.9【原文】

万章问曰："或曰'百里奚自鬻于秦养牲者五羊之皮食牛以要秦穆公①。'信乎？"

孟子曰:"否,不然;好事者为之也。百里奚,虞人也②。晋人以垂棘之璧与屈产之乘假道于虞以伐虢③。宫之奇谏④,百里奚不谏。知虞公之不可谏而去之秦,年已七十矣;曾不知以食牛干秦穆公之为污也,可谓智乎? 不可谏而不谏,可谓不智乎? 知虞公之将亡而先去之,不可谓不智也。时举于秦,知穆公之可与有行也而相之,可谓不智乎? 相秦而显其君于天下,可传于后世,不贤而能之乎? 自鬻以成其君,乡党自好者不为,而谓贤者为之乎?"

【注释】

①百里奚:春秋时人,原为虞国大夫,《史记·商君列传》说他听说秦穆公贤明,"而愿望见,行而无资,自粥(同鬻)于秦客,被褐食牛。期年,缪(穆)公知之,举之牛口之下而加之百姓之上",食牛:赵岐《注》:"为人养牛。"

②虞:周初所封诸侯国名,始封国君是周先祖古公亶父之子虞仲的后裔,故地在今山西平陆。公元前655年被晋所灭。

③垂棘之璧:赵岐《注》:"垂棘,美玉所出地名。"璧是用玉制作的礼器。屈产之乘:朱熹《集注》云:"屈地所生之良马也。"按,晋以璧和良马向虞借路伐虢在公元前658年。虢:周初所封诸侯国名,其始封国君是周文王的弟弟虢仲,原封地在今陕西宝鸡,西周灭亡之后随周平王迁至今河南陕县,公元前655年被晋所灭。

④宫之奇:虞臣,他进谏虞君之事载《左传》僖公二年、五年。

【译文】

万章问孟子:"有人说,百里奚把自己卖给秦国饲养牲畜的人,得到五张羊皮,去为人家喂牛,以此求取秦穆公的任用。这话可信吗?"

孟子说:"不,不是这样的,这是好事之徒编造出来的。百里奚是虞国人,晋国人用垂棘产的璧玉和屈地产的良马为礼物,向虞国借路以便去征伐虢国。宫之奇劝谏虞君,百里奚不劝谏,因为他知道虞君是劝谏不了的,于是就离去了。他到秦国时,已有七十岁了,竟然不知道以养牛的方式去求秦穆公是一种卑劣的方式？这能说是明智吗？知道不可劝谏而不劝谏，能说是不明智吗？知道虞君将要毁亡而事先离开他，就不可以说不明智了。当时在秦国被推荐，知道秦穆公是个有作为的人而辅佐，难道说不明智吗？辅佐秦国而使秦国的君主扬名于天下，能留传于后代，不贤明能做到这样吗？卖掉自己以成就君主，连一般乡里洁身自好的人都不肯干，难道说贤者倒肯这样干吗？"

【评论】

"孝"即是继承先辈之志，百里奚继承了没有呢？百里奚不劝谏虞君，然后又离开虞国，他的这种行为方式对吗？孟子叙述了百里奚的三个明智之举：知道昏庸糊涂的虞君不可劝而不劝，一智；知道虞将亡而先离去，二智；知道秦穆公有作为而辅佐之，三智。智属知，贤属能，知而不能，不可为贤，百里奚辅佐秦穆公而扬名天下，是其又知又能，故可称为贤明之才。也就是说，百里奚并不是为了自己的功名富贵而去辅佐秦穆公的，更不是为了自己而卖身为奴去求取富贵的。当时晋国强大，无国能比，而晋国的强大是以牺牲人民利益为基础的，故百里奚只能去辅佐秦国而以对抗晋国，是为了广大人民的利益。所以，百里奚的背弃虞国的行为方式是对的，是犹若伊尹之辅佐商汤王的行为方式。在当时的条件下，只有如此，才能使广大人民得到暂时的休养生息。

此章是本篇的最后部分，因此亦有总结之意。"孝"字，归根究底，乃是继承先辈的道路之意，那么，怎么样继承，用什么行为方式继承，这里面的文章就多了。所以本篇举出这些例子，目的就在于说明，在继承先辈之志和先辈的道路问题上，有着不同的行为方式，采取什么样的行为方式，就会有什么样的后果，所以，一个人在行为方式上，不可不慎。

这与孔子所谈的要用智慧（智），要用诚信（信），遵守一定的社会行为规范（礼），选择最佳行为方式（义），建立人与人之间相互亲爱的关系（仁）一样，即在遵守一定的社会行为规范时，一定要选择最佳行为方式，如果所作所为不是最佳行为方式，也就达不到目的。人的行为方式多种多样，没有定规，尤其在人与人之间相处时，更难说清楚。因为每个人都站在自己的立场和角度上去评价自己和别人的行为方式，而很少站在别人的立场和角度上去评价，所以孔子和孟子等，只有依靠一个个例子来说明人的行为方式是否正确。人走在自己的人生道路上，并不是想怎么走就怎么走，因为每个人的人生道路上都充满着艰难险阻和温柔富贵的陷阱，某一个行为方式不对，就有可能走上另一条道路，从而背离了自己的人生目标，所以，行为方式问题就是人生道路上最重要的问题！

万章下

10.1【原文】

孟子曰:"伯夷,目不视恶色,耳不听恶声。非其君,不事;非其民,不使。治则进,乱则退。横①政之所出,横民之所止,不忍居也。思与乡人处,如以朝衣朝冠坐于涂炭也。当纣之时,居北海之滨,以待天下之清也。故闻伯夷之风者,顽②夫廉,懦夫有立志。"

"伊尹曰:'何事非君?何使非民?'治亦进,乱亦进。曰:'天之生斯民也,使先知觉后知,使先觉觉后觉。予,天民之先觉者也。予将以此道觉此民也。'思天下之民匹夫匹妇有不与被尧舜之泽者,若己推而内之沟中——其自任以天下之重也。"

"柳下惠不羞污君,不辞小官。进不隐贤,必以其道。遗佚而不怨,阨穷而不悯。与乡人处,由由然不忍去也。'尔为尔,我为我,虽袒裼裸裎于我侧,尔焉能浼我哉?'故闻柳下惠之风者,鄙③夫宽,薄夫敦。"

"孔子之去齐,接淅④而行;去鲁,曰:'迟迟吾行也。去父母国之道也。'可以速而⑤速,可以久而久,可以处而处,可以仕而仕,孔子也。"

孟子曰:"伯夷,圣之清者也;伊尹,圣之任者⑥也;柳下惠,圣之和⑦者也;孔子,圣之时者也。孔子之谓集大成⑧。集大成也者,金声而玉振之⑨也。金声也者,始条理⑩也;玉振之也者,终条理也。始条理者,智之事也;终条理者,圣之事也。智,譬则巧也;圣,譬则力也。由射于百步之外也,其至,尔力也;其中,非尔力也。"

【注释】

①横：去声，朱熹《集注》云："横，谓不循法度。"

②顽：毛奇龄《四书剩言》云："孟子'顽夫廉'，'顽'字古皆是'贪'字。"举证甚多。

③鄙：朱熹《集注》云："鄙，狭陋也。"

④接淅：朱熹《集注》云："接，犹承也。淅，渍米水也。渍米将炊，而欲去之速，故以手承水取米而行，不及炊也。"

⑤而：用法同"则"，《公孙丑上》有此四句，"而"皆作"则"。

⑥任：朱熹《集注》引孔氏说云："以天下为己责也。"

⑦和：朱熹《集注》引张子说云："无所异者和之极。"

⑧集大成：古称乐曲一终为一成。朱熹《集注》云："此言孔子集三圣之事而为一大圣之事，犹作乐者集众音之小成而为一大成也。"

⑨金声而玉振之：朱熹《集注》云："并奏八音，则于其未作，而先击镈钟以先其声；俟其既阕，而后击特磬以收其韵。"振，犹收也。

⑩条理：焦循《正义》谓指"节奏次第"。

【译文】

孟子说："伯夷，眼睛不看邪恶的事物，耳朵不听邪恶的声音。不是理想的君主不侍奉，不是理想的百姓不使唤。天下太平就出来做事，天下混乱就退隐。横暴之政滥行的地方，横暴之民居住的地方，他都不愿在那里居住。认为和乡下无修养的人相处，就像穿戴着上朝的衣帽坐在污泥炭灰之中。当纣王乱政之时，他住在北海之滨等待天下清平。所以，听到伯夷风节的人，贪得无厌的人也会变得清廉，懦弱的人也会立志奋发。"

"伊尹说：'什么样的君主不可以侍奉？什么样的百姓不可以使唤？'社会安定努力做事，社会混乱也努力做事。他还说：'上天生育这些百姓，并指派先明理的人启发后明理的人，指派先觉悟的人启发后觉悟的人。我是上天生育这些百姓中先觉悟的人，我要用尧、舜之道来启发上天所生的百姓。'他觉得天下的百姓，一个个男男、女女，如果没有受到尧、舜之道恩泽的，就好像是自己将他们推进沟壑中一样。伊尹就是这样自愿把天下的重担挑在肩上的人。"

"柳下惠不觉得侍奉昏君是耻辱，不会因官职小而辞职；他做事不隐藏自己的才干，但一定要按自己的原则行事；被冷落遗忘而隐逸也不怨恨，处于困窘之境也不忧愁。与乡里的人相处也很随便，不愿离开。他说：'你是你，我是我，即使你一丝不挂赤裸裸站在我身边，也不能迷惑沾染我！'所以听说柳下惠风节的人，狭隘的人会变得宽容，刻薄的人会变得厚道。"

"孔子离开齐国，不等把米淘完沥干就走；离开鲁国时，说：'我们慢慢地走吧，这是离开祖国的路啊！'应该马上走就马上走，应该继续干就继续干，应该不做官就不做官，应该做官就做官，这就是孔子。"

孟子又说："伯夷是圣贤中清高的人，伊尹是圣贤中有责任感的人，柳下惠是圣贤中随和的人，孔子是圣贤中能够因时而变的人。孔子可称得上集大成的人。所谓集大成者，就好比奏乐时先敲击铜钟，最后击打玉磬结束一样。铜钟声是节奏旋律的开始，玉磬声是节奏旋律的终结。所谓节奏旋律的开始，是智的体现；所谓节奏旋律的终结，是圣的体现。所谓智，就好比技巧；所谓圣，就好比力量。这就像在百步之外射箭，箭能射到靶子，是你的力量；箭能射中目标，就不仅仅是你的力量了。"

【评论】

孟子在这章里罗列的是四种圣人的典型：伯夷清高，伊尹具有强烈的责任感和使命感，柳下惠随遇而安，孔子识时务。比较而言，孟子认为前三者都还只具有某一方面的突出特点，而孔子则是集大成者，金声而玉振，具有"智"与"圣"相结合的包容性。

显然，孟子给了孔子以最高赞誉。以我们今天的眼光来看，伯夷过于清高，清高得有点不食人间烟火，所以他最后要与叔齐一道"不食周粟"，饿死于首阳山。所谓"饿死事小，失节事大"的观念也就由此生成，对后世产生了深远的影响。或许也正是由此观念出发，伯夷才被推崇为"圣人"之一。

伊尹"其自任以天下之重"，具有强烈的社会责任感和使命感，是我们曾经说过的"把历史扛在肩头"的人。他的这种精神，正是曾子所谓"士不可以不弘毅，任重而道远。仁以为己任，不亦重乎？死而后已，不亦远乎？"（《论语·泰伯》）所以，伊尹是非常符合儒教精神的"圣人"之一，历来也的确成为儒家所津津乐道的古代圣贤人物。但他的这种精神，在进入所谓"现代主义"或"后现代主义"时期后，已被视为过于沉重、过于执着的"古典意识"，与"轻轻松松过一生"的现代生活观念格格不入，或者说，已不那么合时宜了。

柳下惠一方面是随遇而安，另一方面却是坚持原则，我行我素。随遇而安体现在他不耻于侍奉坏的君主，不羞于做低贱的小官，不被重用不抱怨，穷困不忧愁。这几句话说来容易，做起来可就太困难了，尤其是后面两句，的确有圣贤级的水平。所以，传说柳下惠能够做到"坐怀不乱"，具有超人的克制力，圣人的风范。

最后说到孔圣人。事实上，到后世，尤其是到我们今天仍然家喻户晓为圣人的，四人之中，也就是孔圣人了。孟子在这里并没有展开对孔子的全面论述，而只是抓住他应该怎样就怎样的这一特点，来说明他是"圣之时者"，圣人中识时务的人。所谓"识时务者为俊杰"，孟子所强调的是孔子通达权变，具有包容性的特点，所以才有"孔子之谓集大成"的说法。而且，由"集大成"的分析，又过渡到对于"智"与"圣"相结合的论述，而孔子正是这样一个"智""圣"合一的典型。说穿了，也就是"德才兼备"的最高典范。这样一说，圣人也就与我们有接近的地方了，我们今天不也仍然强调"德才兼备"吗？当然，我们不可能要求人人都成为圣人，但是，虽不能至，心向往之，作为精神方面的追求总还是可以的吧。

10.2【原文】

北宫锜①(qí)问曰："周室班爵禄也，如之何？"

孟子曰："其详不可得闻也，诸侯恶其害己也，而皆去其籍；然而轲也尝闻其略也。天子一位，公一位，侯一位，伯一位，子、男同一位，凡五等也。君一位，卿一位，大夫一位，上士一位，中士一位，下士一位，凡六等。天子之制，地方千里，公侯皆方百里，伯七十里，子、男五十里，凡四等。不能②五十里，不达于天子，附于诸侯，曰附庸③。天子之卿受地视侯，大夫受地视④伯，元士⑤受地视子、男。大国地方百里，君十卿禄，卿禄四大夫，大夫倍上士，上士倍中士，中士倍下士，下士与庶人在官者同禄，禄足以代其耕也。次国地方七十里,君十卿禄,卿禄三大夫,大夫倍上士,上士倍中士,中士倍下士,下士与庶人在官者同禄,禄足以代其耕也。小国地方五十里,君十卿禄,卿禄二大夫,大夫倍上士,上士倍中士,中士倍下士,下士与庶人在官者同禄,禄足以代其耕也。耕者之所获,一夫百亩;百亩之粪⑥,上农夫食九人,上次食八人,中食七人,中次食六人,下食五人。庶人在官者,其禄以是为差。"

【注释】

①北宫锜:名锜,赵岐《注》:"卫人。"

②不能:朱熹《集注》云:"犹不足也。"

③附庸:卫湜《礼记集说》云:"王莽封诸侯置附城,则汉人以'城'解'庸'也。古文'庸'即'墉',后人加土别之。"

④视:赵岐《注》:"比也。"

⑤元士:即上士。

⑥粪:段玉裁《说文解字注》云:"凡粪田多用所除之秽为之,故曰粪。"

【译文】

北宫锜问孟子:"周朝颁布的爵位和俸禄的等级制度是怎样的?"

孟子说:"详情已不得而知了。诸侯们都厌恶它妨害了自己的利益而把那些文献都销毁了,但我也听说过大概的情况。天子是一级,公是一级,侯是一级,伯是一级,子、男同是一级,总共五个等级。君是一级,卿是一级,大夫是一级,上士是一级,中士是一级,下士是一级,总共六个等级。天子控制的地方,方圆千里,公侯的封地方圆百里,伯的封地方圆七十里,子、男爵的封地方圆五十里,总共四个等级。不能达到方圆五十里的,不能与天子联系,只能附属于诸侯,叫作附庸。天子朝中的卿所受的封地视同为侯爵一样,大夫的封地视同为伯爵,上士的封地视同为子、男爵。大的诸侯国方圆百里,国君的俸禄十倍于卿,卿的俸禄四倍于大夫,大夫的俸禄倍于上士,上士倍于中士,中士倍于下士,下士与在官府服役的百姓同样俸禄,俸禄足以代替他们耕种的收入。次一等的诸侯国方圆七十里，国君的俸禄十倍于卿，卿的俸禄三倍于大夫，大夫倍于上士，上士倍于中士，中士倍于下士，下士与在官府服役的百姓同样俸禄，俸禄足以代替他们耕种的收入。小的诸侯国方圆五十里，国君的俸禄十倍于卿，卿的俸禄二倍于大夫，大夫倍于上士，上士倍于中士，中士倍于下士，下士与在官府服役的百姓同样俸禄，俸禄足以代替他们耕种的收入。耕种者的收入大概是这样，一个农夫有百亩地；百亩地很好地耕种，上等的农夫可供养九人，稍次一点的可供养八人，中等的可供养七人，稍次一点的可供养六人，下等的可供养五人。百姓在官府服役的，俸禄按这个来分等级。"

【评论】

这一篇是论述国家的行为方式，即天子治理国家，治理诸侯国，治理为官者的一种行为方式。这种行为方式被称为"礼"，即社会行为规范。有了这个规范，人们在有所行为时，就要按照这个行为规范来行动。我们且不论这个规范是否合理，我们只是从中看到，凡治理国家，治理人民，国家的行为方式必须要选择最佳的，最好的，才能得到所有人的认同。

当然，周初所制定的这个行为规范至春秋战国时期已被废弃，但这并不能说明这个行为规范是错误的，因为时代的发展，人民思想的变化，尤其是私有制的畸形发展，使得春秋战国时期人们的贪欲更加膨胀，因此才导致周初的这个行为规范被废弃。但是，不能否认的是，不论什么样的国家，不论任何时代，都必须要有一定的社会行为规范，这个国家才能存在下去。

10.3【原文】

万章问曰："敢问友？"

孟子曰："不挟长，不挟贵，不挟兄弟①而友。友也者，友其德也，不可以有挟也。孟献子②，百乘之家也，有友五人③焉：乐正裘、牧仲④，其三人，则予忘之矣。献子之与此五人者友也，无献子之家者也。此五人者，亦有献子之家，则不与之友矣。非惟百乘之家为然也，虽小国之君亦有之。费惠公⑤曰：'吾于子思，则师之矣；吾于颜般⑥，则友之矣；王顺、长息⑦则事我者也。'非惟小国之君为然也,虽大国之君亦有之。晋平公之于亥唐⑧也,入云则入,坐云则坐,食云⑨则食;虽疏食⑩菜羹,未尝不饱,盖不敢不饱也。然终于此而已矣。弗与共天位也,弗与治天职也,弗与食天禄也,士之尊贤者也,非王公之尊贤也。舜尚⑪见帝,帝馆甥于贰室⑫,亦飨舜,迭为宾主,是天子而友匹夫也。用下敬上,谓之贵贵;用⑬上敬下,谓之尊贤。贵贵尊贤,其义一也。"

【注释】

①挟:朱熹《集注》云:"兼有而恃之之称。"兄弟:赵岐《注》:"兄弟有富贵者。"

②孟献子:即鲁国大夫仲孙蔑,献是他死后的谥号。

③有友五人:焦循《正义》云:"《国语·晋语》'赵简子曰:鲁孟献子有斗臣五人。'注云:'斗臣,捍难之士。'未知即此五人否?"

④乐正裘、牧仲:《汉书·古今人表》以此两人与孟献子俱列于第四等。

⑤费惠公:朱熹《集注》云:"费邑之君也。"为战国时人。

⑥颜般:《汉书·古今人表》作颜敢,"般"、"敢"以形近而误。

⑦王顺、长息:长息见《万章上》。王顺:《汉书·古今人表》作王慎。费惠公、颜敢、王慎、长息同列第四等。

⑧亥唐:《太平御览》引皇甫谧《高士传》云:"亥唐者,晋人也。"

⑨入云、作云、食云:"云入"、"云坐"、"云食"之倒文。

⑩疏食:赵岐《注》:"粝食也。"

⑪尚:同"上"。以匹夫而晋谒天子,故云"上"。

⑫甥:即今所谓女婿。贰室:赵岐《注》:"副宫也。"

⑬用:以也。

【译文】

万章问孟子:"请问交友的道理?"

孟子说:"不依仗年长,不依仗自己地位高,不依仗兄弟富贵。交朋友,是

以德相交往，不应该依仗其他东西。孟献子，是拥有兵车百乘的卿，有五个朋友：乐正裘、牧仲，其余三位我忘记了。孟献子同这五个人交朋友，抛掉了自己的身份地位；这五个人如果也看重献子的身份地位，也就不会与他交朋友了。不仅是拥有兵车百乘的卿大夫如此，即使小国的国君也有这样的。费惠公说：'我把子思看成是老师，我把颜般看成是朋友，王顺、长息则是帮我办事的人。'不仅是小国的君主如此，即使是大国的君主也有这样的。晋平公对待亥唐，亥唐叫他进就进，叫他坐就坐，叫他吃饭就吃饭，哪怕是粗茶淡饭，从不会不吃饱，因情义不能不吃饱。然而也只能做到这一步了。并不与他共居官位，不与他共理政事，不与他共享俸禄。这只是士人对贤者的尊敬，不是王公对贤者的尊敬。舜进见尧，尧让女婿住在别宫，还宴请舜，舜也宴请尧，互为宾主，这是天子与百姓为友。以职位低的人尊敬职位高的人，叫作尊重贵人。以职位高的人尊敬职位低的人，叫作尊敬贤人。尊重贵人，尊敬贤人，道理是一样的。"

【评论】

何为"友"？"友"字，在现代都认为是交朋友的"友"的意思，然而在先秦时期，"朋"是朋，"友"是友，各不相干，意思也不一样。"朋"，都是用为"同类"之意，即同样类别之人。《说文解字》讲"同志为友"，志同道合者才称得上"友"。在古人那里，凡是认识的人，或是熟悉的人，一般都称为"乡党"，或是熟人。没有绝对独立于社会之外的人，我们要成长、发展、生活，更需要朋友间的交往和支持。正如《礼记·学记》所说："独学而无友，则孤陋而寡闻。"

弟子万章向孟子求教"交友之道"，孟子结合当时政治人物和历史人物的例子指出，交朋友不能倚仗年龄大，不能倚仗地位高，不能倚仗兄弟亲族的势力。交朋友，根本看重的是对方的品德，不能够有任何倚强之心。对于这一点，古人可谓有共识。《战国策》讲财、色不可依仗："以财交者，财尽则交绝；以色交者，华落而爱渝"；司马迁《史记》引古语说权与钱不可倚靠："以权利合者，权利尽而交疏。"隋代王通的《中说》中也说，建立在权势上的"友情"是易变的："以势交者，势倾则绝；以利交者，利穷则散。"

君臣、父子、夫妻、兄弟、朋友，是中华传统伦理的"五伦"。父子关系、兄弟关系是天然的，但结交什么样的朋友却是我们自己的选择。正因为此，交友不能不慎。古今一理，今天人与人之间的交往也是如此。不难想见，因权势、色情、利益、好处这些外在因素而走在一起的人，一旦外在环境有所变化——权尽利绝，"交情"自然淡漠了还算好的，反目成仇的例子在历史上比比皆是。

　　人与人之间的交往如是，国与国之间的交往也是如此。习近平用"友也者，友其德也"概括中国人民与塞尔维亚人民心手相连的深情厚谊，由此申明：要做"永远的朋友"，必定是"真诚的伙伴"。这也显示了中国在国际外交中敞开心扉、以德友之的泱泱大国之风。

　　10.4【原文】

　　万章问曰："敢问交际①何心也？"

　　孟子曰："恭也。"

　　曰："却之却之为不恭，何哉？"

　　曰："尊者②赐之，曰：'其所取之者义乎，不义乎？'而后受之，以是为不恭，故弗却也。"

　　曰："请无以辞却之，以心却之，曰：'其取诸民之不义也'，而以他辞无受，不可乎？"

　　曰："其交也以道，其接也以礼，斯孔子受之矣。"

　　万章曰："今有御人于国门之外③者，其交也以道，其馈也以礼，斯可受御与？"

　　曰："不可；《康诰》曰：'杀越人于货，闵不畏死，凡民罔不譈④（duì）。'是不待教而诛者也。殷受夏，周受殷，所不辞⑤也；于今为烈⑥，如之何其受之？"

　　曰："今之诸侯取之于民也，犹御也。苟善其礼际矣，斯君子受之，敢问何说也？"

　　曰："子以为有王者作，将比⑦今之诸侯而诛之乎？其教之不改而后诛之乎？夫谓非其有而取之者盗也，充类至义之尽⑧也。孔子之仕于鲁

也,鲁人猎较^⑨,孔子亦猎较。猎较犹可,而况受其赐乎?"

曰:"然则孔子之仕也,非事道^⑩与?"

曰:"事道也。"

"事道奚猎较也?"

曰:"孔子先簿正祭器^⑪,不以四方之食供簿正。"

曰:"奚不去也?"

曰:"为之兆^⑫也。兆足以行矣,而不行,而后去,是以未尝有所终三年淹^⑬也。孔子有见行可^⑭之仕,有际可^⑮之仕,有公养^⑯之仕也。于季桓子^⑰,见行可之仕也;于卫灵公^⑱,际可之仕也;于卫孝公^⑲,公养之仕也。"

【注释】

①交际:朱熹《集注》云:"交际,谓人以礼仪币帛相交接也。"

②尊者:与"长者"不同。此以位言,"长者"以齿言。

③御人:赵岐《注》:"以兵御人而夺之货。"兵,指武器。国门之外:朱熹《集注》云:"无人之处也。"

④《康诰》:《尚书》篇名。越:朱熹训为"颠越",云:"言杀人而颠越之,因取其货。"于货:强取他人货财之意。闵:《尚书》作"暋",伪《孔传》云:"暋,强也。"譈:朱熹《集注》云:"怨也。"

⑤不辞:赵《注》认为,三代有法令,对此类行为可不加讯问而杀之。

⑥烈:指功业。

⑦比:旧读去声。《礼记·乐记》郑注云:"比犹同也。"

⑧充类至义之尽:朱熹《集注》云:"推其类,至于义之至精至密处而极言之耳,非便以为真盗也。"

⑨猎较:赵岐《注》:"田猎相较夺禽兽,得之以祭,时俗所尚,以为吉祥。"

⑩事道:赵岐《注》:"事行其道。"

⑪簿正祭器:朱熹《集注》云:"未详。"

⑫兆:赵岐《注》:"始也。"

⑬淹：淹留。

⑭见行可：朱熹《集注》云："见其道之可行也。"

⑮际可：朱熹《集注》云："接遇以礼也。"

⑯公养：赵岐《注》："国君养贤者之礼。"公养是对一般贤者皆如此，而际可则仅对一人如此。

⑰季桓子：名斯，职掌鲁国大权季氏家族的成员。孔子一向不满三桓专擅鲁政。

⑱卫灵公：名元，卫襄公的庶子，据《史记·孔子世家》，孔子初到卫国时，卫灵公亲自"郊迎"，但后来却无意起用孔子，故孔子离去。

⑲卫孝公：朱熹《集注》云："《春秋》《史记》皆无之，疑出公辄也。"卫出公，他曾有意任用孔子。

【译文】

万章问孟子："请问人与人交往互赠礼物，是什么心思？"

孟子说："表达恭敬。"

万章问："一再拒绝人家的礼物，这是不恭敬的，为什么？"

孟子说："尊贵的人赏赐的，自己先要想想'他取得的这些东西是正当的呢，还是不正当的呢？'然后才接受。这是不恭敬的，所以不要拒绝。"

万章问："先不直言拒绝，而只是在心里拒绝，暗想'这东西是取自于百姓的不义之财。'然后以其它借口拒绝，难道不可以吗？"

孟子说："人家与你交往合乎道，与你接触合乎礼，这样孔子也会接受礼物的。"

万章问："假如现在有个在国门外拦路抢劫的人，他与人交往合乎道，他的馈赠也合乎礼，这样可以接受他劫来之物吗？"

孟子说："不可以。《尚书》上说：'杀人而掠夺财物，强悍不怕死，这种人是没有人不痛恨的。'这种人不必等待教育就可以诛杀了。殷从夏接受这条法规，周又从殷接受这条法规，没有更改。如今这种杀人抢劫的现象愈演愈烈，如何能接受这种礼物呢？"

万章问："如今的诸侯，财物都取自百姓，如同拦路抢劫。假如他们以合乎礼义的方式将抢劫来的物品赏赐给别人，这样君子也可以接受，请问这是什么道

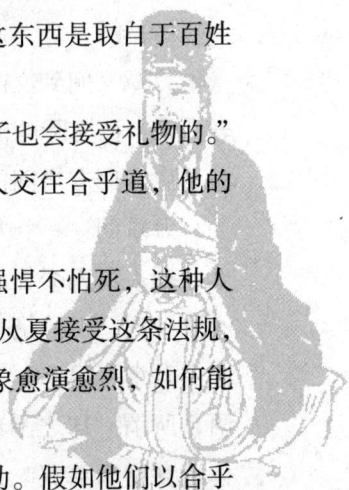

理呢？"

孟子说："你认为如果有圣王兴起，对现在的诸侯是一律加以诛杀呢？还是把经过教育仍不悔改的诸侯杀掉呢？如果把本不是他应有的而通过别的方式获得的都称作抢劫，这是把抢劫的含义过于扩大化了。孔子在鲁国当官的时候，鲁国人有争夺猎物的习俗，孔子也参加争夺猎物。争夺猎物尚且可以，何况接受他们的赏赐呢？"

万章问："孔子之所以当官，不是为了推行正道吗？"

孟子说："是为了推行正道。"

万章问："推行正道还去争夺猎物吗？"

孟子说："孔子先用文书规定祭祀所用器物与祭品，不让四方献来的食物作祭祀之用。这样就可以逐渐废除争夺猎物的习俗了。"

万章问："孔子为什么不辞官而走呢？"

孟子说："他是为了验证一下自己的政治主张，经验证政治主张可以施行而国君不推行，他才离开，所以他没有在一个朝廷停留过三年。孔子有时见到道可行而出来做官，有时因为以礼相待出来当官，有时因国君养贤而当官。对季桓子，是因为可行道而当官；对卫灵公，是因为以礼相待而当官；对卫孝公，是因为国君养贤才当官。"

【评论】

万章又问到交际问题，交际就是人与人之间的交往。友道、臣道的交往范围较严谨，而交际的范围则广泛，是指人与人之间的交往，属于一般性的，不一定是君臣、朋友之间的交往。

万章问：一个人与他人交际，应该采取什么样的心理状态？换言之，该以什么心理去与人交往？孟子说：人与人之间的交往，要有恭敬的心理，不要儿戏，不要马虎，不只是表面打躬作揖的礼貌，要出自内心的恭敬诚恳。

万章再问到："却之却之为不恭"，这句话是什么道理？现在我们流行两句成语，所谓"却之不恭，受之有愧"，如果只讲这两句成语，是很有趣的。例如，你送食物来给我吃，我说："受之有愧，却之不恭"，吃你的，我难为情；不吃呢，对你不恭敬。还是吃掉吧！却之不恭的道理，就是这样，有时过分的推辞，与轻易的接受一样，都是不恭。我们生活在人类社会中，经常会遇到中国文化中"受之有愧，却之不恭"的情形。每当收到人家东西的时候，接受嘛，心里难过，为什么又花钱买礼物送来？退回去吧，他又会多心。这种时候，就是"却之不恭，受之有愧"。

孟子与万章在这里讨论，不谈"受之有愧"，只讨论"却之不恭"的问题。要看送来的东西，是否合理，是否合礼；如果不合礼仪或不合道理，就要"却之"，不能接受。譬如一位女士，认识一位男士，见面一两次，这位男士就送一枚戒指，硬拉女士的手指给她带上。这时这位女士是"却之不恭"呢？还是"受之有愧"呢？这就要慎重考虑了。如果既不合理，又不合礼，当然婉谢退回。所以恭，不只是外表的恭敬态度，更是内心的庄严，对自己重视，对朋友尊重。

孟子答复万章说，"却之不恭"这句话是用在"尊者赐之"的场合，也就是当长辈、长上有赐赠时，不可拒收，所谓"尊者赐不敢辞"也，否则便是"不恭"。当然，应用这个原则，还要考虑两点，一是对方是否为"尊者"长辈；二是在收受之前应在内心考虑一下："其所取之者，义乎？不义乎？"——即如果我收受了，是合"义""理"呢，还是不合呢？经过考虑，如果认为不收受就是不恭敬，那么就不可再推却了。

其实，这第二个原则也是一般的收受原则，如果是合礼的尊者之赐，所谓"尊者赐不敢辞"，就要收下。年轻人遇到伯叔等长辈送给东西，不能退回给他说：我不要，这样东西我已经有了。如这样说，多扫长辈的兴，所以即便自己已经有了，还是不要说出来，因为长辈是以为这是好东西才赐给你的，那就收下来，让长辈高兴一下也是好的。甚至可以学现代西方人的规矩，收到别人的礼物，当众拆开来，让大家都能欣赏，虽然自己已经有了，或者并不适用，也要表示自己正急需这样东西，而且称赞它的美好。

万章继续说：拒绝收受别人的馈赠，似乎不太好做，自己心里判断着"其取诸民之不义也"，如果接受不合礼不合义，或是东西来路不明的话，那么是否可以心中虽拒绝，口头不说出拒绝的真正理由，以"他辞"委婉地加以拒绝，是否可以这样呢？孟子对这疑问似乎没做正面回答，只是提出孔子的做法"其交也以道，其接也以礼"来说明。事实上等于告诉他的学生，对于动机不纯的交往，来路不明的东西，对于一切不义之财，都是不合"道"、不合"礼"的，那就断然拒绝吧，何必扭扭捏捏以"他辞"去拒绝呢！

10.5【原文】

孟子曰："仕非为贫也，而有时乎为贫；娶妻非为养也，而有时乎为养。为贫者，辞尊居卑，辞富居贫。辞尊居卑，辞富居贫，恶乎宜乎？抱关击柝①(tuò)。孔子尝为委吏②矣，曰：'会计当而已矣'。尝为乘田③矣，曰：'牛羊茁④壮长而已矣'。位卑而言高，罪也；立乎人之本朝⑤，而道不行，耻也。"

【注释】

①抱关击柝：《荀子·荣辱篇》杨倞《注》云："抱关，门卒也。"赵岐《注》："柝，行夜所击木也。"古代打更用的梆子。

②委吏：赵岐《注》："主委积仓廪之吏也。"

③乘田：赵岐《注》："苑囿之吏也，主六畜之刍牧者也。"

④茁：焦循《正义》："《说文》云：'茁，艸（cǎo，同草）初生出地貌。'茁草木生出之名，借以形容牛羊。"

⑤本朝：朝廷。

【译文】

孟子说："出来做官并不是因为贫穷，但有时也是因为贫穷。娶妻子不是为了奉养，但有时也是为了奉养。如果是因为贫穷，那就应该辞去尊贵的而居于卑贱的职位。辞去尊贵的而居于卑贱的，辞去富裕的而居于贫穷的，居于什么样的位置才合适呢？那就是守关打更。孔子曾经做过管理仓库的小官，他说：'把帐簿记得正确就行了。'他也曾做过管理畜牧的小官，他说：'牛羊能茁壮成长就行了。'如果职位很低却去议论国事，是罪过。身在朝廷做官，而自己正确的治国主张不能实行，是耻辱。"

【评论】

历来解释孟子关于为官这段话的人都误解了孟子，他们认为孟子向中国知识阶层灌输了一种苟且偷生，不在其位不议其政的明哲保身哲学，阻碍了中国政治思想的发展。

做官是人的一种理想，大部分人之所以要想做官，是有一定的政治抱负，只有一小部分是为了名誉和财富。为了名誉的人，不惜花费重金求得一官半职；为了财富的人，是相信"升官发财"这句俗话，认为做了官就可以敛财而致富。在现实生活中，无论古今中外，这两种人当官都是当不长久的。因为他们的动机不对，做官后的行为方式也就不对，所以他们从事这个职业注定是要失败的。

孔子之所以做了几回小吏，是因为贫穷，之所以做了大官——鲁国的司寇，是因为政事需要他。而孔子是没有当官的欲望的，他有的只是普及全民教育的抱负。因此，孟子认为，如果仅仅是因为贫穷而去做官，也就谈不上有什么政治抱负，而没有政治抱负的人，做个小官也就行了。因为没有政治抱负的人，其从政的行为方式就不可能是正确的，而不正确的从政的行为方式，将会使政事更加混乱。想做大官？那只是为了名誉和财富罢了。而仅仅是为了名誉和财富而做官的人，实际上是为了自己的一己之私，这种人能做大官吗？

至于"位卑而言高"，在《论语·泰伯》中孔子说过："不在其位，不谋其政。"这两句话意思差不多，要做事就必然要有一定的职位，才能发挥自己的才智。只有在这个职位上，才能真正知道这个职位的权利与责任。如果不在这个职位上也就谈不上真正了解这个职位的权利与责任。如果不了解这个职位上的权利与责任，怎么能评判它的是非曲直呢？所以，不在其位，就不要去谋其政。"位卑未敢忘忧国"（陆游），忧固然是忧，但如果你高谈阔论，指点江山，评议朝纲政纪，那可就要小心你的脑袋了。孟子有"位卑而言高，罪也"的看法，尤其是在暴政专制的时代，更是如此，所以有"莫谈国事"的警告。另一方面，如果你不是"为贫而仕"，不是为了拿工资混饭吃，而是为了实现自己的政治抱负，因而做了高官，"立乎人之本朝"，就应该关心国家大事，发表自己的政见，尽到自己的一份责任。不然的话，"道不行"，就是耻辱。

《中庸》说"素位而行"，担任什么角色就做什么样的事，说什么样的话，尽什么样的力。即便圣人如孔子，不也是管账就说管账，放羊就说放羊吗？

10.6【原文】

万章曰："士之不托诸侯①,何也?"

孟子曰："不敢也。诸侯失国,而后托于诸侯,礼也;士之托于诸侯,非礼也。"

万章曰："君馈之粟,则受之乎?"

曰："受之。"

"受之何义也?"

曰："君之于氓②也,固周③之。"

曰："周之则受,赐之则不受,何也?"

曰："不敢也。"

曰："敢问其不敢何也?"

曰："抱关击柝者皆有常职以食于上。无常职而赐于上④者,以为不恭也。"

曰："君馈之,则受之,不识可常继乎?"

曰："缪公之于子思也,亟问⑤,亟馈鼎肉⑥。子思不悦。于卒也,摽⑦(biào)使者出诸大门之外,北面稽首再拜⑧而不受,曰:'今而后知君之犬马畜伋。'盖自是台⑨无馈也。悦贤不能举,又不能养也,可谓悦贤乎?"

曰："敢问国君欲养君子,如何斯可谓养矣?"

曰："以君命将⑩之,再拜稽首而受。其后廪人继⑪粟,庖人⑫继肉,不以君命将之。子思以为鼎肉使己仆仆尔⑬亟拜也,非养君子之道也。尧之于舜也,使其子九男事之,二女女焉,百官牛羊仓廪备,以养舜于畎亩之中,后举而加⑭诸上位。故曰,王公之尊贤者也。"

【注释】

①托:依附,朱熹《集注》云:"寄也,谓不仕而食其禄。"

②氓：焦循《正义》云："不言'君之于民'而言'氓'者，氓是自他国至此国之民，与寄之义合。"

③周：《礼记·月令》："季春之月，天子布德行惠，开府库，出币帛，周天下。"郑玄《注》云："周谓给不足也。"

④赐于上：朱熹《集注》云："赐谓予之禄，有常数，君所以待臣之礼也。"

⑤问：当读如《诗·女曰鸡鸣》"杂佩以问之"之"问"，盖古人于人有所问询或问候，多以物相赠而表意，此"亟问"与"亟馈鼎肉"，乃一事而分言之。

⑥鼎肉：朱熹《集注》云："熟肉也。"

⑦摽：赵岐《注》："麾也。"

⑧稽首再拜：拜头至地谓之稽首；既跪而拱手，而头俯之于手，与心平，谓之拜。再拜，拜两次。"再拜稽首"谓之吉拜，表示接受礼物；"稽首再拜"谓之凶拜，此处则表示拒绝礼物。

⑨台：朱熹《集注》云："贱官，主使令者。盖缪公愧悟，自此不复令台来致馈也。"

⑩将：《尔雅·释言》云："将，送也。"

⑪廪人：管仓库的官员。继：朱熹《集注》云："继续所无。"

⑫庖人：供应国君饮食的官员。

⑬仆仆：赵岐《注》："烦猥貌。"

⑭加：同"居"。

【译文】

万章问孟子："士人不依附诸侯，这是什么道理呢？"

孟子说："不敢依附。诸侯失去了自己的国家，然后去依附其他诸侯，符合礼；士人依附诸侯，不合礼。"

万章问："如果国君赠送粮食给他，他可以接受吗？"

孟子说："可以接受。"

万章问："接受馈赠又是什么道理呢？"

孟子说："国君对于流动的外来百姓，也是要周济的。"

万章说："周济则接受，赏赐则不接受，这又是什么道理呢？"

孟子说:"是不敢接受呀。"

万章问:"为什么说不敢呢?"

孟子说:"守关打更的人都有固定的工作并能从上面领取俸禄,没有固定工作而接受国君的赏赐,被人认为是不自尊的人。"

万章问:"国君赠送,就接受,是否可以经常这样?"

孟子说:"鲁缪公对于子思,多次派人慰问,多次送给他肉物。子思对此很不高兴。最终,把派来的使者赶出大门之外,向北面叩头作揖而拒绝接受馈送,说:'至今才知道君主是把我当成狗马来畜养。'从此使者不再来送东西了。喜欢贤才又不重用,又不能用养贤的方法来对待,这能说是喜欢贤才吗?"

万章问:"国君想养贤,怎么样才算得上是养贤呢?"

孟子说:"用国君的名义送来礼物,依礼要两次跪拜叩头然后才能接受。以后管仓库的人不断送来粮食,管厨房的人不断送来肉食,都不是用国君的名义。子思认为为了几块煮熟的肉食使自己辛苦地多次跪拜,这不是养贤的做法。尧对待舜,派自己的九个儿子侍奉舜,又把两个女儿嫁给舜,百官、牛羊、仓库等都齐备了,使舜在田野中接受供养,然后才提升他担任很高的职位,所以说,这是王公尊贤的典范。"

【评论】

说了半天,万章的中心思想乃是想"寄人篱下",因为"寄人篱下"可以使生活质量提高一些,也就是说,可以舒服一些。因为读书很苦,又不能赚钱养家活口,孔子读书、教书,不是过得很苦吗?那么这种"寄人篱下"的行为方式对不对呢?孟子认为很不对,不符合社会行为规范。人之读书,是在青少年时期,这时有父母供养,就应该刻苦钻研,如果成年了,还没有读出名堂来,就该去打工,"抱关击柝",以此所得的报酬来养家活口,然后再深入钻研。如果动不动就想要国家来供养,将会养成懒惰的习性。如果想要"寄人篱下",托庇于诸侯而锦衣玉食,肯定也是不对的。读书人只有刻苦钻研读出名堂来,有了自己的见解和立场,而且符合统治者的要求,才可以接受国家的供养。

孟子所谓的"士托于诸侯,非礼也",说的就是这个意思。托庇于诸侯,"寄人篱下",是不可以的。如果一开始就被国家供养,或是"寄人篱下",那么学成以后，就必须为这个国家，或为这个人服务，因为有知遇之恩，有提拔之恩，不回报是不行的。而这个诸侯若是个暴君，其所作所为与你的所学不一样，与你的理想抱负不一样，你还要为他服务吗？如果要为他服务，也就丧失了自己的人格。所以，不托庇于诸侯，不"寄人篱下"，自己自立地完成学业，才是最佳行为方式！

10.7【原文】

万章曰："敢问不见诸侯，何义也？"

孟子曰："在国曰市井之臣，在野曰草莽之臣，皆谓庶人。庶人不传质①为臣，不敢见于诸侯，礼也。"

万章曰："庶人，召之役，则往役；君欲见之，召之，则不往见之，何也？"

曰："往役，义也；往见，不义也。且君之欲见之也，何为也哉？"

曰："为其多闻也，为其贤也。"

曰："为其多闻也，则天子不召师，而况诸侯乎？为其贤也，则吾未闻欲见贤而召之也。缪公亟见于子思，曰：'古千乘之国以友士，何如？'子思不悦，曰：'古之人有言曰，事之云乎②，岂曰友之云乎？'子思之不悦也，岂不曰：'以位，则子，君也；我，臣也；何敢与君友也？以德，则子事我者也，奚可以与我友？'千乘之君求与之友而不可得也，而况可召与？齐景公田，招虞人以旌，不至，将杀之。志士不忘在沟壑，勇士不忘丧其元。孔子奚取焉？取非其招不往也。"

曰："敢问招虞人何以？"

曰："以皮冠③，庶人以旃④（zhān），士以旂⑤（qí），大夫以旌。以大夫之招招虞人，虞人死不敢往；以士之招招庶人，庶人岂敢往哉？况乎以不贤人之招招贤人乎？欲见贤人而不以其道，犹欲其入而闭之门也。夫义,路也;礼,门也。惟君子能由是路,出入是门也。《诗》云:'周道如底,其直如矢;君子所履,小人所视⑥。'"

万章曰:"孔子,君命召,不俟驾而行⑦;然则孔子非与?"

曰:"孔子当仕有官职,而以其官召之也。"

【注释】

①传质:质同"贽",是见面时送给对方的礼物。孙奭《孟子正义》:"执贽请见,必由将命者传之,故谓之传贽。"

②云乎:句末辞,无义。

③皮冠:古时田猎所戴之冠,加冒于平常所戴的礼冠之外,以避尘土和雨雪。

④旃:《说文》:"旗曲柄也,所以表士众。《周礼》曰'通帛为旃。'"

⑤旐:《说文》:"旗有众铃以令众也。"

⑥《诗》云:此处诗句引自《诗·小雅·大东》,旧说这是首东方诸侯国臣民讥刺周室的诗歌。周道:大道。砥:磨刀石,用以比喻道路的平坦。视:《广雅·释诂》云:"视,效也。"按此语是双关语,表面上是说小人看着君子在大道上往来,实际是说君子的一言一行对小人都有影响,是小人效法、关注的对象。

⑦孔子,君命召,不俟驾而行:《论语·乡党篇》云:"君命召,不俟驾行矣。"

【译文】

万章问孟子:"请问士子不去见诸侯,是什么道理?"

孟子说:"不曾有过职位的人,住在城中的叫市井臣民,住在乡下的叫草野臣民,都是老百姓。老百姓如不是传送礼物给君主,是不敢见诸侯的,这是合乎礼的。"

万章问:"作为百姓,要他去服役,他就去服役;君主想见他,就召他,而他却不去见,这是什么道理呢?"

孟子说:"去服役,合乎礼;去见诸侯,就不合乎礼。况且君主之所以想见到这个人,为的是什么呢?"

万章问:"可能是因为这个人见多识广,品德高尚。"

孟子说："就因为见多识广而召见？天子都不能随便召见自己的老师，何况诸侯们呢？如果是因为品德高尚而召见，那么我从来没有听说过想见贤人而召他来见的。鲁缪公多次见子思，说：'古代千乘之国的国君若同士人交友，是怎样的呢？'子思很不高兴地说：'古代人是说侍奉贤人，哪里说是交友呢？'子思之所以不高兴，难道不是这样的意思吗？论地位，你是君主，我是臣子，哪敢与君主交朋友呢！论道德，你视我为师，怎么可以与我交朋友呢！有千辆兵车的国君想与他交朋友都不可以，更何况是召见呢！从前齐景公田猎时，用旌旗召唤管理园林的官吏而召唤不来，就想杀掉他。有志之士不怕抛尸沟壑，有勇之士不怕掉脑袋。孔子称赞园林小吏，是取他哪一点呢？就是取他不是自己所应该接受的召唤之礼，他硬是不去。"

万章问："召唤管理园林的官吏应该用什么呢？"

孟子说："用皮帽子。召唤百姓用锦旗，召唤士人用系有铃铛的旗，召唤大夫用羽毛饰竿头的旗。用召唤大夫的旗召唤管理园林的官吏，管理园林的官吏死也是不敢去的；以召唤士人的旗召唤百姓，百姓怎么敢前去呢？更何况用召唤不贤能的人的礼节召唤贤人呢？想见贤能的人而不遵守一定的礼节，就好比请人家进来却紧闭着大门。义好比大路，礼好比大门。唯有君子能走这条路，能出入这扇门。《诗经》说：'大路像磨刀石一样平，像箭一样直，君子走在这条路上，是小人所必须效法的。'"

万章问："孔子，闻君主召唤，不等马车驾好就先出发了，那么孔子错了吗？"

孟子说："孔子当官，有官职在身，国君用合乎他官职之礼召唤他。"

【评论】

此章的主旨是说，君主对于士人必须待之以礼，因为君主尊奉贤者为师，所以就不应该像对待仆役那样颐指气使。朱熹说："此章言不见诸侯之义最为详悉，更合陈代、公孙丑所问者而观之，其说乃尽。"（《孟子集注》）

治国之道，是中国历代先贤关注的重点。老子说："治大国，若烹小鲜"；孔子设问曰："能以礼让为国乎？何有？不能以礼让为国，如礼何？"管子的想法更现实，即"凡治国之道，必先富民"。不管是儒家、法家还是道家，主张虽然多有不同，但不约而同地努力寻找适合中国的治国理政之路。纵观绵延数千年的

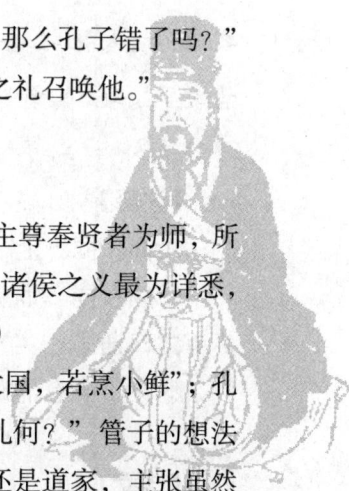

中华文明，"为国以礼"始终是其中不可或缺的重要思想。

什么是礼？在汉字中，"礼"字是一个会意字，从示、从豊。豊者，行礼之器也，本义是举行仪礼，祭神求福。所以，荀子说："礼者，谨于治生死者也。"从这个"礼"之礼仪引申开去，"礼"便具有"礼制"的含义，意指符合社会整体利益的行为准则，就是所谓的"克己复礼"。对于"礼"，《现代汉语词典》给出了五种含义，其中第一种就是"社会生活中由于风俗习惯而形成的为大家共同遵守的仪式"，其余四种分别是"表示尊敬的言语或动作"、"礼物"、"以礼相待"和姓氏。在治国理政中的"礼"，应取第一种含义。用当下流行的话理解"礼"，它在某种程度上就是"规矩"。古人云："不以规矩，不能成方圆"，"木受绳则直，金就砺则利"。

在孔子、孟子看来，礼是不可或缺的，具有非常重要的作用。没有礼，人们就可能不安、懦弱，甚至犯上作乱。到了荀子，礼的作用进一步被放大。在《礼论》中，礼几乎无所不在，无所不能，所谓"上事天，下事地"。古人云：知易行难。知礼，是一回事；行礼，是另一回事。不论是古代还是今天，知礼、行礼都绝非易事，都需要找到切实有效的途径和办法。

10.8【原文】

孟子谓万章曰："一乡之善士斯友一乡之善士，一国之善士斯友一国之善士，天下之善士斯友天下之善士。以友天下之善士为未足，又尚①论古之人。颂②其诗，读③其书，不知其人，可乎？是以论其世也。是尚友也。"

【注释】

①尚：同"上"。

②颂：同"诵"。《周礼·大司乐》郑玄《注》云："倍（同背）文曰讽，以声节之曰诵。"

③读：既有诵读之义，亦有抽绎之意。

【译文】

孟子对万章说："一个乡的贤达之士，自然想与整个乡的贤达之士交朋友；

一个国家的贤达之士，自然想与整个国家的贤达之士交朋友；影响天下的贤达之士，自然想与整个天下的贤达之士交朋友。如果认为与全天下的贤达之士交朋友还不够，又可追论古代贤达之士。吟诵他们的诗，研读他们的书，而不了解他们的为人，可以吗？所以要研究他们所处的时代。这就是注重与古人交朋友。"

【评论】

本章孟子的本意是论述交朋友的范围问题。乡里人和乡里人交朋友，国中人和国中人交朋友，更广泛的范围，则和天下的人交朋友，也就是朋友遍天下了吧。如果朋友遍天下还嫌不足，那就上溯历史，与古人交朋友了。当然，也只有神交而已。这种神交，就是诵他们的诗，读他们的书。而为了要正确理解他们的诗和他们的书，就应当要了解写诗著书的人；要了解写诗著书的人，又离不开研究他们所处的社会时代。这就是所谓的"知人论世"问题了。

实际上，孟子这段话对后世真正发生影响的，正是"知人论世"的主张。它与"以意逆志"一样，成为传统文学批评的重要方法，也奠定了孟子在中国文学批评史上的重要地位。直到今天，无论现代主义以来的新兴文学批评方式方法已走得有多远，多新奇，但在我们的中小学课堂上，大学讲台上，以及占主导地位的文学批评实践中，依然在主要使用着的还是"知人论世"和"以意逆志"的方式方法。所谓"时代背景分析""作者介绍""中心思想""主题"等等，这些人们耳熟能详的概念，无一不是"知人论世"或"以意逆志"的产物。由此足以见出孟子对于中国文学批评的深远影响，而这种影响之一，正是由本章的文字所发生的。

10.9【原文】

齐宣王问卿。孟子曰："王何卿之问也？"

王曰："卿不同乎？"

曰："不同；有贵戚之卿①，有异姓之卿。"

王曰："请问贵戚之卿。"

曰："君有大过则谏；反覆之而不听，则易位②。"

王勃然变乎色。

曰："王勿异也。王问臣，臣不敢不以正③对。"

王色定，然后请问异姓之卿。

曰："君有过则谏，反覆之而不听，则去。"

【注释】

①贵戚之卿：此与"异姓之卿"对文，当指同姓之卿。所谓同姓，即王室的成员。

②易位：赵岐《注》："易君之位，更立亲戚之贤者。"

③正：《论语·述而》篇"正唯弟子不能学也。"郑玄《注》："鲁读'正'为'诚'。"此处亦当读为"诚"。

【译文】

齐宣王向孟子请教关于公卿的事情。孟子说："大王问的是什么卿？"

齐宣王说："难道卿还有不同的吗？"

孟子说："是有不同的，有和王室同宗族的公卿，有非王族的公卿。"

齐宣王说："请问王室同宗族的公卿。"

孟子说："国君有大的过错他们则劝谏，反复劝谏不听，就另立国君。"

齐宣王脸色一下子变得很难看。

孟子说："大王不要见怪，大王问我，我不敢不正面回答。"

齐宣王脸色平静下来，然后问非王族的公卿。

孟子说："国君有过错他们则劝谏，反复劝谏不听，他们就辞职离开。"

【评论】

扩大大臣的职责和权力而限制君主权力无限地膨胀，也是孟子仁政思想的内容之一，体现出一定程度的民主政治色彩。

王室宗族的卿大夫因为与国君有亲缘关系，国君的祖先也就是他们的祖先，所以既不能离去，又不能坐视政权覆亡，当国君有重大错误又不听劝谏时，就可以另立新君。孟子在这里是扩大宗族大臣的权力而限制君主个人的权力，从理论上说是正确的。但我们知道，这种另立新君，在实践上往往酿成的就是宫廷内乱。所谓"祸起萧墙之内"，弄得不好，还会引起旷日持久的战争。

对异姓卿大夫来说，问题就要简单得多了，他们既没有王室宗族卿大夫那么大的权力，也没有那么大的职责。所以，能劝谏就劝谏，不能劝谏就辞职而去，各走一方罢了。其实，这也就是孔子"所谓大臣者，以道事君，不可则止"（《论语·先进》）的意思。

总起来说，孔、孟都提倡臣有臣道，臣有臣的气节和人格，反对愚忠，反对一味顺从，这的确是有积极意义的。

本章是全篇最后一章，从评论伯夷、伊尹、柳下惠、孔子等人的行为方式开始，孟子分别论述了国君和臣民们对国家统治的行为方式，其重心还是立足在"爱民"上，在人人平等上，在以拯救天下民众为己任上，在依照一定的社会行为规范上，因为只有这样，所采取的行为方式才能是最佳行为方式。

告子上

11.1 【原文】

告子曰："性犹杞柳①也，义犹桮棬②（bēi quān）也；以人性为仁义，犹以杞柳为桮棬。"

孟子曰："子能顺杞柳之性而以为桮棬乎？将戕贼杞柳而后以为桮棬也？如将戕贼杞柳而以为桮棬，则亦将戕贼人以为仁义与？率天下之人而祸仁义者，必子之言夫！"

【注释】

①杞柳：又名"柜柳""榉柳""鬼柳"，多生于水边，枝条柔软，去皮晒干后可编织器物。

②桮棬：古代一种木质的饮器，尤指酒杯。桮同"杯"，《礼记·玉藻》云："母没而杯圈不能饮也。""杯圈"即"桮棬"，为盛羹、注酒及盥洗等器之通名。

【译文】

告子说："人性，好比是柜柳树，仁义好比是杯盘；使人性体现为仁义，就好比是把柜柳制成杯盘。"

孟子说："你是顺着柜柳的本性来做成杯盘呢？还是伤害它的本性来做成杯盘？假如说要伤害柜柳的本性来做成杯盘，那么你也会伤害人的本性来使人体现仁义吗？带领天下人来祸害仁义的，必定是你这种言论。"

【评论】

本篇集中讨论人性问题，从人的行为方式进而探讨到人的内心世界——即性善性恶、性不善不恶的问题，是孟子"性善论"思想较为完整的体现。连带的是仁义道德与个人修养的问题。对精神与物质、感性与理性、人性与动物性等问题也有所涉及。

告子是战国时期的哲学家，生平事迹不详。他曾与墨子辩论政治问题，与孟子辩论人性问题。《墨子·公孟篇》和《孟子》中的《公孙丑》《告子》等篇保存了他的某些言论片断。后世对告子的了解，主要通过《孟子》书中有关告子言论的记载。

告子持性无善恶的主张。他认为，人性就是生来具有的饮食男女的自然本能，社会道德的善恶属性是后来才有的。在先秦人性论中，把人性归结为自然本能的，还有老子、庄子和荀子。荀子认为，自然本能的人性是恶的，必须用教育来改造。老子和庄子则认为，只有这种人性才合乎自然，用教育来改造就违反了自然。告子和他们不同，既不认为人性是恶的，也不反对用教育来改造。他着重说明道德并非天赋，而是后天人为的结果。

告子把人性比作杞柳，把道德比作杯盘，认为人性可以纳入道德规范中来，如同人们可以用杞柳来制作杯盘一样。告子关于道德起源的看法，是一种朴素唯物主义观点，但他把人性归结为与动物类似的自然本能，依然是一种抽象的人性论。先秦儒家的主要代表孟子、荀子等认为，行为的善恶在于人性本身的善或恶，并主要以"义"——行为方式的是与否作为善恶的标准；功利论者是以有利还是有害作为善恶的标准。

那么，把人性比作杞柳，把道德比作杯盘，认为人性可以纳入道德规范中来，如同人们可以用杞柳来制作杯盘一样，行不行呢？再看下面的讨论。

11.2 【原文】

告子曰："性犹湍①水也，决诸东方则东流，决诸西方则西流。人性之无分于善不善也，犹水之无分于东西也。"

孟子曰："水信②无分于东西，无分于上下乎？人性之善也，犹水之就下也。人无有不善，水无有不下。今夫水，搏而跃之，可使过颡③；激④而行之，可使在山。是岂水之性哉？其势则然也。人之可使为不善，其性亦犹是也。"

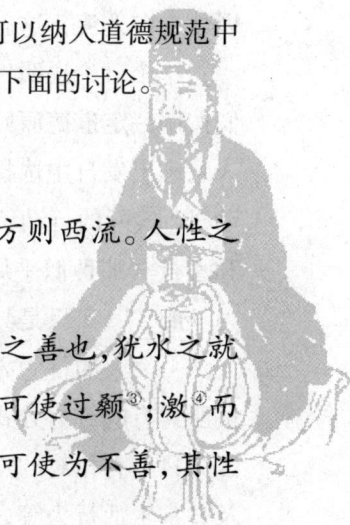

【注释】

①湍:《说文》云:"湍,急濑也。"

②信:《说文》云:"信,诚也。"

③颡:额头。

④激:堵住水流使之水位提高。

【译文】

告子说:"人性就好比急水流,在东边冲开缺口就向东流,在西边冲开缺口就向西流。所以人性不分善与不善,就好比水不分东西。"

孟子说:"水流确实不分东西,但是不分上下吗?人的本性是善良的,就好比水向下流。人的本性没有不善良的,水的本性没有不向下流的。如今的水,被击打就可以溅得很高,可以使它高过额头;堵塞水道使它倒行,就可以使它流上山岗。难道这是水的本性吗?是形势使它这样的。人之所以可以做坏事,其本性的变化也如同水迫于形势而往上流一样。"

【评论】

告子在这里只看到水的流向问题,因而导出人的本性只有一种,显然有些片面;而孟子却看到水的流上流下问题,因而下结论说,只要迫使水的流湍,就可以使它向上流,这就好比人性一样,只要形势迫使他为恶,他就可以为恶。

这个讨论说明,只要性善,就只会选择善良的行为方式,而行为方式,是人们按照一定道德原则和社会行为规范,在个人利益和社会整体利益关系上,从本人意志出发自主选择的行为。行为方式过程包括三个基本环节:确定目的和形成动机、实际的行动、行动后的效果和评价。行为方式包括两种基本类型,即善行和恶行。那种似乎属于这两种基本类型之间,并被某些伦理学称作"可容许行为"的,其实只是具有过渡性质的行为方式。

一个人的行为方式整体表现其道德品质状况,一个社会的全体或绝大多数成员所共有的行为方式体现该社会总的道德风尚。行为方式和人的其他社会行为的区分只具有相对的意义,在特定范围或条件下不具道德意义的行为,如求知行为及日常生活行为等,在另外的场合或条件下又会是具有道德意义的行为。而且,人的行为方式多半是同其他社会行为，如经济行为、政治行为、职业行为等相继发生，相互结合的。所以，只要其本性善，行为方式很难是邪恶的。这就是孟子的意思。

11.3【原文】

告子曰："生之谓性①。"

孟子曰："生之谓性也，犹白之谓白与？"

曰："然。"

"白羽之白也，犹白雪之白；白雪之白，犹白玉之白与？"

曰："然。"

"然则犬之性犹牛之性，牛之性犹人之性与？"

【注释】

①生之谓性："性"字从"生"得声，"生"和"性"古音相同。《荀子·正名篇》云："生之所以然者谓之性。"告子的话，意或与此相近，借以证明其人性无善恶。

【译文】

告子说："天生的资质就称为性。"

孟子说："天生的资质就称为性，那就等于说白色的东西就称为白吗？"

告子说："是的。"

孟子说："那么白色的羽毛之白，就好比是白雪的白，就好比是白玉的白吗？"

告子说："是的。"

孟子说："那么狗的本性就好比是牛的本性，牛的本性就好比是人的本性吗？"

【评论】

这段对话虽然直接谈的是"生之谓性"，但其实是针对"性有无善恶"而展开辩论的。告子虽然只说了"生之谓性"，但其中其实暗含着"性无善恶"的自

然引申。因为，这是孟子和告子关于人性善恶问题辩论中的一篇，而告子在这方面所持的观点是"人性无善无不善"，结合前面的辩论便可以使我们很容易得出这篇是针对"性有无善恶"进行的，而"生之谓性"只是其提出的论据而已。当我们分析到这里时，便不难发现孟子其实也只是从"性无善恶"着手对告子进行反驳的，而不是在反驳其"生之谓性"。这一点，也可以从其后面辩论的具体内容及其逻辑推理中得到佐证。

告子将"性"定义为人生来就有的东西，是试图探讨人性的问题。而孟子却试图说明天生的禀赋是不一样的，不论是白羽之白、白雪之白还是白玉之白，都是天生的禀赋，然而它们的本质却是不一样的，所以孟子导论出狗之性、牛之性和人之性，虽然都是动物，但却是不一样的。这就好比孟子论水一样，水的本性是流下，但也可以使其"跃之"过颡、"行之"在山；人的本性也是善，但形势可以迫使人性之善变为恶，就像白羽之白、白雪之白及白玉之白，都可以染成其它颜色，而狗、牛、羊、马及人的本性也可以使之变善为恶。所以，本来的东西都是可以改变的，因此，人性本来是善的，但因时代和环境的变化，可能也会变成恶的了。

11.4【原文】

告子曰："食色，性也①。仁，内也，非外也；义，外也，非内也②。"

孟子曰："何以谓仁内义外也？"

曰："彼长而我长之，非有长于我也；犹彼白而我白之，从其白于外也，故谓之外也。"

曰："异于③白马之白也，无以异于白人之白也；不识长马之长也，无以异于长人之长与？且谓长者义乎？长之者义乎？"

曰："吾弟则爱之，秦人之弟则不爱也，是以我为悦者也，故谓之内。长楚人之长，亦长吾之长，是以长为悦者也，故谓之外也。"

曰："耆④秦人之炙，无以异于耆吾炙，夫物则亦有然者也，然则耆炙亦有外欤？"

【注释】

①食色，性也：《礼记·礼运篇》："饮食男女，人之大欲存焉。"

②仁内义外：《管子·戒篇》云："仁从中出，义由外作。"盖与告子主张相同。《墨子·经说下》云："仁，爱也；义，利也。爱利，此也；所爱所利，彼也。爱利不相为内外，所爱利亦不相为外内。其为'仁内也，义外也'，举爱与所利也，是狂举也。"此从告子的立论根据而加以逻辑的驳诘，比孟子所驳更为明显有力。

③异于：朱熹《集注》引张氏曰："二字疑衍。"按此说较是。

④耆：同"嗜"。

【译文】

告子说："喜欢美食美色是人的本性。仁是内在的，不是外在的；义是外在的，不是内在的。"

孟子说："为什么说仁内义外呢？"

告子说："因他年长我才尊敬他，尊敬之心不是我固有的；就好比那东西是白色而我才认为它白，是随从它外表的白色，所以说义是外在的。"

孟子说："白马的白和白人的白也许无所不同，但不知对老马的怜悯之心和对老人的尊敬之心是不是也无所不同？所谓义，取决于长者还是取决于尊敬长者的人呢？"

告子说："是我的弟弟我就爱他，是秦国人的弟弟我就不爱他了，这是因为我内心喜悦不同，所以说仁是内在的。尊敬楚国人的长者，也是尊敬我的长者，是因为他年长才尊敬他，所以说义是外在的。"

孟子说："喜欢吃秦国人的烤肉和喜欢吃自己的烤肉无所不同，各种事物都有类似的情形，难道说喜欢吃烤肉之心也是外在的吗？"

【评论】

本章的讨论逐渐从内在的心理善恶延伸到了外在的行为方式上了，告子试图弄清楚被我尊敬的年长者的年长和被我称之为白的白色都是客观存在的这种主客体之间的联系和区别，因而告子认为，内在的仁和外在的义是不同的，是不相干

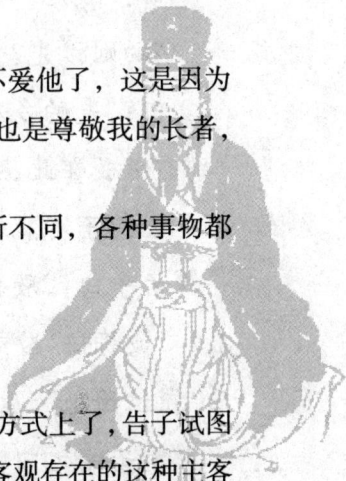

的。而孟子则认为人的行为方式源自于内心的善恶，内心嗜好烤肉，才会有吃烤肉的外在的行为方式。也就是说，内心有善良的思想，行为方式也就是善良的；如果内心是邪恶的，那就很难有善良的行为方式。因此，仁与义，与人相互亲爱的善良愿望和对人善良的行为方式是不可分割的。

告子的思想就如同 20 世纪初创始于美国的华生提出的"行为主义心理学"的理论一样，其理论认为，心理学的研究对象应该是可以共证和观察到的行为，而不是意识。而孟子师承子思门人、子思、曾子、孔子，曾子的"吾日三省吾身——为人谋而不忠乎？与朋友交而不信乎？传不习乎？"以及孔子关于"里仁"——内在的爱民思想的论述，可以称为是孟子的座右铭，因此，孟子认为人的行为是来自于心理活动，心里想什么，才会去做什么；心里想不到，也就不可能去做到。所以观察人的行为方式，就可以知道这个人的心理内容，而知道了这个人的心理内容，也就可以识别这个人的心理本性是善是恶了。

11.5【原文】

孟季子①问公都子曰："何以谓义内也？"

曰："行吾敬，故谓之内也。"

"乡人长于伯兄一岁，则谁敬？"

曰："敬兄。"

"酌则谁先？"

曰："先酌乡人。"

"所敬在此，所长在彼，果在外，非由内也。"

公都子不能答，以告孟子。

孟子曰："敬叔父乎？敬弟乎？彼将曰'敬叔父'。曰'弟为尸②，则谁敬？'彼将曰'敬弟。'子曰'恶在其敬叔父也？'彼将曰'在位故也。'子亦曰'在位故也。庸敬在兄，斯须③之敬在乡人。'"

季子闻之曰："敬叔父则敬，敬弟则敬，果在外，非由内也。"

公都子曰："冬日则饮汤④，夏日则饮水，然则饮食亦在外也？"

【注释】

①孟季子：其人不详。翟灏《四书考异》以为原文本无"孟"字，此季子即是"季任为任处守"之季任。

②尸：古代祭祀不用牌位或者神主，更无画像，而用男女儿童为受祭代理人，便叫之为"尸"。尸，主也。

③斯须：朱熹《集注》云："暂时也。"

④汤：古称热水为"汤"。

【译文】

孟季子问公都子说："凭什么说义是内在的？"

公都子说："敬意是从我的内心发出，所以说是内在的。"

孟季子问："有一个乡里的人比你兄长大一岁，该尊敬谁呢？"

公都子说："尊敬兄长。"

孟季子问："斟酒时先给谁斟呢？"

公都子说："先给乡里人。"

孟季子说："你内心尊敬的是兄长，所表现出的却是恭敬对待他人，可见义是外在的，不是由内心发出的。"

公都子不能应答，便把这事告诉孟子。

孟子说："应该尊敬叔父呢？还是尊敬弟弟呢？他会说'尊敬叔父。'你说'弟弟是祭祀时受祭的代理人，那该尊敬谁呢？'他会说'尊敬弟弟。'你就说'为什么又说要尊敬叔父呢？'他会说'这是因其所处地位决定的。'你就说'是因为地位的缘故，平时尊敬兄长，临时恭敬地对待乡里人。'"

孟季子听了这番话后，说："尊敬叔父和在特定情况下尊敬弟弟，这毕竟是外在情况决定的，并不是由内心发出的。"

公都子说："冬天则喝热水，夏天则喝凉水，难道饮食也是外在的吗？"

【评论】

孟季子和告子一样，始终认为行为方式是外在的，因为虽然尊敬兄长，但在宴席上还是要恭恭敬敬地先给乡人斟酒，这种行为方式怎么能说是内在的呢？然而他却忽略了一个问题，即恭敬的行为方式必须先要有内在的恭敬的情感，如果没有恭敬的情感，怎么会有恭敬的行为方式呢？试想一个对社会充满仇恨的人，心中只有憎恨，恨一切人，恨一切事，他怎么会有恭敬待人的行为方式呢？一个人在外在的行为上表现出恭敬的行为方式，就说明这个人的内心里有恭敬待人的意识；就像天气变冷了，内心里有需要热水的意识一样，如果没有需要热水的意识，那他只有喝凉水了。用现代心理学的话说，外界事物或体内的变化作用于人的机体或感官，经过神经系统和大脑的信息加工，就产生了对事物的感觉和知觉、记忆和表象，进而进行分析和思考。人在实践中同客观事物打交道时，总会对它们产生某种态度，形成各种情绪，从而产生各种行为方式。所以说，行为方式是由内在的心理活动所决定的。

11.6【原文】

公都子曰："告子曰：'性无善无不善也。'或曰：'性可以为善，可以为不善；是故文武兴，则民好善；幽厉兴，则民好暴。'或曰：'有性善，有性不善；是故以尧为君而有象；以瞽瞍为父而有舜；以纣为兄之子，且以为君，而有微子启、王子比干。'今曰'性善'，然则彼皆非与？"

孟子曰："乃若①其情，则可以为善矣，乃所谓善也。若夫为不善，非才之罪也。恻隐之心，人皆有之；羞恶之心，人皆有之；恭敬之心，人皆有之；是非之心，人皆有之。恻隐之心，仁也；羞恶之心，义也；恭敬之心，礼也；是非之心，智也。仁、义、礼、智，非由外铄②我也，我固有之也，弗思耳矣。故曰：'求则得之，舍则失之。'或相倍蓰而无算③者，不能尽其才者也。《诗》曰：'天生蒸民，有物有则。民之秉彝，好是懿德④。'孔子曰：'为此诗者，其知道乎！故有物必有则；民之秉彝也，故好是懿德。'"

【注释】

①乃若：朱熹《集注》云："发语辞。"焦循《正义》引程瑶田《通艺录》云："乃若者，转语也。"

②铄：朱熹《集注》云："以火销金之名，自外以至内也。"又《尔雅·释诂》云："铄，美也。"谓自外而加的美饰。

③无算：无法计算。

④《诗》曰：此处诗句引自《诗·大雅·烝民》，这是首赞美周宣王的诗歌。烝：《诗》作"烝"，《毛传》释为"众"。《毛传》云："烝，众；物，事；则，法；彝，常；懿，美也。"《郑笺》云："秉，执也。"

【译文】

公都子说："告子认为：'人性无所谓善恶。'有人说：'人性可以是善的，也可以是恶的；所以文王、武王兴起，百姓就好善；幽王、厉王兴起，百姓就好恶。'还有人说：'有的人本性善，有的人本性恶；尧为君时还有象这样的恶人；恶父瞽瞍还有舜这样贤德的儿子；残暴的纣王还有贤明的叔叔微子启、王子比干。'假如说'人性本善'，那么他们说的都不对吗？"

孟子说："人本来的性情，是可以行善的，这就是我所说的人性善。至于有的人行恶，那不是人的本性。同情心，人人都有；羞耻心，人人都有；恭敬心，人人都有；是非心，人人都有。同情心，就是仁；羞耻心，就是义；恭敬心，就是礼；是非心，就是智。仁、义、礼、智，不是由外面渗入到我内心的，是我本来就有的，只是未曾探索它罢了。所以说：'探求就可以获得，放弃就是失去。'人与人有的相差一倍、五倍乃至无数倍，就是因为他们发挥自身善性的程度不同造成的。《诗经》说：'天生育众民，万物皆有规则。众民都遵循常道，崇尚美德。'孔子说：'作这首诗的人真正懂得道啊！所以他才说万物皆有规则，众民皆遵循常道，所以才崇尚美德。'"

【评论】

孟子在此处再次强调"人性本善"，他认为恻隐、羞恶、恭敬、是非之心是人类本来就有的，而不是"圣王兴，则民好善"。因为，没有圣王以前，人民也是好善的。在人类进化为人之前，善恶观念就存在于动物之中。人类进化为人之后，善恶观念更得到加强，随着人类识别能力的提高，是非曲直观念、羞耻观念、恭敬观念、恻隐观念都一步步产生，尔后圣王兴，则人民更趋向于为善！后来私有制产生，并且畸形发展，人性才逐渐趋向恶的方面。私有制是人类发展过程中的必然，但在这其中，如果多提倡恻隐、羞耻、恭敬、是非之心，使人们趋善避恶，那么人类社会就会稳定发展。

孟子认为，正因为人类本性当中有善的因素，人们才会彼此相互亲爱，人们才会有团结的思想，人类才会组成社会。如果没有，人类也就不可能发展到今天这个样子，而依然还和其他动物一样。

公都子更为全面地提出了人性问题来和孟子进行讨论，除了告子的观点外，还另外举出了两种观点，且有理有据，说服力较强。这一次孟子没有以诘难或推谬的方式进行辩论，而是正面阐述了自己关于人性本善的看法。说是阐述，其实也是重申，因为其主要内容，即关于恻隐、羞恶、恭敬、是非"四心"以及它们与仁、义、礼、智之间的内在联系，他在《公孙丑上》中已经提出并阐述过了。只不过在那里是从"人皆有不忍人之心"出发，探讨"四心"与"仁政"之间的关系，具有政治心理学的色彩。而这里则是纯从人性探讨的角度出发，回答学生关于人性是否天生善良的问题。

到底人性是如孟子的看法天生善良，还是如荀子的看法天生邪恶，或者如告子等人的看法无所谓善也无所谓恶，这是一个很难说得清的问题。即便是哲学思想进步发展到今天，对于这个古老的话题，学者们往往也莫衷一是，各执一端。所以，孟子的看法的确也只能代表一家之言。不过，值得我们注意的是，孟子在这里进一步提出了"求则得之，舍则失之"的问题。按照孟子的看法，不仅人性本善，人性本来有"四心"，就连仁、义、礼、智这四种品质道德，也都是"我固有之也"，只不过平时我们没有去想它因而不觉得罢了。所以，现在我们应该做的就是要在自己的身上，自己的本性之中去发现仁、义、礼、智，"尽其才"，充分发挥自己的天生资质。

11.7【原文】

孟子曰："富岁，子弟多赖[①]；凶岁，子弟多暴，非天之降才尔殊也，其所以陷溺其心者然也。今夫麰[②]（móu）麦，播种而耰[③]（yōu）之，其地同，树之时又同，浡然而生，至于日至[④]之时，皆熟矣。虽有不同，则地有肥硗⑤(qiāo),雨露之养、人事之不齐也。故凡同类者,举相似也,何独至于人而疑之? 圣人,与我同类者。故龙子曰:'不知足而为屦,我知其不为蒉⑥也。'屦之相似,天下之足同也。口之于味,有同耆也;易牙⑦先得我口之所耆者也。如使口之于味也,其性与人殊⑧,若犬马之与我不同类也,则天下何耆皆从易牙之于味也? 至于味,天下期于易牙,是天下之口相似也。惟耳亦然。至于声,天下期于师旷,是天下之耳相似也。惟目亦然。至于子都⑨,天下莫不知其姣也。不知子都之姣者,无目者也。故曰,口之于味也,有同耆焉;耳之于声也,有同听焉;目之于色也,有同美焉。至于心,独无所同然乎? 心之所同然者何也? 谓理也,义也。圣人先得我心之所同然耳。故理义之悦我心,犹刍豢⑩(huàn)之悦我口。"

【注释】

①赖:阮元云:"'富岁弟子多赖','赖'即'嬾'(今作'懒')。"

②麰:大麦。

③耰:古代的一种农具,弄碎土块,平整田地用。

④日至:指夏至。

⑤肥硗:土地不肥沃。

⑥蒉:草编的土筐。

⑦易牙:齐桓公的宠臣,相传他善于烹饪。

⑦与人殊:意盖谓人人不同。此宜云"人与人殊",原文盖省一"人"字。

⑨子都:《诗·郑风·山有扶苏》:"不见子都,乃见狂且。"《毛传》云:"子都,世之美好者也。"

⑩刍豢:朱熹《集注》云:"草食曰刍,牛羊是也;谷食曰豢,犬豕是也。"豢,猪。

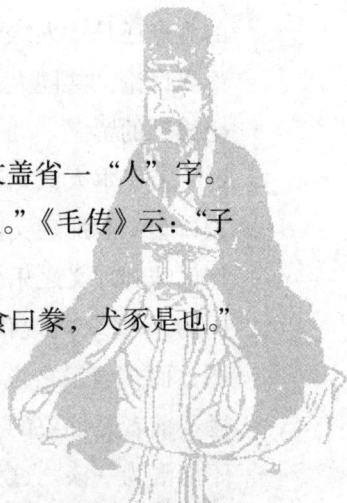

【译文】

孟子说:"丰年孩子们多懒惰,荒年孩子们多凶暴,这不是上天赋予他们的资质不同，而是环境使他们心性变坏的。比如种大麦，把地播种，如果土地相同，栽种的时节也相同，便会蓬勃生长，到了夏至时都会成熟。即使有所不同，那是因为土地有肥有瘠，雨露的滋养多少，人们的勤惰不同造成的。所以凡是同类的，大体都相同，为什么单单对人要怀疑呢？圣人与我们是同类。所以龙子说：'不知道脚的形状就编草鞋，但我知道决不会编成草筐子。'草鞋式样都相似，是因为人的脚大体相同。口的味觉，有相同的嗜好；易牙早就弄清了我们口味的嗜好。假如口的味觉，人与人不同，就像狗、马与我们不同，那么天下人的嗜好为什么还要随从易牙的口味呢？讲到口味，天下人都期望尝到易牙的菜，可见天下人的口味都是相同的。耳朵也是如此。讲到声音，天下人都期望听到师旷的演奏，可见天下人的耳力都是相同的。眼睛也是如此。讲到子都，天下人没有不知道他长得美的。不知道子都长得美的人，就是没长眼睛的人。所以说，口对于味，有相同的嗜好；耳朵对于声音，有相同的听觉；眼睛对于颜色，有相同的美感。讲到内心，唯独没有相同的地方吗？内心的相同之处是什么呢？是理，是义。圣人早就得知我们内心有相同的理、义。所以理、义使人内心得到喜悦，就好比牛、羊、猪、狗的肉使人的味觉爽美一样。"

【评论】

我们都有共同的人性。物质享受如此，精神享受也如此。说到底，此处孟子的观点还是"人之初，性本善"观点的发挥。孟子这段话，成为20世纪中叶理论界讨论"共同人性""共同美"的主要依据之一。这恐怕是孟子本人怎么也不会想到的罢。

孟子本人只知道刍豢悦口，理义悦心，说得亲切生动，有滋有味，令人真想亲口尝一尝那理义到底是什么滋味。然而，凡夫俗子又有几人真能像圣人那样亲切体味到理义之乐如口福之乐一样呢？因为，理义之乐与口福之乐的确是有所不同的。"理义之悦我心"所涉及的，实际上是道德判断的方面，是精神满足的问题；而"刍豢之悦我"所涉及的，实际上是感官知觉的方面，是物欲满足的问题。前者是抽象的、精神的，后者是具体的、物质的，是两个不同领域的问题，不能混为一谈。这大概正是孟子所疏忽的地方罢。

当然，说他有所疏忽，并不意味着他所说的一切都没有了道理。事实上，只要不推到极端，不说得那么绝对，共同的人性也罢，共同的审美感觉也罢，都的确是存在的。至于说共同的口味，共同的听觉，共同的对于美人的欣赏和喜爱，那更是人之常情，无可辩驳的了。关键是我们在承认这些共同性的同时，也要承认个体的差异，承认同中有异，异中有同。

11.8【原文】

孟子曰："牛山①之木尝美矣，以其郊于大国也②，斧斤伐之，可以为美乎？是其日夜之所息，雨露之所润，非无萌蘖之生焉，牛羊又从而牧之，是以若彼濯濯③也。人见其濯濯也，以为未尝有材焉，此岂山之性也哉？虽存乎人者，岂无仁义之心哉？其所以放其良心④者，亦犹斧斤之于木也，旦旦而伐之，可以为美乎？其日夜之所息，平旦之气⑤，其好恶与人相近也者几希⑥，则其旦昼⑦之所为，有梏⑧亡之矣。梏之反覆，则其夜气不足以存；夜气不足以存，则其违禽兽不远矣。人见其禽兽也，而以为未尝有才焉者，是岂人之情也哉？故苟得其养，无物不长；苟失其养，无物不消。孔子曰：'操则存，舍则亡；出入无时，莫知其乡⑨。'惟心之谓与？"

【注释】

①牛山：山名，在今山东临淄之南，位于当时齐国都的东南。

②郊：此作动词，谓"居其郊"。大国：临淄，不但为当时齐之首都，亦为当时大都市之一。

③濯濯：赵岐《注》："无草木之貌。"

④良心：朱熹《集注》云："本然之善心，即所谓仁义之心也。"

⑤平旦之气：朱熹《集注》云："谓未与物接之时，清明之气也。"

⑥几希：赵岐《注》："几，岂也。岂希，言不远也。"但古书未见此用法，故不从。

⑦旦昼：焦循《正义》云："旦昼，犹云明日。"

⑧梏：古代拷手的刑具，转义为束缚。

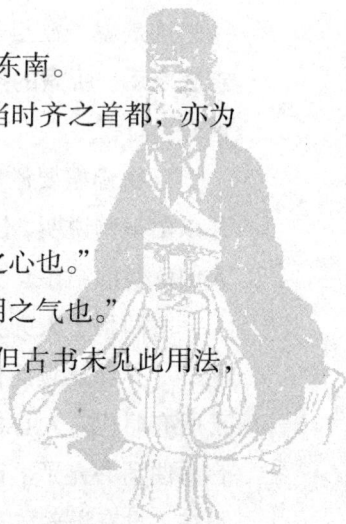

⑨乡：赵岐《注》："乡犹里，以喻居也。"焦循《正义》云："近读乡为向。"按两说皆可通。

【译文】

孟子说："牛山上的树木曾经长得很茂盛。但因为它长在大都市的郊外，故经常被刀斧砍伐，还能保持其茂美呢？虽然它日夜生长，有雨露滋润，并非没有新枝嫩芽生长出来，但又因在山上放牧，所以牛山就变得那样光秃秃的了。人们见到它光秃秃的，便误以为它不曾生长过树木，这难道是山的本性吗？在某些人身上，难道就没有仁义之心吗？他们之所以丧失善良之心，就像刀斧对待树木那样，天天砍伐它，怎么还能茂美呢？尽管他们夜养善心，接触清晨的清明之气，他们的爱憎也与一般人有相近之处，但是他们第二天的所作所为，又使其善心受到摧残并消亡。反复摧残，夜养的善心不能存留下来；夜养的善心不能存留下来，那他离禽兽就不远了。人们看见他近似禽兽，以为他未曾有过善心，这难道是人的本性吗？所以，如果得到一定的滋养，没有什么事物不生长发展；如果失去滋养，没有什么事物不消亡的。孔子说：'把握住就能存留，舍弃就会消亡；进出没有一定的时间，也不知道它何去何从。'这是指人心而言的吧！"

【评论】

这是孟子在与告子短兵相接辩论人性，将告子的人性无善无不善的观点一一击破之后，所做的接续论证。文字高妙，论证简洁，讲出了世间万物皆需滋养的道理。

万物皆需要滋养，那么人性的善呢？仁义呢？孟子再次强调"人性本善"，并以山举例说明，任何一座山都能长草木，但为什么很多山是光秃秃的呢？那是人们砍伐的结果！弗洛伊德的"压抑"论就是阐述这个问题的。

落回到了人的身上，仁义又岂能无端生长？人性中的善也需要时时滋养，耐不得"斧斤旦旦而伐之"。这不仅仅是简单的类比，也是非常现实的描述，适用于所有时代。人心之中，夜深人静偶然一念之为仁，白天在世俗生活中一滚，很容易便消磨光了。日复一日，心中常常被旦昼之所为占据侵扰，仁义之心时在时不在，没有滋养，在也只是一瞬。这便是孟子所言的"放心"，所谓"出入无时，

告子上

莫知其乡"，心不知道放到哪里去了。那要怎么样去将其求回来，或者说怎么"养"呢？

任何一个人都有善心，但为什么很多人变成坏人了呢？那是社会环境（风俗习惯）的束缚、社会行为规范的束缚所造成的！是父母的管教约束，是宗教对肉体快感的恫吓，是哲学对理智生活的推崇！如果"苟得其养，无物不长"，那么被损害的人性就会得到恢复。如果长期反复糟蹋人的善良本性，"苟失其养，无物不消"，人就会变成丧尽天良的恶魔禽兽。所以，培养人的善心，人们就会有善良的行为方式。人们丧失了善心，也就丧失了善良的行为方式。所以孟子特别引了孔子的一句话，善心，把握住就能存留，舍弃就会消亡；进出没有一定时间，也就是没有树立起善恶是非曲直观念，就不知道过去的了。不知道过去的，就意味着没有可资借鉴的历史经验，而没有过去的历史经验，也就会失去将来。

11.9【原文】

孟子曰："无或①乎王之不智也。虽有天下易生之物也，一日暴之，十日寒之，未有能生者也。吾见亦罕矣，吾退而寒之者至矣，吾如有萌焉何哉！今夫弈之为数②，小数也；不专心致志，则不得也。弈秋③，通国之善弈者也。使弈秋诲二人弈，其一人专心致志，惟弈秋之为听。一人虽听之，一心以为有鸿鹄④将至，思援弓缴⑤（zhuó）而射之，虽与之俱学，弗若之矣。为是其智弗若与？曰：非然也。"

【注释】

①或：同"惑"。《吕氏春秋·审为篇》高诱《注》云："惑，怪也。"

②弈：《说文》云："弈，围棋也。"数：赵岐《注》："数，技也。"

③弈秋：朱熹《集注》云："善弈者名秋也。"

④鸿鹄：朱骏声《说文通训定声》云："凡鸿鹄连文者，即鹄也。"鹄，今名天鹅。

⑤缴：朱熹《集注》云："以绳系矢而射也。"

【译文】

孟子说:"君王的不明智不足奇怪。即使有天下最容易生长的植物,让它曝晒一天,寒冻十天,也是不能生长的。我与君王相见的次数太少了,一旦离开,那些与我相反的说教就来了,即使我的教导使君王的仁心善念有所萌生,那又有什么用呢?比如下棋,只是一种小技艺而已;但如果不专心致志,也是学不好的。弈秋,是一个全国下围棋的高手。如果让弈秋同时教两个人下围棋,其中一人专心听弈秋讲课。另外一个人虽人在课堂,心却想象天鹅就要飞来,幻想拿起弓箭去射杀它。虽然两人一同学习,但结果后者比不上前者。是因为后者的智力比不上前者吗?自然不是!"

【评论】

天下事,贵在坚持。本章里所说的王,赵岐注为齐王,指当时有人怪齐王不明智而孟子不曾辅佐,孟子因此而作解释。孟子紧接着又举了两个人学下围棋的例子,说明光是施教者有主观愿望还不行,还要其本人愿意学。这里就牵涉到一个教育问题,雨露滋润,万物生长,而如果是"一曝十寒",那是什么植物都不能存活的。教育就是要天天讲,月月讲,年年讲,要让整个社会环境都宣扬善心善行,未来的人才有可能"操则存"。

一曝十寒,或者如俗语所说"三天打鱼,两天晒网",努力少,荒废多,很难奏效。因此,贵在坚持,责在有恒心。世间万事莫不如此,即以生活小事而论,无论是练习写毛笔字,写日记还是练习晨跑,坚持冬泳,真正能够持之以恒的有多少人呢?

11.10 **【原文】**

孟子曰:"鱼,我所欲也;熊掌,亦我所欲也;二者不可得兼,舍鱼而取熊掌者也。生亦我所欲也,义亦我所欲也,二者不可得兼,舍生而取义者也。生亦我所欲,所欲有甚于生者,故不为苟得也;死亦我所恶,所恶有甚于死者,故患有所不辟也。如使人之所欲莫甚于生,则凡可以得生者,何不用也?使人之所恶莫甚于死者,则凡可以辟患者,何不为也?由是则生而有不用也，由是则可以辟患而有不为也。是故所欲有甚于生者，所恶有甚于死者。非独贤者有是心也，人皆有之，贤者能勿丧耳。一箪食，一豆①羹，得之则生，弗得则死。呼尔②而与之，行道之人弗受；蹴③尔而与之，乞人不屑也。万钟则不辨礼义而受之。万钟于我何加焉？为宫室之美、妻妾之奉、所识穷乏者得我与？乡④为身死而不受，今为宫室之美为之；乡为身死而不受，今为妻妾之奉为之；乡为身死而不受，今为所识穷乏者得我而为之，是亦不可以已乎？此之谓失其本心。"

【注释】

①豆：古代一种盛食物的器具。
②呼尔：赵岐《注》："咄啐之貌也。"
③蹴：朱熹《集注》云："践踏也。"
④乡：同"向"，以往。

【译文】

孟子说："鱼，是我想要的；熊掌，也是我想要的；但这两样东西不可能同时得到，那么就舍弃鱼而要熊掌。生，是我想要的；义，也是我想要的；但这两样东西不可能同时得到，那就舍弃生而取义。生是我想要的，但我想要的还有比生更重要的东西，所以我不做苟且活着的事。死亡是我所厌恶的，但还有比死亡更令人厌恶的东西，所以有的祸害是躲避不了的。如果人们想要的没有超过生命的，那么所有求生的手段哪一个不可用呢？如果人们厌恶的没有超过死亡的，那么凡是可以躲避灾害的手段哪一个不可以用呢？有能生存的手段不去用，有能躲避灾害的手段不使用，是因为所想要的超过了生命，所厌恶的超过了死亡。不仅贤能的人有这样的心思，人人都有，只不过贤能的人没有丧失本性。一小筐饭，一小碗汤，得到它就可以生存，得不到就会死去，呼喝着给予，路上的行人都不会接受；践踏过再给人，连乞丐都不屑一顾；万钟的厚禄如果不辨别是否合乎礼义就接受，这万钟的厚禄对我有什么好处呢？为了宫室的壮美，为了妻妾的侍奉，为了认识的穷困的人对自己的感激吗？过去宁愿身死都不接受，如今为了宫室的壮美而接受；过去宁愿身死都不接受，如今为了妻妾的侍奉而接受，过去宁愿身死都不接受，如今为了认识的穷困的人对自己的感激而接受，这样的事难道不可以停止吗？这就叫作丧失了本性。"

【评论】

生命诚可贵，爱情价更高。若为自由故，二者皆可抛。（裴多菲）"鱼与熊掌"的确是我们生命历程中经常遇到的二难选择。大而言之，想名又想利；想要做官的权势又想要不做官的潇洒自由。小而言之，想读书又想打麻将；想工作又想休闲。如此等等，不一而足。之所以难，难在舍不得，难在那不可得兼的东西都是"我所欲也"，甚至，也是人人所欲的。不然的话，也就没有什么可难的了。

生于朗朗乾坤、太平盛世，似乎已没有生与义，生命与爱情与自由的不可得兼，这是幸事。不过，面对滚滚而来的经济洪流，义与利的二难选择却经常悬在我们的面前了。人们想要的东西太多太多，然而却应该选用最佳行为方式才能去得到，如果行为方式不对，即使得到了，也是保不住的。所以孟子提倡，宁愿选择最佳行为方式，也不要苟且偷生。这个问题很大，很尖锐，有的人为了能活下去，不惜背叛自己的理想、立场，不惜侮辱自己的人格，在孟子看来，这种人即使活下去，也没有什么意思。然而很多人为了一些其实没有什么意义的东西而丧失了自己的生命，又有什么意义呢？就如金钱财富，宫室壮美，妻妾成群，这些对人生究竟有什么意义呢？究其实，只不过供炫耀而已，只不过让别人羡慕而已，只不过让别人感恩图报而已。然而为了这些金钱财富，宫室壮美，妻妾成群，很多人同时也获得了痛苦，获得了死亡。所以，为了这些金钱财富，宫室壮美，妻妾成群而痛苦而死亡，也就没有什么价值了！

孔子说："吃粗粮，喝白水，弯曲着胳膊当枕头枕，乐趣也就在这其中了。用不是最佳行为方式取得的富有和高贵，对于我来说就像是天上的浮云一样。"这就是说，人生在世，也就是三顿饭一张床，只要不为着去炫耀，即使是简单而粗糙的生活，也是有乐趣的。人生的快乐，人生的乐趣，并不在于物质的丰富与否，而是在于人的精神状态。所以孔子认为，用不正当的方法、手段求得的富贵，就如天上的浮云一样，一会儿聚集，一会儿就会飘散，转瞬即逝。财富多多，官位高高，并不能使人快乐，只是更增加了人的责任心。也就是说，富贵了，肩上的担子就更重了，也就意味着要承担更大的责任。而承担了更大的责任后，无官一身轻的快乐也就没有了。孔子的这段论述，直指人生目的，简单而明了。究其实，人生的目的是什么呢？人都有欲望，而人的所有欲望统而言之，即是寻求快乐。无论是财富、名誉、地位、情爱的求得，都是为了满足心中的快感。而人的精神状态良好，即使生活得简单粗糙一点，也是快乐的。

11.11【原文】

孟子曰："仁，人心也；义，人路也。舍其路而弗由，放其心而不知求，哀哉！人有鸡犬放，则知求之；有放心而①不知求。学问之道无他，求其放心②而已矣。"

【注释】

①而：用法同"则"，此从俞樾《孟子平议》说。

②求其放心：吴定《紫石山房文集·求放心解》云："孟子所谓'求放心'者，非纳其放心聚之于学之谓，'放心'即孟子所谓'放其良心'、'失其本心'者也。"

【译文】

孟子说："仁，是人的善心；义，是人的正路；舍弃正路不走，丧失善心而不知道去找，太悲哀了！人的鸡犬丢失了，尚且知道去找；可是丧失了善心却不知去找。学问之道没有别的，只是寻找回丧失的善心罢了。"

【评论】

孟子说：人应该把"仁"铭刻在心，时时刻刻按照仁的要求为人行事；"义"是人应走的道路。放弃人应该走的路而不走，迷失了人心（良心）不去寻找，对于一个人来讲是十分悲哀的事。连自家养的鸡、鸭、猫、狗不小心走失了都知道赶紧找回来，良心丢了居然无动于衷？我们做这样那样的学问，最终无非是把迷失的本心找回来。

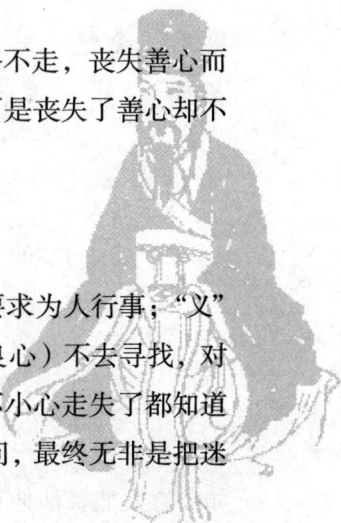

"放"在此作迷失讲，"放心"就是失掉了人本来应具有的善良之心。人生下来，心都是善良的，所谓"人之初，性本善"是也；只是后天教育不同，受环境的影响，有的人受到了正面的教育，依然善良；有的人接受了负面的"教育"，有的人就变坏了，所谓"性相近，习相远"是也。按儒家观点，君子和普通人的根本区别，就在于内心世界里装着什么，所谓"君子所以异于人者，以其存心也。君子以仁存心，以礼存心"。是说君子内心世界里装的都是仁，都是礼。仁者就能爱人，有礼之人就懂得尊重别人。

在物欲横流，利欲熏心的环境中，受利益的驱使，人们只知道去追逐物质享受和金钱拥有，似乎只要拥有巨额财富就是成功者，就是英雄。什么德呀！礼呀！社会责任呀！统统放在了脑后，物欲的蒙蔽，不经意间就失掉了淳朴善良的本心。只懂得获取，不再知道奉献；只知道利己，不知道惠民。最终是欲利反而不得利，乃至贻害自己，贻害家庭，贻害社会。《老子》曰："天长地久。天地所以能长且久者，以其不自生，故能长生。是以圣人后其身而身先，外其身而身存，非以其无私耶？故能成其私。"我们应该向天地学习无私，做到利而不害；向圣人学习推己及人，做到为而不争。在成全别人的同时，也能成全自己。

11.12【原文】

孟子曰："今有无名之指屈而不信①，非疾痛害事也，如有能信之者，则不远秦楚之路，为指之不若人也。指不若人，则知恶之；心不若人，则不知恶，此之谓不知类②也。"

【注释】

①信：同"伸"。
②不知类：朱熹《集注》云："言不知轻重之等也。"

【译文】

孟子说："一个人的无名指弯曲而不能伸直，但并不疼痛而且不妨碍做事，如果有人能替他伸直，哪怕是到秦国、楚国去治疗，他也不会觉得路途遥远，这是因为他的指头比不上别人。指头比不上别人，就知道厌恶；善心比不上别人，却不知道厌恶，这就叫不懂轻重。"

【评论】

儒者的确是心灵美的呼唤者、卫道者。我们在孟子这里就可以看到，他一而再，再而三地强调着这个主题。忧指忘心，当然是不知轻重，舍本逐末。究其原因，则有如下两个方面：第一，指不若人，一目了然，无所藏匿（戴手套终不是办法）；心不若人，抽象无形，可以伪装（虽然总有暴露的时候）。第二，指不若人，标准清清楚楚，无可辩驳；心不若人，难以有所度量，甚至可以自欺欺人。所以，指不若人，羞愧难当，莫说秦楚之路，就是飞越太平洋也在所不辞，只要能去其耻辱。心不若人，不以为耻，甚至反以为荣，又有何秦楚之路可去呢？

11.13【原文】

孟子曰："拱把①之桐梓，人苟欲生之，皆知所以养之者。至于身，而不知所以养之者，岂爱身不若桐梓哉？弗思甚也。"

【注释】

①拱把：赵岐《注》："拱，合两手也。把，以一手把之也。"言树尚细小。

【译文】

孟子说："一只手就能握住的桐树、梓树，人们如果想让它生长，都知道如何培养它。而对于自己，却不懂得修养的方法。难道爱自己还比不上爱桐树、梓树吗？真是太不动脑筋了吧。"

【评论】

人不可以不自爱。那么，什么是自爱呢？就是爱护自己不让自己被恶的东西影响，让自己时刻保持善良。而如果想要自己"善"，就要时刻修养自身。

所谓"身"，远不仅仅指"身体"，而是指的自身、自己，即灵肉一体的个体自我。例如《论语·学而》"吾日三省吾身"并非反省自己的身体，而是反省个体自我的德行。

孔子早已倡导这样一种个体自我人格："匹夫不可夺志"（《论语·子罕》），"不降其志，不辱其身"（《微子》）。孟子继承了这种个体自我精神。在他看来，最大的、根本的课题，乃是守身而不失身："守孰为大？守身为大。……守身，守之本也。"（《离娄上》）

我们今天来说，就是所谓"自我修养"，就是个人认识、情感、意志、信念、言行和习惯的修炼和涵养。一个人只有通过自觉地遵循社会道德体系的要求，更好地履行个人的社会义务，并不断地提升个人的人生境界，才能修养成良好的内在素质。

11.14【原文】

孟子曰："人之于身也，兼所爱。兼所爱，则兼所养也。无尺寸之肤不爱焉，则无尺寸之肤不养也。所以考其善不善者，岂有他哉？于己取之而已矣。体有贵贱①，有小大。无以小害大，无以贱害贵。养其小者为小人，养其大者为大人。今有场师②，舍其梧槚③（jià），养其樲（èr）棘④，则为贱场师焉。养其一指而失其肩背，而不知也，则为狼疾⑤人也。饮食之人，则人贱之矣，为其养小以失大也。饮食之人无有失也，则口腹岂适⑥为尺寸之肤哉？"

【注释】

①贵贱：朱熹《集注》云："贱而小者，口腹也；贵而大者，心志也。"

②场师：赵岐《注》："治场圃者。"

③梧槚：梧，梧桐。槚即楸树，木理细密。梧桐、楸树均为好木料。

④樲棘：樲，酸枣；棘，荆棘。

⑤狼疾：同"狼藉"，焦循《正义》云："狼藉犹纷乱，害而不知，此医之昏愦瞀乱者矣。"

⑥适：焦循《正义》引王引之说，谓"适"通"啻"，作仅、但解。高诱《注》云："适音翅，翅与啻同。"

【译文】

孟子说:"人们对于自己的身体,是处处爱护的。处处都爱护,就要处处有保养,没有哪一寸皮肤不爱护的,所以也没有哪一寸皮肤不需要保养的。考察他保养得好不好,难道有别的办法吗?只是看他所注重的是身体的哪一部分罢了。人的身体中有重要的部分,有次要的部分;有大的部分,有小的部分。不要以小的去损害大的,不要以次要的去损害重要的。保养小的部分就是小人,保养大的部分就是大人。如今有个园艺师,不去爱护梧桐树和檟树,而去爱护酸枣树和荆棘,这个人就是很差劲的园艺师。养护一根指头,却失去了肩背还不知道,这就是一个糊涂透顶的人。只讲究吃喝的人,人人都鄙贱他,因为他贪小而失大。如果讲究吃喝的人,很注重道德修养,那么满足口腹难道仅仅是为了一小块地方的养护吗?"

【评论】

人们的吃喝饮食是为了保养自己的身体,但只讲究吃喝的人,人们都鄙贱他,因为他贪小而失大。贪图享受口腹之欲,每天山珍海味、美食佳肴,就会损害自己的肠胃。肠胃坏了,连命都保不住,还能再吃什么呢?就像肩膀都坏了一样,保养手指头还有什么用呢?就算是有些人很会保养身体,但他们的心理、智慧、情感却不会保养,活到老也是一个废人!所以,行为方式不对,所得的结果必然也就不会好。因为一个人真正需要保养的是心灵,是善的本性。依照善的本性而选择出最佳行为方式,人的这一生才有可能获得快乐。

那失去了的"大的部分"到底是什么呢?孟子在这里没有明说。不过,从他在其它地方所说的来看,我们知道,那就是"饱食、暖衣、逸居而无教"(《滕文公上》)的"教",也就是孔子所谓"饱食终日,无所用心"(《论语·阳货》)的"用心"。也就是说,这里所说的"饮食之人"就是"近于禽兽"的人了。

只晓得吃喝的人之所以受到人们鄙视,是因为他保养口腹而失去道德。如果他不失道德,保养口腹也没有什么不好。所以,一个人吃喝不仅仅是为了长一身细皮肥肉,更是为了培养仁义道德啊。

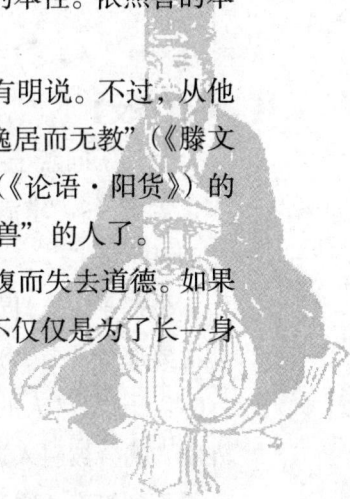

11.15【原文】

公都子问曰:"钧①是人也,或为大人,或为小人,何也?"

孟子曰:"从其大体为大人,从其小体为小人。"

曰:"钧是人也,或从其大体,或从其小体,何也?"

曰:"耳目之官不思,而蔽于物。物交物②,则引之而已矣。心之官则思,思则得之,不思则不得也。此③天之所与我④者,先立乎其大者⑤,则其小者弗能夺也。此为大人而已矣。"

【注释】

①钧:同"均",同也。

②物交物:朱熹《集注》认为此处之两"物",一指外物,一指"耳目之官"。后者之所以亦称"物",是因其"既不能思而蔽于外物,则亦一物而已"。

③此:朱熹《集注》云:"旧本多作'比',而赵《注》亦以'比方'释之。今本既多作'此',作'比方'于义为短,故且从今本云。"今仍作"此",盖独指"心"而言。

④我:扩充用法,指人类。

⑤大者:赵岐《注》:"大者谓生而有善性也,小者情欲也,善胜恶则恶不能夺。"

【译文】

公都子问孟子:"同样是人,有些人是君子,有些人是小人,这是为什么呢?"

孟子说:"求满足其身体重要部分需要的是君子;求满足其身体次要部分需要的是小人。"

公都子说:"同样是人,有的求满足其身体重要部分需要,有的求满足其身体次要部分需要,这又是为什么呢?"

孟子说:"人的耳朵眼睛等器官,不会思考,会被外物所蒙蔽,此物一接触外物,就会被引入迷途。心这个器官则会思考,思考就会得到答案,不会思考的就得不到答案。这是上天赋予人类的。首先确定重要部位,那么次要部位就不能占据主导地位。这就是君子成为君子的原因。"

【评论】

这一章正好可以作为上一章的补充。上一章是从否定的方面表达了"养小失大"的害处，这一章则从正面来说怎样树立"大"的问题。而且，所谓"大""小"也很清楚了："心"是体之大者，也是体之贵者；其它器官如眼睛、耳朵等都只是体之小者，体之贱者。所以要树立心的统帅作用，只要心的统帅作用树立起来，其它感官也就不会被外物所蒙蔽而误入歧途了。

单就本章内容来看，其中最突出的仍然是对心的重视，所谓"心之官则思"成为后世的名言，"思则得之，不思则不得"更是强调了思考对人的重要性。联系到本篇所记载孟子对于人与动物区别的一系列论述来看，这里所说的"此天之所与我者"实际上正是用"心之官则思"这一人类所独有的特点来划分人与动物界限，阐明心灵的思考对于人类的重要意义。

本章另一点值得重视的是心与耳目等感官的关系问题。耳目等感官由于不会思考，所以容易为外物所蒙蔽，心由于会思考，所以不容易为外物所蒙蔽。当然，"思则得之"，思考了就会这样；"不思则不得"，如果你不思考，心也只是一种摆设，不起作用。只要"先立乎其大者"，把心树立起来了，"则其小者不能夺也"，其它次要的部分，比如耳目等感官就不会被外物所夺，所蒙蔽了。我们看到，这实际上已接触到所谓感觉与理解、感性认识与理性认识的问题。我们在前面曾经说过，孟子的整个学说，具有非常浓厚的心理学色彩。他虽然不可能提出感觉与理解、感性认识与理性认识这些现代性的概念，但他对它们的实质有所把握则是完全有可能的。

至于他把"心"作为思考的器官，而没有发现"大脑"这个新大陆，则是传统性的认识局限，不是他个人所能超越的了。事实上，作为传统性的习惯，我们今天在语言运用中也仍然把"心"作为思想器官的代名词，又何况在两千多年前的孟子时代呢？

11.16【原文】

孟子曰："有天爵者，有人爵者。仁、义、忠、信，乐善不倦，此天爵也；

公卿大夫,此人爵也。古之人修其天爵,而人爵从之。今之人修其天爵,以要人爵;既得人爵,而弃其天爵,则惑之甚者也,终亦必亡而已矣。"

【译文】

孟子说:"有自然爵位,有社会爵位。仁、义、忠、信,乐善不倦,这是自然爵位。公卿大夫是社会爵位。古贤人修养自然爵位,社会爵位也就会随之而来。如今的人修养自然爵位,目的是为了获得社会爵位。一旦取得了社会爵位,就抛弃自然爵位,真是太糊涂了,结果连社会爵位也会丧失。"

【评论】

所谓天爵,即是人的本性,是上天赋予的,是自然而然就具有的。利用这自然的本性,再加以修养培养,以仁、义、礼、智、信为基础,那么,人世间的爵位等级就会随之而来。这也就是老百姓教育儿女踏踏实实做人的经验,只要踏踏实实去做,一切都会有的。

但是很多人,不仅在春秋战国时期如此,现代亦是如此,在青年时期,在学习时期,满腔热血,一心报效国家,但一旦取得某种职位后,便得意忘形,头脑膨胀,忘乎所以,就斤斤计较起自己的个人利益来了。以致最后身败名裂,妻离子散,家破人亡,落了个遗臭万年。

11.17【原文】

孟子曰:"欲贵者,人之同心也。人人有贵于己者,弗思耳矣。人之所贵者,非良贵也。赵孟①之所贵,赵孟能贱之。《诗》云②:'既醉以酒,既饱以德。'言饱乎仁义也,所以不愿人之膏粱之味也③;令闻广誉施于身,所以不愿人之文绣④也。"

【注释】

①赵孟:晋国正卿赵盾字孟,因而其子孙都称赵孟。此处用以指有权势者。
②《诗》云:此处诗句引自《诗·大雅·既醉》,这是首赞颂世道太平的诗歌。

③愿：朱熹《集注》云："欲也。"膏粱：朱熹《集注》云："膏，肥肉；粱，美谷。"

④文绣：朱熹《集注》云："衣之美也。"

【译文】

孟子说："期盼尊贵是每个人都会有的想法，而每个人都有自己的可贵之处，只是没有思考它罢了。一般人想得到的尊贵，不是真的尊贵。赵孟能让一个人或一件东西尊贵，赵孟也能让他（它）卑贱。《诗经》说：'酒已经醉了，德已经饱了。'是说仁义之德很富足了，也就不羡慕别人的肥肉细米了。自身获得了好名声，也就不羡慕别人绣花衣裳了。"

【评论】

既然每个人都盼望尊贵，那就要选择行为方式。因为每个人都有尊贵之处，只不过是人们自己没有发现，没有好好地思考而已。那么，每个人自己的可尊贵之处在哪里呢？就是本性，爱的本性，善的本性！把自己的爱心、善心发扬、发挥出来，就会得到别人的赞扬、羡慕和尊敬。因此，孟子强调，一个东西虽然尊贵，但可以让它贬值。一个人虽然也尊贵，但也可以让他臭名远扬。

自尊者人尊之，自贵者人贵之。相反，自惭形秽，妄自菲薄者人贱之。人以自尊自责为贵，千万不要"抛却自家无尽藏，沿门持钵效贫儿"，用我们通俗的话来说，千万不要"端着金饭碗讨饭吃"。

要不端着金饭碗讨口，关键是要自己知道所端的是金饭碗，认识它的价值。要自尊自贵，关键是要知道自己有值得尊贵的东西，这就是孟子所说的"人人有贵于己者"。从后文来看，这种己所贵，实际上就是仁义道德、令闻广誉，与之相对的，则是膏粱文绣，也就是金钱富贵。所以，在孟子看来，世上有两种尊贵的东西，一是外在的，即膏粱文绣，这是要靠别人给予的；二是内在的，即仁义道德，这是不靠别人给与而要靠自己良心发现，自己培育滋养的。前者并不是真正尊贵的东西，因为别人可以给予你也可以剥夺你；后者才是真正尊贵的，别人不可剥夺的。正如孟子引曾子所言："彼以其富，我以吾仁；彼以其爵，我以吾义。吾何慊乎哉？"（《孟子·公孙丑下》）这是自尊自责的典范。说到这里，实际上又回到上一章所讨论的"天爵"与"人爵"问题上去了。

孟子的这些思想，对于我们今天人们所提出的保持社会良心地位，抵抗金钱与物欲的诱惑，是不是有积极意义呢？

11.18【原文】

孟子曰："仁之胜不仁也，犹水胜火。今之为仁者，犹以一杯水救一车薪之火也；不熄，则谓之水不胜火，此又与^①于不仁之甚者也，亦终必亡而已矣。"

【注释】

①与：同也。

【译文】

孟子说："仁胜过不仁，如同水可以扑灭火一样。如今行仁的人，好像用一杯水去救一车着火的柴火；火扑不灭，就说是水不能扑灭火。这种说法是支持了不仁的人，最终连他们已行的一点点仁也会丧失。"

【评论】

杯水车薪，自然是无济于事。不审时度势，反省自己是否尽到了努力，而是自以为火不可灭，灰心丧气，放弃斗争。所以，当不能取胜的时候，应自知努力不够而加强力量，改杯水车薪为桶水车薪、池水车薪，最好是再加上水龙头和其它现代的灭火器。如此一来，莫说是车薪，就是你一屋子的薪所燃烧的熊熊烈火也照灭不误。

为什么到了春秋战国时期，不仁的人多了，能仁爱的人少了？这就是前文所谈的私有制的大环境问题，以及人们舍弃了善的本性而不探求、不培养、不修养自己善的本性的问题。这种趋势越至近代越是突出，尤其是西方资本主义国家强调私有制，以私有制为根本，使得越来越多的人只顾自己的私有而不顾国家的大有，不顾人类的大有。其实，人们没有弄明白，人类若是失去了人类的大有，人们的私有也就不存在了。就像一个国家一样，国家都不存在了，国家颁给你的爵位、财富还怎么能存在呢？

11.19【原文】

孟子曰："五谷者，种之美者也；苟为不熟，不如荑稗①（tí bài）。夫仁，亦在乎熟之而已矣。"

【注释】

①荑稗：即"稊稗"。稊，稗类，结实甚小；可以作家畜饲料，古人也用以备凶年。朱熹《集注》云："草之似谷者，其实亦可食，然不能如五谷之美者。"

【译文】

孟子说："五谷是庄稼中的好品种；如果不成熟，还不如稊米和稗子。仁，也在于使它成熟罢了。"

【评论】

人们探求、培养、修养自己善的本性，也要像种庄稼一样，深耕细作，用心呵护，经历若干时日，才能成熟结果。如果撒下种子就不闻不问，任其自然生长，那么收获的东西就还不如荑草和稗草。因为荑草和稗草还可以用来作牲畜饲料，而没有结果的五谷连作牲畜饲料的资格都没有。

人一死，什么都是空空如也，"赤条条地来，赤条条地去"，占据了又有什么用呢？所以，"圣人处无为之事，行不言之教"而能成就天下。春秋战国时期出现的很多讲"仁义"的人，其实都是不成熟的"五谷"之类的人，他们一点价值也没有，还不如荑草和稗草可以用作牲畜的饲料。

11.20【原文】

孟子曰："羿之教人射，必志于彀①（gòu）；学者亦必志于彀。大匠诲人必以规矩，学者亦必以规矩。"

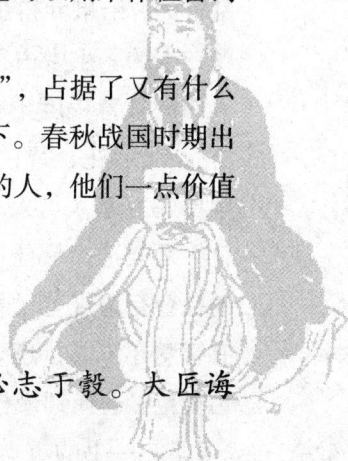

【注释】

①必志于彀：朱熹《集注》云："志，犹期也；彀，弓满也。"彀，使劲张弓。

【译文】

孟子说："羿教人射箭，一定要射者把弓拉满；学射箭的人也一定要把弓拉满。高明的工匠教人必定要用规和矩，学习的人也一定要学会使用规和矩。"

【评论】

种植五谷，不懂得方法能存活吗？同样，射箭、当工匠也都要懂得方法。那么，培养、修养人的善良的本性，更要懂得一定的方法。这就是教育者的行为方式！用通俗的话说，靠打骂是培养不出人的，因为靠打骂就培植不出五谷，培植不出梧桐树和榰树，培植不出一只手就能把握住的小桐树、梓树苗。人们既然懂得要用心呵护那些植物、动物、宠物，难道就不懂得更要用心呵护自己的子女吗？人们既然懂得要用心呵护自己的子女，难道就不懂得呵护人的心灵比呵护人的身体更重要吗？

本篇为什么要讨论"性本善"的问题？这不是孟子、告子忽发奇想，而是孟子就探讨最佳行为方式的问题而顺理延伸下来的。人，既然要生活、要工作，就要有所作为；而人们的每一次所作所为，每每都要面临选择的问题。选择什么样的行为方式，是很多人感到迷惑和痛苦的事情，很多人在无法决定选择时，便胡乱行为，结果弄得事情一塌糊涂，事后悔恨不已。因此，孟子认为，行为方式问题在人的一生中占很重要的位置！本是好心，却办了错事、坏事，这就是源自于人们的教育程度不够，学识不丰，不肯思想，不能思考。因此，孟子继承孔子"仁、义、礼、智、信"的思想，就是想要人们能够团结，而要想团结人，就必须要建立起人与人之间相互亲爱的关系（仁）；而要想建立起相互亲爱的关系，就必须要选择最佳行为方式（义）；而要选择最佳行为方式，就必须要遵守一定的社会行为规范（礼）；而要遵守一定的社会行为规范，就必须要有智慧（智）；有智慧还不够，还要有诚信（信）。如此，用诚信，用智慧，遵守一定的社会行为规范，选择到最佳行为方式，才能建立起人与人之间相互亲爱的关系。这便是《孟子》一书的重点。

12.1【原文】

任人有问屋庐子①曰:"礼与食孰重?"

曰:"礼重。"

"色与礼孰重?"

曰:"礼重。"

曰:"以礼食,则饥而死;不以礼食,则得食,必以礼乎?亲迎②,则不得妻;不亲迎,则得妻,必亲迎乎?"

屋庐子不能对,明日之邹以告孟子。

孟子曰:"于答是也,何有③?不揣④其本,而齐其末,方寸之木可使高于岑楼⑤。金重于羽者,岂谓一钩金⑥与一舆羽之谓哉?取食之重者与礼之轻者而比之,奚翅⑦食重?取色之重者与礼之轻者而比之,奚翅色重?往应之曰:'绐⑧(zhěn)兄之臂而夺之食,则得食;不绐,则不得食,则将绐之乎?逾东家墙而搂其处子⑨,则得妻;不搂,则不得妻,则将搂之乎?'"

【注释】

①任:阎若璩《释地》云:"任,国名,太皞之后,风姓。汉为任城县,后汉为任城国,今济宁州东任城废县是。"按当即今山东济宁市任城区。屋庐子:名连,孟子弟子。

②亲迎:古代婚姻,新郎亲迎新妇,自诸侯至于老百姓都如此。

③何有:犹言有何难。

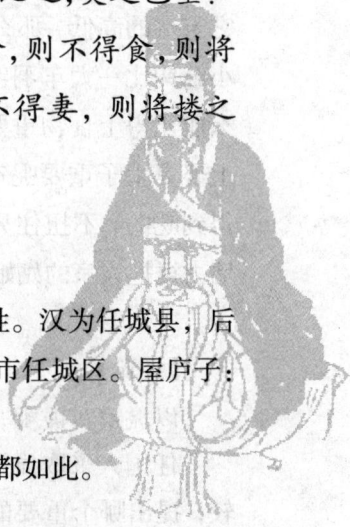

④揣：《方言》云："度高为揣。"《左传》昭公二十三年云："揣高卑。"义同。

⑤岑楼：朱熹《集注》云："楼之高锐似山者。"

⑥钩：赵《注》、朱熹均释为"带钩"，带钩是古人系连腰带的小饰件。

⑦翅：同"啻"，意为止、但。

⑧紾：赵岐《注》："戾也。"犹今言扭转。

⑨搂：《说文》云："搂，曳聚也。"赵岐《注》："搂，牵也。"处子：犹言处女，古通称子女为"子"。

【译文】

有个任国人问屋庐子："礼和食哪个重要？"

屋庐子说："礼重要。"

任国人又问："女色和礼哪个重要？"

屋庐子说："礼重要。"

任国人又问："要是按礼去求食，就会饥饿而死；不按礼去求食，就能够得到吃的，难道必须要按礼吗？如果按礼来迎亲，就会得不到妻子；如果不按礼迎亲，就能够得到妻子，难道必须要按礼迎亲吗？"

屋庐子不能回答这个问题。第二天便到邹国把这话告诉孟子。

孟子说："回答这样的问题，有什么困难呢？不探究事物的根本，而只重视它末端的高低，那么方寸之木可以比高楼还高吗？金子比羽毛重，怎么能说一个小金钩比一大车羽毛还重呢？拿决定生死的食物问题与礼的细节问题来比较，怎么能比得上食物重要呢？拿决定娶妻生子的大事与礼的细节来比较，怎么能比得上娶妻生子重要呢？你去这样回答他：'扭住兄长的胳膊而夺取他的食物，就能得到吃的；不扭住兄长的胳膊，就不能够得到吃的，那么你扭吗？翻越过东邻的墙去搂抱人家的姑娘，就可以得到妻室；不搂抱就得不到妻室，那你会去搂抱吗？'"

【评论】

以诡辩对诡辩，以极端对极端，这是孟子在这里所采用的论辩方法。

任国人采取诡辩的方式，把食与色的问题推到极端的地步来和礼的细节相比较，提出哪个重要的问题，企图迫使孟子的学生屋庐子回答食、色比礼更重要。

屋庐子当然不会这样回答，但由于他落入了对方的圈套而不能够跳出来，所以就只好语塞而求助于老师了。

孟子一听就识破了对方的诡辩手段，并且生动而一针见血地指出："不揣其本，而齐其末，方寸之木可使高于岑楼。"接着从金属与羽毛的比重问题过渡到分析任国人诡辩的症结所在。这实际上就是一个比较的方法问题。孟子的意思很明确，比较应该让比较的对象双方在同一水平线上，同一基准上，而不应该把一个对象推到极端来和另一个对象的细节相比较。这样比较出来的结果，当然是错误而荒谬的了。所以，孟子以其人之道还治其人之身，教给学生以诡辩对诡辩的方法，从而战胜论辩的对方。

所以，这一章内容固然也是孟子对礼的维护和捍卫，但对我们来说，更有启发意义的却是他作为一个智者的思维方式和论辩艺术。

12.2【原文】

曹交①问曰："人皆可以为尧、舜，有诸？"

孟子曰："然。"

"交闻文王十尺②，汤九尺，今交九尺四寸以长，食粟而已，如何则可？"

曰："奚有于是？亦为之而已矣。有人于此，力不能胜一匹雏③，则为无力人矣；今日举百钧，则为有力人矣。然则举乌获④之任，是亦为乌获而已矣。夫人岂以不胜为患哉？弗为耳。徐行后长者谓之弟，疾行先长者谓之不弟。夫徐行者，岂人所不能哉？所不为也。尧、舜之道，孝弟而已矣。子服尧之服，诵尧之言，行尧之行，是尧而已矣；子服桀之服，诵桀之言，行桀之行，是桀而已矣。"

曰："交得见于邹君，可以假馆，愿留而受业于门。"

曰："夫道若大路然，岂难知哉？人病不求耳。子归而求之，有余师⑤。"

【注释】

①曹交：赵岐《注》："曹交，曹君之弟，交，名也。"

②尺：战国时齐鲁一带的尺度，一尺约合 15.76 厘米。

③一匹雏：犹今言一只小鸡。

④乌获：赵岐《注》："古之有力之人，能移举千钧。"

⑤有余师：赵岐《注》："师不少也。"

【译文】

曹交问孟子："人人都可以成为尧、舜，有这样的说法吗？"

孟子说："有。"

曹交问："我听说文王身高十尺，汤身高九尺，如今我曹交身高九尺四寸，只是能吃饭罢了，怎样才能成为尧、舜呢？"

孟子说："这和身高有什么关系呢？只要去做就行了。有个人，力量不能提起一只小鸡，那他就是个没有力气的人；如今一个人可以举起三千斤，那他就是个有力气的人。那么要是举得起乌获能举起的重量，那他就是乌获了。人难道以不胜任为忧吗？只是不去做罢了。慢走在长者后面叫作悌，快走到长者前面叫不悌。那么慢走，难道是人办不到的事吗？而是不做罢了。尧、舜之道，只不过是孝和悌而已。你穿尧的衣服，说尧说的话，做尧所做的事，就是尧了。你穿桀的衣服，说桀说的话，做桀所做的事，那你就是桀了。"

曹交说："我准备去拜见邹君，可以借住馆舍，希望留下来在您门下学习。"

孟子说："治国做人的道理，就像这大路一样，难道很难掌握吗？人的问题在于不去探求罢了。你回去自己探求吧，老师多得很。"

【评论】

人皆可以为尧、舜，这当然是植根于"性善论"而鼓励人人向善，个个都可以有所作为的命题了。

其关键还是一个"不为"与"不能"的问题，也就是《梁惠王上》里面所说的"挟太山以超北海"和"为长者折枝"的问题。只不过从与梁惠王讨论的政治问题过渡到与一般人讨论个人修养问题罢了。所以，无论是君王从政治国还是个人立身处世都有一个"不为"与"不能"的问题摆在我们面前。认识到这一点后，就可以树立起我们每个人立志向善的信心，从自己力所能及的事情做起，不断完善自己，最终成为一个有所作为的人。

说到底，还是反对人自惭形秽，妄自菲薄，要求自尊自贵。这大概也是"人皆可以为尧、舜"的积极意义所在吧。曹交想要成为尧、舜，孟子认为很好办，只要穿尧的衣服，诵读尧说的话，行为尧的行为，就是尧了。那么，尧、舜的人生道路是什么呢？就是遵守一定的社会行为规范而已。所谓"孝悌"，就是继承和敬爱；继承和敬爱其实就是社会行为规范中的基本内容。因此，只要遵守一定的社会行为规范，也就能成为尧、舜了。就拿我们现在的先进人物、模范人物、英雄人物来说，他们只是遵守了社会行为规范，选择了最佳行为方式而已，其实他们平时与普通人没有两样。要想成为先进人物、模范人物、英雄人物，很简单，遵守社会行为规范，选择最佳行为方式就行。

12.3【原文】

公孙丑问曰："高子①曰：'《小弁（pán）》②，小人之诗也。'"

孟子曰："何以言之？"

曰："怨。"

曰："固哉，高叟之为诗也！有人于此，越人关弓③而射之，则己谈笑而道之；无他，疏之也。其兄关弓而射之，则己垂涕泣而道之；无他，戚④之也。《小弁》之怨，亲亲也。亲亲，仁也。固矣夫，高叟之为诗也！"

曰："《凯风》⑤何以不怨？"

曰："《凯风》，亲之过小者也；《小弁》，亲之过大者也。亲之过大而不怨，是愈疏也；亲之过小而怨，是不可矶⑥也。愈疏，不孝也；不可矶，亦不孝也。孔子曰：'舜其至孝矣，五十而慕。'"

【注释】

①高子：孟子下文称其为"高叟"，可见其年长于孟子，显然与本书《公孙丑下》篇中孟子的弟子高子不是一人。

②《小弁》：《诗·小雅》中的篇名，旧说是讥刺周幽王的诗歌，或说是周宣王名臣尹吉甫之子因遭后母之谗而作。

③关弓：朱熹《集注》云："'关'与'弯'同。"

④戚：赵岐《注》："戚，亲也。"

⑤《凯风》：《诗·邶风》中的诗篇，朱熹《集注》云："卫有七子之母，不能安其室，七子作此以自责也。"

⑥不可矶：朱熹《集注》云："不可矶，言微激之而遽怒也。"赵岐《注》："矶，激也。"

【译文】

公孙丑问孟子："高子说，《诗经·小雅·小弁》是小人所作，是吗？"

孟子说："怎么能这样说呢？"

公孙丑说："因为内容多哀怨。"

孟子说："高子如此理解《小弁》，固陋不通。假如有个人在此，越国人弯弓射他，他自己可以谈笑风生地讲述这件事；没有别的原因，是因为自己跟越国人关系疏远。如果是自己的兄长弯弓而射，那么自己就会落下眼泪来讲述这件事；没有别的原因，是因为兄长是自己的亲戚。《小弁》诗中的哀怨，正是亲近亲人。亲近亲人，就是仁。高子如此解诗，真是固陋啊。"

公孙丑问："《诗经·邶风·凯风》为什么不哀怨？"

孟子说："《凯风》这首诗，是因为父母过错较小；《小弁》这首诗，是因为父母过错较大。亲人的过错较大而不哀怨，是更加疏远关系。亲人的过错较小而哀怨，是激怒自己。更加疏远，是不孝顺；激怒自己，也是不孝顺。孔子说：'舜是非常孝顺的人，五十岁了还依恋父母。'"

【评论】

孝顺父母，是社会行为规范中的基本内容，建立人与人之间相互亲爱的关系，也是社会行为规范中的基本内容，以遵守社会行为规范来决定自己的行为方式，就是本章的重点。

父母过错较大而忧怨，这就是因为父母是自己的亲人，如果换个不认识的人犯了过错，怎么会去忧怨呢？如果父母过错较小而去忧怨，那就犯不着了。人谁不犯错误？父母有了小过错，改了就是，做儿女的一天到晚在忧怨、在诉说，还叫不叫人活下去？其实我们每一个人都是会迁怒于别人的。晴了好几天，我们就会骂老天爷，天天都是这样明晃晃的太阳；好不容易下雨了，我们又会骂老天爷，下个雨，弄得道路泥泞，不好走路。学生学习不好，怪学生太笨或怪书本太差；饭没煮好，怪火不肯燃；事情出了错，犯错误的都是别人。所以《凯风》诗中父母过错较小而没有忧怨之情，这就是遵守社会行为规范的最佳行为方式。

12.4【原文】

宋牼①(kēng)将之楚，孟子遇于石丘②，曰："先生将何之？"

曰："吾闻秦、楚构兵，我将见楚王说而罢之。楚王不悦，我将见秦王说而罢之。二王我将有所遇焉。"

曰："轲也请无问其详，愿闻其指。说之将何如？"

曰："我将言其不利也。"

曰："先生之志则大③矣，先生之号④则不可。先生以利说秦、楚之王，秦、楚之王悦于利，以罢三军之师，是三军之士乐罢而悦于利也。为人臣者怀利以事其君，为人子者怀利以事其父，为人弟者怀利以事其兄。是君臣、父子、兄弟终⑤去仁义，怀利以相接，然而不亡者，未之有也。先生以仁义说秦、楚之王，秦、楚之王悦于仁义，而罢三军之师，是三军之士乐罢而悦于仁义也。为人臣者怀仁义以事其君，为人子者怀仁义以事其父，为人弟者怀仁义以事其兄，是君臣、父子、兄弟去利，怀仁义以相接也。然而不王者，未之有也。何必曰利？"

【注释】

①宋牼：宋国人，名牼，亦作"钘"，当时著名的学者。

②石丘：伪孙奭《疏》以为宋国地名，《一统志》以为在今河南旧卫辉府，

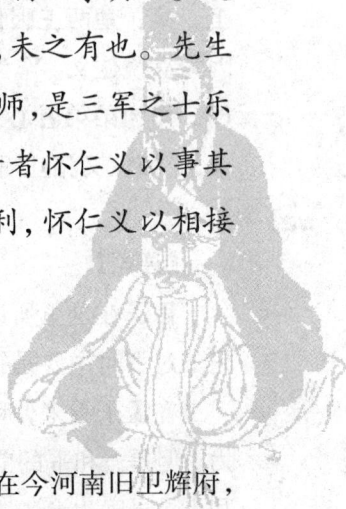

未必有据。

③大：《易·系辞》云："莫大乎蓍龟。"《汉书·艺文志》引作"莫善乎蓍龟"，可见"大"有"善"义，此"大"字也当作"善"字解。

④号：意谓所用的提法。

⑤终：《吕氏春秋·音律篇》："数将几终。"高诱《注》云："终，尽也。"

【译文】

宋牼准备到楚国去，孟子在石丘遇见他，就问："先生要到哪里去？"

宋牼说："我听说秦、楚两国要打仗，我准备去见楚王劝说他罢兵休战；如果楚王不听，我就准备去见秦王劝说他罢兵休战。这两个君王中一定有与我看法相同的。"

孟子说："我不想问你详细的情况，我只想请问你的大意，你将怎样劝说呢？"

宋牼说："我将说战争对双方是不利的。"

孟子说："先生的志向是很好的，但先生的提法却不行。先生以利劝说秦、楚两王，秦、楚两王因有利而高兴，从而停止军事行动，这就使军队官兵乐于罢兵，因为喜悦利。当臣子的心怀利以侍奉国君，作为儿女心怀利以侍奉父母，作为弟弟心怀利以侍奉兄长，君臣、父子、兄弟之间最终会丢掉仁义，心怀利的目的相互对待，如此而国家不灭亡是没有的事。先生如果以仁义来劝说秦、楚两王，秦、楚两王因仁义而高兴，而停止军事行动，就会使军队官兵们乐于罢兵，因为喜悦仁义。作为臣子者心怀仁义以侍奉国君，作为儿女者心怀仁义以侍奉父母，作为弟弟者心怀仁义侍奉兄长，就会使君臣、父子、兄弟之间抛弃利的追求，心怀仁义相互对待，如此国家还不兴旺，是没有的事。为什么一定要说利呢？"

【评论】

孟子在这里所讲的道理几乎就是他第一次见梁惠王时所说的那一套的翻版，只不过那时主要是针对从政治国问题，这一次却是谈的战争与和平的问题了。

在孟子看来，和平当然是很重要的，所以，他也非常支持宋牼维护和平的行为。但是，和平的前提是仁义，而不是利害关系。如果用利害关系去换得一时的和平，早晚也会失去和平，不仅失去和平，还会失去国家，失去天下。因为基于利害关系的和平，实际上隐伏着很多不和平的因素，这就是人与人之间都以利害关系相互对待，一旦利害关系发生冲突，必然导致争斗，失去稳定与和平。相反，如果以仁义为前提赢得和平，则会保持长久的稳定与发展，不仅不会失去和平，而且还会使天下人心归服，安定统一。这是因为，基于仁义的和平，使人与人之间都以仁义道德相互对待，没有根本的利害冲突，人人忠诚谦让，仁爱正义。用我们今天的话来说，"让世界充满爱"，哪里还有什么战争的危机呢？

从理论上说，孟子的学说是很有道理的，也是能够自圆其说的。我们今天不是也依然呼唤"让世界充满爱"，呼唤世界的长期稳定与和平吗？但是，从历史和现实的实践来看，无论是战争还是和平，既然有军事行动发生，就不可能没有利害关系在内，也不可能有纯粹为抽象的仁义道德而战的战争和纯粹为抽象的仁义道德而罢兵停战的和平出现，在孟子所处的战国时代，尤其没有这种可能。所以，以仁义为前提的和平，在孟子的时代只能是一种理想，正如以仁义为前提的战争只能是一种理想一样。

12.5【原文】

孟子居邹，季任①为任处守，以币交，受之而不报。处于平陆，储子为相，以币交，受之而不报。他日，由邹之任，见季子；由平陆之齐，不见储子。屋庐子喜曰："连得间②矣。"问曰："夫子之任，见季子；之齐，不见储子，为其为相与？"

曰："非也。《书》曰③：'享多仪，仪不及物曰不享，惟不役④志于享。'为其不成享也。"

屋庐子悦。或问之，屋庐子曰："季子不得之邹，储子得之平陆。"

【注释】

①季任：赵岐《注》："任君季弟也，任君朝会于邻国，季任为之居守其国也。"

②得间：此处之"间"，犹读书得间之"间"。盖屋庐子以为从孟子的行为中悟到了道理，故喜。

③《书》曰：此处语句引自《尚书·洛诰》篇。享多仪：享是诸侯朝见天子的礼仪，多是重视的意思。

④役：朱熹《集注》云："用也。"

【译文】

孟子住在邹国时，季任留守任国，代理国政，送厚礼想接交孟子，孟子收了礼而不回赠礼物。后来孟子住在齐国的平陆，当时储子担任齐国的卿相，也送厚礼想接交孟子，孟子也是收了礼而不回赠礼物。有一天，孟子从邹国到任国去，拜见了季任；而从平陆到齐国，孟子却不去拜见储子。屋庐子高兴地说："我可找到老师的岔子了。"于是便问孟子："先生到任国，拜见了季任；到齐国，却不去拜见储子，就是因为他是卿相吗？"

孟子说："不是的。《尚书》里说：'享献之礼可贵的是仪节，仪节不够，礼物再多也只能认为没有享献，因为进献的人并没有把心思放在进献上。'就因为储子没有完成进献的仪节。"

屋庐子很愉快。有人问他，他说："季任不能擅自到邹国，储子可以随便到平陆而未去。"

【评论】

季任和储子都派人送礼物给孟子，借以沟通和交往。而孟子到任国去拜见了季任回礼，到齐国却不去拜见储子回礼，这是为什么呢？屋庐子弄不明白，还自以为是找到了孟子的漏洞了，这其实是屋庐子不懂得社会行为规范和选择最佳行为方式之间的关系。

孟子举了《尚书》的例子，借以说明，享献仪式是以礼仪为主，而不是以礼物为主，虽然礼物够多够丰厚，但没有了仪式，这享献还有什么意义呢？储子所犯的就是这个错误。屋庐子最后弄明白了，原来季任为国君，镇守一方，有保民守土之责，不能随便到什么地方去，因此他派人送礼是可以的。而储子是臣，可以因为国事而去任何地方，但储子也是派人送礼，而不亲自去送礼，这就缺乏相交往的诚意。既然他缺乏诚意，也就没有必要回报于他了。这就是孟子以社会行为规范为标准而选择的行为方式。

12.6【原文】

淳于髡曰："先名实者，为人也；后名实者，自为也①。夫子在三卿②之中，名实未加于上下而去之，仁者固如此乎？"

孟子曰："居下位，不以贤事不肖者，伯夷也；五就汤，五就桀者，伊尹也；不恶污君，不辞小官者，柳下惠也。三子者不同道，其趋一也。一者何也？曰，仁也。君子亦仁而已矣，何必同？"

曰："鲁缪公之时，公仪子③为政，子柳④、子思为臣，鲁之削也滋甚；若是乎，贤者之无益于国也！"

曰："虞不用百里奚而亡，秦穆公用之而霸。不用贤则亡，削何可得与？"

曰："昔者王豹⑤处于淇，而河西⑥善讴；绵驹处于高唐⑦，而齐右⑧善歌；华周、杞梁之妻善哭其夫⑨而变国俗。有诸内，必形诸外。为其事而无其功者，髡未尝睹之也。是故无贤者也；有则髡必识之。"

曰："孔子为鲁司寇，不用，从而祭，燔肉⑩不至，不税⑪（tuō）冕而行。不知者以为为肉也。其知者以为为无礼也。乃孔子则欲以微罪行⑫，不欲为苟去。君子之所为，众人固不识也。"

【注释】

①先名实者，为人也；后名实者，自为也：朱熹《集注》云："名，声誉也；实，事功也。言以名实为先而为之者，是有志于救民也；以名实为后而不为者，是欲独善其身者也。"

②三卿：《礼记·王制》云："大国三卿，皆命于天子。"按，孟子曾担任过官职，齐国是大国，故淳于髡说孟子"在三卿之中"。

③公仪子：赵《注》、朱熹均谓指公仪休。按，《史记·循吏列传》云："公仪休者，鲁博士也，以高弟为鲁相。奉法循礼，无所变更，百官自正。"

④子柳：赵岐《注》："子柳，泄柳也。"

⑤王豹：赵岐《注》："王豹，卫之善讴者。"

⑥河西：此指卫境而言。

⑦绵驹：朱熹《集注》云："齐人，善歌。"高唐：在今山东禹城西南。

⑧齐右：高唐在齐之西部，西在右（以朝南论），故曰齐右。

⑨华周、杞梁之妻善哭其夫：朱熹《集注》云："华周、杞梁二人皆齐臣，战死于莒，其妻哭之哀，国俗化之皆善哭。"

⑩燔（fán）肉：即祭肉。按礼仪，祭祀结束后，应将祭肉分送给参加祭祀的有关人员。

⑪税冕而行：税，脱掉。

⑫以微罪行：犹言找一点小的借口离去。

【译文】

淳于髡问孟子："注重功名是为了济世救民，轻视功名是为了独善其身。先生你在三卿位上，上辅君王下济百姓的名誉功业都没有建立就离去，仁者就是这样的吗？"

孟子说："居于低位，不以贤德去侍奉昏君，伯夷如此。五次侍奉商汤，五次侍奉夏桀，伊尹如此。不厌恶昏庸的君主，不推辞小官之位，柳下惠如此。这三个人人生道路不同，但目标是相同的。他们的目标是什么呢？就是仁。君子追求的最高目标就是仁而已，方法何必要一样呢？"

淳于髡说："鲁缪公的时候，公仪子执政，子柳、子思做大臣。可是鲁国日渐削弱。如此看来，贤能者对于治国也是没有什么益处的。"

孟子说："虞国不用百里奚，后来就灭亡了；秦穆公用了百里奚，因而称霸。不用贤能就灭亡，到时候想要削弱办得到吗？"

淳于髡说："从前王豹住在淇水旁，而河西的人都善于唱歌。绵驹住在高唐，而齐国的西部都善于唱歌。华周、杞梁的妻子因为善于哀哭她们的丈夫，从而使国家的风俗改变。内在有什么内容，外在就会表现出来。做了事而没有成效，我从来没有见过。所以说齐国没有贤能的人，如果有，我一定会知道他。"

孟子说："孔子做了鲁国的司寇，不被重用，跟随国君去祭祀，祭祀的肉也没有得到，于是不脱帽子就离开了。不知者以为孔子是为了一块祭祀的肉，知道内情的人则认为这祭祀不符合礼。而孔子本人想以承担轻微的罪而离开，不愿意随便离去。君子的意图，一般人本来是不知道的。"

【评论】

这里牵涉到一个问题，即当不当官，当官干不干事，有没有贡献的问题。按照社会行为规范，既然要当官，不论是为民还是为己，都应该干事，都应该有贡献。然而，孟子认为，虽然都要遵守一定的社会行为规范，但人生有不同的道路，人们的所作所为也就不同。不能因为有相同的社会行为规范，人们的行为方式就必须一致。虽然，王豹住在淇水附近，而河西的人都善于唱歌。绵驹住在高唐，而齐国西部的人都善于唱歌。华周、杞梁的妻子因为善于哀哭她们的丈夫，从而使国家的风俗改变。内在有什么内容，外在就会表现出来。但这里面有个同类不同类的问题，不能仅以表面现象来看待内在的实质。

一个社会，有邪恶与贤能两种势力，当邪恶势力占上风时，贤能的势力表现不出来，但这并不代表这个社会环境中没有贤能势力，没有贤能的人。同理，当贤能势力占上风时，也会有邪恶势力存在。从表面现象看，孔子似乎是为了一块祭祀的肉，但实质上这是孔子对不符合社会行为规范的祭祀仪式的一种反对。由于一般人不懂得祭祀仪式的规范，所以就会欣欣然接受祭肉而兴高采烈，或者得不到祭肉而破口大骂。孟子在前面就多次说过，没有规矩不成方圆，国有国法，家有家规，如果人人都为所欲为，置一定的社会行为规范而不顾，岂不乱套了吗？所以，人们应该在遵守一定的社会行为规范下，选择出最适合于自己的，又于国于民有利的行为方式才对。

12.7【原文】

孟子曰："五霸①者，三王②之罪人也；今之诸侯，五霸之罪人也；今之大夫，今之诸侯之罪人也。天子适诸侯曰巡狩，诸侯朝于天子曰述职。春省耕而补不足，秋省敛而助不给。入其疆，土地辟，田野治，养老尊贤，俊杰在位，则有庆③；庆以地。入其疆，土地荒芜，遗老失贤，掊克④在位，则有让⑤。一不朝，则贬其爵；再不朝，则削其地；三不朝，则六师移之⑥。是故天子讨而不伐，诸侯伐而不讨⑦。五霸者，搂诸侯以伐诸侯者也，故曰，五霸者，三王之罪人也。五霸，桓公为盛。葵丘之会⑧，诸侯束牲载书⑨而不歃（shà）血⑩。初命曰，诛不孝，无易树子⑪，无以妾为妻。再命曰，尊贤育才，以彰有德。三命曰，敬老慈幼，无忘宾旅。四命曰，士无世官，官事无摄⑫，取士必得⑬，无专杀大夫⑭。五命曰，无曲防⑮，无遏籴，无有封而不告。曰，凡我同盟之人，既盟之后，言归于好。今之诸侯皆犯此五禁，故曰，今之诸侯，五霸之罪人也。长君之恶其罪小，逢君之恶其罪大。今之大夫皆逢君之恶，故曰，今之大夫，今之诸侯之罪人也。"

【注释】

①五霸：春秋时代先后称霸的五个诸侯，其说法有多家，一般以齐桓公、宋襄公、晋文公、秦穆公、楚庄王为五霸。

②三王：夏禹、商汤、周文王武王。

③庆：赵岐《注》："庆，赏也。"

④掊克：《诗经·大雅·荡》"会是掊克"。《释文》云："掊克，聚敛也。"

⑤则有让：朱熹《集注》云："自'入其疆'至'则有让'，言巡狩之事。"

⑥六师移之：朱熹《集注》云："自'一不朝'至'六师移之'，言述职之事。"

⑦伐而不讨：朱熹《集注》云："讨者，出命以讨其罪而使方伯、连帅帅诸侯以伐之也；伐者，奉天子之命，声其罪而伐之也。"

⑧葵丘之会：葵丘，地名，春秋时属宋，今河南考城县东三十里。齐桓公于公元前651年在葵丘邀集鲁、宋、卫、郑、许、曹等国举行一次重要会盟，通过这次会盟，齐国的霸权正式确定。

⑨束牲：古代定盟多用牺牲，或杀，或不杀。《谷梁传》僖公九年云："葵丘之盟，陈牲而不杀，读书，加于牲上。"故此云"束牲"，赵岐《注》："束缚其牲。"载书，古代盟约谓之载书。载，加也。

⑩歃血：古人盟会时，嘴唇涂上牲畜的血，表示诚意。

⑪无易树子：赵岐《注》："树，立也。已立世子不得擅易也。"

⑫无摄：摄是兼代的意思，朱熹《集注》云："当广求贤才以充之，不可以阙人废事也。"

⑬取士必得：赵岐《注》："取士必得贤，立之无方也。"则此"得"字，实"得贤"、"得人"之意。

⑭专杀：擅杀，朱熹《集注》云："大夫有罪，则请命于天子而后杀之也。"

⑮无曲防：《管子·大匡篇》及《霸形篇》皆作"无曲堤"，可见"防"即"堤"，亦即《谷梁》僖公九年《传》之"毋壅泉"。曲有"遍"之意，《易·系辞》云："曲成万物而不遗。"当时诸侯各筑堤防，大水则以邻为壑，旱则专擅水利，使邻国受灾。

【译文】

孟子说："五霸，对三王来说是罪人。如今的诸侯，对五霸来说又是罪人。如今的大夫，对于如今的诸侯又是罪人。天子出来到各诸侯国，称为巡狩。诸侯去朝见天子，称为述职。春天视察春耕而补助困难的人，秋季视察收藏情况而帮助不够的人。进入到诸侯封地，如果土地是开辟的，田野是治理的，人民养老尊贤，有才能的人在位，就奖励其以土地。进入到诸侯封地，如果土地是荒芜的，遗弃老人失去贤才，搜刮掠夺的人在位，就责备。第一次不朝觐，就贬损其爵位，再不朝觐就削减其土地，第三次不朝觐就派六师兵力到他的封地上。所以天子声讨他而不征伐他，诸侯则是征伐而不声讨。所谓的五霸，是拉拢一部分诸侯去征伐另一部分诸侯。所以说，五霸者，是三王的罪人。五霸中齐桓公势力最大，在葵丘盟会诸侯，把盟书放在捆绑的牺牲身上，没有歃血。盟约第一条称，诛杀不孝，不轻易改变太子，不以妾为正妻。第二条称，尊敬贤能，培育贤才，表彰有道德的人。第三条称，尊敬老人，慈爱儿童，不轻慢宾客旅人。第四条称，士人的官职不世袭，公职不兼摄，选拔士人要合格，不能擅自杀死大夫官员。第五条称，不随意修筑堤防，不制止互购粮食，不能私自封赏而不报告盟主。盟约最后说，凡是一起参加盟誓的，自盟约签订之日起，恢复和平友好关系。如今的诸侯都违反了这五条盟誓。所以说，如今的诸侯，都是五霸的罪人。助长国君的恶行，其罪还小；迎合国君的恶行，罪就大了。如今的大夫，都是在迎合国君的恶行，所以说，如今的大夫，都是如今诸侯的罪人。"

【评论】

孟子回顾了三王时期，即周朝以前的三个圣王，认为他们是遵守社会行为规范而有最佳行为方式的君王。而春秋时期的五霸，虽提倡和遵守社会行为规范，但他们的行为方式却不好，是霸道政治，因此是三王的罪人。到孟子所在的战国时期的诸侯，既不遵守社会行为规范，又不选择最佳行为方式，故而更坏，因此是五霸的罪人。而现在诸侯们手下的官员比诸侯们更坏，因此是现在的诸侯的罪人。孟子这其实是针对诸侯国君和士大夫阶级而言的，不仅是平民百姓，或是读书人要遵守一定的社会行为规范，就是大夫级官员、诸侯君主，也要而且更要遵守一定的社会行为规范。

春秋时各诸侯国虽然都在争霸称霸，但毕竟还奉着一个周王——当时的中央政府，承认有一个政治中心，这就是等于还承认有一个共同的社会行为规范。而五霸以后，东迁后的周起初尚占有今陕西东部和豫中一带的地方，后来这些领土逐渐被秦、虢等国所占据，周所能控制的范围，仅限于洛邑四周。疆域的缩小，使周失去了号令诸侯的能力，各诸侯不再定期向天子述职和纳贡，周王室的收入因此而减少。周王经常向诸侯求车、求金，失去了昔日的尊严，已和一般小国无别。这就是说，整个周朝的社会行为规范至此已彻底崩溃。各诸侯国不再承认一定的社会行为规范，而这种状况发展到孔子死后就更为严重了。春秋时从周王室到各个侯国，君权不强者占大多数。鲁、宋、郑、齐、晋等国的君权日益衰弱，到战国时期，主宰国家命运的卿大夫为了争权夺利，又不断地展开激烈的兼并斗争。

鲁国在僖公时，由桓公之子季友秉政，其后代称季孙氏。季友之兄庆父、叔牙之后为孟孙氏、叔孙氏。这三家皆为桓公之后，故称三桓。僖公以后到春秋末，鲁的政权基本上由三家所把持。襄公时，季孙宿执政，三分公室，鲁君实力被削弱。到昭公时，昭公被逐出鲁国，流浪在外七年而卒。《左传》说："鲁君世从其失，季氏世修其勤。"由于季氏颇得民心，故鲁国出现"民不知君"的现象。但随着三桓势力的过于强大，三桓的家臣也非同一般。在春秋晚期，南蒯、阳虎、侯犯等先后起来反对季氏和叔孙氏，像阳虎就一度执掌鲁的大权，即所谓的"陪臣执国命"。由此又反映出三家也在走向衰微。

宋国的卿大夫和鲁一样，以公族子孙为主，如有戴公之后的华、乐、老、皇四家，后来有桓公之后的鱼、荡、鳞、向四家。整个春秋时期，宋国的执政不出于戴、桓两族，其中尤以戴族为多。各大族的倾轧很激烈，到春秋晚期，桓氏势力被铲除，剩下戴族的乐、皇几家。

郑国的执政以穆公后人为主。穆公有十三子，其中罕、驷、丰、游、印、国、良七家为强族，即所谓的七穆。从春秋中期到晚期，任郑执政者不出这七家。

齐国在春秋早期由国、高二氏掌握大权，以后又有崔、庆二氏，这四家都是齐的公族。属于异姓贵族者有姬姓的鲍氏和妫姓的田氏。田完本为陈国的公子，后逃到齐，桓公使其为工正。齐庄公时，田氏渐渐得势。景公时，田乞为大夫。田氏为了扩张自己的势力，"其收赋税于民，以小斗受其粟，予民以大斗"，以此来笼络人心，抬高田氏在齐国的声望。景公死后，田氏灭国、高二氏，田乞专齐政。到其子田常时，鲍氏、晏氏也为田氏所除，田氏占有的土地比齐君的封邑还大。到田盘时，田氏的宗族"尽为齐都邑大夫"。田氏在外则和晋通使，成为齐国的实际统治者，齐宣公则有名无实。后田氏废康公（宣公子），代替姜氏而统治齐国。

晋国从献公时起，不许立公子、公孙为贵族，公子、公孙只好离晋而仕于他国。这就是所谓的"晋无公族"，为春秋时他国所无的现象。排斥公族，导致异姓或国姓中疏远的卿大夫得势。文公、襄公时，狐、赵、先、郤、胥等氏颇有权势，以后又有韩、魏、栾、范、荀氏等强大宗族。春秋中期以后，卿大夫之间兼并激烈。从厉公时起，郤氏、胥氏、栾氏被翦除，到春秋晚期只剩下最强的赵、魏、韩、范、中行氏。后来赵又灭范、中行氏。春秋末年，智氏最强，赵联合韩、魏而消灭智氏。晋长期的卿大夫兼并斗争到此告一段落，晋国也被这势均力敌的三家所瓜分。到战国初年，三家得到周天子的认可，晋国乃分成赵、魏、韩三国。

由于礼的破坏，各诸侯国不得不强调法制，公元前536年，郑国"铸刑书"，即把刑法条文铸于鼎上。公元前513年，晋国铸刑鼎，以公布范鞅所作的刑书。公元前501年，郑国杀邓析而用其竹刑。在此以前，所谓"议事以制"，就是判决者往往临事作出惩罚标准，缺乏成文性材料的依据。而在刑法条文公布之后，官吏或贵族的专横独断受到抑制，这在历史上具有一定的进步意义，并对以后战国时期刑法条文的完善具有深远的影响。虽然在周王朝初期也有法制,但那时的法制只是为了惩治有罪的人,整个社会秩序还是依靠社会行为规范而维系着的。

以上几个国家都因为存在强大的同姓或异姓贵族势力,为了私有利益,无视既定的社会行为规范,致使君权削弱,"权去公室,政在家门"。卿大夫为了争权夺利,引起内乱频繁发生。这就是无视于周王朝的社会行为规范而造成的后果,所以孟子称他们是三王的罪人。

12.8【原文】

鲁欲使慎子[1]为将军。孟子曰:"不教民而用之,谓之殃民[2]。殃民者,不容于尧、舜之世。一战胜齐,遂有南阳[3],然且不可。"

慎子勃然不悦曰:"此则滑厘所不识也。"

曰:"吾明告子。天子之地方千里;不千里,不足以待诸侯。诸侯之地方百里;不百里,不足以守宗庙之典籍[4]。周公之封于鲁,为方百里也;地非不足,而俭[5]于百里。太公之封于齐也,亦为方百里也;地非不足也,而俭于百里。今鲁方百里者五,子以为有王者作,则鲁在所损乎? 在所益乎? 徒取诸彼以与此,然且仁者不为,况于杀人以求之乎? 君子之事君也,务引其君以当道,志于仁而已。"

【注释】

①慎子:赵岐《注》:"慎子,善用兵者。"

②不教民而用之,谓之殃民:《论语·子路》篇:"以不教民战,是谓弃之。"与此同义。

③南阳:即汶阳,在泰山之西南,汶水之北。春秋之世为齐、鲁所争之地,本属鲁,其后逐渐为齐所侵夺。说详全祖望《经史问答》。

④典籍:重要文册。

⑤俭:焦循《正义》云:"《说文》:'俭,约也。'《淮南子·主术训》:'所守甚约。'高诱《注》云:'约,少也。'"

【译文】

鲁国君想让慎子做将军。孟子说："没有教育百姓就叫他们去打仗，这叫坑害百姓。坑害百姓的人，在尧、舜时代是不允许存在的。一仗能打败齐国，占领齐国的南阳，虽胜利也是不可以的。"

慎子突然发怒不高兴地说："这话我听不懂。"

孟子说："我明白告诉你，天子的土地方圆千里；不够一千里，就不够接待诸侯。诸侯的土地方圆百里，不够一百里，就不够奉守宗庙的礼制。当年周公被封在鲁地，方圆百里；当时土地不是不够，而封地是俭约百里。太公被封在齐地，也是方圆百里。土地不是不够，而封地是俭约百里。如今鲁国已经有五个方圆百里了，你以为有王者兴起，会使鲁国的封地有所减损呢？还是会使其增加呢？不用战争而把彼国的土地拿给此国，仁者都不愿为，何况是用战争去求取呢？君子之侍奉君主，就是要努力把君主引向正道，追求仁德罢了。"

【评论】

孟子所说的土地方圆百里，"地非不足，而俭于百里"，就是西周时期的一种社会行为规范。这个意思是说，并非没有土地，也不是土地不够分封，之所以一个诸侯只分封百里之地，其目的就是要使诸侯们不能够拥有太多的土地和人民。换句话说，就是要使诸侯们不要有太多的权力。然而随着经济的发展，人们私有欲的提高，至春秋时期，诸侯们已不满足于方圆百里的国土了。所以他们趁着周王室的日益衰微，拼命扩张自己的国土，做强做大。然而仁者为什么不为呢？像夏禹王、商汤王、周文王这三王如果不为，能统一天下吗？这似乎有些矛盾，这也是当年诸侯们没有弄懂的地方。其实，孟子的意思是，想要做强做大，并不是坏事，但不能靠侵略、掠夺和剥削来使自己富强。而是要依靠"仁、义、礼、智、信"的原则，遵守一定的社会行为规范，用智慧、用诚信，那么，人民就会主动来依附你，整个天下的人民都依附你了，土地难道还不是你的吗？

管仲当年亦如是说，《管子·重令》云："然则先王将若之何？曰：不为六者变更于号令，不为六者疑错于斧钺，不为六者益损于禄赏。若此则远近一心，远近一心则众寡同力，众寡同力则战可以必胜，而守可以必固。非以并兼攘夺也，以为天下政治也，此正天下之道也。"这其实就是举例说明"今之大夫皆逢君之恶，故曰，今之大夫，今之诸侯之罪人也。"

12.9【原文】

孟子曰："今之事君者皆曰：'我能为君辟土地，充府库。'今之所谓良臣，古之所谓民贼也。君不乡道①，不志于仁，而求富之，是富桀也。'我能为君约与国，战必克。'今之所谓良臣，古之所谓民贼也。君不乡道，不志于仁，而求为之强战，是辅桀也。由今之道②，无变今之俗，虽与之天下，不能一朝居也。"

【注释】

①君不乡道：焦循《正义》云："道为道德之道，上云'君不乡道'是也。"乡，去声，同"向"。

②由今之道：焦循《正义》又云："道之训亦为行，今之道犹云今之行。""道""行"都是道路之意。

【译文】

孟子说："如今侍奉君主的人都说：'我能替君主开拓疆土，充实府库。'如今所谓的良臣，就是古时候的民贼。君主不向往道德，不立志于仁，而是求富贵，就等于是富有的夏桀。又说：'我能替君主盟约其他国家，打仗一定能取胜。'如今所谓的这些良臣，就是古时候的民贼。君主不向往道德，不立志于仁，而是求取强大，就等于是辅助君主当夏桀。按照现今的道路走下去，而不改变当今的恶风劣俗，即使把整个天下给他，他连一天也坐不稳。"

【评论】

这还是对"今之大夫，今之诸侯之罪人也"的举例，能替君主开拓疆土，充实府库；能替君主盟约其他国家，打仗肯定能取胜，就是正确的治国之道吗？其实这只是助长君主的贪欲罢了。君主如果有了这样的贪欲，其臣下也必然是贪欲的。这样的臣子鼓励、怂恿君主取得荣华富贵，其实他是自己想求得荣华富贵。因为上级都荣华富贵了，下级也就能顺理成章地取得一部分荣华富贵。如果上级不要荣华富贵，那么下级也不敢去求取荣华富贵。虽然孟子没有在这里叙述过去的治国之道，但他的思想中心是称颂三王，是爱民，这与孔子的思想是一样的，《论语·八佾》："周监于二代，郁郁乎文哉！吾从周。"这个"从周"，就是过去的治国之道。想要富强，是每个人正常的欲望，但必须要在遵守社会行为规范的原则下，采取最佳行为方式。

所谓"今之事君者"的说法，显然是富国强兵的说法，而孟子所反对的，正是这种不行仁政而穷兵黩武的搞法，所以他深恶痛绝地说："今之所谓良臣，古之所谓民贼也。"把那些自夸能富国强兵的人称为"民贼"。

这里实际上就是"富国强兵"与"仁义道德"之间的冲突。所谓"春秋无义战"（《孟子·尽心下》），既然如此，战国又有多少"义战"呢？所以，在孟子的时代，战争与仁义道德，至少在孟子的思想上是格格不入的。正因为这样，他才一贯反对靠战争、靠军事力量取胜的"霸道"，而主张靠政治，靠仁义道德吸引人、感化人的"王道"。这是仁义道德与强兵的冲突。至于富国，讲的是"利"，追求的是"辟土地，充府库"，这与他所说的"以义治国，何必言利"正是针锋相对的观点，遭到他的反对更是理所当然的了。

由此可见，孟子之所以深恶痛绝那些自诩能够富国强兵的"今之所谓良臣"，是以"君不乡道，不志于仁"为前提的。换言之，这些人所搞的富国强兵是与孟子心目中的仁义道德相对立的。假如这些国家的君主"乡道而志于仁"，假如这些"今之所谓良臣"既富国强兵又行仁义道德，那孟子又该怎么说呢？

当然，这都是"假如"，正如我们在前面所说，孟子之所以形成他的这种思想，正是因为他所处的现实是"富国强兵"与"仁义道德"相对立的。因此，要抽象出来问这个问题，就只有我们自己来回答了。假如真能够既富国强兵又行仁义道德，二者得兼，又何乐而不为呢？我们今天说一手抓物质文明建设，一手抓精神文明建设；两手抓，两手都要硬，不正是这种"二者得兼"的追求吗？

12.10 【原文】

白圭①曰："吾欲二十而取一，何如？"

孟子曰:"子之道,貉②道也。万室之国,一人陶,则可乎?"

曰:"不可,器不足用也。"

曰:"夫貉,五谷不生,惟黍③生之;无城郭、宫室、宗庙、祭祀之礼,无诸侯币帛饔飧④,无百官有司,故二十取一而足也。今居中国,去人伦,无君子⑤,如之何其可也? 陶以寡,且不可以为国,况无君子乎? 欲轻之于尧、舜之道者,大貉(mò)小貉⑥也;欲重之于尧、舜之道者,大桀小桀⑥也。"

【注释】

①白圭:名丹,圭是他的字。曾在魏惠王时任大臣,年代与孟子相值而略少于孟子,善于修筑堤防,主张减轻田税。

②貉:古同"貊",先秦时期中国东北一个少数民族。赵岐《注》:"貉,夷貉之人,在荒服者也。貉之税二十取一。"

③黍:今称黄米,有黏性。但此处可能指"黍之不黏者"(详程瑶田《通艺录·九谷考》),即古之所谓稷。

④饔飧:朱熹《集注》云:"以饮食馈客之礼也。"

⑤去人伦,无君子:朱熹《集注》云:"无君臣祭祀交际之礼,是去人伦;无百官有司,是无君子。"

⑥大貉小貉、大桀小桀:《公羊传》宣公十五年云:"古者什一而籍。古者曷为什一而籍? 什一者,天下之中正也。多乎什一,大桀小桀;寡乎什一,大貉小貉。"当本于孟子。

【译文】

白圭问孟子:"我想定税率为二十取一,怎么样?"

孟子说:"你这种做法,是胡貉地区的做法。假如有万家人口的都城,只有一个人制作陶器,可以吗?"

白圭说:"不可以,那样陶器会不够用。"

孟子说:"胡貉地区不生五谷,只产黍子,没有城市、宫室、宗庙以及祭祀仪式,没有诸侯间钱币、绢帛、宴席各类交往活动,没有各级官吏和机构,所以税制用二十取一就足够了。如今在中国，抛弃人伦，不要各种官吏，那怎么行呢？制作陶器的工人太少，都有碍于国家治理，更何况没有官吏呢？想使税率比尧、舜之道还轻的，无非是大貉小貉；想使税率比尧、舜之道还重的，就是大桀小桀了。"

【评论】

白圭知道孟子主张薄赋税，所以故意来问他，定税率为二十抽一怎么样。殊不知，孟子从实际情况出发，奉行的是无过无不及的中庸之道，所以，在这里展开了一次中庸的现实运用。既回答了白圭的问题，又表明了自己无过无不及的主张。

税收亦是当时的社会行为规范之一，所以，无论作为诸侯国还是周王室，都应该按照当时的社会行为规范行事。白圭的二十取一，是很轻的税制，只适合于在少数民族地区实行，因为那里的出产不丰富，再加上那里的统治者开支不大。而中原地区则不然，物产丰富，人民富庶，所以当时的十取一的税制是很合理的。而且中原地区统治者的开支较大，国家行政开支大，如果采用低税制，则就会形成国穷民富的局面。如果采用高税制，则就会形成国富民贫的局面。那就只能十分抽一，完全合于尧、舜之道了。

财政税收是维持一个国家运转必不可少的手段。可是，财政税收多少合适？这是一个大问题。如果横征暴敛，苛捐杂税太多、太重，老百姓就会受不了，怨声载道；如果偷税漏税太多，税率太低，国家财政紧张，入不敷出，又会影响国家机构的正常运转。

孟子是深深知道这一点的，所以，他从实际出发指出，如果按照白圭所提出的税率，二十抽一，赋税倒是薄了，老百姓的负担倒是减轻了，可国家怎么运转呢？除非像边远落后的貉国那样，根本就没有国家的机构，没有靠财政负担的单位和国家工作人员。但文明进化的中原国家既然已不可能回到像貉国那样的原始状态，怎能实现像貉国那样的税收制度呢？当然，这样说并不意味着收得越多越好，像暴虐的夏桀那样，横征暴敛，把人民逼入水深火热之中。所以，孟子提出了自己的看法。只有恰到好处，才是儒者的追求。

12.11【原文】

白圭曰:"丹之治水也愈于禹①。"

孟子曰:"子过矣。禹之治水,水之道②也,是故禹以四海为壑③。今吾子以邻国为壑。水逆行④谓之洚水——洚水者,洪水也——仁人之所恶也。吾子过矣。"

【注释】

①丹之治水:《韩非子·喻老篇》云:"白圭之行堤也,塞其穴,是以无水难。"可见白圭的治水在乎谨筑堤防,所以孟子责他以"邻国为壑"。

②水之道:朱熹《集注》云:"顺水之性也。"

③壑:本为"沟壑"之"壑",此则扩大其义,故朱熹《集注》云:"壑,受水处也。"

④水逆行:孟子认为,治水堵塞了水道,水流无法通畅,故而逆流。

【译文】

白圭说:"我治水患,比大禹还强。"

孟子说:"你错了。大禹治水,是顺乎水的本性而行的,所以大禹以四海为蓄水的沟壑。如今你却把邻国当作蓄水的沟壑。水逆流而行,就称之为洚水,所谓洚水,就是洪水,是有仁爱之心的人所厌恶的。你错了。"

【评论】

孟子这是在举例,不仅税收要遵守社会行为规范,选择最佳行为方式,治水也是一样。大禹治水,就是人们治理水患行为的最好规范。有了这个规范,虽然与大禹不在同一个年代,不在同一个地点,治理的不是同一条河流,但应该学习大禹治水的行为方式,而不是只凭自己的想当然,把水患强加到别人头上。

从方法上说,大禹治水顺应水性,重在疏导;白圭治水却高筑堤防,重在堵塞。从效果上说,大禹最终将水导入四海,而白圭却把水堵塞后流向邻国。导入四海造福人民而于人无害，流向邻国则是损人利己，仁者厌恶的行为。所以孟子一再说"你错了"，并不承认白圭治水有什么了不起，更不用说超过大禹了。

从白圭治水"以邻国为壑"联想到我们生活中"以邻为壑"的现象，那可真是比比皆是，举不胜举的了。比如说，一个普遍现象是，自己家里装修得非常豪华舒适，干净得一尘不染，但却把垃圾桶、垃圾袋放在与邻居共用的楼道里；自己家里的花岗石地面或木地板或纯羊毛地毯要保持清洁，却把一家人乃至客人的臭鞋子都堆在门外楼道上摆展览，让上上下下的邻居都在鞋阵中捂鼻而行。这只是最为常见最为普遍的生活小事，至于那商家之间的竞争，同事之间的勾心斗角，政治斗争中的你死我活，"以邻为壑"的手段更是无所不用其极。总而言之就是一种损人利己的行为。

当然，你知道"以邻为壑"，人家也同样知道"以邻为壑"，结果是人人都成了"邻"，成了"壑"'，到时候，也就没有一处干净，没有一处不受灾害了。由此看来，"以邻为壑"的最终结果是害人害己。所以，还是收起这种"仁人所恶"的"以邻为壑"手段，"以邻为友"，大家和睦相处，互相帮助的好。

12.12【原文】

孟子曰："君子不亮①，恶乎执？"

【注释】

①亮：同"谅"，意为诚实守信。

【译文】

孟子说："君子不讲诚信，如何能有操守呢？"

【评论】

人们为什么会犯错误呢？就是心中不明亮，头脑不清醒。如果能保持心中明亮，头脑保持清醒，知道怎样遵守一定的社会行为规范，知道怎样选择最佳行为方式，那就很少会犯错误了。

关于"信"的问题，孔子、孟子都有表面上看来自相矛盾的说法：

孔子一方面说："人而无信，不知其可也。"（《论语·为政》）另一方面却又说："言必信，行必果，硁硁然小人哉！"（《论语·子路》）孟子一方面说："君子不亮，恶乎执？"另一方面却又说："大人者，言不必信，行不必果，惟义所在。"（《离娄下》）

这种自相矛盾，正如我们已多次说过的那样，其实正是原则与变通二者的对立统一。在孔子、孟子看来，一方面，"信"是君子立身处世的基本原则之一；但另一方面，又不能拘泥于小节、小信。所以，应该以"义"来进行调节变通，这就是孟子所说的"惟义所在"。其实，二者的辩证统一，孔子在《论语·卫灵公》里也已经说到过，这就是"君子贞而不谅"。贞是大信，谅是小信[与《孟子》本章的"亮"（谅）泛指一般的信不一样]。一句话，要大信，不要小信；要在原则问题上讲信用，不要拘泥固守于小节上的一成不变。

这就是孔子、孟子关于"信"的辩证观，值得我们特别注意，以免引起思想认识上的迷惑不解乃至于混乱。

12.13【原文】

鲁欲使乐正子①为政。孟子曰："吾闻之，喜而不寐。"

公孙丑曰："乐正子强乎？"

曰："否。"

"有知虑乎？"

曰："否。"

"多闻识乎？"

曰："否。"

"然则奚为喜而不寐？"

曰："其为人也好善②。"

"好善足乎？"

曰："好善优于天下③，而况鲁国乎？夫苟好善，则四海之内皆将轻④千里而来告之以善；夫苟不好善，则人将曰'訑（dàn）訑⑤，予既⑥已知之矣。'訑訑之声音颜色距⑦人于千里之外。士止于千里之外，则谗谄面谀之人⑧至矣。与谗谄面谀之人居，国欲治，可得乎？"

【注释】

①乐正子：赵岐《注》："乐正克也。"

②好善：赵岐《注》："乐闻善言，是采用之也。"

③优于天下："优于治天下"之意。

④轻：朱熹《集注》云："轻，易也；言不以千里为难也。"

⑤訑訑：赵岐《注》："自足其智不嗜善言之貌。"

⑥既：尽也。

⑦距：同"拒"。

⑧谗谄面谀之人：说小话是谗，谄是揣度别人心意而说逢迎之言。

【译文】

鲁国想让乐正子治理国政。孟子说："我听到这个消息，高兴得睡不着觉。"

公孙丑问："乐正子能力很强吗？"

孟子说："不怎么强。"

公孙丑问："他有聪明智慧吗？"

孟子说："不怎么富有智慧。"

公孙丑又问："他识多见广吗？"

孟子说："不怎么广博。"

公孙丑又问："那么你为什么高兴得睡不着觉呢？"

孟子说："他喜好行善。"

公孙丑又问："仅仅喜好行善就足够了吗？"

孟子说："喜好行善治理天下就有余力了，何况是治理鲁国呢？一个人如果喜好行善，那么四海之内的人都将不远千里而来，告诉他行善之方。一个人如果不喜好行善，那么人们就会说：'呵呵！我早就知道他的为人了。'呵呵的声音面色就会拒人于千里之外。士人被拒之于千里之外，那么谗媚奉迎的人就会蜂拥而至。同这些人混在一起，国家要想治理好，可能吗？"

【评论】

在孟子看来，治理好一个国家并不单靠执政者个人的能力、智慧和学识，而应当广泛听取和采纳别人的意见，集思广益。这样就会吸引天下的有识之士，治理国家，乃至于治理天下就会游刃有余了。相反，如果自以为是，听不进别人的意见，那真正的有识之士就会被拒之于千里之外，而奸邪的谄媚之徒就会乘虚而入。这样一来，想治理好国家就是不可能的了。

这里所说的"好善"主要指喜欢听取善言，而问题则在于对这"善言"的理解上。什么叫善言，善言不是一般意义上的"好话"，而是指对于治理国家有益的忠言，所谓"良药苦口利于病，忠言逆耳利于行"。忠言当然不都是"逆耳"的，正如良药不一定都是苦口的一样。但却的确有那么些忠言是"逆耳"的，甚至是非常不中听的。在这种情况下，就看那听取善言的人是真好善还是假好善了。真好善的人雍容大度，宰相肚里能撑船，对于不那么中听的话也照样能够听取，采纳其合理的对于治国平天下有益的良方。假好善的人心里就不那么痛快，甚至会恼羞成怒，即便不当面发作，也会在以后找个碴儿把那进言的人给处理掉。唐太宗李世民是历史上著名的好皇帝，也是"好善"的典范之一，但他不也多次想杀掉那一再进"逆耳"之言的魏徵吗？

由此看来，如果乐正子真是"好善"的人，那就的确非常不简单。孟子一听说他将执政于鲁国就高兴得睡不着觉，也就没有什么不可理解的了，这是围绕着乐正子这个人来谈的。善，即是善良，即是爱民。一个人若有善心，就不会虐民、苛民、暴民、剥民、夺民。而一个人若是没有善心，那就会虐民、苛民、暴民、剥民、夺民。一个人若有善心，人们受到善良的对待，也就会有善良的回报。一个人若没有善心，人们当然也就敬而远之了。

那么善和社会行为规范有什么关系呢？前面我们就探讨过，法律和社会行为规范是根据人们的需要而建立起来的一种规范制度，是维护人与人之间的正常关系的，这里面必然也就含有人与人之间的相互亲爱的关系了，而人与人之间的关系是靠亲情和善心维系着的，所以法律和社会行为规范里面必然也含有仁和善的内容。其实，仁里面就有善，善里面亦有仁，但是善和仁还是有分别的。善不一定就要去爱，我可以善良地对待你，但不一定非要爱你。爱里面就不可以缺善，凶恶的爱是没有的。所以，善良地对待一切人，人们也就会有善良的回报。这就是遵守一定的社会行为规范，可以选用"善"的最佳行为方式。

12.14【原文】

陈子①曰："古之君子何如则仕？"

孟子曰："所就三，所去三。迎之致敬以有礼；言，将行其言也，则就之。礼貌②未衰，言弗行也，则去之。其次，虽未行其言也，迎之致敬以有礼，则就之。礼貌衰，则去之。其下，朝不食，夕不食，饥饿不能出门户。君闻之，曰：'吾大者不能行其道，又不能从其言也，使饥饿于我土地，吾耻之。'周之，亦可受也，免死而已矣。"

【注释】

①陈子：赵《注》以为《公孙丑下》篇中的孟子弟子陈臻。

②礼貌：当看为一词，正和"笑貌"相似。又可以作动词用，如"又从而礼貌之"。赵岐《注》："礼衰，不敬也；貌衰，不悦也。"分"礼"与"貌"为二，实误。

【译文】

陈子问孟子："古时候的君子在什么情况下才做官？"

孟子说："在三种情况下可以做官，在三种情况下可以辞官。迎接时恭敬而合礼，对他的建议打算实行，就可以就职。礼貌、礼仪虽然没有减退，但他的建议不实行了，那就要辞职。其次，虽然没有说要实行自己的主张，但迎接时恭敬且合礼，就可以就职。如果他的礼貌、礼仪减退了，那就要辞职。最坏的情况是，早晚都吃不上饭，饿得出不了门，君主知道了，说：'我大的方面不能推行他的主张，又不能听从他的建议，让他在我的国土上挨饿，是我的耻辱。'于是君主周济他，这也是可以接受的，不过是避免饿死罢了。"

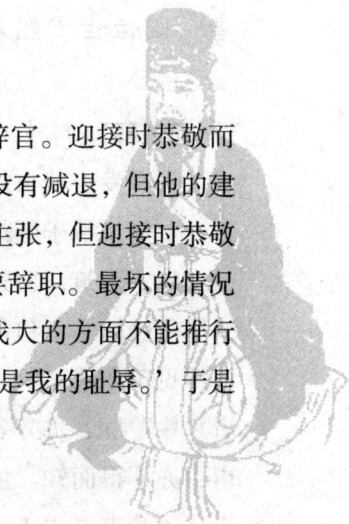

【评论】

本章讲了两种情况，一是国君的行为方式，而且要看其行为方式是否符合一定的社会行为规范。另一种就是君子当官的行为方式，要不要当这个官，首先要看是否符合一定的社会行为规范，然后再选择行为方式。不要糊里糊涂去当官，也不要只看眼前利益而当官。

在《万章下》第四章里孟子就说过："孔子有时见到道可行而可以出来当官，有时可以会合时可以当官，有时因国君养贤而当官。对季桓子，是道可行才当官；对卫灵公，是为了会合其意才当官；对卫孝公，是因为国君养贤才当官。"有所为，帮助兆民足以有所行为；有所不为，即不参与诸侯们的侵略、掠夺和剥削的行为。这就是孟子在当时的历史条件下所认为的最佳行为方式。

12.15 **【原文】**

孟子曰："舜发于畎亩之中①，傅说举于版筑之间②，胶鬲举于鱼盐之中③，管夷吾举于士④，孙叔敖举于海⑤，百里奚举于市。故天将降大任于是人也，必先苦其心志，劳其筋骨，饿其体肤，空乏其身，行拂乱其所为⑥，所以动心忍性⑦，曾⑧益其所不能。人恒过，然后能改；困于心，衡于虑⑨，而后作；征于色⑩，发于声，而后喻。入则无法家拂士，出则无敌国外患者⑪，国恒亡。然后知生于忧患而死于安乐也。"

【注释】

①舜发于畎亩之中：舜曾耕于历山。

②傅说举于版筑之间：傅说，商王武丁的大臣，相传他原是在傅岩从事版筑的工匠。版筑，即筑墙。古时以两版相夹，实土其中，用杵夯筑而成。

③胶鬲举于鱼盐之中：胶鬲见于《公孙丑上》。但他"举于鱼盐之中"，故事已不见于他书；所谓"鱼盐之中"是指"鱼盐贩子之中"呢，还是指"鱼盐生产者之中"呢，亦不得而知。且胶鬲是商纣之臣，殷商亡后，他是否又在周朝做事，亦不得而知。孟子以"降大任"称之，亦不可解。

④管夷吾举于士：管夷吾即管仲。士为狱官之长。管仲原辅佐公子纠，齐桓

公杀死公子纠后，管仲被拘押，经鲍叔牙的推荐，才被桓公释放任用。

⑤孙叔敖举于海：孙叔敖，春秋楚国人，姓蒍，敖是他的名，孙叔是字。他在楚庄王时任令尹（即国相），辅佐庄王称霸。赵岐《注》："孙叔敖隐处耕于海滨，楚庄王举之以为令尹。"

⑥行拂乱其所为：赵岐《注》："所行不从，拂戾而乱之。"

⑦忍性：赵岐《注》："坚韧其性。"

⑧曾：同"增"。

⑨衡于虑：赵岐《注》："衡，横也。横塞其虑于胸臆之中。"

⑨征于色：赵岐《注》："征验见于颜色，若屈原憔悴，渔夫见而怪之。"

⑪入则无法家拂士，出则无敌国外患者：赵岐《注》："入，谓国内也；出，谓国外也。""拂"，假借为"弼"。赵岐《注》："法度大臣之家，辅拂之士。"

【译文】

孟子说："在历山耕地的舜被尧起用而发迹，傅说在筑墙劳役中被提拔出来，胶鬲在贩卖鱼盐的市场被发现，管夷吾从狱官手下被解救，孙叔敖从海边隐居地被选拔出来，百里奚从交易市场被提举。所以，上天要让某个人担负重任，必定先要磨练他的心志，劳累他的筋骨，饥饿他的肚腹，穷困疲乏他的身体，他的一切总是不能如意，这就可以震动他的心灵和磨练他的性格，使他增长才干弥补不足。人经常有过错，才能够改正。心灵被困，思虑被塞，而后才有所作为。表现在脸上，发出声音，然后才能让人明白。一个国家，如果国内没有以道治国的辅佐良臣，国外没有敌国的抗衡和外患的忧虑，这个国家容易被灭亡。这样才能知道人是生在忧患中，而会死于安乐之中的。"

【评论】

自周文王以来，就逐渐形成一种选贤任能的社会行为规范，而不再完全是贵族世袭了。这样一种选贤任能的社会行为规范，使很多普通人走上统治阶层。但是，孟子认为，真正要治理好一个国家，统治者必须经过一定的磨难，也就是说，要有一定的生活经历，才能懂得民心。而只有懂得民心，才能治理国家；只有经过穷困挫折，才能坚定人的意志，激励人的奋斗精神。而世袭的贵族子弟，从未领略过人间冷暖，而贪图闲适安逸，则会日渐平庸而怠惰，以至亡家亡国。所以孟子在这里肯定的是选贤任能的社会行为规范，以及人在历经磨难时怎样选择行为方式的问题。

所谓"天将降大任于是人也，必先苦其心志……"云云，成为《孟子》最著名的篇章之一，后人常引以为座右铭，激励无数志士仁人在逆境中奋起。其思想基础是一种至高无上的英雄观念和浓厚的生命悲剧意识，一种崇高的献身精神，是对生命痛苦的认同以及对艰苦奋斗而胜利的精神的弘扬。借用悲剧哲学家尼采的话来说，是要求我们"去同时面对人类最大的痛苦和最高的希望"（《快乐的科学》）。因为，痛苦与希望本来就同在。

说到生于忧患死于安乐，太史公说得好：周文王被拘羑里而演《周易》，孔子困陈蔡而编《春秋》，屈原遭流放而赋《离骚》，左丘明失明而写《国语》，孙膑残而著《兵法》，吕不韦迁蜀地而著《吕览》，韩非子被囚秦国而有《说难》《孤愤》，《诗》三百篇，大多都是发愤所作（《史记·太史公自序》）。之所以如此，正是因为他们身处逆境的忧患之中，心气郁结，奋发而起，置之死地而后生的缘故。

至于死于安乐者，历代昏庸之君，荒淫逸乐而身死国亡，其例更是不胜枚举。对人的一生来说，逆境和忧患不一定是坏事。生命说到底是一种体验。因此，对逆境和忧患的体验倒往往是人生的一笔宝贵财富。当你回首往事的时候，可以自豪而欣慰地说："一切都经历过了，一切都过来了！"这样的人生，是不是比那些一帆风顺，没有经过什么磨难，没有什么特别体验的人生要丰富得多，因而也有价值得多呢？

12.16【原文】

孟子曰："教亦多术矣，予不屑之教诲也者，是亦教诲之而已矣。"

【译文】

孟子说："教育的方法是多种多样，我不屑于给予教诲，也是一种教育的方法。"

【评论】

教育有多种方式方法，这是不言而喻的。孟子这里着重谈到的，则是一种独特的方法。不屑之教，是亦教之。其实，我们已经看到过，孔子正是采取这种"不屑之教"的老手。除了《论语·阳货》所记载他对孺悲的态度是典型的"不屑之教"而外，他教育宰予："朽木不可雕也，粪土之墙不可杇也。于予与何诛？"（《论语·公冶长》）对于宰予这样的人，还有什么好责备的呢？说没有什么好责备的，其实正是最严厉的责备。所以，也是一种"不屑之教"。"不屑之教"的奥妙在于，我之所以不屑于教诲他，是让他羞愧而奋发向上。因此，不屑于教诲只是不从正面讲道理而已，是从反面激发他的自尊心。想来宰予是羞愧而奋发向上的了，后来还做了齐国的临淄大夫。看来，儒家先贤教学很是注意教育心理学原理的运用，虽然他们当时并不一定概括出了这些原理。

教育，教育过程，本身就有一定的社会行为规范，那么，在遵守这个社会行为规范时，要采取什么样的行为方式呢？孟子认为，给予教诲，是一种行为方式；不给予教诲，也是一种行为方式，关键是要看具体情况。这与孔子的教育态度是一样的。《论语·述而》记载："子谓颜渊曰：'用之则行，舍之则藏，惟我与尔有是夫。'"这段记载是说，孔子不上课了，并由此而有点灰心丧气，用我者，即是需要我，不仅是国家用我，学生对学习的需要也是用我。那么，学生要用我即是需要我，需要我我就言说起来，我上课；不需要我，舍弃我，我就将知识收藏起来，不怨天尤人。这一点也是说来容易做起来很难。学生有了逃避学习的想法，不仅仅是害怕学习，而是当时的社会影响。私有制的发展，使人们热衷于名誉利禄地位，拼命扩张土地，捞取财富，榨取人民的血汗，以至于根本不讲修养自己的品德、品行，只讲现实，只讲财富。而所学的知识也是只供自己的需求而不管别人，甚至根本不想学习，尤其是对"仁、义、礼、智、信"的学习。在面对春秋时期这样混乱的社会环境中，孔子只好将自己的知识收藏起来。而将知识收藏起来，即是不能去为人师表了，也不能去当官为政了，也就只好安贫乐道了。因为要为人师表，要当官从政，必须要将自己的知识贡献出来，而真正要做到安贫乐道，不被名誉利禄地位所诱惑，则是很难的了，一般人是做不到的。所以孔子认为只有自己和颜渊能做到。

在《述而》中还有一段记载："不愤不启，不悱不发。举一隅不以三隅反，则不复也。"这个意思就是说，对于没有欲望、兴趣学习的学生，是不再重复给予教诲了。古人发表意见和写文章与我们现代人不一样，我们现代的文人学到一点知识就想要赶快发表出来，以提高自己的知名度，捞取名誉地位，而不论以前是否有人讲过，小小年纪便是长篇大论，懂的与不懂的都要发表意见，写到后来，全靠挤牙膏式的拼命挤出一点东西，然后宣布"江郎才尽"。而古人对于"立言、立德"是非常慎重的，不到充盈旺盛的程度不会发表意见，不到欲望快要喷发出来也不会发表意见。也就是说，心中的思想满盈了，想要喷发出来，才谨言慎行地发表意见。因为不慎重的言行会影响、贻误别人，或者是误人误己、误人子弟。而学生学习的欲望不充盈旺盛的话，孔子也不再重复给予教诲。为什么呢？学生若是对学习没有欲望，没有兴趣，必然也就学不到知识，而填鸭式的教育是孔子所不愿的。学生对学习产生了浓厚的兴趣，"愤"了，"悱"了，能举一反三了，孔子才愿意继续教下去。这不是孔子挑剔，这是孔子的一种很科学的教育方式，是孔子在教育过程中采取的一种最佳行为方式，也是孔子教育思想的体现。孟子亦是如此。

尽心上

13.1【原文】

孟子曰："尽其心者，知其性也。知其性，则知天矣。存其心，养其性，所以事天也。殀寿不贰①，修身以俟之，所以立命也。"

【注释】

①殀：同"夭"。不贰：赵岐《注》："虽见前人或殀或寿，终无二心改易其道。"

【译文】

孟子说："人如果能充分扩张善良的本心，就是懂得了人的本性。懂得了人的本性，就懂得天命了。保存人的本心，培养人的本性，就可以侍奉天了。短命或长寿都不能动摇自己的善心，修养自身以等待天命，这就是安身立命的方法。"

【评论】

本篇还是探讨行为方式的问题，是从本性与行为的关系问题转到心理与行为的关系上，也就是人在生存、生活、工作中根据什么样的心理选择什么样的行为方式问题。这是一个很重要的命题，人的短命和长寿，有各自不同的道路吗？孟子认为没有！人生下来，上天没有注定谁要短命，谁会长寿。那么，为什么有的人会短命，有的人会长寿呢？这其实就是各人对待生活、工作的行为方式问题。以善心行为，就多有善的回报，心胸坦荡，活得愉快，身体自然少病。身体少病，就不会短命，这是一方面。另一方面，在生活和工作中善于选择最佳行为方式，慎终追远，慎始而敬终，慎言慎行，就不会因为行为方式问题而遭受凶祸灾伤，从而亦不会短命。反之，如果只凭一时冲动或依随感觉而行为，就会多遇凶祸灾伤，因为感觉始终没有经过理智的思考，是人对社会环境的狭隘的认识。凭着狭隘的认识和感觉而行为，会正确吗？而不正确的行为方式就会使人走上不正确的人生道路，从而不会善终。所以，"尽心""知性"，就会知道天的道路和规律了。尽心，尽什么心？曾子在《大学》里是这样说的："古之欲明明德於天下者，先治其国。欲治其国者先齐其家，欲齐其家者先修其身，欲修其身者先正其心，欲正其心者先诚其意，欲诚其意者先致其知，致知在格物。物格而后知至，知至而后意诚，意诚而后心正，心正而后身修，身修而后家齐，家齐而后国治，国治而后天下平。"孟子的"尽心"也就是曾子的这个"正心"。尽心才能诚意，诚意才能修身，修身就谓之知性，知道本性。

什么叫本性？就是本来如此，本来就是如此，还有什么诚信不诚信？然而很多人为什么不能尽到本性呢？那就是他们没有认识到天地本来就是如此，天地化育万物，并没有想要占有万物，也没有要求万物回报，他们无视天地的本性而想要占有万物，想要万物都给予回报，所以他们也就迷失了本性。如果能够认识到天地本来就是如此，我也如此，那么就能尽到人的本性。如果人能够尽到人的本性，才能够尽到物的本性；就像天地对待人类一样，人类也是厚待万物，化育万物，不占有万物，不要求万物回报，那么，万物也就能够尽到万物自己的本性。

如果万物能够尽到自己的本性，才可以佐助天地的变化和生育；这就是我们现代科学讲的生物圈、生物链之意。天和地不是也不可能是单独存在的，既然有了天，有了地，万物和人类就自然出现了，而万物彼此和谐地共同存在这个天地之间，是有着彼此的需要，也有着彼此的利用。如果某一个物种为了自己的发展而抑制它物的发展，也就失去了自己的根本资源。如果失去了根本的资源，还能怎样发展呢？那就是自掘坟墓。因此，知道了本性，又尽了心，就知道了天，就知道了命，就能选择到最佳行为方式。作为个人也是如此，如果为了自己的发展而抑制他人的发展，也就失去了自己的根本资源。如果失去了根本的资源，还能怎样发展呢？那就是自掘坟墓。

13.2【原文】

孟子曰："莫非命也，顺受其正；是故知命者不立乎岩墙①之下。尽其道而死者，正命也；桎梏②死者，非正命也。"

【注释】

①岩墙：朱熹《集注》云："墙之将倾者。知正命则不处危地以取覆压之祸。"

②桎梏：古代拘束犯人的刑具，喻犯罪而死。

【译文】

孟子说："一切事物无不有自己的命运，需顺其自然接受命运，所以真正懂得命运的人不站在危墙之下。尽行善性而死的人，就是正当其命；犯罪受刑而死的人，就不是正当的命运。"

【评论】

现代许多人一谈到命运就误解，认为这是宿命论，其实不然，万事万物都有命运，这个命运不是别的，就是现代人所谓的规律。人都有生老病死，这就是命运，也是规律。人人都知道岩石和危墙之下不能站立，所以人人都选择了不去岩石和危墙之下站立的行为方式，这就叫知道命运。

任何事情都有开始和终结，植物也是这样，人也是这样。出生了也就意味着终是要死亡的，这是地球上万物的生长规律。我们不能因为要死亡而不出生，既然出生了，那就要好好地活下去。恐惧和害怕死亡解决不了问题，关键在于怎样对待它。人生的规律是由出生而成为婴儿，然后是少儿，然后是青年，然后是中年、壮年、老年直到死亡，这中间还有天灾人祸、疾病痛苦、爱情友情等等。知道并深刻理解这个规律，我们就应该及时抓住各个有利时期，利用不同时期的身体和心理的发展变化，在不同的时间从事最有利的事情。比如少年青年时期是学习的重要阶段，这个时候要想去挣钱就很不利。中年壮年时期是上有老下有小，这个时期去学习本事和研究学问，显然也是不利的。然而很多人基础尚未筑好，便急着要去闯荡社会，那显然就是失败的人生。很多人不愿意在青少年时期学习历史的经验，只凭着自己的满腔热血而去闯荡，结果是到了老年才知道用自己的青春和血汗摸索出一点点人生经验，此时悔之晚矣。所以从周文王到老子到孔子一直都在讲，要明白这个规律问题，其目的就是希望人们都能懂得这个道理。

13.3【原文】

孟子曰:"求则得之,舍则失之,是求有益于得也,求在我者也。求之有道,得之有命,是求无益于得也,求在外者也。"

【译文】

孟子说:"探求才能得到,放弃就会失掉,这是有益于收获的探求,因为所探求的在自身之内。探求有一定的方式,是否能得到要听从命运,这是无益于收获的探求,因为探求的对象在自身之外。"

【评论】

孟子这一段话,历来的儒学家们都没有读懂。寻求,有心中想寻求和用实际行动去寻求两种方式。想寻求,本身是对的,不想寻求,那就错了。只有"我"心中想寻求,才会有实际行动的去寻求。如果"我"心中根本不去想寻求,那么就不可能有实际行动。想寻求而且得到了,是"寻求"这种行为方式有益于得到。因此,不想寻求,就如同舍弃,而舍弃是得不到任何东西的。但是,仅仅是想寻求而没有实际行动,也是不行的。如果是想寻求而且也有了实际行动,但最后却没有得到,那就是行为方式的问题了。

"求在外者也"讲的就是外在的行为方式问题。比如,想要财富,而且付诸行动,一定就能得到吗?否!这就要看你选择的是什么样的行为方式。行为方式对了,就能得到财富;行为方式不对,不仅得不到财富而且还会蹲监狱,还会身败名裂。寻求名誉、地位亦是如此,寻求所有的东西都是如此,想象和行动要结合。所以,孟子认为,人的一生,心里想的固然重要,然而选择什么样的行为方式更重要!

13.4【原文】

孟子曰:"万物皆备于我矣。反身而诚,乐莫大焉。强恕而行①,求仁莫近焉。"

【注释】

①强恕而行：赵岐《注》："当自强勉以忠恕之道。"朱熹《集注》云："强，勉强也。恕，推己以及人也。"

【译文】

孟子说："我具备了一切行善的条件。只要反身求诚，就是最大的乐事。努力去行恕道，所求仁德就离自己很近了。"

【评论】

一个人，本身就具备了天地万物的情性，只不过很多人自己不知道，那么，怎么样去做呢？孟子认为，首先要反身而自求诚意，就是首先自己对自己要诚实，这一点很多人都做不到。

曾子在《大学》里说："所谓诚其意者：毋自欺也，如恶恶臭，如好好色。此之谓自谦。故君子必慎其独也。小人闲居为不善，无所不至。见君子而后厌然。掩其不善，而著其善。人之视己，如见其肺肝然，则何益矣。此谓诚于中，形于外，故君子必慎其独也。"这就是所谓诚信在心中，外表的形体动作就会表现出来，所以君子独处的时候必须要谨慎。其实，所有做亏心事的人，所有做坏事的人，都存有侥幸心理。佛云："相由心生"，心里有恶念，相貌就会变得凶恶，所以孔子说："巧言令色，鲜矣仁！"其实这也是个心态、心理健康问题。巧言令色者，心理必然不健康，心态必然不平衡，他嘴上说的是一套，而心里想的却是另外一套，天知道他想的是什么！他态度上好像很仁义，但是假的，是表面上的，所以他不可能和别人相亲相爱。君子在别人所看不见的地方，也要谨慎敬戒的，在不被听到的时候，也要恐惧害怕的。

不自欺亦不欺人，而且还要强迫自己宽恕他人，人孰能无过？知错即改，善莫大焉。抓住别人一点点过错，始终不肯原谅，这就是不懂得宽恕。如果别人抓住你一点点过错也不肯原谅，你会怎么办呢？所以孟子强调要强迫自己宽恕别人。如果能学会宽恕，那么，离寻求爱心就很近了。而有了爱心，行为方式就会随之改变，事情也就容易成功了，寻求的也就容易得到了。

13.5【原文】

孟子曰:"行之而不著①焉,习矣而不察②焉,终身由之而不知其道者,众③也。"

【注释】

①著:朱熹《集注》云:"知之明。"

②察:朱熹《集注》云:"识之精。"

③众:即"众庶"之意。《文选·幽通赋》:"斯众兆之所惑。"曹大家《注》云:"众,庶也。"

【译文】

孟子说:"践行仁德而不明其理,反复去做却不知其所以然,终身行道而不知其为道的人,是很多的。"

【评论】

这个意思是说,人人其实都有爱心,但很多人却不显明出自己的爱心,这与"恻隐之心,人皆有之;羞恶之心,人皆有之;恭敬之心,人皆有之;是非之心,人皆有之"是一个意思,但为什么很多人不显明出自己的爱心呢?人是跟着环境变的,环境变,人亦变,为什么会变呢?这就是人都在调节着自己以适应环境,没有谁能凭着自己的意志去改变环境。那么为什么很多人调节了自己而没有察觉呢?爱人,不论是爱父母、爱妻子儿女,还是爱兄弟姐妹,还是爱朋友,都是爱。所以爱的这个道路人人都在走,但却不知道这个道理,这又是为什么呢?这其实就是人们不善于表达自己的情感,不会用语言表达,亦不会用行为表达。比如某个人内心很爱一个人,但说出来的话粗鲁,行为方式亦粗鲁,结果适得其反,被人误解,爱心变成了仇恨。这种情形几乎每个家庭都有。所以孟子在这里说的,就是希望人们能彰显自己的爱心,能察觉自己的调节,能知道自己所走的是一条什么样的道路,从而用最佳行为方式表达出来,以建立起人与人之间相互亲爱的关系。

13.6【原文】

孟子曰:"人不可以无耻,无耻之耻,无耻矣。"

【译文】

孟子说:"人不可以没有羞耻心,没有羞耻心所带来的耻辱,那才叫无耻。"

【评论】

人别于禽兽的其中一个特点应该是知耻,见到好的能够跟从,犯了过错知道悔改,这都是因为人具备羞耻之心,知道哪些应该做,哪些不应该做。违背了良知产生的行为,不自然的会有羞愧之感。古时民风淳朴,百姓常以饱食暖身为自足,虽贫家不富,却也不失清贫的自持和风骨。百姓行事做人多以不遗羞父母和祖先为家族的教育根本,于知耻而止这项品德来说应该还是很值得赞扬的。

今天的科技进步使我们普遍的生活条件远领先于曾经的封建制中国,然而新科技时代下成长起来的民众群体跟我们的先人比起来,继承和弘扬下来的属于本民族的优良传统好像被甩在了时代步伐的后面,古人为了吃饭很难抛下自己的尊严,所以有宁死不食嗟来之食;今人为了吃饭,可以放下架子,无视良心,能抢就抢,该踩就踩。古人为了生计,使用了道德礼教之外的法子,总会自愧于心,深夜难眠;今人为了生计,没有道德礼教的约束和限制,不达目的,深夜难眠。

也许是时代的进步太快,物质条件的提升和精神家园的没落使民族自身所具备的优异特性没能展其所长。很多人可能已经不知道中华民族的精神是什么,民族的灵魂是什么,更多的是被看不见的物欲的手推动着不断走向自己人性的反面。千年以前的人,就已经知道反省自身,知耻而止;今天我们如果只为了身外之物,而背弃了我们天性中所具备的良知,则何异于没有进化完全的禽兽,只屈从于自己本能的欲望而忘记了文明给我们的理性之光。知耻而止,实际上也是解决我们今天很多不满与争端的良药。

13.7【原文】

孟子曰:"耻之于人大矣。为机变①之巧者,无所用耻焉。不耻不若人,何若人有?"

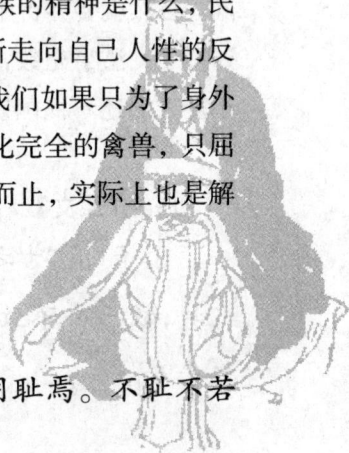

【注释】

①机变：犹言机械变诈。《淮南子·原道训》云："故机械之心藏于胸中。"高诱《注》云："机械，巧诈也。"

【译文】

孟子说："羞耻心对人至关重要，善于权变而乖巧的人，表现不出羞耻心来。不因赶不上别人而羞耻，怎么能赶上别人呢？"

【评论】

既然人人都有羞耻心，除了不会表达的人，再一种人就是善于权变而乖巧的人。这种人我们生活当中相当多，随时随地都可以看到，他们的主要表现方式是强调客观原因，反正什么都是客观环境造成的，"怨天尤人"，他们一点责任都没有。这种人从表面看，没有羞耻心，所以这种人很难有进步。

再一种人就是自以为是、自高自大、恃才傲物的人，对有些事情他们明明不懂，可是"耻于下问"，从而也使自己很难有进步。《论语·公冶长》："敏而好学，不耻下问，是以谓之'文'也。"这个"不耻下问"里面，就包含了人人平等之意，也就是说，虽然有一个地位很低的人，但他有我所不懂的知识学问，我都应该向他学习，而不能因为他的地位低下而瞧不起他，而耻于向他请教问题。这实际上也是"仁"的思想，与人相互亲爱，就必须做到人人平等。若耻于下问，必然就要弄得个不懂装懂，或是知其一不知其二，肤浅敷衍。若是一般人倒还罢了，滥竽充数，不至于有大害，若是当官的不懂装懂，冬天种水稻，夏天种小麦，那还不祸国殃民？所以孟子认为，羞耻之心于人是很重要的。

13.8 **【原文】**

孟子曰："古之贤王好善而忘势；古之贤士何独不然？乐其道而忘人之势，故王公不致敬尽礼，则不得亟①见之。见且由不得亟，而况得而臣之乎？"

【注释】

①亟：多次。

【译文】

孟子说："古代贤君喜好善言善行而忘掉自己的富贵权势，古代贤士又何尝不是这样呢？乐于其道而忘了别人的富贵权势，所以王侯将相不对他们恭敬尽礼，就不能够多次见到他们。见面尚且不能多得，何况是要使他为臣呢？"

【评论】

这是孟子对不畏权势的人的描述，也是紧接着讨论羞耻之心下顺延而来的。古代贤能的君王喜好善行而忘掉自己的权势，这是为什么呢？就是他们有羞耻心，因为他们知道自己不是完人，不可能懂得天下所有的知识，所以他们的行为方式不是凭借着权势去压服别人，而是谦虚地对待所有人，"不耻下问"于所有人。古代贤能的读书人又何尝不是这样呢？乐于自己的道路而忘掉别人的权势，因为权势仅仅是一种暂时的力量，而不是人性本有的，亦不是一种社会公理解释体系。所以靠权势的这种行为方式是很难让人心服的，只有社会公理解释体系才能让人心悦诚服。

乐道忘势，是弘扬读书人的气节和骨气。还是曾子所说的那个道理："彼以其富，我以吾仁；彼以其爵，我以吾义。吾何慊乎哉？"（《孟子·公孙丑下》）他有他的富，我有我的仁；他有他的官位，我有我的正义。我有什么输于他的呢？这样一想，也就不把他的权势放在心上了。所以，真正的贤士能够笑傲王侯，我行我素。当然，如里王侯本身也能够好善而忘势，对贤能之士礼数有加，当成真正的朋友而平等对待，那又是另一回事了。

总之，领导人好善忘势，尊重知识，尊重人才；人才乐道忘势，不逢迎拍马，屈从权贵；这是相反相成的两方面。正如朱熹《孟子集注》所说："二者势若相反，而实则相成，盖亦各尽其道而已。"

13.9 **【原文】**

孟子谓宋勾践①曰："子好游②乎？吾语子游。人知之，亦嚣嚣③；人不知，亦嚣嚣。"

日："何如斯可以嚣嚣矣？"

日："尊德乐义，则可以嚣嚣矣。故士穷不失义，达不离道。穷不失义，故士得己④焉；达不离道，故民不失望焉。古之人，得志，泽加于民；不得志，修身见⑤（xiàn）于世。穷则独善其身，达则兼善天下。"

【注释】

①宋勾践：其人姓名不见于其他古籍，已不可知。

②游：朱熹《集注》云："游，游说也。"

③嚣嚣：赵岐《注》："自得无欲之貌。"

④得己：犹言"自得"。

⑤见：同"现"，朱熹《集注》云："谓名实之显著也。"

【译文】

孟子对宋勾践说："你喜欢游说各国君主吗？我告诉你怎样游说吧。别人理解你，你自得其乐；别人不理解你，你也自得其乐。"

宋勾践说："怎样才能如此自得其乐呢？"

孟子说："只要尊重德，喜欢义，就可以自得其乐了。所以士人再穷困也不失义，再怎么发达也不离道。穷困不失义，所以士人能自得其乐。发达了也不离道，所以百姓不致失望。古时候的人，如果得志，就会惠泽万民；如果不得志，就修养自身以现于世间。穷困时独自善养自身，发达时善养天下万民。"

【评论】

忘掉权势，不畏权势的人，这种人从外表上来看，不是显得很傲慢吗？确实如此，但这种傲慢不是小人似的傲慢，不是"道不同，不相为谋"、"性相近也，习相远也"之类的假傲慢；而是我固守我的本性，我走我的道路的傲慢；也是不阿谀奉承、谄诌媚俗的傲慢。陶渊明不为三斗米折腰，也是一种傲慢。所以孟子强调，穷困时独自善养自身，发达时兼顾善养天下万民。这句话可以作为我们的座右铭来记忆。穷困的时候，不妨管好自己，照顾好自己就是对社会负责；发达的时候，不妨融入到社会中来，为国家做一些贡献。

孟子把这句话告诉给了宋勾践，千百年来，这句话一直在以接力棒的形式传下去，到白居易的时候，将"善"改成了"济"，这境界一下就提升了不少；到范仲淹的笔下，又被以"居庙堂之高，则忧其民；处江湖之远，则忧其君"的形态而呈现。中国的仁人志士，总是在需要他们的时候出现，并且以自己独立的姿态、健全的人格来对抗世间的邪恶。"天地有正气"，这正气浩然充塞，足以让我们每个人从中汲取营养，以崭新的面貌来迎接每一天，坚定地走下去。

13.10【原文】

孟子曰："待文王而后兴①者，凡民也。若夫豪杰之士，虽无文王犹兴。"

【注释】

①兴：朱熹《集注》云："兴者，感动奋发之意。"

【译文】

孟子说："等待文王这样的圣君出现才努力行善的人，是平凡的百姓。若是英雄豪杰，即使没有文王这样的圣君出现，也会努力行善的。"

【评论】

所谓时势造英雄，在一定的时代和环境影响下，在领袖人物的率领下，的确可以涌现出一大批奋发有为的人物来。不过，按照孟子的观点，要等到一定的时势，一定的领袖人物出现后才奋发的，还算不上是豪杰之士。真正的豪杰之士，是可以造时势的人，是没有领袖人物出现，自己也知道奋发有为的人。

当然，孟子所谓"兴"，不一定非指改天换地、改朝换代的大事，也不一定要求个个都去做那叱咤风云的英雄人物，而主要是指精神方面的奋发有为，乐观向上。说到底，就是要求大家自强不息，不要以"不能"为借口，这也不为，那也不为。只要人人奋发有为，个个都是"文王"，又何必一定要等到圣人出现才来拯救我们呢？

13.11【原文】

孟子曰："附之以韩、魏之家^①，如其自视欿（kǎn）然^②，则过人远矣。"

【注释】

①附：此处是增益的意思。韩、魏之家：赵岐《注》："晋六卿之富者也。"此处用以代指财富。大夫曰家，指春秋时晋国的韩氏、魏氏两家大臣。

②欿然：段玉裁《说文解字注》云："《孟子》假'欿'为'坎'，谓视盈若虚也。"

【译文】

孟子说："如把韩、魏两家（春秋末期晋国豪富）的财势都加在他身上，他看了还不以为然，那他就远远超过一般人。"

【评论】

孟子所言之人，定然是把外物看得如同过眼云烟一般。在巨额的金钱和财富面前，能真正做到不为所动，那这人可称为"圣人"。

引诱人忘掉真善美，追求假丑恶的，按类别来分，有如下种种：金钱财物，美色私欲，子孙家族，鲜花声誉。有的人能看淡此，却放不下彼；有的能丢掉这，却割舍不去那。

叔齐、伯夷放不下的是名义和执着，看淡的是利益。司马迁能忍辱负重，却丢不开名誉；屈原能不以物质为利，却不想将一世英名玷污；杜甫能为大家而丢小家，却对官职耿耿于怀。

细细数来，世间众生能真正看开放下全部的，真的寥寥无几。特别是眼下商品大潮中的社会，能不把韩魏之家的财富看在眼里的，更是屈指可数。所以那些非一般的圣人，便尤显珍贵了。

13.12【原文】

孟子曰："以佚道^①使民，虽劳不怨；以生道杀民，虽死不怨杀者。"

【注释】

①佚道：同"逸道"，言安乐之道。

【译文】

孟子说："在为老百姓谋福利的原则下役使百姓，百姓虽劳苦而不埋怨。在谋求大多数老百姓生存的原则下杀人，那人虽然会死但不会埋怨杀他的人。"

【评论】

提倡、号召人民走安逸舒适的道路，国强民富，人民谁不愿意呢？所以，以建设这条道路为理由来役使人民，人民就是再劳累也不会埋怨，因为人人都想过好日子，这就是人的共同心理。以能生存的道路为理由而要牺牲某些人，人民虽然会死但不会埋怨杀害他的人，这也是人的共同心理。既然知道、懂得了人民的这种心理活动，也就能选择到最佳行为方式。而有了最佳行为方式，人民才会认同，才会拥护，才会共同奋斗，即使牺牲自己也在所不惜。

13.13【原文】

孟子曰："霸者之民驩虞①如也，王者之民皞皞②如也。杀之而不怨，利之而不庸③，民日迁善而不知为之者。夫君子④所过者化，所存者神，上下与天地同流，岂曰小补之哉？"

【注释】

①驩虞：即"欢娱"。

②皞皞：同"浩浩"，朱熹《集注》云："广大自得之貌。"

③庸：此处作动词用，赵岐《注》："功也。"

④君子：朱熹《集注》云："君子，圣人之通称也。"不但指"王者"，可能也指非王者之"圣人"，如孔子等。

【译文】

孟子说："霸主的百姓欢跃，王者的百姓悠然自得。犯罪被处死也不怨恨，

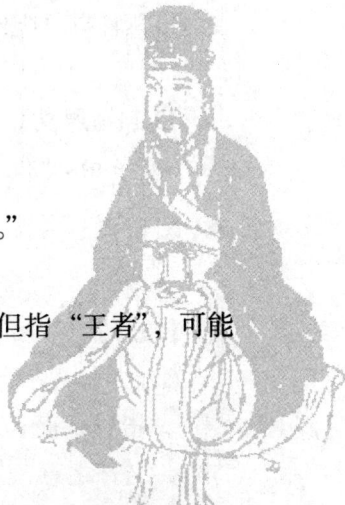

【注释】

①佚道：同"逸道"，言安乐之道。

【译文】

孟子说："在为老百姓谋福利的原则下役使百姓，百姓虽劳苦而不埋怨。在谋求大多数老百姓生存的原则下杀人，那人虽然会死但不会埋怨杀他的人。"

【评论】

提倡、号召人民走安逸舒适的道路，国强民富，人民谁不愿意呢？所以，以建设这条道路为理由来役使人民，人民就是再劳累也不会埋怨，因为人人都想过好日子，这就是人的共同心理。以能生存的道路为理由而要牺牲某些人，人民虽然会死但不会埋怨杀害他的人，这也是人的共同心理。既然知道、懂得了人民的这种心理活动，也就能选择到最佳行为方式。而有了最佳行为方式，人民才会认同，才会拥护，才会共同奋斗，即使牺牲自己也在所不惜。

13.13【原文】

孟子曰："霸者之民驩虞①如也，王者之民皞皞②如也。杀之而不怨，利之而不庸③，民日迁善而不知为之者。夫君子④所过者化，所存者神，上下与天地同流，岂曰小补之哉？"

【注释】

①驩虞：即"欢娱"。

②皞皞：同"浩浩"，朱熹《集注》云："广大自得之貌。"

③庸：此处作动词用，赵岐《注》："功也。"

④君子：朱熹《集注》云："君子，圣人之通称也。"不但指"王者"，可能也指非王者之"圣人"，如孔子等。

【译文】

孟子说："霸主的百姓欢跃，王者的百姓悠然自得。犯罪被处死也不怨恨，

得到好处也不酬谢，百姓日益向善而不知道是谁使他们如此。圣人所到过的地方，人们受到感化，所停留的地方，感化之力神秘莫测，君民上下与天地协调运转，怎么能说是小小补益呢？"

【评论】

这一章是与上章连起来讲的，实不应该分开。佚道是什么？是安逸舒适之道，是求得欢娱之道，也就是本章所说的霸者之道。霸者之道好不好呢？因为能使人安逸舒适，能使人欢娱，当然好，所以人民虽劳累而不怨恨。

那么，王者之道是什么呢？是人民的生存之道，是悠然自得之道，是生存而可持续发展之道。因此，我们在这两者之间要分清楚。安逸舒适、欢娱，是不是能使人得到真正的快乐？不能！因为这只能称为享乐，享乐者认为人生没有什么信念和意义可言，人生就是为了吃喝玩乐。享乐则从来没有安宁和自足感。享乐的背后是病态和失望，旧的刺激刚过去又得马上寻求新的刺激，否则，享乐者就会百无聊赖，就显得惶惶不安。

之所以许多人在物欲横流的社会中丧失了自我，甘愿把自己作为商品推销，失去人的本性，其根源是想以此换得金钱物质，以满足自己贪婪的欲望。远离了自然的本性，抛弃了赤子的天真，还自以为精明。人与人之间失去了真诚，相互的理解和同情就成了空话。霸者之道就是如此！因此，能有几个人甘愿为这个霸者之道牺牲自己呢？所以，分清这两者的不同，我们才能选择到最佳行为方式。

13.14 **【原文】**

孟子曰："仁言不如仁声①之入人深也，善政不如善教之得民也。善政，民畏之；善教，民爱之②。善政得民财，善教得民心。"

【注释】

①仁声：在《孟子》书中"声"有二义，一为"禹之声""文王之声"的"声"，指音乐而言，赵岐《注》："仁声，乐声雅颂也。"一为"声闻过情"之"声"，名誉之意，朱熹《集注》云："仁声谓仁闻，谓有仁之实而为众所称道者也。尤见仁德之昭著，故其感人尤深也。"

②善政，民畏之；善教，民爱之：赵岐《注》："畏之，不逋怠，故赋役举而财聚于一家也；爱之，乐风化而上下亲，故欢心可得也。"

【译文】

孟子说："仁德的言语不如仁德的音乐深入人心，良好的政治不如良好的教育更得民心。良好的政治，百姓敬畏；良好的教育，百姓喜爱。良好的政治能获得百姓的财富，良好的教育则能得到百姓的心。"

【评论】

"仁言"即是霸者之道，"仁声"却是王者之道。"仁言"，爱民的语言可以说得天花乱坠；"仁声"却是对爱民者的称颂，那是非常实际的。所以，爱民的言说不如爱民的称颂那样深入人心。

完善的政治制度是霸者之道，如齐国的管仲所推行的治国方略，确实能强国富民，但是他不得民心，只能得到统治者的欢心。因为他是以牺牲别国人民的利益而富强的。所以，它不如完善的教育制度，能够普遍提高人民的思想素质和文化知识。完善的政治措施能够收括和聚集人民的财富，使国家更强大；但它却不如完善的教育制度能获得民心。这是孟子对当时社会状况和人民意愿的分析。

13.15 **【原文】**

孟子曰："人之所不学而能者，其良①能也；所不虑而知者，其良知也。孩提之童②无不知爱其亲者，及其长也，无不知敬其兄也。亲亲，仁也；敬长，义也。无他，达之天下也。"

【注释】

①良：赵岐《注》："良，甚也。"朱熹《集注》云："良者，本然之善也。"此孟子哲学术语，不译为妥。

②孩提之童：孩，小儿笑也。赵岐《注》："二三岁之间在襁褓，知孩笑可提抱者也。"

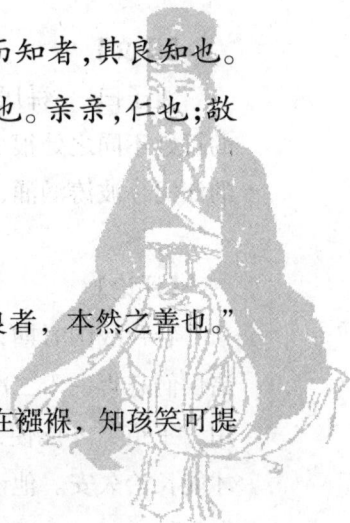

【译文】

孟子说："人不需要学习就能做到的，是良能。人不需思考就知道的，是良知。两三岁的小孩，没有不爱父母的，等到长大，没有不尊敬兄长的。亲近父母就是仁，尊敬兄长就是义；这没有其他原因，因为这两种品德可以通行于天下。"

【评论】

为什么爱民的言说不如爱民的称颂那样深入人心？完善的政治措施不如完善的教育制度能获得民心？因为父母对儿女的爱是不求回报的爱，兄长对弟妹的爱也是不求回报的爱，所以儿女们能深切地感受到这种爱，并回报以爱。而霸者之道的爱民，是要求有回报的爱，所以人民对这种爱就会有保留。

正因为人人皆有良能、良知，人民的心里会识别什么样的爱才对他们重要，什么样的政治才对他们有利。所以，霸者之道的爱终不如王者之道的爱，霸者之道的行为方式终不如王者之道的行为方式。

13.16 **【原文】**

孟子曰："舜之居深山之中，与木石居，与鹿豕游，其所以异于深山之野人者几希；及其闻一善言，见一善行，若决江河，沛然莫之能御也。"

【译文】

孟子曰："舜居深山的时候，与树木山石为伴，与山鹿野猪往来，他与山野的百姓不同之处很少。等到他听到一善言，见到一善行，他内心的善性，像决口的江河，波涛汹涌，无法阻挡。"

【评论】

春秋战国时期，流行以力服人的"霸道"，尧舜时期以德服人的"王道"被诸侯们忘得一干二净。孟子认为，用"霸道"只能使人力屈而服，但并非心服，用"王道"才能使人"中心悦而诚服"；用"霸道"只能强盛一时，用"王道"才能长治久安。他说："保民而王，莫之能御也"，又说："行仁政而王，莫之能御也"。

孟子指出，推行仁政必须从发掘和培养人的善性开始，"人皆有不忍人之心"，这就是人与生俱来的善性。人性之善包括"四端"，即"恻隐之心，仁之端也；羞恶之心，义之端也；辞让之心，礼之端也；是非之心，智之端也"；这"四端"外发出来，便是仁义礼智，把它扩展到社会上，就是仁政。因而"性本善"就是仁政的基础，实行仁政离不开善。

然而，普通人和"圣人"对于"善"的表现是不一样的。普通人是什么状态呢？一个善念生起（闻善言，见善行，心中善念生起），对绝大部分人来说，毫无力量，只是稍微感动一下，然后马上就过去了，之后继续自己的生活，就像平静的湖面上掉了一个小石子，马上就又平静了下来。舜是什么状态呢？一个善念生起，他可以使得此善念"若决江河，沛然莫之能御"，马上就将它执行下去。舜一辈子好善言行善，推行善政善教，为后人作出了表率。从孟子这段话中，可见舜对善言善行是多么热衷。

13.17【原文】

孟子曰："无为其所不为，无欲其所不欲，如此而已矣。"

【译文】

孟子说："不要去做自己不该做的事，不要去追求自己不该追求的东西，这样就行了。"

【评论】

人的良能、良知到底是什么呢？就是孟子的这句话，不要去做自己不想做的事，不要去想自己不该想的事。这句话看来很简单，其实里面的内容丰富得很，自己不想做的事为什么不要去做呢？如果不想做而勉强去做，这事肯定做不好，既然知道后果不好而又去做了，就是违背了自己的意愿，也是违背了自己的本性。所以，最好还是别去做。不去做又该怎么办呢？另外想办法。但有一条，"己所不欲，勿施于人"，也不要勉强别人去做。再就是自己不该想的事不要去想，比如一个普通人，就不该想去当皇帝，因为那是肯定做不到的，想半天也是想入非非，不可能实现。所以不该想的，干脆别去想，只想自己力所能及的事。这就是人的本性本能，良能良知。

这个问题，子思在《中庸》里面表达得更好："君子素其位而行，不愿乎其外。素富贵，行乎富贵；素贫贱，行乎贫贱；素夷狄，行乎夷狄；素患难，行乎患难。君子无人而不自得焉。"这个意思是说，君子诚心于自己的地位而行为，不要羡慕自己地位以外的名利。如果诚心于富贵的生活方式，就行为于富贵的生活方式；如果诚心于贫贱的生活方式，就行为于贫贱的生活方式；如果诚心于少数民族的生活方式，就行为于少数民族的生活方式；如果诚心于患难的生活方式，就行为于患难的生活方式。对于君子来说，无论进入什么样的情况下，没有不是悠然自得的。自己想干什么就去干什么，不要要求别人都与自己一样，也不要用自己的行为规范去要求别人。

13.18【原文】

孟子曰："人之有德、慧、术、知①者，恒存乎疢（chèn）疾②。独孤臣孽子③，其操心也危④，其虑患也深，故达⑤。"

【注释】

①德、慧、术、知：赵岐《注》："德行、知慧、道术、才智。"朱熹《集注》云："德之慧，术之知。"今从赵《注》。

②疢疾：疢，疾病。朱熹《集注》云："疢疾，犹灾患也。"

③孽子：古代男子常一夫多妻，非嫡妻之子叫庶子，也叫孽子，地位卑贱。

④危：不安也。

⑤达：朱熹《集注》云："达，谓达于事理。"

【译文】

孟子说："人之所以有道德、智慧、本领、知识，常常是由于他遭受过灾患。只有那孤立之臣和庶孽之子，才时常提高警惕，防止陷入深渊，所以他们才通达事理。"

【评论】

说到这儿，很多人可能还是不懂什么是"尽心"，所以孟子又作了一次解释。

人类社会的形成主要不是人的生理组织与机制进化的生物学过程，而是以爱心和劳动为基础的人类共同活动和相互交往等社会关系形成的过程。人类所结成的社会则以新的谋生方式，以有意识、有目的地改造自然的活动，即以劳动为基础。人类所特有的生存方式，决定人类社会所具有的人们之间相互关系的内容、形式、性质、特点都与"动物社会"有着根本的不同。

孟子的话说明，在严酷的大自然面前不得不忧患，不得不发愁于危难，因此人类才得以发达。而人类的发达则表现在人有规律、有理解能力、有权术、有知识。

在先秦时期的古人，其著作大多用字而不用词，如"智慧"一词，智是智谋、机智、善于权变、善于思考的意思；慧是指这个人善于理解、想象，有才华，有胆略，敏捷而有口才之意。只是后来的人把这两个字连结成一个词，并把它理解为"聪明"的意思。其实，"聪"是耳朵听得见，"明"是眼睛看得见，"聪明"即是耳聪目明，不关智和慧的事。所以，"人之有德、慧、术、知"者，才会也应该会选择最佳行为方式。人类也就是在不断地选择最佳行为方式中发达起来的。

13.19【原文】

孟子曰："有事君人者，事是君则为容悦者也；有安社稷臣者，以安社稷为悦者也；有天民者，达可行于天下而后行之者也；有大人①者，正己而物正者也。"

【注释】

①大人：《孟子》数言"大人"，含义不一。《史记索引》引向秀《易·乾卦注》云："圣人在位，谓之大人。"此处或是圣人之意。

【译文】

孟子说："有侍奉君主之人，他们以取悦君主为己任；有安邦定国之人，他

们以安定国家为己任；有明道之人，他们以道行天下为己任；有圣贤，是万民楷模，他们不仅能端正自己，还能端正万物。"

【评论】

人与人不同，花有几样红。不仅人各不同，人品各异，就是从政的品格也有高低不同。孟子这里所列举的，就是几种不同的从政品格。"君人者"专以阿谀逢迎为务，是宦官宠臣之列。"安社稷者"是忠臣，不过，一朝天子一朝臣，忠也往往有愚在其中。"天民者"替天行道，不限于一国一君，如伊尹、姜太公之类。"大人者"有圣德感化万物，领袖群伦，正己而天下平，是尧、舜、禹、汤、文、武、周公等人中龙凤，百年难遇一二。孟子显然是赞赏"天民"，尤其是"大人"这样的人物的。

尽心知命的首先是大人，这个大人其实是指圣人，大人们知识丰富，所以崇尚大人。这种人端正自己，就是认识明确的人。其次是本性纯真的人，因为本性纯真，才能够率性而为，尽"人"的本性而求得发展与发达。再其次是安社稷之人，他们痛感人类社会的灾难、痛苦和混乱，力图安定国家，安定人民，使大部分人都能安居乐业。最末一等人就如姜婢淫妇一样，专会讨好取悦于上级，极尽阿谀奉承、谄媚迎合之事，目的就是一个，保住自己的乌纱帽和饭碗，以免受危难、忧患之苦。这四种人，其实本性都是一样，都有人的本性，愿意生活得较好，但行为方式各个不同。这就是孟子强调行为方式的关键所在。

13.20 【原文】

孟子曰："君子有三乐，而王天下不与存焉。父母俱存，兄弟无故①，一乐也；仰不愧于天，俯不怍于人，二乐也；得天下英才而教育之，三乐也。君子有三乐，而王天下不与存焉。"

【注释】

①故：《礼记·曲礼》云："君无故，玉不去身。"郑玄《注》云："故，灾患丧病也。"今日之言"事故"，即此"故"也。

【译文】

孟子说："君子有三种快乐，但称王天下不在其中。父母健在，兄弟平安，这是第一种快乐；抬头无愧于天，低头无愧于人，这是第二种快乐；得到天下的优秀人才而对他们进行教育，这是第三种快乐。君子有这三种快乐，但称王天下不在其中。"

【评论】

一乐家庭平安，二乐心地坦然，三乐教书育人。朱熹《集注》引林氏的话说："此三乐者，一系于天，一系于人，其可以自致者，惟不愧不怍而已。"也就是说，一乐取决于天意，三乐取决于他人，只有第二种快乐才完全取决于自身。因此，我们努力争取的也在这第二种快乐上，因为它是属于"求则得之，舍则失之，是求有益于得也，求在我者也"的范围，而不是"求之有道，得之有命，是求无益于得也，求在外者也"的东西。

"俯仰终宇宙，不乐复何如？"（陶渊明）俯仰无愧，君子本色。君子之乐，莫过于此。当然，作为教书先生，孟子还有"得天下英才而教育之"的快乐。"得天下英才而教育之"，不应只限于教书育人，身边的人能够因为君子的启发、引导，而有所作为也算是一大乐趣呀！

现代人大都浮躁好动，好高骛远，不识人生真谛，以为有了名誉地位财富才幸福才快乐，于是把一生精力投进去，经历了无数的危难和灾患，终生痛苦，即使最后得到名誉地位财富，也是上愧对于天，下愧对于人的。这种人能快乐吗？

13.21 **【原文】**

孟子曰："广土众民，君子欲之，所乐不存焉；中天下而立，定四海之民，君子乐之，所性不存焉。君子所性，虽大行不加焉，虽穷居不损焉，分定故也。君子所性，仁、义、礼、智根于心，其生色也睟(cuì)然①，见于面，盎②于背，施于四体③，四体不言而喻。"

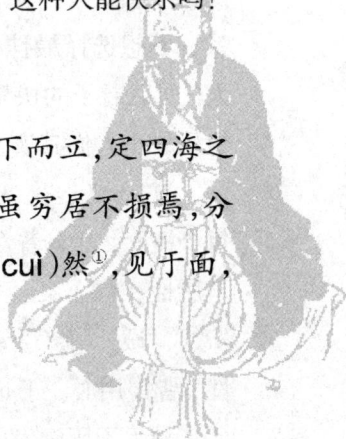

【注释】

①睟然：睟，眼睛清明。朱熹《集注》云："清和润泽之貌。"

②盎：显现。朱熹《集注》云："丰厚盈溢之意。"

③施于四体：朱熹《集注》云："谓见于动作、威仪之间也。"

【译文】

孟子说："拥有辽阔的土地和众多的人民，是君子所追求的，但他们的快乐不在其中。居于天下的中心，安定四海的百姓，君子以此为乐，但本性不在于此。君子的本性，即使理想通行于天下也不会增益，即使穷困窘迫也不会减损，这是本分已定的缘故。君子的本性，仁、义、礼、智根植于心，所以表现出来的是：面色丰润泰然，肩背充满正气并流向四肢，举手投足，不用言语就能使人一目了然。"

【评论】

君子之三乐，皆在于本性，只有本性如此的，才会有这三乐，所以，名誉、地位和财富不是君子所乐的，财富再多再大也不能使君子快乐。这就是本性和心理的不同，人的本性都是一样，那为什么还会有君子和小人之分呢？君子就是通过继承和学习，把建立人与人之间相互亲爱的关系、把选择最佳行为方式、把智慧的运用、把诚信对人的原则牢记在心中，并付诸行动，才被称为君子。而小人则是不想继承历史的经验，不想学习别人的长处，不想与人建立相互亲爱的关系，不想选择最佳行为方式，不想动脑筋，不愿意诚信对人，所以才被称为小人。所以君子的快乐与小人的快乐有着根本的不同。君子的快乐是发自于内心的快乐，小人们其实没有快乐，有的只是享乐，享乐中的那一点点快感和兴奋。

"仁、义、礼、智"乃儒学之四端，是整个儒家思想的根基与核心；每个字、每个概念，都有着众多理论的阐述和种种意义的发挥。但是，孟子曾经断言："君子所性，仁、义、礼、智根于心。"（《孟子·告子上》），《大学》之精义，"格""致""诚""修"，要在一心；《中庸》之关键在于戒慎恐惧，在于"率性""尽性"皆需用心。于是，仍是一个"心"，传递着儒家的精神，维系着儒学的根基。尤其是孟子所阐发的仁、义、礼、智之心，不管是从其理论的意义上，还是从其具体的实践中，都具有深远的文化心理学的意义和价值。

13.22【原文】

孟子曰："伯夷辟纣，居北海之滨，闻文王作①，兴曰：'盍归乎来②！吾闻西伯③善养老者。'太公辟纣，居东海之滨，闻文王作，兴曰：'盍归乎来！吾闻西伯善养老者。'天下有善养老，则仁人以为己归矣。五亩之宅，树墙下以桑，匹妇蚕之，则老者足以衣帛矣。五母鸡，二母彘，无失其时，老者足以无失肉矣。百亩之田，匹夫耕之，八口之家足以无饥矣。所谓西伯善养老者，制其田里，教之树畜，导其妻子，使养其老。五十非帛不暖，七十非肉不饱。不暖不饱，谓之冻馁。文王之民，无冻馁之老者，此之谓也。

【注释】

①作：赵《注》以"作兴"为一辞，朱熹以"作"属上读，"兴"属下读，云："作、兴皆起也。"此处从朱说。

②来：据王引之《经传释词》，"来"是句末助词。

③西伯：即周文王。

【译文】

孟子说："伯夷躲避纣王，住在北海边，听说周文王奋发有为，就振作起来说：'为何不投奔西伯呢？我听说他善于奉养老人。'姜太公躲避纣王，住在东海边，听说周文王奋发有为，就振作起来说：'为何不投奔西伯呢？我听说他善于奉养老人。'天下有善于奉养老人的人，那么仁人君子就把他视为自己的依托。有五亩地的人家，在墙下种植桑树，妇女养蚕，那么老人就可以穿上丝帛了。养五只母鸡，二只母猪，不耽误喂养时机，老人就可以吃上肉了。有百亩田地的人家，男子耕种，八口之家就足以吃饱饭了。所谓周文王善于奉养老人，就是他制定了田亩制度，教导人们种植桑树和畜养家禽，教育百姓奉养老人。五十岁的人

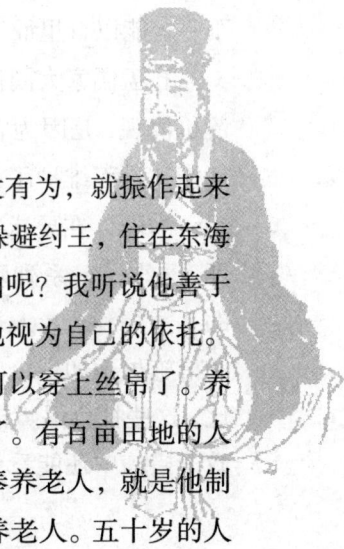

没有丝帛就穿不暖，七十岁的人没有肉就吃不饱。吃不饱，穿不暖，叫作忍饥受冻。文王的百姓没有忍饥受冻的老人，说的就是这个意思。"

【评论】

这是孟子对尽心知命的举例，周文王就是一个很好的例子。周文王所做的，其实也很简单，换句话说，周文王行政的行为方式就是善待百姓，不欺诈，不压迫，不掠夺，不剥削老百姓，"制其田里，教之树畜，导其妻子使养其老"，如此而已。这就是君子的本性，再加上仁、义、礼、智根植于心，所以就使得天下百姓都来归附。

儒家思想是我国古代占统治地位的意识形态，其倡导的大同思想是中国人民美好的精神追求，其中也包含了丰富的社会保障思想。孔子曾对其弟子说过一段有名的话："大道之行也，天下为公，选贤与能，讲信修睦。故人不独亲其亲，不独子其子；使老有所终，壮有所用，幼有所长，矜寡、孤独、废疾者皆有所养。……是谓大同。"就是说：在理想的大同社会中，人们不仅要关心自己的亲人，还要为社会上的弱者提供帮助，使老年人得到赡养安度晚年，使儿童得到照顾教养而健康成长，使鳏、寡、孤、独、残者都得到社会的救济安置。

孟子继承了孔子的大同仁爱思想，从巩固统治者地位的角度提出"善养老"的重要意义。孟子在这里要告诉人们的是：文王兴，善养老，民归之如水之就下，遂能以百里而王，而善养老的涵义就是使老人有衣穿有肉吃，不挨冻受饿。

孔孟儒家大同仁爱思想和孝道伦理之所以在其后千百年封建社会中被奉为主流价值观，是因为它适应了自然经济家庭生产方式的需要，它维护了家庭的保障功能，进而维护了社会的稳定。

当然，在要求家庭担负主要保障功能的同时，历代统治者也重视社会的责任，采取了一系列政策措施以弥补家庭功能之不足。这些措施大体上相当于今天的儿童福利、老人福利、就业服务、社会救济、医疗保健、社会安全等。其内容和措施虽不如现今的社会保障制度系统和完善，但是与千百年前的生产力水平相比，这些社会保障措施已算得上相当先进了，其中的一些做法在今天的社会保障政策措施中还能看到影子。

13.23【原文】

孟子曰:"易其田畴①,薄其税敛,民可使富也。食之以时,用之以礼,财不可胜用也。民非水火不生活,昏暮叩人之门户求水火,无弗与者,至足矣。圣人治天下,使有菽(shū)粟如水火。菽粟如水火,而民焉有不仁者乎?"

【注释】

①易:赵岐《注》:"易,治也。"田畴:《一切经音义》引《国语》贾氏《注》云:"一井为畴,九夫为一井。"《史记·天官书》如淳引蔡邕云:"麻田为畴。"按"田畴"无妨作一词看,犹言"田地"。

【译文】

孟子说:"授予百姓田地,减轻税收,百姓就可以富足。按时饮食,依礼消费,财物就用不完。百姓没有水和火就不能生活,黄昏时去敲别人家的门讨要水和火,没有不给的,因为水和火相当充足。圣人治理天下,使粮食像水和火一样充足。粮食像水和火一样充足,百姓哪有不仁爱的呢?"

【评论】

这一段与孔子"先富后教"以及孟子自己在《滕文公上》里论述"有恒产者有恒心"的思想是相通的。"先富后教""有恒产者有恒心"和这里所说的"圣人治天下,使有菽粟如水火"都表现了儒学抓经济基础的一方面。儒家从重视民生出发,倡导富民思想。

儒家经典《周礼》提出"保息养民"的六项措施,即"一曰慈幼,二曰养老,三曰振穷,四曰恤贫,五曰宽疾,六曰安富。"富而安之,体现了儒家早期的富民思想。孔子提出富而教之的思想,"子适卫,冉有仆。子曰:'庶矣哉!'冉有曰:'既庶矣,又何加焉?'曰:'富之。'曰:'既富矣,又何加焉?'曰:'教之。'"使人民生活得到满足而富裕,然后施之以教,使人民有道德。把富民作为施教的前提和基础,可见对富民的重视。孔子还把富民与利民、满足人民的物质生活利益联系起来。他说："因民之所利而利之。"强调利民、富民、保民、爱民，体察和顺应民心的向背，这是儒家富民思想的特征。

孟子还设想，物质财富得到很大的丰富和满足，百姓还有不仁的吗？他说："圣人治天下，使有菽粟如水火。菽粟如水火，而民焉有不仁者乎？"满足了百姓的生活需求，使之富足，就会使民众达到仁的境界而国安。而民穷则争，争则起暴乱，国难以治。可见民富才能国安，使老百姓安居乐业，民富而国富，是儒家政治思想的基本点。

13.24【原文】

孟子曰："孔子登东山①而小鲁，登泰山而小天下，故观于海者难为水，游于圣人之门者难为言。观水有术，必观其澜。日月有明，容光②必照焉。流水之为物也，不盈科不行；君子之志于道也，不成章③不达。"

【注释】

①东山：当即蒙山，在今山东蒙阴县南。

②容光：赵岐《注》："容光，小郤（xì）也。"焦循《正义》云："苟有丝发之隙可以容纳，则光必入而照焉。容光非小隙之名，至于小隙，极言其容之微者，以见其照之大也，故以小郤明容光。"

③成章：《说文》云："乐竟为一章。"按由此引申，事物达到一定阶段，具一定规模，则可曰成章，犹孔子所言"斐然成章"。

【译文】

孟子说："孔子登上东山就觉得鲁国小了，登上泰山就觉得天下小了，所以观看过大海的人很难被其他的水所吸引，在圣人门下学过的人难以被一般言论所吸引。观看水有方法，一定要看它壮阔的波澜。日月有无比的光辉，小缝隙也能照射进去。流水的本性，不充满水坑就不会向前流。君子有志于道，不彰明也就不会通达。"

【评论】

这里包含两方面的意思：

一方面，立志要高远，胸襟要开阔；另一方面，基础要扎实，要循序渐进，逐步通达。

"登东山而小鲁，登泰山而小天下"，这是胸襟的拓展，境界的升华。登山如此，观水也如此，所以有"观于海者难为水"一说。既然大海都看过了，其它小河小沟的水还有什么看头呢？徐霞客说："五岳归来不看山，黄山归来不看岳。"境界就是这样一步一步提高的。既然"登东山而小鲁，登泰山而小天下"，既然"观于海者难为水"，那么，"游于圣人之门者难为言"也就是顺理成章的了。所以，登山就要登泰山，观水就要观海水，做学问就要做于圣人之门。这是拓展胸襟，升华境界的道理。

另一方面，"观水有术，必观其澜"。因为，光有本，水有源。太阳和月亮的光辉不放过任何一个能够容纳光线的小缝隙，流水不放过任何一个坑坑洼洼。那么，我们做学问，立志于道呢？也同样应该不马虎，不敷衍，循序渐进，厚积薄发。既然如此，我们怎能不打好基础，一步一个脚印地踏实向前呢？

这是一段激励人立志向学和提高思想境界的绝妙好文，深富哲理，值得我们把它当作座右铭来读。

13.25【原文】

孟子曰："鸡鸣而起，孳孳为善者，舜之徒也；鸡鸣而起，孳孳为利者，跖①(zhí)之徒也。欲知舜与跖之分，无他，利与善之间也。"

【注释】

①跖：即《滕文公下》篇中所提及的盗跖，相传为柳下惠的弟弟，春秋时大盗。

【译文】

孟子说："鸡鸣起身，孜孜不倦地行善，是舜一类的人；鸡鸣起身，孜孜不倦地求利，是跖一类的人。要想知道舜和跖的区别，没有别的，只是求利和求善

的不同。"

【评论】

全部《孟子》始终在辩的无非是义利之间。利并不完全代表金钱，利就是自私，人人都在追求有益于自己的、现实可见的好处，那就是利。

天还没有亮，听到鸡叫就起床了，自己第一念想是今天要做什么善事，这种人就是尧、舜一流的人物，属于走圣人路线的。另一种人，也是鸡鸣即起，但他们所注意的是"为利"，专想去赚钱，其实也很辛苦。孟子说，这种"孳孳为利"的是"跖之徒"。"跖"是古代一个盗帅，他是柳下惠的弟弟，但是连柳下惠、孔子对他都没有办法。孔子劝告他，他和孔子辩论说盗亦有道，说出一大堆仁、义、礼、智、信的最高道德哲学，这典故出自《庄子》的《杂篇》。

孟子说圣人与强盗的分别，一个是"为善"，一个是"为利"。强盗哲学就是自私，只有为己、占有，这就是强盗心理；圣人则所作所为都是为利他而付出，差别就在这里。理论上说起来很容易，可是行为上做起来非常难。佛学上"盗"是五大根本戒律之一，不可以犯盗戒。佛学上真正的戒律，凡是"不与取"就是盗。也就是说，没有得到别人同意给你的，都是盗窃的行为。依照佛家这个戒律，我们天天都在犯盗戒。例如路上一个遗失物，守佛家盗戒的人，连看也不看一眼，这东西属于路，不属于我，如果看一眼，心念一动："谁遗失的？"这就已经犯了戒，动了贪心。如果要拾起来，最好交到公家招领，超过了法定期限没有人领，那就归于公有。依照此理严格的检讨，人生随时都可能犯盗戒，唯有享受"江上之清风，山间之明月"，才不算犯戒。

孟子这里所讲的"跖之徒"，虽然没有像佛家说得那么明显和详细，但含义与佛家所说行为上的盗，与内在意识的贪是同一个作用，只是表达的方式不同。他主张走圣人之道，告诫我们要"鸡鸣而起，孳孳为善"，自己的思想、心理行为，念念在做好人、做好事，才可以够得上读圣人书，学圣人之道，走圣人之路。如果"鸡鸣而起，孳孳为利"，也可以，不过孟子的定义则是"跖之徒也"，那就是大盗之道了。圣人与大盗的差别，就在义利之间。

13.26【原文】

孟子曰："杨子取①为我,拔一毛而利天下,不为也。墨子兼爱,摩顶放踵②利天下,为之。子莫③执中。执中为近之,执中无权④,犹执一也。所恶执一者,为其贼道也,举一而废百也。"

【注释】

①杨子:即杨朱。取:动词,主张。

②摩顶放踵:顶指头颅,踵指脚跟,赵岐《注》:"摩秃其顶,下至其踵。"

③子莫:赵岐《注》:"鲁之贤人也。"

④权:赵《注》释为权变,朱熹释为权衡。

【译文】

孟子说:"杨子主张为我,就算是拔去自己一根汗毛而有利于天下,他也不愿意。墨子主张兼爱天下,哪怕是磨秃头顶磨破脚跟而对天下有利,他也愿意干。子莫采取中间态度,中间态度比较接近正道。但是折中却不能权衡轻重,就像坚持一个极端一样。厌恶坚持一端的做法,是因为它有损仁义之道,只抓住一端而废弃了其余所有的部分。"

【评论】

杨朱的哲学思想,古人说是为己的,是绝对的个人自由主义,天下人人都为自己,每人都为自己好好生活,好好生存。但是"拔一毛而利天下,不为也"这句话,是反对杨朱观点的人所说的,是指摘他而说的话。

此外与杨朱相反的是墨子一派的思想,主张"兼爱"天下人,个人的生活简朴清苦,不奢侈豪华,安贫乐道,一生从事利他活动,为弱小穷苦的人群服务。墨子本人,经常光着头赤着脚,都在为他人的利益辛勤奔走,很像后世佛教的苦行僧。例如有一次楚国与宋国要打仗,墨子就跑去劝两边人不可打,终于把一场大战消弭于无形,使人免遭伤亡于战火之中。墨子的精神,是专门把人家的棺材抬到自己家里来哭的,我爱自己的亲人,亦爱天下人。天下人的父母,也就是我的父母,天下人的儿女,也就是我的儿女。

墨子的"兼爱",等于佛家大乘的菩萨道的思想,是以无我的精神,积极行布施,做利己利人的事业;杨朱的思想等于佛家的小乘思想,看起来是自利的,实际上,佛家的小乘道也是以慈悲喜舍为前提的。

在孟子以前,因为时代的动乱,社会的贫困,人们的精神痛苦极了,于是这两家的思想,就被当时社会欢迎接受了。所以孟子曾感慨地说:"天下之言,不归于杨,即归于墨。"

这是孟子对杨朱和墨翟学派非常著名的一段评论,至今仍然是对杨、墨的权威性论断。我们这里对他关于杨、墨的评论不予深说,而是侧重于他对子莫的看法:子莫执中。

照理说符合儒学的中庸之道,应该受到大加赞扬。事实上,孟子也的确说了"执中为近之",应该是很不错的。但"执中无权,犹执一也"这就出了问题。这里的"权"是指"权变",通权达变。也就是说,如果只知道死板地坚持"执中",没有变通,那就不是执中,而是"执一"了。而我们知道,中庸之道本来是"执两用中"(《中庸》)的,既然只是"执一",当然也就不是中庸之道了。因此,并不符合儒学的主张。

为什么"执一"就有问题呢?因为它"举一而废百",坚持一点反而废弃了其余很多方面,具有片面性,其结果是"贼道"。"贼"在这里作动词,指对真正的中庸之道有所损害。回过头来说到杨子的为我,墨子的兼爱,在孟子看来,都是"执一"之道,因此,"为其贼道也",是孟子所反对的。

这一章从对杨、墨的评论出发,表达了孟子主张"执中"而变通的思想主张。对我们来说,既有学术史的价值,又有思想方法上的启示。

13.27【原文】

孟子曰:"饥者甘①食,渴者甘饮,是未得饮食之正也,饥渴害之也。岂惟口腹有饥渴之害?人心亦皆有害。人能无以饥渴之害为心害,则不及人不为忧矣。"

【注释】

①甘:觉得食物甜美。

【译文】

孟子说:"饥饿的人觉得任何食物都是美的,干渴的人觉得任何饮料都是甜的,这就有碍于了解饮食的正常滋味,这是饥渴造成的。难道只有口腹才受饥渴所害吗?人心亦会受饥渴所害。人如果能不以口腹受饥渴所害而使心受所害,那么就不会因比不上别人而担心了。"

【评论】

孟子的话很有道理。人在极度饥渴之时,对味的追求极为有限,不可能辨别出肴之真味。酸甜苦辣咸鲜香,味之基础;以口舌尝之为品,用心感受为知。同是七味,却因人而异。

吃为了什么?活着,这是基本需求;吃好为了什么?为了好好活着,这是升华。人类的奋斗,首先解决的就是如何获得食物和如何稳定地有预期地获得食物以维持生命,解决了这个问题才有其他想法。所以吃首先是生理需要,获取维持生命所需基本营养,吃饱是第一要务。

从最本质的意义上来说,人人都会自己求利的,只不过求利的行为方式不一样罢了,就像人们饮食一样。很多人是因为感到饥饿了才觅求饮食,而这时到手的饮食不论是什么都能吃下去。这样做对不对呢?肯定不对!因为这不是饮食的最佳行为方式。正确的饮食方法是定时定量,到时候就吃,而且不暴饮暴食,这样才不会被饥饿所害。

人的心灵同样如此,"书到用时方恨少","临时抱佛脚",不仅无利,反而有害。因此,如果能以调养饮食的行为方式调养心灵,提前学习应该学的,丰富知识,扩展眼界,提高内涵,人的这一生也就不忧了,也就不会被外物伤害了。

13.28【原文】

孟子曰:"柳下惠不以三公易其介①。"

【注释】

①介:《文选注》引刘熙云:"介,操也。"

【译文】

孟子说："柳下惠不会为做大官而改变自己的节操。"

【评论】

孟子说柳下惠"不以三公易其介"。"三公"是中国古代地位最显赫的三个官职，"介"在这里是指"操守"。孟子的话，其实是在赞扬柳下惠人品高尚，他能不受权势所迫，不为利益所诱，不受任何外物所趋，始终如一保持自己的操守。

"不以三公易其介"，足以体现柳下惠的高风亮节。但通常有高风亮节的人都有些孤高自许，目下无尘，但柳下惠却不然。《孟子》中有这样的记载："柳下惠不羞污君，不卑小官；进不隐贤，必以其道；遗佚而不怨，厄穷而不悯。故曰'尔为尔，我为我，虽袒裼裸裎于我侧，尔焉能浼我哉？'故由由然与之偕而不自失焉，援而止之而止。援而止之而止者，是亦不屑去已。"（《孟子·公孙丑上》）

柳下惠怀济世之才，却并不恃才自傲，他积极处世，又能随遇而安，但在和悦平易中却始终不改高洁之志，不随波逐流。这就是"和而不流"。

活着应该脱离低级趣味，有所坚持，有所追求，也就是有所不凡。这点毋庸置疑，但我们所处的毕竟是凡尘俗世，既为不凡，那坚持必定难以被认可，那追求也必定难以被实现，那我们就要离群索居，愤世嫉俗，不容于世吗？当然不是，我们要能保持不凡，还要能甘于平凡，竭尽所能，在其位就谋其政。人生处处都应尽力而为，像伯夷、叔齐为了表明不食周粟的决心，在首阳山上等死，于世何益呢？甘于平凡，保持不凡，才是正确而现实的人生态度，而这也正是"和而不流"的精髓所在。

柳下惠是和而不流的表率，是被孟子尊为可为"百世之师"的"和圣"。可到了今天，人们能知道柳下惠其人却并非因为他的"和而不流"，而是源于一段子虚乌有的坐怀不乱。

13.29 **【原文】**

孟子曰："有为者辟若掘井，掘井九轫[1]而不及泉，犹为弃井也。"

【注释】

①轫：赵《注》谓一轫为八尺。焦循《正义》引程瑶田说，"轫"同"仞"，等于七尺。九轫犹言很深，九是多的意思。

【译文】

孟子说："做一件事就好比是挖井，挖井九轫还不见泉水，仍然将它视为废井。"

【评论】

"为山九仞，功亏一篑。"（《尚书·旅獒》）为井九仞，同样也可能功亏于最后一仞。而一旦功亏，不管是一仞还是半仞，都是半途而废，留下的是废井一口。

孔子说："譬如为山，未成一篑，止，吾止也。譬如平地，虽覆一篑，进，吾往也。"（《论语·子罕》）进退成败都在自己。孔子最赞赏的，则是弟子颜渊的精神："惜乎！吾见其进也，未见其止也。"（同上）见其进而未见其止，当然也就不会"为山九仞，功亏一篑"，不会因为"掘井九仞而不及泉"便停止了。

所以，孔子也罢，孟子也罢，都是反对半途而废，赞赏积极进取精神。这也算是儒家先贤所着力推崇的一种风范吧，时至今日，也仍然对我们有激励价值。

13.30 **【原文】**

孟子曰："尧、舜，性之也；汤、武，身之也；五霸，假之也。久假而不归，恶知其非有也。"

【译文】

孟子说："尧、舜之爱民，是出于本性；汤、武之爱民，是身体力行；五霸假借爱民之名而谋利。长久地假借而不是自己拥有，人们终会知道他不是真有。"

【评论】

尧、舜所尽的是本性，汤、武所行为的亦是本能，唯有五霸是假借，虽然是假借，虽不是一种本性，亦是一种学习，这其中当然也有爱民的行为方式。只是这种行为方式不是发自内心，不是本性、本能，所以不可以保持长久。既然不能

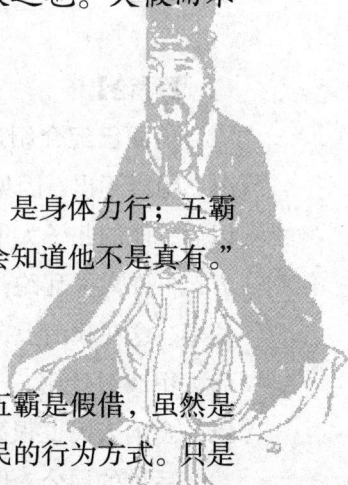

保持长久，也就不会得到人民的拥护。这种不长久，也就是不诚信，既然不诚信待人，别人同样会不诚信待你，所以五霸的事业是不会成功的，这就是尽心知命与行为方式的关系。

13.31【原文】

公孙丑曰："伊尹曰：'予不狎①（xiá）于不顺，放太甲于桐，民大悦。太甲贤，又反之，民大悦。'贤者之为人臣也，其君不贤，则固可放与？"

孟子曰："有伊尹之志，则可；无伊尹之志，则篡也。"

【注释】

①狎：亲近而态度不庄重。

【译文】

公孙丑问孟子："伊尹曾经说：'我不亲近那些违背礼义的人，于是将太甲放逐到桐邑，百姓很高兴。太甲变得贤能了，又恢复他王位，百姓也很高兴，贤人做别人的臣子，国君不贤明，就可以把国君放逐吗？"

孟子说："有伊尹那样兴国之心志，就可以。没有伊尹那样兴国之心志，那就叫篡逆。"

【评论】

前面已经介绍过，伊尹是商汤的贤相。他本来是一位贤士，夏桀暴虐天下时，隐居不出。因见民不聊生而出，后来帮助商汤革命，推翻了夏朝。但是汤死以后，他的儿子太甲不行，伊尹就把这位小"皇帝"太甲，放到首都外桐这个地方，不许太甲乱跑，要他好好读书、学习、反省。这时伊尹自己就代为管理国家的事。这在政治上，有篡位的大嫌疑，但是全国人民很高兴他这样的做法。三年后太甲改过迁善，于是伊尹又把太甲接回来执行君王的任务，自己则再退位称臣，全国人民也很高兴。

后世的周公，也与伊尹有相似的做法。武王统一天下，弟弟周公为相。武王死后，依古代制度，由武王的长子成王接位。因成王接位后不肖，周公也仿伊尹的做法，把成王移地读书、学习、反省，周公自己摄政了七年。但是周公却不如伊尹那样，能得大家谅解，当时天下就有了流言，都怀疑他准备废掉这个侄子成王，而想篡位当"皇帝"。

孟子讲了历史哲学的一些道理之后，他的学生公孙丑，就提出伊尹放太甲这件事，来问老师说：以前太甲"不顺"，伊尹说"予不狎于不顺"，自己不能跟着这个小"皇帝"混，于是就把小"皇帝"放出去，软禁起来读书、学习、反省。当时天下人民，并不认为是伊尹不对，反而非常高兴；等到太甲改过迁善，伊尹又把他接回来当"皇帝"，天下人民，又很高兴。公孙丑说，请问一个做宰相的人，"其君不贤"，看见小"皇帝"不对，可以把他放逐出去、软禁起来吗？孟子回答说："有伊尹之志则可，无伊尹之志则篡也。"如果有伊尹这样的胸襟，可以这样做，因为他无私，不算窃位；假定没有伊尹之志，就算篡位。孟子这两句话，成了中国政治哲学上的名言。虽没有在字面上说对与不对，可是已经说了对与不对，就是要有像伊尹一样动机与存心才可以，否则就不可以。

13.32【原文】

公孙丑曰："《诗》曰：'不素餐兮①'。君子之不耕而食，何也？"

孟子曰："君子居是国也，其君用之，则安、富、尊、荣；其子弟从之，则孝、悌、忠、信。'不素餐兮'，孰大于是？"

【注释】

①此处诗句引自《诗·魏风·伐檀》，旧说这是首讥刺贪鄙的诗歌。

【译文】

公孙丑问孟子："《诗经》上说：'不白吃饭啊。'可是君子不耕种也有饭吃，为什么呢？"

孟子说："君子居住在一个国家，君主任用他，那么国家就安定富裕、尊贵显荣；国家的少年子弟跟从他学习，就会孝敬父母、友爱兄弟、忠诚守信。'不

白吃饭啊’，还有比这更重要的吗？”

【评论】

公孙丑所问的意思是：《诗经》不是说，不要不劳而食吗？而君子不耕而食，这又是为什么呢？公孙丑的设问往往是拿来设难的。所谓“设难”，除了使问题更加引人注意外，一是要用这样的设问来引出答者所要强调的重要命题，二是体现和考验问者和答者的智慧与机敏。

那么，孟子要强调一个什么样的命题呢？孟子回答公孙丑的大意是：君子居住在一个国家，如果那里的君主任用他，就会给这个国家带来安定、富足、尊贵和荣耀；如果那里的许多人作为弟子，师从于他而有所教化，就会给这个国家带来“孝顺父母、尊敬兄长、尽忠职守、信于朋友”的风气。这样一来，国家普遍的德养就提高了。这并没有白吃饭啊！孰重孰轻，孰大孰小，这不是很清楚的事情吗？

孟子的这个回答，有如东汉赵岐所说的：“君子正己，以立于世，世美其道，君臣是贵，所遇者化。”用今天的话来讲则是，君子尽心知性，修身养德，以自己高尚正直、富仁饱学的人格立于世间，世人都赞美他的道行，君臣都认同他的尊贵。所到之处，他的行止，他的教诲，都无不起着教化人、引导人的作用。这如孟子在《尽心下》第二十章里所讲的：“贤者以其昭昭，使人昭昭。”

孟子要强调的是“君子”在树国家之德本、行国家之教化、匡国家之风气等方面所起到的示教和牵引作用。公孙丑的这个“设难”，是要引出孟子的君子“用则安、富、尊、荣，从则孝、悌、忠、信”这样一个“道德师表”的命题。这仅有两句之言的问对，暗含的却是孟子意识里一直以来的期望，期望天下国家当对儒家思想观念里的君贤之才的重用和尊重。

13.33 **【原文】**

王子垫①问曰：“士何事？”

孟子曰：“尚志。”

曰：“何谓尚志？”

曰：“仁义而已矣。杀一无罪非仁也，非其有而取之非义也。居恶在？仁是也；路恶在？义是也。居仁由义，大人之事备矣。"

【注释】

①王子垫：赵岐《注》："齐王子，名垫也。"

【译文】

王子垫问孟子："士人是做什么的？"

孟子说："修养高尚的志向。"

王子垫又问："怎么修养高尚志向？"

孟子说："推行仁义罢了。杀一个无罪之人，就是不仁；不是自己应有的而夺取，那就是不义。良心放在哪里？要放在仁那里。应该走什么路？走正义之路。仁心义路，君子为之就完备了。"

【评论】

上章讲君子之所事，本章接着就讲读书人之所事。君子教之而不叫"不耕而食"，那么读书人"不耕而食"又应该做什么呢？孟子认为，读书人的任务就是学习，学习要有一个目标，不能是仅仅为了生存，为了养家活口而学，要树立起自己的志向。而这个志向不是去当官，不是去发财，而是修身。儒学精神，以修身为本。而修身之事，就全在"居仁由义"四字上。

"自暴者，不可与有言也；自弃者，不可与有为也。言非礼义，谓之自暴也；吾身不能居仁由义，谓之自弃也。仁，人之安宅也；义，人之正路也。旷安宅而弗居，舍正路而不由，哀哉！"（《孟子·离娄上》）立身不以仁为根本，行事不由义之正路，背离居仁由义而不自知，是为自暴自弃，是人生之悲哀。

"居天下之广居，立天下之正位，行天下之大道；得志，与民由之；不得志，独行其道。富贵不能淫，贫贱不能移，威武不能屈，此之谓大丈夫。"（《孟子·滕文公下》）欲为人中豪杰，堪称大丈夫，亦必坚持居仁由义，于富贵、贫贱、得失、进退之间，以至生死抉择之间，毫不动摇。

总之为人之道，全在"居仁由义"；人品之高下，只在于"居仁由义"做得如何。

13.34【原文】

孟子曰："仲子①,不义与之齐国而弗受,人皆信之,是舍箪食豆羹之义也。人莫大焉亡亲戚君臣上下②。以其小者信其大者,奚可哉?"

【注释】

①仲子:《滕文公下》中所提及的於陵陈仲子。

②人莫大焉亡亲戚君臣上下:王引之《经传释词》云:"焉,犹于也。""亡"同"无"。仲子避兄离母,耻其兄为齐卿,故孟子大不以为然,说他无亲戚君臣上下。

【译文】

孟子说:"陈仲子,如果不合礼而把整个齐国给他,他也不会接受,人们都相信他能这样做。他的做法,如同饥饿的人宁可饿死,也不接受施舍的饮食,具有同样的意义。人最大的过错在于抛弃亲戚、君臣、上下的伦常。因为一个人有小的节操就相信他有大的节操,怎么可以呢?"

【评论】

孟子和匡章交流过关于陈仲子的事情,孟子对那种因小失大的行为比较不认可,所以当有学生再次问到这个问题,孟子就再次耐心地给予了回答。

他说,陈仲子这样的人还是有些原则的,如果不用他所能接受的方式,就算把齐国给他他也不会接受,而且齐国人民也相信这一点。不过呢,陈仲子能取得大家的信任,实在是他只是"非礼"不食而已,仅仅是在饮食上做做文章,就算他做得再好,如果因此而舍弃了父母兄弟的亲情,那也只是小义而已。陈仲子这样做,大家还相信他,不就是大家没有看到他因小失大的做法的后果,这样怎么可以呢?

孟老师的意思是说,仁义也有大小,只有符合那种以天下为己任的仁德的行为(义),才是真正的义举。陈仲子只按自己的仁义标准做事,当然不符合孟子的仁义标准,而且会给缺乏判断力的人们造成不好的影响。

13.35【原文】

桃应①问曰:"舜为天子,皋陶为士,瞽瞍杀人,则如之何?"

孟子曰:"执之而已矣。"

"然则舜不禁与?"

曰:"夫舜恶得而禁之?夫有所受之也②。"

"然则舜如之何?"

曰:"舜视弃天下犹弃敝蹝③(xǐ)也。窃负而逃,遵海滨而处,终身䜣④(xīn)然,乐而忘天下。"

【注释】

①桃应:赵岐《注》:"孟子弟子。"

②有所受之:朱熹《集注》云:"言皋陶之法有所传受,非所敢私,虽天子之命亦不得而废之也。"

③蹝:也写作"屣",草鞋。

④䜣:同"欣",快乐。

【译文】

桃应问孟子:"如果舜做天子,皋陶做法官,要是舜的父亲瞽瞍杀了人,应该怎么办?"

孟子说:"抓起来就是了。"

桃应说:"那么舜不阻拦吗?"

孟子说:"舜怎么能阻拦呢?只有接受这种做法。"

桃应又问:"那么舜该怎么办呢?"

孟子说:"舜抛弃天下之位有如抛弃穿破的鞋子。他会偷偷背着父亲逃跑,沿海边住下,一辈子高高兴兴的,快乐得忘了曾做过天子的事情。"

【评论】

这里面牵涉到好几个行为方式的问题，瞽瞍杀人，这种行为方式肯定不对；皋陶执行法律，逮捕瞽瞍，这种行为方式就对了；那么舜的行为方式就只有两种，一是按国家法律惩处父亲瞽瞍，另一种行为方式就是背着父亲逃跑。如果按照国家法律惩处父亲，舜就要担负不孝的罪名；如果背着父亲逃跑，那就违背了这个国家的法律。这个问题看起来似乎不难解决，法大于情嘛，"大义灭亲"，乃是一种维护国家法律的最佳行为方式。

按现在的话来说，法律是不讲人情的，但法律里面有没有人情呢？"仁"是人与人相互亲爱，换句话说，就是人与人之间的亲情。而法度、法则、法律则是根据人与人之间亲情的需要而建立起来的一种规范制度，是维护人与人之间正常关系的，这里面必然也就含有人与人之间相互亲爱的关系了，而人与人之间的关系是靠亲情维系着的，所以法律里面必然也含有仁的内容。

可以这样说，法律、法规、法度起源于维护人与人之间的亲情，如果人与人之间都没有亲情了，人与人之间相互的关系都不需要维护了，还要这些法律、法规、法度干什么？所以，孟子认为，一个人首先要尽到亲情的责任，才符合法律、法规、法度和社会行为规范的要求。如果一点亲情都不顾了，那也不符合法律、法规、法度和社会行为规范的要求。舜之维护亲情而不顾国家法律，并不是他认为亲情超过法律，他之所以偷偷背着父亲逃跑，沿海边住下，也就是他不愿意触犯法律、违背法律，而是在远离人类法律的地方孤独终生。

13.36【原文】

孟子自范之齐①，望见齐王之子，喟然叹曰："居移气，养移体，大哉居乎！夫非尽人之子与？"

孟子曰："王子宫室、车马、衣服多与人同，而王子若彼者，其居使之然也；况居天下之广居②者乎？鲁君之宋，呼于垤(dié)泽之门③。守者曰：'此非吾君也，何其声之似我君也？'此无他，居相似也。"

【注释】

①自范之齐：范，地名，故城在今山东范县东南二十里，为从梁到齐的要道。魏源《古微堂外集·孟子年表考》云："梁襄嗣位之后，值齐宣新政之初，孟子闻其足用为善，故自范之齐。"

②广居：孟子常以此词指仁。

③垤泽之门：垤，即《左传》襄公十七年之"泽门"，杜预《注》云："宋东城南门也。"

【译文】

孟子从范邑到齐国的国都，远远看见齐王的儿子，感叹地说："环境改变气度，奉养改变体质，环境真是重要啊！不都是人的儿子吗？"

孟子说："王子所住的宫殿、所乘的车马、所穿的衣服大多是与别人相同的，王子为什么会那样呢？就是因为他所居的环境使他那样的。何况以仁为自己居所的人呢？鲁国国君到宋国，在垤泽门下大声喊叫，守门人说：'这不是我们的国君，为什么他的声调那么像我们的国君呢？'这没有别的原因，只因为环境相像罢了。"

【评论】

存在决定意识，地位影响气度。不仅气度，就是一般气质、思想观念等，也都深受地位的影响。莫说本来是王子的人气度与一般人不一样，就是原本为平民老百姓，甚至出身苦寒低贱如替人看牛放羊的朱元璋，一旦地位改变，做了天子，那气度与精神风貌也会变若天上地下，这就叫作"居移气"。

当然，有所影响，有所改变并不意味着主体自身完全不起作用，像"环境决定论"者所认为的那样，人完全是周围环境的奴隶。事实上，我们也看到，有不少后来做了皇帝，贵为天子的人，怎么也改不了早年做平民，做农民时的习性和脾气，甚至一些特殊的喜好，这就是主体自身的能动性在起作用。用一句通行的话来说，也可以叫作"江山易改，本性难移"。

所以，一方面，环境地位对人的气质、气度的确具有很重要的影响，但另一方面，主体自身的作用也不可忽视。就以孟子在这里的意图来说，他之所以喟然而叹"大哉居乎"，强调"其居使之然也"，其实是为了推出"况居天下之广居者乎"一句话来，要求大家"居天下之广居，立天下之正位"（《滕文公下》），处在"仁"的地位上。而要做到"居天下之广居，立天下之正位"，选择"仁"的地位，离开主体自身的作用能行吗？这正如孔子所说："里仁为美。择不处仁，焉得知？"（《论语·里仁》）一方面，要居住在有仁厚风气的地方才好，但另一方面，"择不处仁，焉得知？"还是离不开主体的选择作用。

无论是孟子本章，还是孔子"里仁为美"的一章，都既可以作为我们进行社会学研究、历史人物研究的参考，又可以作为教育学研究的资料，对于学校教育，尤其是家长对子女的培养和教育具有非常重要的指导意义。

13.37【原文】

孟子曰："食而弗爱，豕交之也；爱而不敬，兽畜之也。恭敬者，币之未将①者也。恭敬而无实，君子不可虚拘。"

【注释】

①将：《尔雅·释言》云："将，送也。"《仪礼·少仪》郑《注》云："将，犹奉也。"

【译文】

孟子说："供养别人而没有爱，就像养猪一样；虽有爱却不恭敬，就像养禽兽一样。恭敬之心是在送礼物之前就具备的。如果只有恭敬的形式而缺乏恭敬的实质，那么君子就不能被虚假的恭敬所束缚。"

【评论】

"养而不爱如养猪，爱而不敬如养狗。"这两句话对于我们在奉养老人时具有特别的警醒作用。我们常常看到新闻媒介报道各种各样的对老人大不敬行为，不仅是不敬，甚至连赡养的应尽职责都不愿意尽到。而在孟子看来，不仅应该赡养，而且应该满怀爱心，恭敬有礼地赡养。如果不是这样，那你赡养老父老母也就和养猪养狗差不多了。你的老父老母如猪、狗，你自己不也是猪、狗一样没有人性的吗?

这一章对我们的重要启示还是一个对父母的态度问题,也就是"孝"的问题。在一般认为"孝道"已日渐式微的今天,这个问题已没有孟子时代那样在社会生活中举足轻重。但从另一方面来说,对老人的奉养已日益暴露出问题,而且,在世人对这方面的问题日益关注的时候,孟子的论述不是对我们很有警醒作用吗?

13.38【原文】

孟子曰:"形色,天性也;惟圣人,然后可以践形。"

【译文】

孟子说:"人的身体容貌是天生的。只有修养成圣贤,然后才能践行形体的真正意义。"

【评论】

这个"践形"是孟子学用孔子的,《论语·先进》载:"子张问善人之道。子曰:'不践迹,亦不入于室!'"这个意思是说,子张问关于善人的道理。孔子说:"不踩踏出痕迹,亦不进入某一个房间。"如果为着表现自己是善人而刻意地去行善,就是"践迹",也就是落下痕迹了,也就是"过犹不及"了。而"不入于室",这个"室"字是一个比喻,意谓"窠穴",也就是说,做善事,做善人,不要落入窠穴,不要为了做一个善人而刻意地去做善事,那样也许就会违背自己的心愿以及违背一定的社会行为规范。这也是"过犹不及"的道理。按照孔子的意思,要做善人,或行善事,就要不露痕迹地去做,做了就做了,不要刻意地去让别人知道或刻意地让别人不知道,既不扬扬得意,也不因为别人不知道而灰心丧气。既不要求得到回报,更不能怨恨别人不回报。心态平平的,如此而已。

而我们现在的人,做了一点善事便到处张扬,生怕别人不知道,总希望别人感恩图报,涌泉相报;张扬过分了,便会使接受善行的人,受到帮助的人心存反感,乃至于怨恨,从而使善行变成了恶行,亦使好事变成了坏事。所以,深刻体会孔子的话,凡事不过分,不过头,好心总会有好报的。

而孟子的意思则是圣人做事可以留下形迹，因为圣人做的事是光明磊落的，是尽心知命的，是值得后人仿效的，因此圣人做事可以留下形迹，以供后来的人们学习。

13.39【原文】

齐宣王欲短丧。

公孙丑曰："为期①之丧，犹愈于已乎？"

孟子曰："是犹或绐红其兄之臂，子谓之姑徐徐云尔，亦②教之孝悌而已矣。"

王子有其母死者，其傅为之请数月之丧。公孙丑曰："若此者何如也？"

曰："是欲终之而不可得也。虽加一日愈于已，谓夫莫之禁而弗为者也。"

【注释】

①期：一年。

②亦：但也，只也。

【译文】

齐宣王想缩短守孝的时间。

公孙丑问孟子："守孝一年，还是比不守孝要好吧？"

孟子说："这就好像有人扭他哥哥的胳膊，你却劝'你慢一点，轻一点'一样，应该教育他孝顺父母，恭敬兄长。"

王子死了母亲，他的师傅为他请求服丧几个月。公孙丑问孟子："像这种情况该怎样处理呢？"

孟子说："他这是想守孝三年但客观条件不允许。即使是多守孝一天也比不守孝好，我说的是针对没有人禁止他守孝但他却不肯守孝的那种人。"

【评论】

齐宣王即位，想要缩短为齐威王守丧的时间。消息传到魏国，引起孟子和弟子的争论。孟子认为，守丧关键在于行孝之心，如没有条件为父母守三年之丧，守几个月也是可以的；如有条件守丧三年，却只守一年，同样可以看作是不孝；而对于那些没有人禁止他守孝自己却不去守孝的人，即使多守孝一天也比不守孝好。

13.40 **【原文】**

孟子曰："君子之所以教者五：有如时雨化之者，有成德者，有达财①者，有答问者，有私淑艾②者。此五者，君子之所以教也。"

【注释】

①财：同"材"。

②私淑艾：朱熹《集注》云："人或不能及门受业，但闻君子之道于人而窃以善治其身，是亦君子教诲之所及。"

【译文】

孟子说："君子教育人的方法有五种：有像及时雨那样滋润万物的，有鼓励修德进性的，有各因其才使其进步的，有解答疑难问题的，有以其学识仁德影响后学的。这五种便是君子教育人的方法。"

【评论】

我们在前面已经听孟子说过"教亦多术矣"（《告子下》），但他在那时并没有说"多术"到底体现在哪些方面，而只是重点说了一种特殊的教育方式——"不屑之教"。现在，他又列出了五种不同的教育方式。

朱熹曾经逐一列举了孔子、孟子用这五种方式在不同学生身上的运用，比如说孔子对颜渊、曾子就是"如时雨化之者"；对冉伯牛、闵子骞就是"成德者"；对子路、子贡就是"达财者"；而孔子、孟子分别对樊迟、万章就是"答问者"。至于"私淑艾者"，朱熹举的是孔子、孟子分别对陈亢、夷之。其实，孟子自己认为，他就是孔子的私淑弟子，在《离娄下》里，他曾经说过："予未得为孔子徒也，予私淑诸人也。"这其实就是对"私淑艾者"的最好解释。

虽然孟子在这里所列的五种教育方式已包括了德育、智育等各方面，但严格说来，它并不是一个全面的教学体系，各种方式之间也没有严密的逻辑关系，而只是一种列举的性质。

尽管如此，我们还是可以看到，这些不同的教育方式，是根据学生们本身的不同情况，因材施教而总结出来的经验。如果不是从理论方面作系统的要求，而是从教学实际情况出发，把它们引入教学实践，即使是在两千多年后的今天，也仍然是有推广与应用价值的。

13.41【原文】

公孙丑曰："道则高矣，美矣，宜若登天然，似不可及也；何不使彼为可几及而日孳①(zī)孳也？"

孟子曰："大匠不为拙工改废绳墨，羿不为拙射变其彀②(gòu)率。君子引而不发，跃如也。中道而立，能者从之。"

【注释】

①孳：通"孜"，勤勉，努力不懈。
②彀率：是指弓张开的程度。

【译文】

公孙丑问孟子："道太高太美好了，就好比是要登天一样，似乎是不可登攀。为什么不让它变得可攀而可以每天都能勤勉努力呢？"

孟子说："高明的工匠不会因为笨拙的工匠而放弃墨斗线的标准，羿不会因为笨拙的射手而改变自己弯弓的限度。君子修道如同拉满弓而不发箭，又如同马上发箭的样子。站在道路中间，有才能的人就会跟从。"

【评论】

这段文字包含相互联系的两层意思：第一层，真理不能降格以求，不能因为追求真理的困难或目标高远而降低目标或标准，从教育的角度说也是一样，高明的老师不能因为懒惰愚笨的学生而改变或放弃高标准严要求，这就是"大匠不为拙工而改废绳墨，羿不为拙射变其彀率"。第二层，"君子引而不发，跃如也。"善于引导的老师总是给学生留有消化理解的余地，重在传授方法，以身作则激发学生学习的主动性。把弓拉满，但却并不把箭放出去，只是做出要放的样子，启发他们理解，激发他们跃跃欲试的愿望，所以孟子又把这种做法归结到"中道而立"的落脚点上。所谓"中道"也就是无过无不及，做得恰到好处的中庸之道，如此一来，孟子就很巧妙地把教育与学习的问题与儒学所提倡的最高道德标准——中庸，联系在一起了。

做到了这一步，老师教起来轻松，学生学起来愉快。

13.42【原文】

孟子曰："天下有道，以道殉身[1]；天下无道，以身殉道[2]；未闻以道殉乎人[3]者也。"

【注释】

①以道殉身：朱熹《集注》云："身出则道在必行。"

②以身殉道：朱熹《集注》云："道屈则身在必退，以死相从而不离也。"

③以道殉乎人：朱熹《集注》云："以道从人，妾妇之道。"意思是不惜把"道"歪曲破坏以逢迎当世王侯。

【译文】

孟子说："天下清明，道随身显；天下昏暗，身随道微。没听说过怀道之士牺牲道而迁就王侯的。"

【评论】

孟子所说的"天下有道，以道殉身；天下无道，以身殉道；未闻以道殉乎人者也"，是中国文化中一项很重要的师道精神。

"中国文化"这个名词，是现代人提出来的，以前没有这个名词，只是叫人

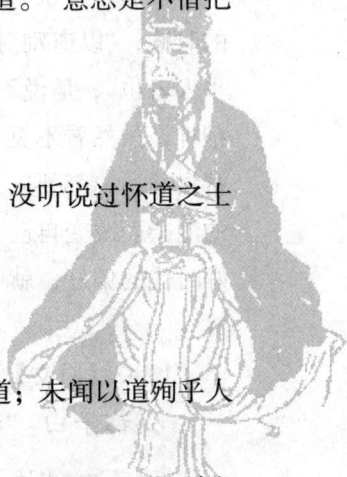

读书明"道"，而且要读通。要注意的是"读通明道"，不只是读"懂"而已。读一本书，懂得它的文字，懂得它的含义，这不难；可是读书要"通"可就难了。依古人的目标看来，许多人读书并没有读通，而是读"塞"，那是不通的。所谓通，就是所做的学问，经也好，史也好，包括农、工、科技等各种学术都能相互通达，融会贯通；而且做人处世之间，也能明白畅通，这就太不容易了。

孟子说："天下有道，以道殉身"，这个"殉"字，有自然顺从的意思，可不要看成是"殉葬"或"殉情"。当天下有最高度文化的时候，就是我们人类完全自然生活在"道"的文化中，一辈子都活在道的自然德性中。

其次是"以身殉道"，不是"以道殉身"。当时代社会处在变乱中，道德沦丧，文化堕落，"天下无道"。一般人生活在这样的时代，为生存而不择手段，互相争斗，唯利是图，只顾个人生命需要而自私自利，没有时间管什么道呀、德啊。在这种情况之下，就是古人所谓"覆巢之下，安有完卵"，一个有道德的人，想做中流砥柱绝不可能。所以自古以来，道家或儒家的有道之士，就采取避世、避地、避人，隐遁山林，以待时机再出山弘道。

这种时势，在我们五千年的历史上，有很多次的惨痛经历，大家只要一读历史就可以明白了。再说老子、孔子、孟子等这些圣贤，也都生在时代离乱的环境中，他们无可奈何，只好讲学传道。他们在滔滔浊世中，做一盏指路的明灯留给后世，薪火相传，不断道统，这就是"以身殉道"的精神。

以孟子所说，自古传承道统的圣贤只有两条路：一、在太平盛世，天下有道的时候，"以道殉身"；二、在天下变乱的时候，"以身殉道"；至于"未闻以道殉乎人者也"，是说不论人类社会的思想、教育、物质文明如何演变，"道"的文化精神，虽然看不见，摸不着，可是却万古长存，变动不居。所以不管贫穷低贱，富贵通达，都要安于这个"道"，独立而不移，不要因为时代的变乱，各种学术的混杂而改变自己，对别人的盲目学说，随声附和。如果歪曲自己的正见，而讨好时代的偏好，就叫作"曲学阿世"。

13.43【原文】

公都子曰："滕更①之在门也，若在所礼，而不答，何也？"

孟子曰："挟贵而问，挟贤而问，挟长而问，挟有勋劳而问，挟故而问，皆所不答也。滕更有二焉。"

【注释】

①滕更：赵岐《注》："滕君之弟，来学于孟子者也。"

【译文】

公都子问孟子："滕更在先生门下，在以礼相待的范围，为什么不回答呢？"

孟子曰："依仗自己的地位权势来问，依仗自己贤能来问，依仗自己年纪大来问，依仗自己有功劳来问，依仗自己是老交情来问，都不予回答。滕更占了两条。"

【评论】

古代教育，很少像现代填鸭式的教育，主要是要学生自己去想、去悟，然后才来问老师，老师则在这个问题上给予启发。如果不问，老师就可以认为是学懂了，从而讲下一个问题。但如果要问老师，则不能"挟贵，挟贤，挟长，挟有勋劳，挟故而问"。

这是孟子所说五个教育方法中的"答问"问题。孟子的学生公都子提出来问，有一个名叫滕更的人，是一个小诸侯的弟弟，也就是后世所说的亲王、高干子弟之类。大概他有什么问题，孟子没有答复他，所以公都子问老师说，滕更也是你的学生，至少他也算是您的弟子，他问您，您不答复他，这是为什么呢？

孟子说：一个人"挟贵而问"，就像孟子见梁惠王，梁惠王那种口气"叟，不远千里而来，亦将有利吾国乎？"老头儿，你那么远跑来，对我国有什么好处？这就是"挟贵而问"。孟子一听，就给梁惠王过不去，说："王何必曰利？"

有人是"挟贤而问"，这在社会上常常看到。有人自己觉得修为了几十年，自认为有道，对于不知道的问题，向人求教，学来以后，装成一副自我高明的样子说："你说的和我差不多。"

还有人是"挟长而问"，自认为年高，总以为自己是对的。他不懂的问题，向人请教以后，大摇大摆捋捋胡子说："可以，可以。"好像说，你这小子还不错，这是"挟长而问"的神态。

"挟有勋劳而问"，这是说有的人有身份、有地位，高官厚禄的人，被恭维惯了的人，他有问题问你，他的心中已经觉得是看得起你，这样的情形是"挟有勋劳而问"，你可以笑而不答，或婉转推开了事。

还有的是"挟故而问"的，因为有其他的原因，故而假借一个什么问题来接近质问你，那也可以置而不答。

孟子说，对于这五种情形来问的人，都是有问题的。而滕更来问，占了其中的两样：第一，他是高干子弟，"挟贵而问"；第二，他是另有目的，"挟故而问"，所以我不答复他。

从这里，我们看到了孟子的人格，表现出师道的尊严，而且比孔子看得还更严重。孔子是有教无类的，孟子则是有所斟选的。

13.44【原文】

孟子曰："于不可已①而已者，无所不已。于所厚者薄，无所不薄也。其进锐者，其退速。"

【注释】

①已：朱熹《集注》云："已，止也。"赵岐《注》："已，弃也。"今从朱《注》。

【译文】

孟子说："对不该停止的停止了，那就没有不可停止的了。对应该厚待的薄待了，那就没有什么不可薄待的了。前进太迅速的人，摔落也快。"

【评论】

这里一共说了三种情况，不过，前两种情况性质是一样的，用孔子的术语来说，都是"不及"的问题，做得不够，因为不该停止的却停止了，不该薄待的却薄待了。没有前进，没有厚待，都是做得不够，所以是"不及"。后一种则是说"太过"的问题，前进太猛，做得过了头，其结果是退起来也会快得很，结果还是达不到目的。这就应了孔子的话："欲速则不达。"（《论语·子路》）或者叫作"过犹不及"（《论语·先进》）。

孟子在这里依然是师承孔子的意思，分别说到"不及"与"过"的弊病。在我们一般的眼光看来，"不及"是消极，"过"是积极。消极的弊病不言而喻，可积极的弊病在哪里呢？从主观方面来说，"进锐者，用心太过，其气易衰，故退速。"（朱熹《孟子集注》）好比马拉松长跑，你一开始就以百米赛的速度冲刺，其结果必然是很快败下阵来。从客观方面来说，例证也有不少。《后汉书·李固传》说："先帝宠遇阎氏，位号太疾，故其受祸，曾不旋时。"阎氏受皇帝宠爱，升官太快，成了"火箭式"的干部，因此遭人嫉恨，迅速遭祸。

无论从主观方面还是从客观方面来说，都是"其进锐者，其退速"。或者，还是用孔子的经典性表述："欲速则不达"，"过犹不及"。只有中庸之道，做得恰到好处，无过无不及才是正确的，才能够从容不迫地顺利地达到目的。

13.45【原文】

孟子曰："君子之于物也，爱之而弗仁；于民也，仁之而弗亲。亲亲而仁民，仁民而爱物。"

【译文】

孟子说："君子对于万物，爱惜却不用仁德对待它；对于百姓，用仁德对待他，却不亲爱他。君子亲爱亲人，因而仁爱百姓；仁爱百姓，因而爱惜万物。"

【评论】

通常来说，儒家主要侧重于讲人伦的关系。它讲的爱，主要是爱人或者说爱民。民在古时期就是人的意思，所有人都叫民。儒家比较侧重于讲人与人之间的相互关爱，但是儒家绝不仅仅限于这个。不是为了人的利益，我们就可以杀这个杀那个；不是为了人的生存，我们就可以掠夺和破坏大自然。首先是"亲亲"，这是最初级的爱，首先要爱自己的父母和兄弟姐妹。培养爱心，次第要分得很清楚。先"亲亲"，而后才"仁民"，"老吾老"而后"以及人之老"，不能反过来。一旦反过来，《孝经》里叫作"悖德"，跟人的性德是相违背的，不是天性，不是自然的本真。我们的心量只能从当下小小的善心逐步地推展开来。从"亲亲"而到"仁民"，爱整个人类。再进一步，最终要达到的是"爱物"，对天下的万事万物平等地关爱，不能说人比动物高贵。

有些人讲，儒家不如墨家。墨家讲"兼爱"，这是平等的爱；儒家讲孝道，这是差等的爱。自己家的父母我要孝顺，别人家的父母先放在一边，这就是差等的爱。这个差等的爱跟平等的爱，怎么能比呢？墨家的"兼爱"虽然好，但那是爱的高级阶段。如何达到这个阶段呢？还是要从孝道做起。所以说孔孟之道才是圣贤教育，它既是圆满的，又是方便的。下手之处是从孝道做起，人人都做得到，而最终达到兼济天下乃至爱万物。儒家到了爱物这个层面，比墨家的兼爱还要广。佛家是博大圆满的，但佛家修学怎么落实呢？"孝养父母，奉事师长"，还是从这里开始。如果这条不做，不管你怎么诵经怎么拜佛，都不可能有成就。

13.46【原文】

孟子曰："知者无不知也，当务之为急；仁者无不爱也，急亲贤之为务。尧、舜之知而不遍物，急先务也；尧、舜之仁不遍爱人，急亲贤也。不能三年之丧，而缌（sī）、小功之察①；放饭流歠②，而问无齿决③，是之谓不知务。"

【注释】

①缌：细的麻布，指缌麻三月的孝服。小功：五月的孝服，如外孙为外祖父母戴孝，古人用此种孝服。

②放饭流歠：放饭，把吃剩的饭放回饭器。赵岐《注》："放饭，大饭也。"流歠，赵岐《注》："流歠，长歠也。"《曲礼》云："毋放饭，毋流歠。"赵岐《注》："于尊者前赐饭，大饭长歠，不敬之大者。"

③齿决：《曲礼》又云："濡肉齿决，干肉不齿决。"就是湿肉能用牙齿啃断，干肉只能用手折断。在长者前干肉齿决，这是不大礼貌的。

【译文】

孟子说："智者无所不知，但总是以当前的事务为先；仁者无所不爱，但总是以亲近亲人、贤人为要务。尧和舜不能知晓万物，但他们总是急于当前的重要事务。尧和舜的仁爱不能遍及所有的人，但他们总是急于亲近亲人和贤人。如果不能服三年之丧，单对于三个月、五个月的丧服却很讲究；大吃猛喝，而又考究不用牙齿啃断食物的人，叫作不识大体的人。"

【评论】

把握事物发展的本末终始，知所先后，不只是为学的指导原则，也是办一切事、解决一切问题的重要原则，是中国人的一项大智慧。凡事物都有本末，本是内在的本质、根据；末是表露于外的结果、表象。事物发展也都有过程，有开端，有结束。本末、终始都是事物本身所有，不能由人意改变。办事情，解决问题，都要以本始为先，末终为后。抓住根本，依事物发展规律，循序渐进，方能成功。抓不住根本，只在枝节上下功夫，治标不治本，必定事倍功半，终至失败。不依事物发展规律，超越阶段，急于求成，也必将事与愿违，招致失败。不辨本末，舍本逐末，固然不能求成；只知本末而不晓终始，也终难达预期效果。

尧、舜的知和仁，不是没有区别地对待物和人，而是首先用在根本和应当做的事上。不能服丧三年，严重违礼，却在讨论缌、小功这些礼的细节；进餐狼吞虎咽，已是大不敬，却还在计较是否用牙啃干肉这样的细节。这些都是所厚者薄而所薄者厚，本末轻重颠倒，孟子说这是"不知务"，不懂得做事的道理。

知所先后，不仅要辨本末，还必须知终始。这一点上，孔子弟子子夏、子游有过一次争论。《论语》记载：子游曰："子夏之门人小子，当洒扫、应对、进退则可矣。抑末也，本之则无。如之何？"子夏闻之曰："噫！言游过矣！君子之道，孰先传焉？孰后倦焉？譬诸草木，区以别矣。君子之道，焉可诬也？有始有卒者，其惟圣人乎！"子游批评子夏，说子夏的弟子在洒扫、应对、进退等日常行事方面做得还可以，可是这只是末，至于本，却不知道。这是批评子夏不辨本末，舍本逐末。子夏则反驳说，君子之道，传授的时候什么先教，什么后传，是有一定次序的，正像不同的草木有区别一样。子游知有本末而不知有先后，是错了。还说知道有始有终的，恐怕只有圣人吧。子夏把知道终始先后之别的意义提到了很高的位置。

凡事必知先后，知所先后，则事有序。知先后之道，在辨本末、知终始；本始为先，末终为后。察本末终始而定先后，是中国文化的一大智慧。

尽心下

14.1【原文】

孟子曰："不仁哉梁惠王也！仁者以其所爱及其所不爱，不仁者以其所不爱及其所爱。"

公孙丑问曰："何谓也？"

"梁惠王以土地之故，糜烂①其民而战之，大败，将复之，恐不能胜，故驱其所爱子弟以殉之，是之谓以其所不爱及其所爱也。"

【注释】

①糜烂：朱熹《集注》云："使之战斗，糜烂其血肉也。"

【译文】

孟子说："梁惠王真是不仁啊！仁人把施予喜爱人的恩德推及所不喜爱的人，不仁的人把强加给所不喜爱人的祸害推及所喜爱的人。"

公孙丑问："这是什么意思呢？"

孟子说："梁惠王为了扩张土地的缘故，不惜让自己不喜爱的百姓粉身碎骨上战场，打了败仗，又准备再战，因此驱使自己所喜爱的子弟去献身，这就称之为把强加给不喜爱人的祸害推及所喜爱的人。"

【评论】

在这一章里，孟子提到的梁惠王"驱其所爱子弟以殉之"的故事，就是《梁惠王上》第五章里，梁惠王对孟子说的"东败于齐，长子死焉"的事情。据《史记》记载，梁惠王三十五年（公元前335年），魏国大举进攻赵国，赵国大败，慌忙向齐国求救。齐宣王采纳孙膑的建议，在马陵与魏军大战，结果，齐国获胜，斩杀魏将庞涓，俘虏魏国太子申。

孟子认为，梁惠王是个"好战分子"，"好战"会给百姓带来战乱和苦难，最后甚至会祸及自己的儿子，所以说，梁惠王是个"以其所不爱及其所爱"的不仁的人。事实上，任何一个好战分子都是"不仁"的，别说名气并没有多大的梁惠王，就连成吉思汗、拿破仑、希特勒这些人，被孟子遇到的话，也会被斥责为"不仁"吧。

14.2【原文】

孟子曰："春秋无义战。彼善于此，则有之矣。征者，上伐下也，敌国不相征也。"

【译文】

孟子说："春秋时代没有正义战争。但某个君主比另一国君主好一些是有的。所谓的征讨，是天子讨伐无礼的诸侯，相当地位的诸侯是不能相互征讨的。"

【评论】

"春秋无义战"，这既表达了孟子的历史观，也是其政治观的体现。儒家认为"礼乐征伐自天子出"，这才是合乎义的，而春秋时代则是"礼崩乐坏"，"礼乐征伐自诸侯出"，所以没有合乎义的战争。孟子的此一思想依然是来自孔子。孔子在《论语·季氏》中已经说过："天下有道，则礼乐征伐自天子出；天下无道，则礼乐征伐自诸侯出。"礼乐征伐自天子出是西周的时代，礼乐征伐自诸侯出就是春秋时代了。

战争的确是和政治紧紧联系在一起的，也的确有正义的战争和非正义的战争之分。以我们今天的观点来看，衡量正义的战争和非正义战争的标准主要是看发动战争的人目的是什么，而不是看什么人来发动战争。就这一点来说，我们的观点与孟子这里所论是不同的了。"春秋无义战"虽然已成为一句流传很广的名言，但我们却有必要弄清楚孟子所谓"无义"的内涵。弄清楚内涵以后，我们就会知道，以我们今天的观点来看，似乎还不能笼而统之地一概认为"春秋无义战"，而要具体情况作具体的分析了。

14.3【原文】

孟子曰:"尽信《书》[1],则不如无《书》。吾于《武成》[2],取二三策[3]而已矣。仁人无敌于天下,以至仁伐至不仁,而何其血之流杵[4]也?"

【注释】

①《书》:指《尚书》。

②《武成》:《尚书》篇名,旧说此篇主要记叙武王伐商成功后的重要政事。

③策:竹简。古代用竹简写书。

④杵:朱熹《集注》云:"舂杵也。或作'卤',楯也。"

【译文】

孟子说:"一味地相信《书》,还不如没有《书》。我对《尚书·武成》篇只不过相信其中的部分罢了。仁人在天下是没有敌手的,最仁德的人去征伐最不仁德的人,怎么会使血流得把舂米用的长木槌都漂起来呢?"

【评论】

这里"书"是《尚书》,《武成》是《尚书》中的一篇,讲述的是历史上著名的牧野之战,就是周武王伐纣灭商。孟子讲自己就是读像《武成》这样的书,也只是相信一部分而不是全部。所谓的"部分",也不是字面理解的部分,而是其中透过字面看到的理性的部分。武王作为革命的发动者一方,是正义的,是"至仁"的为了解放天下苦难的一方,商纣是"至不仁"为祸天下并殃及同族甚至至亲的暴君,以天下至仁而伐至不仁,怎么会发生"血流漂杵"这样的战争状况?

"血流漂杵"这句话,在《武成》里本身就是武王自谓,可能是武王使用夸张现实来强调自己无可奈何发动战争,导致生灵涂炭的愧疚,本身就是一种对正义战争连带罪恶的责任的承担。这都不是我们只通过字面能看到和理解的东西。所以孟子讲,对于《武成》,他只取二三策。这个道理在我们学习中是显而易见的。

"一千个读者,有一千个哈姆雷特",谁也不能说自己的就是完全对的,我们以前的填鸭式教学就让我们觉得老师都对,明明觉得不对也服从老师的,长大了没想法,缺乏创造力。"尽信《书》,则不如无《书》。"这是精辟透脱的读书法,要求读者善于独立思考问题。

古往今来，人们关于书已不知有过多少礼赞。的确，书是我们人类拥有专利的产物，对很多人来说，还是他们崇拜的神圣对象。但是，如果我们完全信书，唯书本是从，轻则使个人成为书呆子，重则形成所谓"本本主义""教条主义"和"唯书"的作风，误人子弟，贻害无穷。

今天，我们强调"实践是检验真理的唯一标准"，说到"尽信《书》，则不如无《书》"，似乎也已经是浅显而容易明白的道理了。可是在孟子的时代，这恐怕还是空谷足音吧。其实还用不着推得那么远，只需要想想那些"唯书""唯上"的时代，孟子这话也不是随随便便可以引用的。

终于有人说了："不唯书，不唯上。"于是我们也都可以说"尽信《书》，则不如无《书》"了。尤其值得注意的是，孟子谈到"尽信《书》，则不如无《书》"时，所举的例子是《尚书》中《武成》篇的内容，而我们知道，《尚书》作为儒家经典之一，在孔孟的时代也是有着极其权威性地位的。因此，孟子这种对于权威著作，对经典保持独立思考，勇于怀疑的精神，尤其难能可贵，体现出圣贤人物的治学风范。即便是对两千多年后的我们来说，也是值得学习的。更何况，我们今天出版业大大发展，日出一书的出版社已不在少数，书籍汗牛充栋，其负面效应是"无错不成书"，这已成为一个日益引起人们关注的社会问题。在这样的情况下，"尽信《书》，则不如无《书》"的精神就显得尤其必要。不然的话，可是要出大问题的了。

14.4【原文】

孟子曰："有人曰：'我善为陈①，我善为战。'大罪也。国君好仁，天下无敌焉。南面而征，北狄②怨；东面而征，西夷怨，曰：'奚为后我？'武王之伐殷也，革车③三百两，虎贲④三千人。王曰：'无畏！宁尔也，非敌百姓也。'若崩厥角⑤稽首。征之为言正也，各欲正己也，焉用战？"

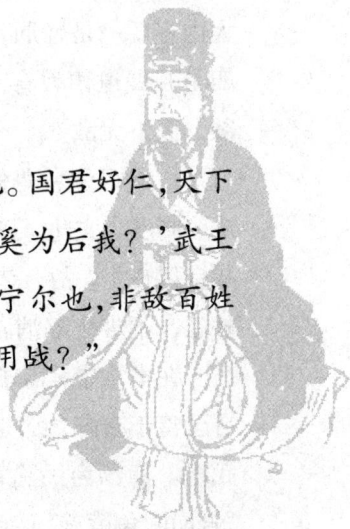

【注释】

①陈：今作"阵"。

②北狄：一本作"北夷"。

③革车：兵车。

④虎贲：指勇士。"贲"同"奔"，言如猛虎之奔走，喻其勇猛。

⑤厥角：厥同"蹶"，顿也。《说文》云："顿，下首也。"角，额角。"厥角"之意即"顿首"。

【译文】

孟子说："有人说：'我善于布兵阵，我善于作战。'这都是大罪恶。一个国家的君主若喜好仁德，天下就没有敌手了。向南方征讨，北方的狄族埋怨他；向东方征讨，西边的夷族埋怨他，人们都说：'为什么不先讨伐我们呢？'武王讨伐殷商，只出动兵车三百辆，勇士三千人。武王说：'不用害怕，我是来解救你们的，不是来与百姓为敌的。'百姓便把额头触地叩起头来，声音好像山倒塌一样。征的实质是正，百姓都乐生正己之地，哪还用战争呢？"

【评论】

这个"南面而征"的事，在《梁惠王下》里孟子就说过，本章重提，乃是借以说明真正的做到爱民，行仁政而得天下，并不需要通过战争取天下。

儒家道德以仁为本，孟子提出仁者无敌论。仁者在位，必施仁政。仁政有四大内容，一是轻刑，德主刑辅；二是轻税，减轻国民经济负担；三是发展生产；四是开展道德教育。如此就能赢得民众的拥戴，上下一心，众志成城，上下同欲，天下无敌。

仁者得位，尊儒重道，亲仁尚贤，必然形成圣贤君子集团，以仁道指导政治、制度、文化、道德、经济、科技诸方面的建设，从而逐步建成良制良法，形成良风良俗。故仁者有其位必有其力，纵有内贼外敌，难有可乘之机；纵然内忧外患，不难化解消除。

在本章中，孟子这段话最清楚不过地表明了儒家对待战争的态度。有人夸耀自己善于布阵，那是好战分子，是大恶。国君好仁，就能天下无敌，如商汤和周武王。商汤为民除害，故东征西夷怨，南征北狄怨；武王吊民伐罪，殷商百姓"若崩厥角稽首"。征就是正的意思。如果各国都能端正自己，哪还用得着打仗？

《孟子·公孙丑下》又提出与仁者无敌论近义的"君子必胜论"。孟子说："域民不以封疆之界，固国不以山溪之险，威天下不以兵革之利。得道者多助，失道者寡助。寡助之至，亲戚畔之；多助之至，天下顺之。以天下之所顺，攻亲戚之所畔；故君子有不战，战必胜矣。"这里的君子，兼德与位而言，也就是德位相称的仁者。仁者自有大智大能，只要有权位，必有其功业，无论干什么，不会大失败。论领军用兵，自古圣贤，战无不胜，儒生出身的帝王或将领也都特别厉害。

仁者无敌即王者无敌，王道政治有三大基础：一是允执厥中，坚持中道；二是制礼作乐，刑政健全；三是教学为先，化民成俗。道统高于政统而开为学统。至于尊重民权，重视民生，发展经济科技，加强武备，提高战力，知己知彼，深谋远虑，都是王道题中之义。

王道政治道德挂帅，"正德，利用，厚生，惟和"（《尚书·大禹谟》），在正德的前提下，利物之用，厚民之生，达到人与人、人与社会、人与自然和人类身心的高度和谐。儒家充满科学精神，重视物质开发和科技探索，强调开物成务和格物致知。这个物，涵盖宇宙万象，包括人类肉体、意识一切现象。这样的政治，这样的文明，当然是强大无敌的。"仁者无敌"论是儒家政治大义，也是儒家经典共识。

14.5【原文】

孟子曰："梓匠轮舆能与人规矩，不能使人巧。"

【译文】

孟子说："各类木匠，只能把制作的规矩准则教给别人，却不能使别人一定具有高明的技艺。"

【评论】

"大匠能与人规矩，不能使人巧"是一个成语，这个成语出自《孟子》："梓匠轮舆能与人规矩，不能使人巧"。据《周礼·考工记序》记载，木工分为七种，即"轮、舆、弓、庐、匠、车、梓"，那么，"梓、匠、轮、舆"分别是其中的四种，是木工的代称。用现代汉语解释这句话：能工巧匠能教给他的徒弟使用圆规

与矩尺方法，却不能使他心灵手巧。这个成语在于强调受教育者只有发挥主观能动性，在技能上才能有所提高。

德国哲学家康德有一段对于诗歌艺术的分析正好可以借来发挥孟子的这一思想。康德说："尽管对于诗艺有许多详尽的诗法著作和优秀的样本典范，但人不能学会巧妙地做好诗。"以大诗人荷马为例，他可以教给人以作诗的方法、韵律等，但绝不可能教会第二个人也写出他的那些伟大诗篇。因为他自己"也并不知道他的那些想象丰富而思致深刻的意象是怎样涌上他的心头而集合在一起的"。

简单说，诗艺也罢，能工巧匠的手工艺技巧也罢，都只能教会人规矩法则而不能教会人如何去"巧"。而规矩法则仅仅是及格线，要想真正"巧"起来，关键还在于自己勤勉努力地去摸索，所谓"心有灵犀一点通"，所谓"熟能生巧"，都离不开各人的体悟。我们把"大匠"比作教师，而把"与人规矩"视为教学，把"巧"比成技能或解决问题的能力。那么，教师的教只能传授知识，难以传授解决问题的能力或技巧。这也正是"师傅领进门，修行在各人"的意思罢。

14.6【原文】

孟子曰："舜之饭糗①（qiǔ）茹②（yù）草也，若将终身焉；及其为天子也，被袗（zhěn）衣③，鼓琴，二女果④，若固有之。"

【注释】

①糗：干粮，炒熟的米或面等。

②茹：吃。

③袗衣：赵岐《注》："袗，画也。"按赵氏此训于经传缺乏例证，恐不可信。孔广森《经学卮言》云："袗非画也，义如《论语》'袗红绤绤'之'袗'。《史记·本纪》'尧赐舜绤衣与琴'是也。"又按《曲礼》注云："袗，单也。"故译文以"麻葛单衣"译之。

④果：赵岐《注》："果，侍也。"《说文》作"婐"，云："女侍曰婐。"

【译文】

孟子说："舜啃干粮吃野菜的时候，好像要这样过一辈子；等到他成为天子，穿着麻葛单衣,弹着琴,有尧的两个女儿侍候他,又好像这是本来就有的一样。"

【评论】

好一个"若固有之",这是来自于心灵的真正的快乐与洒脱。安详平和的心态本自具足,不由外铄。这样就不难理解,尧、舜何以甘心功成身退再做凡夫而视弃天下若脱屣然。正所谓"圣人者,常人而安心者也;常人者,圣人而不安心者也。"圣人处富贵贫贱如一,不为环境所移。处处随遇而安,穷不怨而达不骄。

圣人也是凡夫,他和凡夫一样有着七情六欲,过着最平凡、最普通的生活。而有的人却总怀有一颗不安分的心,不甘于现实的平凡。生活本来就是在享受过程,他却总在苦苦期待着美好的结局,把幸福与快乐寄托于遥远的未来。圣人则不然,过着和凡夫一样清贫的生活,却能随遇而安。即便有一天飞龙在天了,他依然保留着做凡夫时的心态。他的快乐是固有的,无论处境如何变化,心态始终如一,平凡与伟大不足以贰其心。

尧、舜之意原本不过是像后来的渭水钓徒、南阳耕夫那样澹泊明志,宁静致远,做一个安心的凡夫。安心第一,功名其次,不以功名利诱乱其心志。所谓"君子安其身而后动",身也者,天地万物之大本也;功名事业者,安身立命之余末也。身未安则本不立,本乱而末治者,否矣。所以做圣人并不意味着与平凡的生活决裂,相反,他首先必须要安安生生地做一个纯粹的凡夫。纯粹的凡夫就是真正的圣人。人之所以不能够成为圣人,正是因为他不能坦然面对自己的平凡。在平凡面前,失去了这份坦然平和的心态,他就不是纯粹的凡夫,更不可能是真正的圣人,他已然迷失了自我。

14.7【原文】

孟子曰:"吾今而后知杀人亲之重也:杀人之父,人亦杀其父;杀人之兄,人亦杀其兄。然则非自杀之也,一间①耳。"

【注释】

①一间:间,去声,隔也,离也。一间言相距甚近。

【译文】

孟子说："我现在懂得了杀死别人亲人的严重性了。杀死别人的父亲，别人也会杀死他的父亲；杀死别人的兄长，别人也会杀死他的兄长。那么即使不是自己杀死自己的亲人，也就只差那么一点点。"

【评论】

不懂得爱民，肯定就会滥杀无辜，而那些无辜的人的亲人，也就会寻隙报仇，就会来杀你，杀不到你，就会寻找你的薄弱环节——你的亲人复仇，杀死他们，这也就等于是自己杀害自己的亲人了。这虽然是孟子的推理，但在现实生活中，确实有这样的事发生。

孟子这几句话看来是有感而发的。在氏族宗法社会里，施行的是人治，而非法治。孟子当时大概是看到了这种氏族间仇杀的可怕景象：冤冤相报，无休无止，甚至带来了灭门、灭族的人间惨剧。

正因为如此，儒家提出了一个"恕"字来解决这种过分紧张的人际关系。本来在这些相互仇杀的问题上，也说不出个谁是谁非来。让步、宽恕，糊涂一点是最好的处理办法。所谓"忍一时，风平浪静；退一步，海阔天空"，便是"恕"道的最好注脚。而不忍、不退、不恕、打打杀杀的结果，是规模更大、后果更严重的报复，并陷入恶性的循环之中，有时甚至还会延续至几代人。

14.8**【原文】**

孟子曰："古之为关也，将以御暴；今之为关也，将以为暴。"

【译文】

孟子说："古代设置关卡，是准备抵抗残暴的；如今设置关卡，却是用来推行暴政的。"

【评论】

孟子十分重视商业，对商人和商业的态度比孔子更积极。如果说孔子只是不鄙视商业和商人，孟子则对商业和从事商品交换的商人采取了优惠和保护的措施，可算得上是一位真正的保商论者了。孟子大力主张统治者实行减免关市税收的惠商政策。当时各国统治者大都利用关卡对商人进行横征暴敛，孟子对此表示强烈的反对，他激愤地指责说："古之为关也，将以御暴；今之为关也，将以为暴"，把设立关卡征收关税看作了对商人实行暴力。

孟子所说"古之"，大概至少是指春秋及其之前，亦周王朝鼎盛时期。那时的周王朝，各诸侯之间还是比较团结，所设之关口主要是为稽查，所以孟子说是为"御暴"，亦防御强暴。孟子所说"今之"，是指战国时期，各诸侯国关系紧张，所以将关口变为相互征税之用，所以孟子会说是"为暴"，即制造暴乱是也。

14.9【原文】

孟子曰："身不行道，不行于妻子；使人不以道，不能行于妻子。"

【译文】

孟子说："自己不按道行动，道在他妻子儿女身上也实行不了；不按道去使唤人，那就连妻子儿女也使唤不了。"

【评论】

孟子告诫世人要讲道，有做人的标准——以身作则，自己做到的，约束别人，人才会信服。尤其劝谏古时君王，若欲别人听从，就要讲"道"——实施仁政。

儒家的修、齐、治、平大道，修身是根本和源头。自己不能做到，就无法齐家（即有一个好的家风、家庭氛围），无法治国（即管理团队和公司），就无法平天下（即战胜竞争对手、求得客户满意）。人们常常责怪孩子不听话，指责妻子不明事理或者丈夫不顾家，埋怨竞争对手不讲规则，客户难侍候，却很少反思并调整自身的行为，不能反身而诚。

所谓诚，不是诚实不说假话，不是指弄虚作假；所谓诚就是自身的行为没有一点不到位，没有一丝亏欠，没有虚假和伪饰，没有夸张和揣测，行为充实而圆满，这就是诚。"诚之者，人之道也"。人们首先难以做到反思，即诚意正心；其次难以以身作则，力行不辍，即修身。人和人不论有多大差距，都是从这一点上开始的，天长日久，差距越来越大。只要一念正心，就会像游子回家一样，回到正道上来，所谓"我欲仁，斯仁至矣！"

14.10【原文】

孟子曰："周于利者凶年不能杀①，周于德者邪世不能乱。"

【注释】

①周：朱熹《集注》云："足也，言积之厚则有余。"杀：缺乏，有窘困意。

【译文】

孟子说："财力充足的人，就是凶年饥岁，也不能饿死他；道德高尚的人，虽是乱世，也不会迷失心志。"

【评论】

积之厚，则用有余。平时重道德修养，心存礼义，行为自然合乎于礼义，经得起乱世的考验。

14.11【原文】

孟子曰："好名之人能让千乘之国，苟非其人，箪食豆羹见于色。"

【译文】

孟子说："喜好名声的人，能让出千辆兵车的国家。但如果不真是能看轻富贵的人，即便是叫他让出一碗饭、一碗汤，他也会表现出不高兴的神情。"

【评论】

孟子说：好名之辈为获取声誉，可以拱手让出相当于一个国家那么大的财富和利益。可这并非他的本性，就在他不在意的一刻，动了他的一碗饭，一杯饮料，他的脸上就会表现出不快的神情。

慷慨大方、高调作秀的人并不少，在有海量的财富做基础的情况下，让出"千乘之国"并不是件太难的事情。但要看一个人，关键是看他穷得只剩下一碗汤的时候，还愿不愿意为饥饿的你匀出半碗来。

14.12【原文】

孟子曰："不信仁贤，则国空虚①；无礼义，则上下乱；无政事，则财用不足。"

【注释】

①空虚：朱熹《集注》云："言若无人然。"其实际意义很难揣测，姑录之供参考。

【译文】

孟子说："不信任仁人、贤人，国家的人才就会空缺；没有礼义，那么上下关系就会混乱；没有好的行政管理，国家的财用就会贫乏。"

【评论】

孟子把"不信仁贤，则国空虚"放在国家治理的首要位置。对一个国家来说，选用干部时，用什么样的人，不用什么样的人，体现用人导向，关乎事业发展，关乎党风民意，关乎国家前途命运。体现的是一项政策，反映的是一种观念，形成的则是一种导向。纵览古今中外国运之兴衰，无不与选人用人有着密切联系。

《资治通鉴》中记载了一段诸葛亮告诫后主刘禅的话：任用贤臣，疏远小人，这是西汉之所以兴隆的原因；而任用小人，疏远贤臣，这正是东汉之所以灭亡的原因。尊崇人才，重用人才，如刘邦之重用韩信、萧何，这才使得他能击败强敌，建立西汉。而东汉后期统治者却反其道而行之，疏远甚至残害人才，曾经兴起过两次党锢之祸，另一方面又重用宦官，终于使这个强大的封建帝国走向了灭亡。

圣贤，匡扶社稷之才，造福于民；奸佞，败坏朝纲之辈，祸国殃民。亲贤远佞者，能创造一个繁荣盛世；忠奸不辨，能腐朽一个社会。无论是在古代的君主社会，还是在今天的民主时代；无论是在官场，还是在商场，或是平头百姓的生活圈子里，亲贤远佞都是同样的道理。

14.13【原文】

孟子曰："不仁而得国者，有之矣；不仁而得天下，未之有也。"

【译文】

孟子说："不施行仁德而能够得到国家的人，是有的；不施行仁德而能够得到天下的人，是没有的。"

【评论】

这个道理也很简单，继承得来的，确实是可以不用爱民，依靠庞大的国家机器自转，亦可维持几十年。但不爱民太过分了，人民亦会产生怨气，这个怨气积久了，膨胀了，也会推翻统治者的。

天下者，全天下也；全天下几十几百个国家，如果不依靠爱民的政治，能逐一征服吗？所以，还是要有爱民的政治，才能使人民安定，国家富裕强盛。

14.14【原文】

孟子曰："民为贵，社稷次之，君为轻。是故得乎丘民①而为天子，得乎天子为诸侯，得乎诸侯为大夫。诸侯危社稷，则变置。牺牲既成，粢盛既洁，祭祀以时，然而旱干水溢，则变置社稷。"

【注释】

①丘民：丘，众也。或云："丘"借为"区"，小也。

【译文】

孟子说："百姓是最重要的，象征国家的土、谷神位是次要的，君主是最次要的。因此得到百姓的拥戴就可以成为天子，得到天子的信任就可以成为诸侯，得到诸侯的信任就可以成为大夫。若诸侯危害社稷国家，那就改立。用作祭祀的牲畜已经长成，用作祭祀的用品已经洁净，也按时祭祀，但仍发生旱灾水灾，那就改立土神和谷神。"

【评论】

人类一旦进入文明社会，建立了国家，统治者如何处理与民众的关系，就成为一个至关重要的问题。为了巩固统治，安定社会秩序，当时各学派的思想家都提出了自己的想法。不仅儒家，包括道家、墨家以及《左传》《国语》《管子》等著作中，都不同程度地蕴含着"民为邦本"的思想。从先秦著作中可以看出，民本思想已成为当时的一种时代思潮；相比较而言，儒家所代表的民本思想最强烈、最集中。

孔子曾提出"节用而爱人，使民以时""修己以安百姓""博施于民而能济众"的主张，要求统治者克制私欲，广施恩泽以让人民安居乐业。孔子以民为本的思想，经孟子继承而发扬光大。"民为贵，社稷次之，君为轻"，这是孟子提出的一个重要思想，有了人民，才需要建立国家；有了国家，才需要有个"君"。得到广大人民的任命，才有资格做天子；得到天子的任命，才可以做诸侯；得到诸侯的任命，才可以做大夫。可见一切政治权力，从根源上来说，都是来自于民众。

这个理念告诉我们，老百姓是最宝贵的，老百姓的利益是至高无上的，和老百姓比起来，决定国家命运的社稷神灵都是次要的，国君在国家的天平上则是分量最轻的。从"民贵君轻"的政治理念出发，孟子坚决反对帝王拥有绝对权力，他将君臣关系视为互相制约、互相对等的相对义务关系，这就是他所说的"君之视臣如手足，则臣视君如腹心；君之视臣如犬马，则臣视君如国人；君之视臣如土芥，则臣视君如寇雠"（《孟子·离娄下》）。孟子更认为统治者不能体现人民的意志，不能代表人民的利益，犯了严重错误还不改，被统治者就完全有权力更换统治者。

"民贵君轻"的思想在先秦诸子中绝无仅有，它是两千年封建社会中最响亮的民主呼声。但是，我们也要明白，"民为贵"与"人为贵"，二者之间还是有很大差别的。民，只是作为臣民而存在，还是专制社会里的一个社会角色，因此，不可能进一步引申出"天赋人权"这样的概念，不可能开出真正的人权思想来。虽然它与现代以人为本的理念还有区别、有差距，但在精神实质上却有内在联系，应当予以充分肯定和发扬。

14.15【原文】

孟子曰："圣人，百世之师也，伯夷、柳下惠是也。故闻伯夷之风者，顽夫廉，懦夫有立志；闻柳下惠之风者，薄夫敦，鄙夫宽。奋乎百世之上，百世之下，闻者莫不兴起也。非圣人而能若是乎？而况于亲炙之者乎？"

【译文】

孟子说："圣人，是百世人的老师，伯夷、柳下惠就是这样的圣人。因此，听到伯夷风操的人，贪婪者都会变得廉洁，懦弱的人也会长志气。听到柳下惠风操的人，刻薄的人也会变得敦厚，胸襟狭小的人也会变得宽宏大量。他们在百世以前奋发进取，百世以后，听说他们风操的人无不感动奋发。如果不是圣人，谁能够有如此的作为？更何况那些亲受圣人熏陶的人呢？"

【评论】

什么是圣人？孟子是给过定义的：大而化之称之圣。所谓百世之师，是说一世之形，而能百世有影；一世之声，而能百世有响，有生命虽尽，精神不朽的意思。所以虽然圣人早已经不在了，但是他的仁心德言，仁行道迹，却仍然为后人所学。

这一章讲的是伟大人物在道德品质和立身处世上对社会和后世产生的深远历史影响。孟子将人分成了一个有阶梯的类别，从上到下依次是圣人、贤人、君子、庶民和小人，划分的标准主要是道德的高下。这样说来，位居最顶端的"圣人"就是道德水准最高的人，但孟子却并没有把圣人当作"完人"，如伯夷、柳下惠，孟子虽把他们列为圣人之列，但也指出他们的不足；而且也没有神化圣人，仍然把他们当作有血有肉的活生生的人看待，舜、禹、商汤、周文王、周武王都是这样的圣人。不仅没有把圣人当作"完人"看待和当作"神人"膜拜，孟子还提出"人人可以为圣人"的观点。孟子认为，只要经过努力，人人都可以成为和尧、舜一样的圣人。

孟子的这一系列观点和主张，使儒家与一向故弄玄虚的宗教划清了界限，不仅避免了儒家被宗教化，还保证了儒家思想作为人生哲学的权威性。

14.16【原文】

孟子曰："仁也者，人也①。合而言之，道也。"

【注释】

①仁也者，人也：古音"仁"与"人"同。《说文》云："仁，亲也。从人二。"《中庸》也说："仁者，人也。"

【译文】

孟子说："所谓仁爱，只有人才拥有。人具有了仁，就是道。"

【评论】

"仁也者，人也"是古代儒学中的重要论题，也是先秦儒学对"仁"的唯一定义式的表达，从秦汉到宋明，儒家学者对之作了各种解释，在现代儒学中仍然受到重视。

14.17【原文】

孟子曰："孔子之去鲁，曰：'迟迟吾行也，去父母国之道也。'去齐，接淅而行——去他国之道也。"

【译文】

孟子说："孔子离开鲁国时，说：'我们慢慢地走吧，这是离开祖国的态度。'离开齐国时，不等把米淘完沥干就走，这是离开别国的态度。"

【评论】

同其他的许多政治、哲学、社会思想开始形成于春秋战国时期一样，我国的爱国主义思想也初步形成于春秋战国时代。一方面，当时有了国家观念和爱国思想；另一方面，人们的"国家"观念和爱国思想还十分淡薄。即便如孔子，他一方面称赞三黜不离开父母之邦的柳下惠，一方面自己也去国于他邦谋求仕进，但在亡命途中，他又不时流露出思念故国的思想感情，就是这种情形的体现。

孔子首先提到"父母之邦"的概念。《论语·微子》中提到，柳下惠在做士师（掌管刑罚的官）的时候，曾经三次被罢官，但他并未离开鲁国，还在谈话中建立了"父母之邦"的概念，因而得到了孔子的肯定和赞扬。孔子对待父母之邦的具体做法，与柳下惠稍有不同。诚然，他未能像柳下惠那样，无视自己的进退出处，始终不离开父母之邦，但是，每一种思想都有不同的表现形式，每一个人都有他不同的境况遭遇，不能强求一律。

"孔子之去鲁，曰：'迟迟吾行也，去父母国之道也。'去齐，接淅而行——去他国之道也。"同样的话，还可以见诸于孟子的另外一段具体而生动的话语表述之中："孔子之去齐，接淅而行；去鲁，曰：'迟迟吾行也。'去父母国之道也。可以速而速，可以久而久，可以处而处，可以仕而仕，孔子也。"这两段看似相同或相近的话，从两个方面，明确表达了"深明王道"在外长期奔波十三年之久以及"干七十余君莫能用"的孔子，站在"去鲁"与"去齐"这样两个人生抉择上的两种截然不同的思想困境：一方面，他对即将远离自己生于兹、养于兹、教于兹的鲁国，充满了缱绻之心、眷眷之意和依依惜别之情；而在另一方面，他又对自己终得以逃避齐国，更流露出了言说不尽的欢畅与快意，甚至他连饭都等不及做好、用完，便毅然决然地决定要离去。

由此可见，在孟子的心目中，孔子对"齐""鲁"两国是怀有不同的思想感情的；而且，与其说这是孔子出于自己的一时兴起或者说是出于他对自己"父母之国"的一己之私，则倒不如说这是因由他对齐、鲁两国不同政治体制的不同价值取向——而此方面，孟子则看得最为清楚、明白：无他，唯"去他国之道"与"去父母国之道"不同之故也。

14.18【原文】

孟子曰："君子之厄于陈、蔡之间①，无上下之交也。"

【注释】

①君子之厄于陈、蔡之间：君子指孔子，《论语·卫灵公》篇："在陈绝粮，从者病，莫能兴。"即是此事。《史记·孔子世家》说是楚使人聘孔子，孔子将往，陈、蔡两国的大夫怕孔子诛责他们的罪恶，因而围困孔子。

【译文】

孟子说："孔夫子受困于陈国、蔡国之间，是因为与两国的君臣都没有交往的缘故。"

【评论】

陈蔡之厄，是孔子周游列国时一次困苦的遭遇。《卫灵公》篇所记"在陈绝粮"，即指此事而言。据《史记·孔子世家》记载，当时吴国伐陈，楚国出兵救陈，闻孔子在陈、蔡之间，便派人来聘孔子。孔子将往楚国，陈、蔡二国大夫唯恐楚国重用孔子以后将危害他们，因此共同派人围困孔子，以致断绝粮食。后来孔子派子贡到楚国，楚昭王出兵来接孔子，才替孔子解了围。

这是孟子举孔子的例子来说明，因为孔子没有和陈国、蔡国的人有交往，也就是说，还没有建立起人与人之间相互亲爱的关系，所以才会受困。如果有交往呢？当然也就不会受困了。这并不是孔子不懂得要建立人与人之间相互亲爱的关系，而是还没有来得及。因为无论任何人，不可能认识天下所有的人，何况当时孔子不是名人，不认识人而受困，这也是情理之中的事情。

14.19【原文】

貉（mò）稽①曰："稽大不理于口②。"

孟子曰："无伤也。士憎兹多口。《诗》云：'忧心悄悄，愠于群小③。'孔子也。'肆不殄厥愠，亦不陨厥问④。'文王也。"

【注释】

①貉稽：赵岐《注》："貉，姓；稽，名。仕者也。"

②不理于口：《广雅·释诂》云："理，顺也。"王念孙《疏证》曾引《易经·说卦传》"和顺于道德而理于义"及《周礼·考工记·匠人》"水属不理孙谓之不行"以相印证，此"理"字亦可训"顺"，则"不理于口"犹言"不顺于人口。"

③《诗》云：此处诗句引自《诗·邶风·柏舟》，旧说这是首感叹仁人不遇的诗歌。悄悄：赵岐《注》："忧在心也。"

④肆不殄厥愠：此处诗句引自《诗·大雅·绵》，这是首歌颂周族创业功绩的诗歌。肆，是发语词，无义。殄，赵《注》释为"绝"。

【译文】

貉稽说："我被人家说得很坏。"

孟子说："这没有什么妨碍。士人都憎恶这种七嘴八舌的人。《诗经》说：'烦恼忧愁压在心，小人视我眼中钉。'孔子就是这样的人。《诗经》又说：'不消减别人的怨恨，也不损害自己的名声。'周文王就是这样的人。"

【评论】

貉稽是齐国人，人品很好，官也做得很好，只是攻评他的人太多了。孟子说：没有关系，"士憎兹多口"。这个"憎"就是憎恨。这句话是说，一个读书人在社会上，没有不被批评的。作为一个人，不要怕人批评。中国人讲修养，在儿童课外读物中，有一本《昔时贤文》，这本书把许多诗句、格言编成韵文读本，其中就有两句说："谁人背后无人说，哪个人前不说人"。人与人相遇，一定说到第三人，说到别人对或不对，这就有是非了。只有两个人没有人背后批评，一个是已经死了的无名古人，一个是还没有生出来的人。孟子回答貉稽的话，虽不是如此说，但含有这个意思。也等于说，你做你的官，你自有你的人格，社会上的是非随时都有。古人说："是非终日有，不听自然无。"你不要去理它，自然就没有了。

孟子进一步再解释说："忧心悄悄，愠于群小。孔子也。"孔子当年周游列国，并不像我们现在出国观光这样舒服，他每到一个国家，都被那里的小人骂。

孔子一辈子都遭小人的嫉妒，倒霉透顶。孔子当时的情况，就好比《诗经·邶风·柏舟》所咏叹的"忧心悄悄"，心里担忧天下国家事，但这种忧虑，只能悄悄摆在心里，讲不出来，没有办法对人坦言。不但如此，并且还经常碰到一般的小人反对他，从各种角度来批评他，这就是"愠于群小"。

前人有两句感叹人生的名言说："人历长途倦老眼，事多失意怕深谈"。一个人几十年生活下来，的确是一个长途，做人做事的经历，在人生这条路上看多了，也走怕了。过去的事，多半是失意的，朋友谈起，也不愿深谈，因为越谈越烦越痛苦。这两句诗深刻得很，是用几十年人生经验写出来的，也就是孔子当年"忧心悄悄，愠于群小"的况味。一个人对国家天下大事，虽然看清楚了，可是却无法讲，又能向谁讲，向谁建议进言呢？孔子尚且遭遇如此，你貉稽受人攻讦，又有什么稀奇，又有什么可怕？

还有《诗经》说的："肆不殄厥愠，亦不陨厥问"，这是文王的遭遇，当年文王兴起的时候，那些边疆的民族，对他这样一个了不起的圣人，道德又非常好的人，仍不满意，不过不敢动，只有在心里反感。可是文王也不以为意，这些人虽然不满意，还是要来听他的教化，而文王照样教育他们，这就是文王。

人生在世，受批评没有什么了不得；如果对人家的批评过分认真，那一天也活不下去。但是要注意批评，"有则改之"，如果人家的批评是对的，就要改过来；"无则加勉"，自己如果没有错误，就勉励自己，不要去犯这个错误就好了。

永嘉大师的《证道歌》说："从他谤，任他诽，把火烧天徒自疲，我闻恰似饮甘露，销融顿入不思议"，人就要做到这样。一个人的名位高了，所受到的反对与攻击会更激烈。后世所崇敬的圣人，在当时的遭遇却是非常痛苦的。从历史上我们得了一个教训，要想做圣人，一定要从极痛苦中站起来，问题在于受不受得了这种痛苦。

14.20【原文】

孟子曰："贤者以其昭昭使人昭昭，今以其昏昏使人昭昭。"

【译文】

孟子说："贤能的人用自己的明白使别人明白，现在的人想用自己的糊涂使

别人明白。"

【评论】

孟子是说，过去的贤人，是首先使自己明白透彻，然后再去指挥和教导他人，使别人也能清楚明白；而今天的人，是自己都糊里糊涂，见识不清，却还妄想要教人明白，其实是在误导他人，混淆视听。

能因为自己或者"昭昭"或者"昏昏"，从而对他人造成深刻影响的，一般来讲，要么是管理者具有掌控权，要么是宣教者拥有话语权。而这两方面角色，都极为重要：管理者有力决定着人们的行为走向；宣教者深刻影响着人们的精神导向。因此，若自己不能是"昭昭"的，就可能会致使一个群体甚至一个时代乃至一代人都是"昏昏"的。所以说，首先要给管理者以有效的管理，给教育者以优质的教育，给培训者以过硬的培训，给宣传者以正确的宣传。因为这些角色，他们的所思所感，所书所言，是灌溉人心的水之源，是引领思想的指南针，是指导行动的说明书。

源头"昭昭"，水才能清；方向"昭昭"，路才能远；人的理念"昭昭"，社会的发展才能健康。我们今天说："教育者先受教育。"或者说："要给学生一碗水，自己得有一桶水。"都是"以其昭昭使人昭昭"的意思。

相反，身歪却要求影子正，源浊却要求流水清，自己都没搞清楚，却想去使别人明白，"以其昏昏使人昭昭"，这不是缘木求鱼吗？孟子说得好："缘本求鱼虽然得不到鱼，但却没有什么后患。以你的所作所为追求你想得到的，越是努力，越是后患无穷。"这段批评梁惠王的话，移在这里来批评"以其昏昏使人昭昭"的人，真是准确极了。如果是一位教师，"以其昏昏使人昭昭"，必然谬种流传，误人子弟；如果是一位官员，"以其昏昏使人昭昭"，必然诬枉不正，贻害他人。

14.21**【原文】**

孟子谓高子曰："山径之蹊①，间介然②用之而成路；为间③不用，则茅塞之矣。今茅塞子之心矣。"

【注释】

①山径之蹊：朱熹《集注》云："径，小路也。蹊，人行处也。"又，焦循《正义》释"山径"为"山之领（岭）"；蹊，段玉裁《说文解字注》云："凡始行之以待后行之径曰蹊。"二说含义相近。

②间介然：《荀子·修身篇》云："善在身，介然必以自好也。"此"间介然"当与《荀子》之"介然"同义，都是意志专一而不旁骛之貌。赵《注》以此词属上读，释为界限分明；朱熹以属下读，释为短时间。

③为间：朱熹《集注》云："少顷也。"

【译文】

孟子对高子说："山坡上的小径虽然不宽，只要经常有人走，就成了路。如果一段时间没人走，就会被茅草堵塞。如今茅草已经堵塞了你的心。"

【评论】

当年刘备三顾茅庐，诸葛亮话说天下大势，规划三国鼎立蓝图。刘备听完以后，离开座位向诸葛亮拱手谢道："先生之言，顿开茅塞，使备如拨云雾而睹青天。"（《三国演义》第三十八回）这"顿开茅塞"作为一个成语，其语源正出于孟子这里，没有"茅塞"，谈何"顿开"呢？诸葛亮开刘备之茅塞，孟子开高子之茅塞，假如你我的心被茅草塞住，又请谁来"顿开"呢？恐怕只有靠自己了罢。

好在，"这地上原本没有路，走的人多了，也就成了路"（鲁迅）。心路也是一样，多走走，介然用之，"茅塞"虽然不一定会"顿开"，但总会有开启的时候吧。何况，"介然用之而成路"，不被"茅塞"的可能性也不是没有啊。

子曰："学而时习之，不亦悦乎？"（《论语·学而》）"学而时习之"是不是心路的"介然用之"呢？如果是，那孔圣人是不是能够使你的"茅塞"顿开了呢？

14.22**【原文】**

高子曰："禹之声尚①文王之声。"

孟子曰："何以言之？"

曰："以追蠡②（lí）。"

曰："是奚足哉？城门之轨③，两马④之力与？"

【注释】

①尚：同"上"，胜过。

②追蠡：追旧读堆（duī）。蠡，虫蛀木，引申为器物经久磨损要断的样子。赵岐《注》："追，钟钮也。钮擘啮处深矣，蠡蠡欲绝之貌也"，"先代之乐器后王皆用之，禹在文王之前千有余岁，用钟日久，故追欲绝也。"

③轨：车辙痕。

④两：同"辆"。

【译文】

高子说："禹的音乐胜过文王的音乐。"

孟子问："为什么这样说呢？"

高子说："因为禹传下来的钟钮都要磨断了。"

孟子说："这怎么能说文王没有禹重视音乐呢？城门下的车辙难道是一辆车辗成的吗？"

【评论】

高子的心路已被茅草堵塞住了，肯定也就是昏昧糊涂的了，所以他认为禹的音乐超过周文王的音乐。他的理由是周朝的音乐已变得很小了，没有传说中禹的音乐那种宏大的场面。这只能说高子的见识太少了，孤陋寡闻，所以才有这样的误解。

孔子就专门讨论过音乐问题，《论语·八佾》："子谓《韶》'尽美矣，又尽善也。'谓《武》'尽美矣，未尽善也。'"韶乐是尧舜时期的音乐，也称为是上古时期的音乐，尧禅让于舜，舜禅让于禹，皆是没有经过战争的和平行为，故孔子认为这种音乐是善良的。而周武王时期所创作的《武》乐，由于周武王是以武力夺取的天下，故其音乐中带有战争的杀伐之音，因而孔子认为美是美极了，但由于存有杀伐之音而缺少善良。但缺少善良并不意味着这音乐不美，不好，所以孟子批评他不懂历史。历史是要发展的，不会永远停留在一个地方，就像车辙，不会永远同样的深浅。

14.23【原文】

齐饥。陈臻曰："国人皆以夫子将复为发棠①，殆不可复。"

孟子曰："是为冯妇②也。晋人有冯妇者，善搏虎，卒为善士。则之野，有众逐虎。虎负嵎，莫之敢撄③。望见冯妇，趋而迎之。冯妇攘臂下车。众皆悦之，其为士者笑之。"

【注释】

①复为发棠：棠，地名，今山东即墨市南八十里有甘棠社，当即此。顾炎武《山东考古录》云："当时即墨为齐之大都，仓廪在焉。"

②冯妇：赵岐《注》："冯，姓；妇，名也。"

③撄：朱熹《集注》云："触也。"

【译文】

齐国闹饥荒，陈臻对孟子说："国内的人都以为您还会再一次劝说齐王打开棠邑仓库救济灾民，你不会再这样做了吧。"

孟子说："再这样做那就成冯妇了。晋国有个人叫冯妇，青年时善于跟虎搏斗，老年时改行善。一次他到郊外，有很多人在追逐一只老虎。老虎凭借着山势，没有人敢去触犯。众人看见冯妇来了，都上前迎接。冯妇挽起袖子、伸出手臂，下车要打老虎。大家都很高兴，但是他的行为却被士人笑话。"

【评论】

在前几年，齐国也曾出现过灾荒年，孟子曾经劝说过齐王开仓赈济百姓，此时齐国又闹饥荒，所以陈臻以为孟子还会去劝说齐王开仓赈灾。按道理讲，为了千千万万的百姓，孟子是应该再去劝说齐王。但上次是齐宣王执政，孟子也任职，还好说。此时却是齐湣王执政，孟子早已退职。齐湣王时，武力很强，对外发动了一系列的战争。湣王因屡胜而更加骄傲自满。但齐因连年兴师用众，造成

"民憔悴，士罢弊"。特别在灭宋以后，齐实际上已成为强弩之末。正是在这种穷兵黩武的情况下，孟子又何必效冯妇去搏虎呢？青年时期的冯妇可以打老虎，但老年时期的冯妇却是心有余而力不足了。这倒不是孟子怕死，可惜自己的性命，只是此时去死，毫无价值。

士人们讥笑冯妇什么？讥笑他重操旧业，又干起了打虎的勾当，而把自己做善士的追求放弃了。但我们从孟子这段话的语气里又感到他并不是完全否定冯妇的作为，因为"再作冯妇"实际上得到众人的拥护，而只是士人们在讥笑他。难道孟子竟会因为怕士人讥笑而不再去劝齐王开仓救民吗？关于这个问题，朱熹有个解释，他认为主要因为孟子说这话的时候，是齐王已不愿意用他，不愿意听他的话了，而孟子自己也知道这个情况，已准备离开齐国了，所以才有这种说法。

不管怎么说，有一点是可以肯定的，孟子之所以说出再作冯妇的典故，是表明了他对自己行为的一种把握，一种审时度势。这正如赵岐注《孟子》说："可为则从，不可则凶。言善见用，得其时也。非时逆指，犹若冯妇，暴虎无已，必有害也。"这可以说是对孟子心态的深刻揭示。

那么，这对我们又有什么启示呢？应该认为，是不是"再作冯妇"并不绝对，关键是要审时度势，把握自己。如果"可为"，如果"见用"而"得其时"，再做一次冯妇也未尝不可。如果"不可"，如果"非时逆指"，则不可"再作冯妇"，以免"暴虎无已，必有害也"，而且还会受到有识之士的耻笑。

14.24【原文】

孟子曰："口之于味也，目之于色也，耳之于声也，鼻之于臭①也，四肢之于安佚也，性也，有命焉，君子不谓性也。仁之于父子也，义之于君臣也，礼之于宾主也，智之于贤者也，圣人之于天道也，命也，有性焉，君子不谓命也。"

【注释】

①臭：同"嗅"，气味。

【译文】

孟子说："嘴巴对于美味，眼睛对于美色，耳朵对于悦耳的声音，鼻子对于芬芳的气味，手脚四肢喜欢舒服，这些都是人的本性，但得到与否是由命决定的，所以君子不认为天性必得所求。仁在父子之间，义在君臣之间，礼在宾主之间，智对于贤能的人，圣人对于天道，实现与否，属于命运，但也是天性的必然，但君子不认为命运可以决定一切。"

【评论】

人有本性，但很多人是依着本性而行为，以为这就是命运。本性就是命运吗？不是！所以孟子强调在人生道路上，在人的命运上，本性是不存在的，所以君子不称它们是本性。命运也是不存在的，所以君子也不称它们是命运。在《尽心上》里，孟子已详细论述过本性的问题，如第一、二十一、三十一、三十八章等。如"尽其心者，知其性也。知其性，则知天矣。存其心，养其性，所以事天也。殀寿不贰，修身以俟之，所以立命也。""广土众民，君子欲之，所乐不存焉；中天下而立，定四海之民，君子乐之，所性不存焉。君子所性，虽大行不加焉，虽穷居不损焉，分定故也。君子所性，仁、义、礼、智根于心，其生色也睟然，见于面，盎于背，施于四体，四体不言而喻。""形色，天性也。惟圣人然后可以践形。"人的本性都是一样，那为什么还会有君子和小人之分呢？君子就是通过继承和学习，把建立人与人之间相互亲爱的关系、把选择最佳行为方式、把智慧的运用、把诚信对人的原则牢记在心中，并付诸行动，才被称为君子。而小人则是不想继承历史的经验，不想学习别人的长处，不想与人建立相互亲爱的关系，不想选择最佳行为方式，不想动脑筋，不愿意诚信对人，所以才被称为小人。圣人做事可以留下形迹，因为圣人做的事是光明磊落的，是尽心知命的，是值得后人仿效的，因此圣人做事可以留下形迹——他的行为方式，以供后来的人们学习。在孟子看来，行为方式这个问题很不好说清楚，因为行为方式没有定规，没有公式，即使是相同的事件，因为人物、地点、时间的不同，亦不可采用同样的行为方式。所以孟子要从尽心知命说起，就是要人们懂得最根本的东西，因为只有懂得了最根本的东西，才能选择到最佳行为方式。所以，只依着本性而行为，就是小人；只依着命运而行为，也是小人。

那么，本性和命运既然都不存在，而孟子又在大谈本性和命运，这岂不是很矛盾吗？其实一点也不矛盾。人是有本性，但人的本性可以改变，可以克制。人是有命运，但人的命运也可以改变！关键就在于人是否能尽心知命。而尽心知命则是要人们懂得最根本的东西，因为只有懂得了最根本的东西，才能够尽到本性，才能选择到最佳行为方式。那么最根本的东西既然不是本性和命运，那是什么呢？人类社会的形成主要不是人的生理组织与机制进化的生物学过程，而是以爱心和劳动为基础的人类共同活动和相互交往等社会关系形成的过程。人类所特有的生存方式，决定人类社会所具有的人们之间相互关系的内容、形式、性质、特点都与"动物社会"有着根本的不同。这就是孟子所说的"人之有德、慧、术、知者，恒存乎疢疾。独孤臣孽子，其操心也危，其虑患也深，故达"。也就是说，在严酷的大自然面前不得不忧患，不得不发愁于危难，因此人类才得以发达。而人类的发达则表现在人有品德、有理解能力、有权术、有知识。这就是人们最根本的东西，人类也就是在不断地懂得最根本的东西后，在选择最佳行为方式中发达起来的。所以，人们不要过分地依凭本性，也不能过分地依凭命运，因为本性和命运既然能够被改变，那就是靠不住的。而只有懂得人生的道理，走上正确的人生道路，人们才能够获得幸福和快乐。

14.25【原文】

浩生不害[①]问曰："乐正子何人也？"

孟子曰："善人也，信人也。"

"何谓善？何谓信？"

曰："可欲之谓善，有诸己之谓信。充实之谓美，充实而有光辉之谓大，大而化之之谓圣，圣而不可知之之谓神。乐正子，二之中、四之下也。"

【注释】

①浩生不害：赵岐《注》："浩生，姓；不害，名；齐人也。"

【译文】

浩生不害问孟子："乐正子是个什么样的人？"

孟子说："是个善良的人，是个诚信的人。"

浩生不害问："什么叫善良？什么叫诚信呢？"

孟子说："自己喜爱，使人可有，就是善良；自己有善，让别人也有善，就是诚信；发扬善、信就是美；发扬善、信非常充分就是大；善、信形成大势而去影响化解贪鄙就是圣；圣化之力不知不觉而全面影响人们就是神。乐正子是善、信之中的人，是美、大、圣、神之下的人。"

【评论】

值得喜爱的叫"善"，自己确实具有"善"就叫"信"，"善"充实在身上就叫"美"，既充实又有光辉就叫"大"，既"大"又能感化万物就叫"圣"，"圣"到妙不可知就叫"神"。

孟子认为美的人必须具有仁义道德的内在品质，并表现充盈于外在形式。所谓"充实"，指的是个体通过自觉的努力，把其固有的善良之本性"扩而充之"，使之贯注满盈于人体之中。"充实"之所以能成为美，在于它能使人的外在形体"生色"，给人以美感。在这里孟子把人格的美看作是个体人格中实现了的善，即人格的美包含着善，又超过了善，从而深刻地发展了孔子关于美与善内在一致性的思想。

孟子在否定了本性以后，又重提本性，就是想说明人的本性可改变、可克制，但也可以保持善良的本性。乐正子就是保持了善良的本性，而成为善人，成为诚信的人。但仅仅是善良和有诚信够不够呢？当然不行！关键还要内心充实。这个内心充实说起来简单，做起来可就复杂多了，因为所谓的内心充实，就是要知晓、懂得最根本的东西。而要知晓、懂得最根本的东西，就必须要学习、继承很多的历史经验，并且把它们融化贯通，以调节自己，以旧的知识来适应新的、发展中的社会。而所谓光辉者，用自己发出的光去照亮别人，去影响别人，使其走上正确的人生道路。所以，圣人、教师，只是人生道路上的一盏盏路灯，走在有路灯的道路上，一个人不会走偏走歪走错。而走在黑暗的道路上，那就极容易走偏走歪走错。乐正子就没有做到这些，所以他就是没有尽心知命，因此也就选择不到最佳行为方式。

14.26【原文】

孟子曰："逃墨必归于杨，逃杨必归于儒。归，斯受之而已矣。今之与杨、墨辩者，如追放豚，既入其苙①（lì），又从而招②之。"

【注释】

①入：同"纳"。苙：圈养牲畜的栏。

②招：赵岐《注》："招，罥（juàn）也。"孟子对于学生，"往者不追"，便与这一态度相反。大概当时儒家中有如此的，所以孟子加以批评。

【译文】

孟子说："脱离墨子学说必然要归入杨朱学说，脱离杨朱学说必然要归入儒家学说。回来了，就接受他罢了。如今与杨朱、墨子学说辩论的人，就好像是追逐那放到山野的小猪，已经关到猪圈里了，还要把它捆起来。"

【评论】

在战国时代七雄争霸，战争频仍，民不聊生，社会动荡不安，但这一时期思想却空前活跃，诸子百家学派纷呈，被认为是我国思想发展史上的黄金时代。然而思想界"百家争鸣"的所谓繁荣在孟子看来其实是"圣王不作，诸侯放恣，处士横议"，大道不明，才让异端邪说有机可乘。

在诸子百家之中，最有影响力的就是杨朱和墨翟，"杨子取为我，拔一毛而利天下，不为也。墨子兼爱，摩顶放踵利天下，为之"。"杨朱、墨翟之言盈天下"，"天下之言，不归杨则归墨"。然而，孟子以继承和发扬孔子之道为己任，"乃所愿，则学孔子也"，所以要力辟杨、墨，所谓"杨、墨之道不息，孔子之道不著"，"能言距杨、墨者，圣人之徒也"。

但孟子对杨、墨的学说也不是一棍子打死，儒家是"中道"，杨、墨是异端，儒家与杨、墨不是外在的对立关系，而是类似于整体与部分的关系。"夫道者，体常而尽变，一隅不足以举之"，诸子百家都是得道之一隅，执一而废百，就在那里纷纷扰扰，争论不息，如瞎子摸象那样。儒家得道之全体大用，所以对待百家的态度是"归，斯受之而已矣"。

14.27【原文】

孟子曰："有布缕之征①，粟米之征，力役之征。君子用其一，缓其二。用其二而民有殍，用其三而父子离。"

【注释】

①布缕之征：此与下文提到的粟米之征、力役之征，都是当时向民征收赋税的名目。

【译文】

孟子说："有对布帛的征税，有对粮食的征税，有征发劳力的赋税。君子采用其中的一种，缓征另外两种。如同时征收两种，百姓就会有饿死的；如果同时征收三种，那么父亲就顾不得儿子，儿子也就顾不得父亲了。"

【评论】

孟子生活于战国中期，因土地兼并剧烈，小土地所有者已丧失了自己的小块土地，加上频繁的战争，给人民生活带来了不少痛苦，社会的主要矛盾即农民与地主阶级的矛盾被激化起来。孟子就是在这样的背景下，企图缓和这种矛盾，而提出了"仁政"的主张。

孟子提出"民贵君轻"的主张，重视人民表现在其经济思想上便是"富民"思想，并提出了一系列的富民主张。孟子富民思想的基础是"制民恒产"，这是富民的前提。在孟子看来人们拥有一定数量的财产，是巩固社会秩序，维持善良习惯的必要条件。人们之所以"放辟邪侈"，是由于无恒产所致。他从安定社会秩序出发，为私有财产制度的建立作了辩护。换言之，孟子认为只有发展小农经济，才能推动社会发展，人民富裕。当然，仅仅具备"恒产"是不够的，要想达到富民还需要采取一些措施。

作为国家统治，有对布帛的征税，有对粮食的征税，有征发劳力的赋税，当然实际上不只有这三种征税，孟子仅是举这三种而言。要是真爱民，首先就要像周文王那样让人民富裕起来。人民富裕以后，才有更多的东西上交给国家。如果人民都是贫困交加，有谁还能上交赋税给国家呢？所以国家对人民的征税，不能有太多名目，要衡量人民的能力、富裕程度。孟子主张"薄税敛"，认为"易其田畴，薄其税敛，民可使富也，食之以时，用之以礼，财不可胜用也"，将减轻赋税作为富民的一个条件。

14.28【原文】

孟子曰："诸侯之宝三：土地、人民、政事。宝珠玉者，殃必及身。"

【译文】

孟子说："诸侯君主有三样宝：土地、百姓和政治。以珠宝美玉为宝贝的，灾祸一定会殃及其身。"

【评论】

孟子十分重视国中之民在一个国家中的地位和作用。他认为人民是一国之根本，是最宝贵的因素。孟子把"人民"同"土地""政事"一样看成是"三宝"之一。认为一个国家如果没有人民的拥护和支持，就必定要灭亡。孟子的这一思想，在当时具有重要的进步意义。

这里所说的诸侯，是指地方诸侯，也就是指一个地方握有实权的人物。这样的人，应该珍视什么？第一是土地；第二是人民；第三是管理，也可以说是权利。而不是金玉珠宝，不是个人拥有的财富多少。

土地，指国土，也就是"江山"。没有"江山"则没有土地；没有土地，则没有人民；没有人民，则无需管理，更无诸侯。土地是人民赖以生存、生活的空间，又是一种永存的生产资料。一方诸侯，守土有责，从祖宗那里继承下来的土地不能丢失，丢失了土地，就丢失了立足的根基，失去了生产、生活的地盘。没有了土地，就等于丢失了人民，没有了人民，也就没有了管理，没有管理何谈权力。"邦畿千里，唯民所止。"（《诗经·商颂·玄鸟》）国土哪里来的？有人民则有国土，没有人民则失去国土。因此"民为贵，社稷次之，君为轻"（《孟子·尽心上》)。所谓"民为贵",就是以民为宝,就是"国以民为本,社稷亦为民而立"(朱熹《四书集注·孟子尽心下》注语)。

"得其民,斯得天下矣。"(《孟子·离娄上》)权力是人民给的,权力来自于人民。有些掌握一定权力的人,不是以人民为宝,不是为人民服务,不为民谋福祉。他们以金钱珠玉为宝,以名贵字画为宝,以豪华别墅豪车为宝,以名贵烟酒为宝。在他们心里,只有自己,只有私利,从来没有人民,没有普通百姓。当官只要权利,不尽为民的职责,不为人民服务,那就是本末倒置,就是在犯罪。这样的人必然受到人民的唾弃,必然会受到法律的惩处,必然身败名裂,被抛进历史的垃圾堆中。

14.29【原文】

盆成括①仕于齐,孟子曰:"死矣盆成括!"

盆成括见杀,门人问曰:"夫子何以知其将见杀?"

曰:"其为人也小有才,未闻君子之大道也,则足以杀其躯而已矣。"

【注释】

①盆成括:赵岐《注》:"盆成,姓也;括,名也。尝欲学于孟子,问道未达而去,后仕于齐,孟子闻而嗟叹。"

【译文】

盆成括到齐国做官,孟子说:"盆成括要死了。"

后来盆成括果然被杀,孟子的学生问孟子:"您怎么知道他要被杀?"

孟子说:"他爱耍小聪明,未能学到君子之道,去做官,就会招来杀身之祸。"

【评论】

盆成括这个人,有一次将要到齐国从政,担任重要的官职。孟子一听到这个消息就说:盆成括完了,一定要遭杀身之祸。结果不出孟子所料,后来盆成括被杀了。但是究竟为什么被杀,历史上很难找到详细的记载,因为过去,尤其在秦汉以前,用竹简书写困难,对事情的记载都很简单,只说他被杀了。

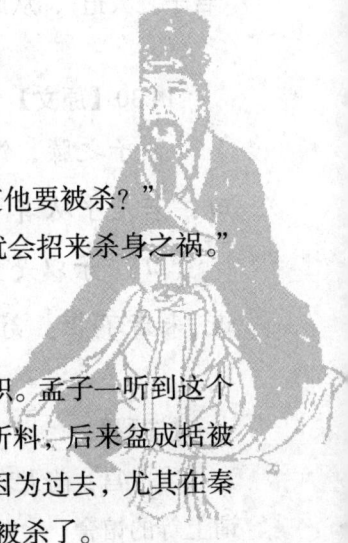

后来孟子的学生问老师，为什么能事先判断盆成括会被杀？孟子说他"小有才，未闻君子之大道"。凡是这一类的人，如果出来负责任做大事，则难免遭杀身之祸，这几乎成为历史上的定例。上自帝王，下至老百姓，属于"小有才，未闻君子之大道"类型的人很多，而他们多数没有良好的结果。

小聪明小有才气，机智敏感过人，但未能通大道理。因为小聪明，细微之处看得清楚，算得精细，往往察人之隐，超人之先。因为未能通大道理，眼界不宽，心胸狭窄，眼里揉不进一粒砂子，心中容不下一点不平，往往在小事上放不开，丢不下。所以，锋芒毕露，常常招人嫉恨，惹火烧身而自己还不知道。

这种人不从政已是不大容易处理好人际关系，一旦从政，官场水深莫测，自然倍加危险。所以，孟子能够预先知道盆成括有杀身之祸，而盆成括也不幸真的被言中。问题在于，到底什么是"君子之大道"呢？焦循《孟子正义》说："君子明足以察奸而仁义行之，智足以成事而谦顺处之，是为大道也。""明足以察奸"和"智足以成事"都是必要的，小聪明做得到，大聪明的"君子"也应该要做得到，简言之，聪明和敏感都是不错的，关键在于处理的方式大有讲究。所谓"仁义行之"，"谦顺处之"，就是要有所涵养，有所藏敛，小事上容得下，放得开，得饶人处且饶人，不必一个钉子一个眼，有时候甚至要睁只眼闭只眼，"糊涂"一点才好。

君子应力戒小聪明而修炼大家风度，大雅风度，宰相肚里能撑船，也就是行"君子之大道"，从政者尤其需要如此。

14.30【原文】

孟子之滕，馆于上宫①。有业屦②于牖上，馆人③求之弗得。或问之曰："若是乎从者之廋④（sōu）也？"

曰："子以是为窃屦来与？"曰："殆非也。夫子⑤之设科也，往者不追，来者不拒。苟以是心至，斯受之而已矣。"

【注释】

①上宫：前人对此有多说，赵《注》释为"楼"，朱熹释为"别宫"，焦循则谓上等的馆舍。

②业屦：屦是草鞋，赵岐《注》："织之有次业而未成也。"

③馆人：宿舍管理的官吏。

④廋：此指隐匿。

⑤夫子：据赵《注》，他的本子作"夫予"，则"夫"为提挈之词，"予"，孟子自称。那"夫予之设科也"以下为孟子之言，而不是馆人的话了。

【译文】

孟子到滕国，住在上宫。有一双尚未织完的鞋子放在窗台上不见了，旅馆里的人找不到它。就有人问孟子："是不是随从你的人藏起来了？"

孟子说："你以为他们是为偷草鞋而来的吗？大概不是吧。不过，我办教育，走的不追赶，来的不拒绝。只要他们抱着学习的心态来的，我都接受，如此而已。"

【评论】

这里文字中说，上宫中的一个管理员，本来兼做鞋子，那天孟子带一批人来了，这位管理员忙于接待他们，匆匆忙忙将未做完的鞋子，随手搁在窗台上。等到招待的事办妥以后，再来拿这双鞋子，已经不见了。于是有人怀疑说：是不是孟子带来的这一批学生当中，有人是"三只手"，自己的鞋子穿破了，就把窗台上的鞋子拿走了。当然这种事情，也是有可能的。

这只是孟子带领学生在滕国所发生的一件小事，本来没有什么了不起，可是将这一段故事和对话放在这里，是为什么呢？古人的看法，重点在"往者不追，来者不拒"这两句话。以现代的话来说，儒家是只要你有心向善立志做好人，去恶从善，就可以既往不咎了。因为人人有过，肯改就是对的，至于说改过以后，坏的习惯又复发，这也是很难保证的事，要看他改过以后的行为如何。

到底孟子的学生中，有没有人偷鞋子？很难断定；或说孟子的学生都是贤人，不会偷鞋子，这也很难讲。贤人之道，还没有修养到很高的境界，有时候习惯性的"顺手牵羊不为偷"也可能有之。还有更深的意义，推开这一段中的故事不谈，我们讨论"往者不追，来者不拒。苟以是心至，斯受之而已矣"这几句话，大有佛说《金刚经》的味道。不要忘记，这一篇的篇名是《尽心》。《金刚经》上说："过去心不可得，未来心不可得，现在心不可得"，而《孟子》这里

"往者不追"，过去的已经过去了；"来者不拒"，未来的还没有来；现在的心呢？"斯受之而已矣"，当下即是这个心。这和鞋子丢了没有什么关系。这说明孟子的教育，是在教我们了解人的心，纵然学生们个个都是好人，也许其中有一人，当下一念守不住，习性的污染未除，"随手牵羊"不是有心故意偷盗，容或有之。所以人当下一念的心，很难把持，这也就是"小有才，未闻君子之大道也"。君子之大道，就是随时注意自己当下这一念，非常重要。

14.31【原文】

孟子曰："人皆有所不忍，达之于其所忍，仁也；人皆有所不为，达之于其所为，义也。人能充无欲害人之心，而仁不可胜用也；人能充无穿逾①之心，而义不可胜用也。人能充无受尔汝之实②，无所往而不为义也。士未可以言而言，是以言餂③（tiǎn）之也；可以言而不言，是以不言餂之也，是皆穿逾之类也。"

【注释】

①穿逾：犹言穿穴逾墙。

②尔汝：朱熹《集注》云："人所轻贱之称。"

③餂：同"舔"，赵《注》释为"取"。

【译文】

孟子说："人都有所不忍心干的事，如果能将它扩充到所忍心干的事情上，就是仁。人都有所不愿意做的事，如果能将它扩充到所愿意干的事情上，那就是义。人能够将不想害人之心扩而充之，仁爱之心就用之不尽了。人能将不穿墙打洞之心扩而充之，义便用之不尽了。人能将不受轻贱之心扩而充之，那无论去到哪里都合于义了。士人与不该谈话的人谈话，是以言谈诱取他；可以言谈而不言谈的，是以沉默来诱取他，这些都属于穿墙打洞的非礼行为。"

【评论】

爱一个人，在某些事情上就会对其产生一种不忍心的心态，这也是孔子所说的"己所不欲，勿施于人"之意。但很多人为了自己个人的利益，"己所不欲"，亦施于人，也会忍心对自己所爱的人下毒手。如果能忍住这下毒手的念头，不下毒手了，那么，仁爱之心就有了。同样，"己所不欲，勿施于人"，这也是曾子、子思所说的"修身""正心"。我们平时老喊"修养"，提高心理素质，而修的是什么？养的是什么？很多人没有搞懂，以为就是平心静气，不生气不恼怒，其实恰恰不是！孟子的这段话才是真正的心理修养。

14.32【原文】

孟子曰："言近而指①远者，善言也；守约而施②博者，善道也。君子之言也，不下带③而道存焉；君子之守，修其身而天下平。人病舍其田而芸人之田，所求于人者重，而所以自任者轻。"

【注释】

①指：同"旨"。

②施：《易·乾》："见龙在田，德施普也。"恩惠之意。

③不下带：带，束腰之带。朱熹《集注》云："古人视不下于带，则带之上乃目前常见至近之处也。举目前之近事，而至理存焉。"

【译文】

孟子说："言语浅近而意义深刻的，是善言；操守简要而影响广大的，是善道。君子言语，讲的虽是平常事，但道理就在其中；君子的操守，修养自身而能使天下太平。人的毛病往往是荒弃自己的田而去耕耘别人的田，要求别人的多，自己担当的少。"

【评论】

所谓的自身修养，并不是要去思考那些大道理，而就是在日常生活之中。对自己的日常生活都不注意、不介意、不在意，"以善小而不为，以恶小而为之"，那怎么能叫自身修养呢？所要求别人的很重，而自己担负的却很轻，又怎么能叫自身修养呢？

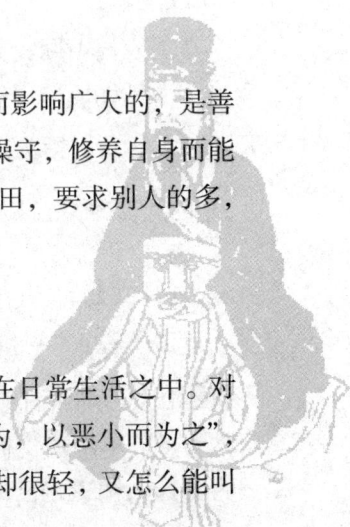

真正的自身修养就是在自己的日常生活中，从一点一滴做起。这就是说，每一个人都是沿着自己的人生道路走完自己的人生旅程的，不能因为没有人看见、没有人听到就偏离自己人生的道路。因为没有比幽暗之中更为显著的了，没有比细微之处更为明显的了；因此君子在一个人独处的时候更要谨慎啊。

那种"舍其田而芸人之田"的人其实是没有注意看看自己田里有没有草，而把眼睛盯在了别人的田地里。看到别人的田地里尽是草，而自己的田地里全是大豆高粱，所以才出现"所求于人者重，而所以自任者轻"的情况。实际上，是"瞒心昧己"的人，也就是孟老夫子所诊断出的病人。

没有病的人则是先种自己的田，求实务本，然后才推己及人，正己而后正人，"修其身而天下平"。回到儒学的基本内容上，还是《大学》的进修阶梯和孔子"己所不欲，勿施于人"，"己欲立而立人，己欲达而达人"的忠恕之道。

14.33【原文】

孟子曰："尧、舜，性者也；汤、武，反之也。动容周旋中礼者，盛德之至也；哭死而哀，非为生者也；经德不回[1]，非以干禄也；言语必信，非以正行也[2]。君子行法，以俟命而已矣。"

【注释】

[1]经德不回：赵岐《注》："经，行也。""回"同"违"。违是违背礼节的意思，说见杨伯峻《论语译注》。

[2]正行：指为了端正品行而去"正行"，赵《注》释此句为："非必欲以正行为名也。"

【译文】

孟子说："尧和舜行仁德是出于本性；汤王和武王是努力修养而成就仁德。行为和仪容都合于礼，就是最高的道德了。痛哭死者而悲哀，并不是做给活着的人看的。依据道德而行，不违礼，并不是为了谋求官职。言语必讲诚信，并不是为了让人知道自己的行为端正。君子行为合于法度，只是遵守命运的安排罢了。"

【评论】

尧、舜当然道德好，但在他们的时代，物质文明尚未发达，社会还是保守的，人类的天性是自然善良的成份居多，这就是"性者也"。后来到了商汤与周文王的时代，物质文明进步，慢慢影响了人的精神思想，人性就变了。这时再实施纯道德的政治制度，已不可能使社会安定，于是建立了法制，用法律来管理众人之事，希望人性回到原来善良的一面。这也说明了一个现象，就是人类社会物质文明进步，道德就越衰退，只好用政治的方法来管理，用法律来规范，希望回到纯朴善良的本性上去。这是很简单的道理，所以"反之也"。

孟子继续申述，在尧、舜时代的上古社会，人性被染污得少，自然人人都具有道德，即使社会上的一般人，也是"动容周旋中礼者"的，就是一个人的态度、言辞、动作、行为都处处合理，恰到好处，这就是德。

孟子说：哭死去的亲友，是真正的悲哀，并不是哭给别人看的。"经德不回，非以干禄也"，经就是直道，有些人以直而坚强的直道，守住他的道德标准，毫不转弯。但并不是为了名利，目的也不是为好人好事大会上的表扬，而是为了自己经常遵守的直道。"言语必信，非以正行也"，说话言出必行，不只是借了钱一定要还，开出去的支票一定要兑现，这只是小信；大信是自己做得到的才说，做不到的不说，不讲空话。简单地说，就是说出来的话，要和自己心里的思想，完全合一，这才是真正的大信。也就是心口如一的道德，不是口是心非，更不是随便说话，勉强自己的行为去和话符合，使别人以为自己有信用。

"哭死而哀""经德不回""言语必信"这三句话，每句都有两重意义。以"盛德"来说，尧、舜以上的古人，自然人人有道德，不必另外标榜一个道德的口号。老子和庄子，曾经提到过这个道理。后来由于物质文明进步，人类的道德开始堕落，于是产生"仁义"的名词，要人类有仁义。再后来，人们的仁义也丧失了，于是又产生了"守法"的名词，要大家做到守法律的规范。现在人类的行为，法律也差不多无可奈何了，那就没有办法，只好用刑法。所以每句话，都有两重意义，说明至情、道德、言语的真义。这都是说明用自己内在的天性，自然的向外流露，不是为了适应外在的人、物、事。所谓"君子行法"，就是效法这个道理"以俟命"，这就是修命。

由此可知，儒家所说的"命"，就是人在活着时候的生命价值；"俟命"就是人活着，应该如上面所说的三句话那样，也就是正命，那是生命的意义与价值。

14.34【原文】

孟子曰："说大人，则藐之，勿视其巍巍然。堂高①数仞，榱（cuī）题②数尺，我得志，弗为也。食前方丈，侍妾数百人，我得志，弗为也。般乐饮酒③，驱骋田猎，后车千乘，我得志，弗为也。在彼者，皆我所不为也；在我者，皆古之制也，吾何畏彼哉？"

【注释】

①堂高：焦循《正义》云："经传称堂高者，皆指堂阶而言。"

②榱题：榱，本义是房椽子（支持房顶承托灰瓦的细长条木材），此处可能指屋檐而言，详焦循《正义》。

③般乐饮酒：赵岐《注》："般，大也。大作乐而饮酒。"

【译文】

孟子曰："向诸侯进言，就得藐视他，不把他高高在上的地位放在眼里。堂高几丈，檐宽几尺，我如果得到地位，绝不住这么奢华的屋堂。每餐食物广列，侍女众多，我如果得到地位，绝不如此奢华进餐。乐队为饮酒助兴，驰骋打猎，跟随的车子上千辆，我如果得到地位，绝不如此肆无忌惮。他们喜欢做的，都是我不愿意做的；我所做的，都符合古代礼制，那我为什么怕他们呢？"

【评论】

孟子和孔子一样，从心底里是瞧不起那些当官的，因此孔、孟都不是为了当官而周游列国，游说诸侯。只是情势需要时，他们才当一当官员，改革一下国政。他们的主要兴趣在教育上，尤其是在普及全民教育上。所以对于吃喝玩乐、花天酒地他们不感兴趣，而且他们也认识到，过度奢靡的生活方式是违反天地道路和规律的，也是违反人生道路和规律的。而只有中等的需要和需求的生活方式，才是正确的人生道路和规律。所以他们致力于"中庸"的生活方式，以爱心对一切人，对天下人。他们这种无私的爱民胸怀，确实少有，但确实值得所有人学习和仿效。

14.35【原文】

孟子曰："养心莫善于寡欲。其为人也寡欲，虽有不存①焉者，寡矣；其为人也多欲，虽有存焉者，寡矣。"

【注释】

①存：此处是存其本心之意。

【译文】

孟子说："修养心性的最好方法是减少物质欲望。一个人如果少有欲望，即使善性有所丢失，也不会丢失很多。一个人如果欲望很多，即使有些善性还存在，也不会存在很多。"

【评论】

吃喝玩乐、花天酒地就是欲望很多，没有这些欲望，就是寡欲。没有这些东西，欲望就会减少。而有了很多这些吃喝玩乐、花天酒地的东西后，孟子为什么还要说"寡矣"呢？这就是快乐与享乐的不同！

真正的快乐是从生命的本性流露出来的，它源于自己的精神内部。自然而然地顺乎人性，是快乐的人格内涵。快乐是与对人生的憧憬，对未来的希望联系在一起的。而享乐则是缺乏生活目标，没有人生信念，更没有创造乐趣。享乐者认为人生没有什么信念和意义可言，人生就是为了吃喝玩乐。享乐从来没有安宁和自足感。享乐的背后是病态和失望，旧的刺激刚过去又得马上寻求新的刺激，否则，享乐者就会百无聊赖，显得惶惶不安，这就是欲望也会减少的缘故。寡欲的人欲望减少了，是快乐；多欲的人欲望减少了，就是痛苦。

凡人都有欲望，所谓七情六欲，人之本性，有一定的欲望，并不为过。但欲望如果不节制，便是个无底洞。自古以来，贪财者身败，贪权者权丢，贪名者名裂，贪色者家散。所以，为人处世，首先要尽心知命，然后修养自身，减少欲望，才能获得终生的快乐。

14.36【原文】

曾晳嗜羊枣①，而曾子不忍食羊枣。公孙丑问曰："脍炙②与羊枣孰美？"

孟子曰："脍炙哉！"

公孙丑曰："然则曾子何为食脍炙而不食羊枣？"

曰："脍炙所同也，羊枣所独也。讳名③不讳姓，姓所同也，名所独也。"

【注释】

①羊枣：何焯《义门读书记》云："羊枣非枣也，乃柿之小者。初生色黄，孰则黑，似羊矢，其树再接成柿。"

②脍炙：肉之细切剁碎的叫脍，即今之肉膄子。炙，烧肉也。

③讳名：古代于父母君上的名字，讲不得，写不得，叫作避讳。

【译文】

曾晳爱吃羊枣，而曾子却不忍心吃羊枣。公孙丑问孟子："烤肉和羊枣哪一种好吃？"

孟子说："当然是烤肉。"

公孙丑说："那么曾子为什么吃烤肉而不吃羊枣呢？"

孟子说："烤肉是人人都爱吃的，羊枣却是个别人爱吃的。正像避讳时只讳名不讳姓一样，姓是很多人共有的，而名是一个人独有的。"

【评论】

孟子所处的时代是避讳之风兴起的时候，但并不十分严格，想到的就避一避，没想到也无所谓。孟子说的避讳是就曾子的事情而说的，曾子是孔子的学生，孔子的孙子孔伋（子思）是曾子的学生，而孟子则是孔伋学生的学生，曾子是孟子的师曾祖，所以孟子讲的就是自己的师门之事。

曾皙喜欢吃一种叫羊枣的东西，后来曾子在父亲过世后，因为见物思人，所以曾子就再也不忍心吃羊枣。公孙丑问孟子，一种叫作"脍炙"的切成小块的烤肉与羊枣哪个好吃。孟子说，那当然是脍炙好吃。公孙丑说，那么曾子为什么吃脍炙而不吃羊枣呢，是不是有点专挑好吃的吃。孟子说，不是的，脍炙好吃大家都喜欢吃，过去曾家父子当然也喜欢吃，别人也喜欢吃；但是羊枣就很特别了，并不是人人都吃，更不是人人喜欢吃，而曾皙却独独喜欢吃这种羊枣。因此曾子看到羊枣就会思念起亡故的父亲，所以他不吃羊枣了。就如我们说避讳这样的事，因为姓是一个家族共同的，而名则是这个人独有的，共同的就不用避，而个人独用的，在避讳时就要避了。孟子提出的就是避讳的原则，共同的东西就不要回避，要回避的只是个人独特的东西。

孟子的这一节话，让我们看到了避讳这个中国文化中的独特事情的一些来龙去脉。

14.37【原文】

万章问曰："孔子在陈曰①：'盍归乎来！吾党之小子狂简②，进取，不忘其初。'孔子在陈，何思鲁之狂士？"

孟子曰："孔子'不得中道而与之③，必也狂狷④乎！狂者进取，狷者有所不为也'。孔子岂不欲中道哉？不可必得，故思其次也。"

"敢问何如斯可谓狂矣？"

曰："如琴张、曾皙、牧皮⑤者，孔子之所谓狂矣。"

"何以谓之狂也？"

曰："其志嘐嘐⑥（xiāo）然，曰：'古之人，古之人。'夷⑦考其行，而不掩焉者也。狂者又不可得，欲得不屑不洁之士而与之，是狷也，是又其次也。孔子曰：'过我门而不入我室，我不憾焉者，其惟乡原乎！乡原，德之贼也。⑧'"

曰："何如斯可谓之乡原矣？"

曰："'何以是嘐嘐也？言不顾行，行不顾言，则曰，古之人，古之人。

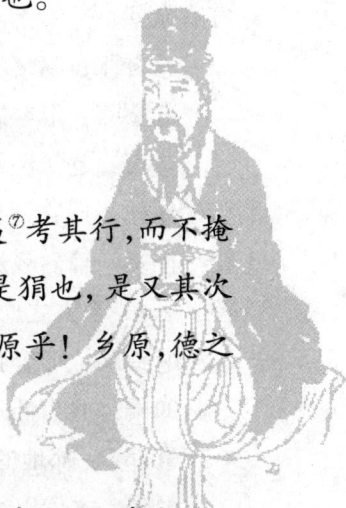

行何为踽踽⑨(jǔ)凉凉？生斯世也，为斯世也，善斯可矣。'阉⑩然媚于世也者，是乡原也。"

万子曰："一乡皆称原人焉，无所往而不为原人，孔子以为德之贼，何哉？"

曰："非之无举也，刺之无刺也，同乎流俗，合乎污世，居之似忠信，行之似廉洁，众皆悦之，自以为是，而不可与入尧、舜之道，故曰'德之贼'也。孔子曰：恶似而非者：恶莠，恐其乱苗也；恶佞，恐其乱义也；恶利口，恐其乱信也；恶郑声⑪，恐其乱乐也；恶紫，恐其乱朱也⑫；恶乡原，恐其乱德也。君子反经⑬而已矣。经正，则庶民兴；庶民兴，斯无邪慝矣。"

【注释】

①孔子在陈曰：此处所引亦见于《论语·公冶长》篇，字句与此稍有不同。

②党：乡里。古时称乡里为党。小子：朱熹《集注》本作"士"，今从监本、汲古阁本。狂简：朱熹《论语集注》云："志大而略于事也。"

③不得中道而与之：此处孔子之语，亦见于《论语·子路》篇。

④狂狷：朱熹《论语集注》云："狂者，志极高而行不掩；狷者，知未及而守有余。"

⑤琴张：赵《注》、朱熹都认为他是孔子的弟子子张。牧皮：生平无考。

⑥嘐嘐：形容志大而言夸。

⑦夷：赵《注》、朱熹皆释为"平"，或谓此语首助词，无义。

⑧孔子曰：此处引文另有所出，唯最后一句"乡原，德之贼也"见于《论语·阳货》篇。乡原："原"同"愿"，《说文》云："愿，谨也。"朱熹《论语集注》云："乡人之愿者也，盖其同流合污以媚其世，故在乡人之中独以愿称。"

⑨踽踽：形容独自走路孤零零的样子。

⑩阉：此为低下之意。

⑪郑声：郑地的乐歌，在春秋战国时很流行，儒家认为"郑声淫"，极力排斥。

⑫朱：古代以纯色为"正色"，杂色为"间色"。朱即大红色，属正色，紫是

间色。

⑬反经:"反"同"返","经"犹言正道,归于经常。

【译文】

万章问孟子:"孔子在陈国时说:'为什么不回去呢?我的那些学生弟子志大而狂放,进取而不忘本。'孔子在陈国,怎么会思念鲁国的那些狂士呢?"

孟子说:"孔子认为'如果不能得到中正之士相交往,那就只能结交狂放或不做坏事的人。狂放的人积极进取,不做坏事的人向往中正。'孔子难道不想结交中正之士吗?因为不一定得到,所以取其次。"

万章又问:"请问什么样的人才称为狂士呢?"

孟子说:"比如琴张、曾皙、牧皮这一类的人,就是孔子所说的狂士。"

万章又问:"为什么说他们狂放呢?"

孟子说:"他们志向大而自满,动不动就说'古代的圣贤如何,古代圣贤如何'。考察他们的行为,却发现他们不能践行自己所标榜的。狂放之士也结交不到,想结交那些不屑于与不洁之士做朋友的人,这些人就是不做坏事的人,这比狂士又差一等了。孔子说:'路过我家门口而不进我的屋子,我并不感到遗憾,因为这些人只是乡间不分是非善恶的老好人,是戕害道德的人。'"

万章又问:"什么样的人被称为是乡间老好人呢?"

孟子说:"他们好高骛远,言谈不顾及行为,行为不顾及言论,他们动不动就说:'古代圣贤如何,古代圣贤如何。生在世上为什么会如此孤独寂寞呢?生在这个世界上,为这社会做事,好好地活着就可以了。'曲意逢迎献媚于世俗的人,就是乡间的老好人。"

万章又问:"全乡的人都说他是好人,所到之处无人不说他是好人,孔子却认为他是戕害道德的人,这是为什么呢?"

孟子说:"说不对却又找不出毛病,想斥责他又找不到理由,他们与世俗同流,融合于污浊的社会,坐在那里好像是忠实诚信,办事好像很廉洁,大家都不反对他,他也自以为是,但却进入不了尧、舜之道,所以说他们是戕害道德的人。孔子说:'我羞耻于似是而非的人,羞耻于莠草,害怕它们混淆了真正的禾苗;羞耻于巧言令色的人,害怕他们混淆了真正的正义;羞耻于尖酸刻薄巧言善辩的人，害怕他们混淆了真正的诚信；也羞耻于那郑国的淫乐，害怕搅乱了真正的雅乐；我羞耻于那紫色，害怕它们抢夺了朱红色的地位；也羞耻于老好人，害怕他们戕害道德。'君子只要使一切回到正道上就行了。正道不被歪曲，那么百姓就会奋发积极；百姓奋发积极，你就不会有邪恶了。"

【评论】

孟子有一次同他的学生万章谈起：孔子很厌恶那些八面玲珑，惯会奉承讨好的人。这种人虽然在乡里被称作好人，但实际上是言行不符、伪善欺世的伪君子，是道德的破坏分子。万章问道："既然人们都称他们是好人，他们自己也处处表现出是个老好人，为什么孔子还要称之为道德败坏者呢？"孟子答道："这种人'同乎流俗，合乎污世'（对世俗的不合理现象只会附和），看似好人，实际根本不能起好的作用。"

狂者、狷者毛病都很突出，让人一眼可以看出，没有迷惑性，何况他们也各有可取的一面。好好先生却正好相反，初看什么毛病也没有，很得人心，因而具有极大的迷惑性，实际上却是欺世盗名。所以，孔子说好好先生是偷道德的贼，深恶痛绝。

现在有报道提出反对"好人主义"，实际上正是呼吁大家来捉"好好先生"这偷道德的贼。可见，好好先生不仅古代有，现在也同样有。而且，既然已到了呼吁的程度，说明现在较古代更为严重也是有可能的。

无论是狂者、狷者还是好好先生，都不是孟子提出来的，而是孔子分别在《论语》的《公冶长》《子路》《阳货》等篇提出来的。不过，通过本章内容，我们可以比较真切地看到孟子师生是如何"祖述仲尼"而加以发挥的。所以，本章不仅具有在内容方面把狂者、狷者和好好先生这几种人集中在一起来加以比较，以帮助我们更为深刻地认识和理解的作用，而且也具有重要资料价值，值得引起我们的重视。

14.38【原文】

孟子曰："由尧、舜至于汤，五百有余岁；若禹、皋陶，则见而知之；若汤，则闻而知之。由汤至于文王，五百有余岁，若伊尹、莱朱[①]，则见而知之；若文王，则闻而知之。由文王至于孔子，五百有余岁，若太公望、散宜生②，则见而知之；若孔子，则闻而知之。由孔子而来至于今，百有余岁，去圣人之世若此其未远也，近圣人之居若此其甚也，然而无有乎尔③，则亦无有乎尔。"

【注释】

①莱朱：赵岐《注》："莱朱，亦汤贤臣也，一曰仲虺是也。"

②散宜生：《尚书·君奭》篇有其名，周文王时贤臣，后辅佐武王灭周。

③然而无有乎尔：朱熹《集注》引林氏说云："然而已无有见而知之者矣。"

【译文】

孟子说："从尧、舜到汤，经历了五百多年；像禹和皋陶，那是见到而且知晓尧、舜治国之道的人；像汤，则是通过传闻才知晓尧、舜之道的人。从汤到文王，又经历了五百多年，像伊尹、莱朱，那是见到而且知晓汤治国之道的人；像文王，则是通过传闻才知晓汤治国之道的人。从文王到孔子，又经历了五百多年，像太公望、散宜生，那是见到而且知晓文王治国之道的人；像孔子，则是通过传闻才知晓文王治国之道的人。从孔子到现在，有一百多年，离开圣人的时代还没有多远，距离圣人的故乡又这么近，如果还没有圣人的继承人，那就没有继承人了。"

【评论】

这是《孟子》全书收尾的一章，编《孟子》的人把这一章编在这里，是很有深意的。

一方面，本章从"五百年必有王者兴，其间必有名世者"（《公孙丑下》）的观点出发，历述过去时代那些具有里程碑性质的圣贤，形成了一个世代相传的"道统"。尧、舜、商汤、周文王、孔子，这些人都是孟子认为是能尽心知命的人。能尽心知命，才能是圣人。从尧、舜到商汤，经历了五百多年，商汤还能继承尧、舜的思想；从商汤到周文王，又经历了五百多年，周文王还能继承商汤的

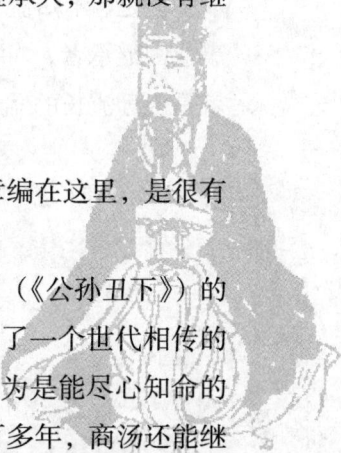

思想；从周文王到孔子，又经历了五百多年，孔子还能继承周文王的思想，这不能不说是奇迹，也不能不让人钦佩。

另一方面，孟子感叹孔子以来没有众望所归的继承者，对圣人的事业、圣贤的道统将会中断流露了深深的忧虑。孟子孤军作战，大声疾呼，爱民、保民、裕民，建立起人与人之间相互亲爱的关系，遵守社会行为规范，用智慧而尽心知命，用诚信而平等待人，可也是鲜有人感兴趣！人人都在为自己的私有利益而努力奋斗而殚精竭虑，人人都忘记了人类社会的根本！怎么还能期望五百年后还会有圣人兴呢？

确实，孔子去世后的五百年，是西汉时期，汉武帝中兴，董仲舒搬出了孔孟思想，似乎是继承了孔孟，但实质上却是误解和歪曲了孔孟思想！再过五百年，是南北朝时期，社会一片混乱。再过五百年，是唐以后的五代十国和北宋时期，社会亦是一片混乱。再过五百年，是元、明交接时期，亦是一片混乱。再过五百年，是清朝末年，社会亦是一片混乱。哪里有王者兴、圣人出？虽然其中有很多的"儒学大师""道学大师"，但他们依仗着封建君主政权的力量，进一步把道家、儒家思想法典化、神秘化、教条化，从而对一切进步的、唯物的思想的存在与发展起了压制和阻碍的作用。随着封建社会的发展，越到后期，这一文化思想上的专制主义的保守、反动作用就越明显，成了中华民族思想文化发展的精神枷锁。这是人类的悲哀！

但是，不知孟子有没有预见到，正是他自己，身后有一天会被人们推为圣人事业的继承者，"道统"的捍卫者，并被戴上"亚圣"的桂冠。孟子以后呢？那就是源远流长的儒学传统了罢！

参考文献

1.（宋）朱熹集注：《四书章句集注》，中华书局 1983 年版。

2.（清）阮元：《十三经注疏（附校勘记）》，中华书局 1979 年影印版。

3.（清）焦循：《孟子正义》，中华书局 1987 年版。

4.（清）段玉裁撰：《说文解字注》，中华书局 2013 年版。

5. 杨伯峻：《孟子译注》，中华书局 2006 年版。

6. 李学勤主编：《十三经注疏》，北京大学出版社 1999 年版。

7. 刘兆伟：《孟子译评》，中华书局 2011 年版。

8. 梁海明译注：《孟子》，山西古籍出版社 1999 年版。